MARÍA MERCEDES
CUÉLLAR

COLOMBIA: UN
PROYECTO INCONCLUSO

VALORES, INSTITUCIONES Y CAPITAL SOCIAL

TOMO II

UNIVERSIDAD EXTERNADO DE COLOMBIA

ISBN 958-616-451-9

© MARÍA MERCEDES CUÉLLAR, 2000
© UNIVERSIDAD EXTERNADO DE COLOMBIA, 2000
Derechos exclusivos de publicación y distribución de la obra
Calle 12 N° 1-17 Este, Bogotá - Colombia. Fax 2843769.

Primera edición: abril de 2000.

Diseño de carátula: MPC Publicidad
Composición: Mauricio Zambrano Ramírez
Fotomecánica, impresión y encuadernación: PANAMERICANA,
formas e impresos S. A., con un tiraje de 1.000 ejemplares.

Impreso en Colombia
Printed in Colombia

CONTENIDO

CAPÍTULO SÉPTIMO
JUSTICIA ESTATAL, JUSTICIA PRIVADA Y CORRUPCIÓN   549

I.   El cumplimiento del deber hace parte
     de la cultura del colombiano   557

II. La corrupción   563
     A. La lucha contra la corrupción como prioridad   566
     B. Reconocimiento de la corrupción   575
        1. ¿La corrupción abarca a todos los empleados
           públicos o solo a algunos de ellos?   576
        2. La corrupción beneficia a unos pocos   580
        3. La corrupción en el ámbito político y judicial   582
           a. La política   582
           b. La corrupción en la justicia   586

III. La ineficiencia en la justicia   589
     A. La necesidad de justicia civil es grande   590
     B. La satisfacción esperada es baja   592
     C. Razones para no acudir a las autoridades   595
     D. La necesidad de justicia penal es grande   598
        1. Los atentados contra la vida
           tienen una frecuencia enorme   598
        2. La satisfacción esperada
           con respecto a la justicia penal   601
        3. Razones para no acudir a las autoridades   604
     E. Causas de homicidio   606
        1. La justicia privada   606
        2. Conflictos interpersonales   610
        3. Balance de las dos justicias   611

IV. Los responsables de preservar la ley y el orden   614
     A. La violencia afecta más a los jueces y militares   615
        1. Para jueces y militares la inseguridad está asociada
           con delitos contra la vida y la integridad personal   615
        2. Para los militares el problema no
           está en la falta de autoridad   620

		3. Para los jueces y militares la prioridad es combatir la violencia	621
		4. Percepción de su propia responsabilidad por parte de las autoridades	625
	B. Jueces y militares apoyan el régimen democrático		628
V.	¿A quién responde la justicia?		632
VI.	Conclusiones		641

CAPÍTULO OCTAVO
INSEGURIDAD, VIOLENCIA Y GUERRA — 651

I.	El crimen y la inseguridad rondan a la población	663
	A. El homicidio afecta a más de la mitad de la población	668
II.	¿Quiénes son los que más perturban el orden social?	676
III.	Causas de la violencia	679
	A. Características demográficas	682
	1. Género y estructura de edades	682
	2. Ordenamiento rural–urbano	687
	3. Estructura de ingresos	689
	4. Organizaciones armadas	695
	B. Intensidad del poder de cohesión y porte de armas	700
	1. Poder de cohesión	700
	2. Porte de armas	710
	C. La manifestación de la violencia y la organización social	715
	1. Manifestación de violencia	715
	2. La organización social	718
	a. ¿Poder o impotencia?	718
	b. Alienación o enemistad	731
	c. Vergüenza	734
IV.	Sensación de inseguridad y búsqueda de la paz negociada	740
	A. La tolerancia es alta, pero no para reincorporar a los alzados en armas a empleos públicos y a la vida civil	744
V.	Resumen y conclusiones	748

CAPÍTULO NOVENO
CAPITAL SOCIAL   761

I.   ¿Qué tan cívica es Colombia?   771
     A. Participación en actividades asociativas   774
        1. Asociaciones no jerarquizadas   776
           a. Los más ricos se asocian más   782
           b. Educación   785
           c. Los más jóvenes y los más viejos se asocian menos   786
           b. Las mujeres se asocian menos   789
           c. Los empleados públicos se asocian más   790
        2. Asociaciones jerarquizadas   791
           a. Sindicatos   793
           b. Civismo y religiosidad   794
           c. Partidos políticos   801
     B. La confianza   808
     C. Las instituciones   818
        1. La confianza en las instituciones   818
        2. El régimen político y la motivación al cambio   822
        3. Tolerancia   825

II. Cultura cívica y eficiencia de las instituciones   832
     A. Reuniones para discutir problemas de la comunidad   834
     B. Motivaciones políticas   840
     C. Eficiencia del gobierno   846

III. La efectividad de la justicia   850

IV. Actividad productiva   858

V.   Conclusiones   870

RESUMEN Y CONCLUSIONES   875

ANEXO   929

BIBLIOGRAFÍA   961

INDICE DE CUADROS, FIGURAS, GRÁFICAS Y MAPAS   971

CAPÍTULO SÉPTIMO
Justicia estatal, justicia privada y corrupción[1]

El concepto de "justicia" es particularmente complejo, debido a la dificultad de establecer qué se considera justo y qué injusto. ¿La justicia es ineficaz porque no opera o no opera porque no se percibe como legítima? En este dilema radica el papel preponderante de la justicia dentro de la retórica de los conflictos sociales. Nadie favorece la injusticia. Lo que ocurre es que el concepto tiene diversos significados entre culturas, grupos y personas. Para su definición podría recurrirse a algunos criterios, que no son necesariamente compatibles. El primero subyace en la afirmación: *las personas deben tener lo que se merecen*. Pero, ¿quién define qué es lo que una persona se merece? En el plano legal la justicia penal es quizás la más ilustrativa de la complejidad de la situación. Su normatividad establece quién viola la ley y las sanciones correspondientes, y los tribunales y jueces, con base en las normas, determinan el castigo que merece el criminal. Esto, sin embargo, no implica la aceptación generalizada de las normas penales. Cuando éstas no son aceptadas, o no se perciben como legítimas, tienden a consolidarse procesos sociales alrededor de organizaciones dispuestas a promover el cambio. La penalización no previene necesariamente el comportamiento delictivo. Por el contrario, puede estimularlo cuando es rechazada por el individuo, por grupos sociales o por la colectividad misma.

Otra definición de justicia se basa en la distribución del ingreso y la riqueza. Esta sugiere que la falta o escasez relativa de ingresos es injusta: *todos los que están alrededor de una mesa tienen derecho a una proporción justa de la torta*. Aquí surge un problema similar al que se deriva de la definición anterior: ¿qué es lo que se considera una proporción justa? Pocas veces existe consenso al respecto. Aún así, casi todas las sociedades tienden a establecer niveles de bienestar por debajo de los cuales se considera que una persona no puede vivir (base de la Ley de Pobres inglesa), entre otras razones porque, a la larga, quienes están en esa situación tienden a convertirse en fuente de conflicto social.

En el otro extremo de estas definiciones de justicia está el problema que surge cuando *las personas no reciben los beneficios que consideran que se merecen*. La Gran Depresión es un buen ejemplo de ello: para el 25% de desempleados

---

[1] Este capítulo tiene una especial relación de interdependencia con el siguiente, relativo a inseguridad, violencia y guerra.

y tenedores de capital era injusto lo que les estaba ocurriendo. Los grandes beneficiados de ese entonces eran quienes tenían empleo, a costa de los desempleados, y aquellos que gozaban de excesos de liquidez con cargo a los mayores costos en que incurrían los inversionistas.

La percepción de injusticia, que se origina en las fallas de las instituciones políticas y legales, refleja distintos fenómenos que pueden agruparse en tres: económicos, políticos y sociales[2].

Los *económicos* se deben a la carencia de alimentación, vivienda, vestuario, salud y educación, y se derivan de la concentración del ingreso o riqueza o, simplemente, de que la sociedad tiene pocos recursos para distribuir. En cualquier caso, los pobres y quienes no tienen cómo atender sus necesidades más apremiantes consideran injusta su situación.

Los *políticos* provienen de situaciones tales como la carencia de derecho al voto, al debido proceso, a la libertad de expresión, a la fe religiosa y a la protección de castigos crueles e inhumanos (violación de los derechos humanos).

Los *sociales* se derivan de la imposibilidad de vivir donde se quiere o de escoger determinada profesión o estilo de vida.

La injusticia también puede derivarse de la *ley* por inequidad en su formulación misma o por falta de operatividad y eficiencia del aparato judicial, incluyendo el que los procedimientos no sean o no se consideren adecuados y justos. Esto significa, entre otras, que es preciso considerar quién adopta y cómo se adoptan las normas; sobre la información que se tiene en cuenta en los procesos y cómo se presenta; sobre el procedimiento que se utiliza, el rol de las partes y, en general, el acceso al sistema judicial[3]. La transparencia es de la esencia de la protección de los derechos individuales.

En las sociedades tradicionales el tejido social se hace cargo de velar por el respeto de las reglas y de imponer sanciones a quienes las incumplen. Estas pueden llegar a ser muy severas, como la pena de muerte o el destierro, e inclusive involucrar no sólo a la persona que las viola sino a su familia y a todos sus descendientes. Cuando las sociedades se transforman, en virtud del

---

2 Guy y Heidi Burgess. *Justice without Violence*, Boulder, Colorado, Lynne Rienner Publishers, 1994.
3 *Ibid.*

crecimiento y del desarrollo, surgen estructuras institucionales que, sin invalidar la importancia de los valores morales y culturales, incorporan normas y reglas formales, que facilitan la interacción y el intercambio de bienes y servicios entre los individuos que conforman la sociedad. En ellas se establece qué está permitido y qué se prohíbe, los procedimientos para verificar su cumplimiento y la penalización. De la correspondencia de las normas con los valores culturales depende su legitimidad y que la sociedad acepte cumplirlas. Dentro de esas nuevas estructuras institucionales, los jueces se encargan de la labor de aplicar y hacer respetar las normas. De la eficiencia de la justicia, vale decir de la existencia de un aparato judicial que haga cumplir las normas, y de la consiguiente percepción de eficiencia que la sociedad tenga de la ley, depende que los costos de transacción sean reducidos y, por ende, que las posibilidades de crecimiento de una sociedad sean elevadas.

Ciertos tipos de injusticia se pueden solucionar fácilmente, otros no. Por ejemplo, si se trata de la pobreza, el proceso de hallar soluciones es complejo. Aun en materias tan concretas como ésta surge la disyuntiva de tener que escoger entre aproximaciones represivas o preventivas a la delincuencia que genera la miseria, disyuntiva cuyo trasfondo es en esencia un interrogante de costos de transacción: ¿bajo qué circunstancias es más barato prevenir el delito que combatirlo? ¿Este se frena con mayor gasto social o con penalizaciones severas como la prisión perpetua o la pena de muerte? ¿Qué tipo de inseguridad, la física o la económica, debe atender prioritariamente el Estado? En ese marco se plantea el enfrentamiento entre la visión conservadora, que favorece la utilización de la fuerza, y la liberal, que favorece la política social.

El liberalismo clásico limitaba las funciones estatales a la defensa de la soberanía frente a ataques externos y al uso de la fuerza para garantizar el orden público –Estado gendarme–. Desarrollos posteriores ampliaron esas atribuciones o responsabilidades del Estado a los campos económico y social. La literatura económica, por su parte, delega el manejo de la seguridad en la fuerza pública; al resto del aparato estatal le delega la función de crear las condiciones institucionales y normativas para generar empleo, promover el crecimiento económico y el mejoramiento del nivel de vida. De ahí que para los economistas el alcance de las políticas públicas se limite exclusivamente a garantizar condiciones que faciliten el logro de esas metas. Otras posiciones sugieren que el Estado debe ante todo prevenir el delito, pero redimensionan la importancia del monopolio de la fuerza como mecanismo para garantizar la seguridad porque consideran que ésta se logra es elevando las condiciones socioeconómicas de la población. Esos planteamientos recomiendan la focalización de las políticas en la educación y la generación de empleo.

Frente a estas tesis, existen otras basadas en procesos históricos ocurridos en países occidentales, industrializados y en sociedades postmodernas, países que alcanzaron una relativa paz social antes de desarrollarse y democratizarse por completo[4]. Se argumenta, así, que el liderazgo que tuvo Inglaterra en el siglo XVII se debió a que se anticipó cerca de un siglo a las otras naciones en la adopción de normas que garantizaran adecuadamente los derechos de los empresarios y del resto de la comunidad[5]. En contraposición, la normatividad adoptada en la Europa continental tuvo como efecto retrasar el proceso de desarrollo[6]. Esta interpretación[7] postula que la eficiencia del sistema

---

[4] "Las naciones de Europa occidental tenían una situación favorable por diversas razones. En un aspecto decisivo su época de problemas había terminado: la lucha entre una autoridad central y una fragmentada se había resuelto en favor de la primera. El remanente de jurisdicción feudal y autonomía provincial se había erosionado paulatinamente. Ello permitió el diseño de políticas coherentes y la persecución de objetivos duraderos. Esto era lo que se requería para la victoria de la Corona sobre los vasallos insubordinados, que sabían luchar mejor de lo que podían gobernar". Landes. *The Unbound Prometheus*, 1969, p. 125.

[5] "El inglés del siglo XVIII psicológicamente se sentía más próximo a la riqueza que el francés o el alemán. La razón era que tenía abundancia: el empresario inglés simplemente tenía a su disposición más recursos y más baratos. De ahí que se sintiera más seguro. El granjero británico no conocía la guerra, la época en que su tierra había sido invadida por ejércitos o su hogar saqueado pertenecían al pasado. A diferencia del habitante de Valonia o de Bavaria, podía darse el lujo de confiar, de tener libertad y de sentirse protegido frente a expropiaciones arbitrarias y confiscaciones. Para resumir, los británicos le temían menos a un 'día lluvioso'" (*ibid.*, p. 132).

[6] "El adelanto tecnológico en el Continente Europeo enfrentó obstáculos políticos: las rebeliones y guerras iniciadas con la Revolución Francesa y que terminaron en Waterloo implicaron destrucción de capital y pérdida de mano de obra; inestabilidad política y ansiedad social; merma de los grupos empresariales adinerados; todo tipo de interferencias al comercio; inflación y pérdida del valor del dinero" (*ibid.*, p. 142).

[7] Douglass North. *Institutions, Institutional Change and Economic Performance*, New York, Cambridge University Press, 1990.

productivo y el crecimiento económico dependen de manera sustancial de la información a disposición de los empresarios, de la calidad de las instituciones o reglas de juego y de las garantías que se tengan de su cumplimiento. Los efectos negativos de la violencia y la corrupción sobre el desarrollo se producen bajo la forma de un incremento de los costos de transacción.

Esta interpretación, cada vez mejor documentada, también analizada en Colombia, señala que la inseguridad se constituye en un serio obstáculo para el crecimiento económico, y por ese camino para la generación de empleo y alivio de la pobreza. Estudios de corte transversal señalan que las diferencias en el grado de desarrollo de los países latinoamericanos se entienden mejor cuando se incluye el homicidio como variable explicativa[8]. No es difícil imaginar los efectos devastadores que tiene un ambiente caracterizado por violencia, amenazas y poderosos actores armados, en el que predomina la descomposición social y la percepción de corrupción, donde la riqueza se percibe como algo relativamente fijo y a la vez sujeto a constantes formas de expropiación, y se tiene la sensación de que la forma de acumularla es realizando actividades ilegales, buscando rentas a costa de los demás (*rent seeking*) o de manera violenta. Situaciones de esta naturaleza en Europa quedaron atrás con el medioevo, cuando se logró un acuerdo respecto del alcance de las responsabilidades y la injerencia del gobierno, así como del papel del aparato judicial en la preservación del orden socioeconómico y la protección de los derechos individuales.

Un sistema judicial eficiente requiere de tres elementos esenciales. El primero, que los jueces sean imparciales, autónomos e independientes de influencias políticas –al menos lo más independientes que sea posible, pues la independencia total es inalcanzable–. En segundo lugar, que exista una adecuada delimitación en cuanto al alcance del poder coercitivo del Estado para evitar que la justicia quede al servicio del poder ejecutivo y del aparato estatal, en detrimento del resto de la sociedad. Finalmente, que los jueces, además de su preparación legal, estén capacitados para obtener información

---

8 Mauricio Rubio. "Costos económicos de la impunidad", en *Inseguridad e impunidad en Colombia*, Bogotá, Partido Conservador Colombiano, 1997.

y procesarla a bajo costo, así como para evaluar las consecuencias, en términos de costos derivados, de las decisiones que adopten. North[9] anota: "La correcta interpretación de las normas y conflictos contractuales sólo se alcanza cuando el poder judicial tiene profundos conocimientos de la ley y de la economía…". Y más adelante añade: "No quiero que me malinterpreten, no abogo por un poder judicial que siempre trate de interpretar la ley en función de la eficiencia económica. No es eso. A los jueces les debe preocupar la igualdad y la justicia pero también deben entender el costo de decisiones económicas ineficientes. De lo contrario, no se entenderá lo que hacen. Puede ocurrir que se decida sacrificar algo de eficiencia en beneficio de la igualdad pero, de cualquier manera, debe tratarse de una decisión fundamentada en el conocimiento".

La teoría que sustenta esta investigación vincula el desarrollo económico a la existencia de un tercer agente, eficiente y no arbitrario, encargado de dirimir los conflictos entre particulares y de éstos con el Estado. La tipificación más clara de la desviación por lo que atañe a estas últimas relaciones se agrupa en buena parte bajo el concepto de corrupción. La eficiencia en la justicia se logra cuando los costos del incumplimiento de los contratos y las normas superan los que se derivarían de respetar unas y otros. Ahora bien, la eficiencia solo es posible cuando existen libertades civiles y políticas que facilitan el intercambio de bienes y servicios entre individuos y entre empresas, que sienten protegidos sus derechos.

Entre los valores y derechos que se pretende asegurar en Colombia está la igualdad ante la ley. Es decir, igualdad de oportunidades para el desenvolvimiento de la persona dentro de la sociedad; libertad personal, en todas sus manifestaciones –entre ellas la libertad física y la libertad de opinión–; y seguridad, que comprende las dos anteriores pero también la protección frente a la misma ley (la seguridad jurídica no es solo integridad del ordenamiento legal, sino también certeza del alcance de la ley respecto del ciudadano). Así mismo, se confiere especial valor a la protección de los derechos de propiedad, que en el orden económico constituye la base del sistema productivo, con las

---

9 Douglass North. "No sólo de macroeconomía vive el hombre", en *Estrategia Económica y Financiera*, N° 238, 30 de junio de 1996, p. 11.

limitaciones del caso para el cumplimiento de los fines sociales del Estado. De esta manera, la expresión "seguridad" no puede limitarse a la prevención o castigo de asaltos y amenazas, sino que comporta también una respuesta articulada a todo nivel. Actualmente en Colombia los problemas de violencia y corrupción se extienden a lo largo y ancho del territorio nacional y la justicia está seriamente cuestionada, al igual que la estructura institucional del Estado en su cojunto. Esta situación no sólo afecta el bienestar social y los resultados económicos, sino que también abre las puertas para que agentes externos, que no representan al Estado, administren justicia con base en sus propios intereses y percepciones.

En este capítulo, en una primera parte se indaga por las verdaderas dimensiones de la cultura de incumplimiento de las normas que se le atribuye generalmente a la población. En una segunda parte se evalúan las percepciones de corrupción y de su incidencia en distintos ámbitos. En una tercera parte, sobre la base de la pregunta: ¿cuáles son las necesidades de justicia civil y de justicia penal que tienen los encuestados?, los resultados de la encuesta permiten analizar las percepciones, expectativas y actitudes de los colombianos tanto frente a la justicia civil como a la justicia penal. ¿Qué esperan los ciudadanos –incluyendo los mismos agentes encargados de impartir justicia y preservar el orden– del Estado? ¿Prefieren, ante la sensación de ineficacia o inaccesibilidad de la justicia, acudir a vías alternas? En una cuarta parte, se comparan las percepciones de los jueces y los miembros de las Fuerzas Armadas con las de la población, frente a tópicos esenciales para el buen funcionamiento de una sociedad. No sólo es necesario que la población crea en sus instituciones; más importante aún es que quienes están llamados a velar por el respeto y cumplimiento de las normas crean en ellas. Y en una quinta parte, se busca responder al interrogante: ¿a quién responde la justicia?

I. EL CUMPLIMIENTO DEL DEBER HACE PARTE DE LA CULTURA DEL COLOMBIANO

Es posible tratar de explicar la delincuencia y la violencia mediante razones de orden económico y político. Sin embargo, no se deben dejar de lado razones de tipo cultural que pueden inducir el comportamiento delictivo. En Colombia, tradicionalmente se ha considerado que la cultura de respeto de las normas no figura entre los principales valores de la población o incluso que hay una constitutiva predisposición del colombiano al crimen y que allí reside la causa de la violencia generalizada en el país[10]. Este preconcepto nunca ha estado soportado en evidencia empírica, sino en el enorme malestar de la población derivado de la violencia y la criminalidad. Esta postura no se detiene a indagar si el irrespeto de la legalidad surge porque la población no tiene una cultura de respeto de las normas o si lo que ocurre es que la justicia no funciona y esto estimula el comportamiento delictivo. Plantear este interrogante ayuda a reconducir los problemas a sus verdaderas dimensiones. Las respuestas a las preguntas formuladas reflejan apreciaciones, es decir que permiten establecer lo que la población piensa del entorno en que vive. De acuerdo con ello, en Colombia sólo una de cada tres personas y miembros de las Fuerzas Armadas piensa que *todos o la mayoría cumplen con el deber*. Los jueces tienen mejor concepto del respeto de las normas por parte de la población. Cerca de uno de cada dos jueces considera que la mayoría cumple con el deber (cuadro 1).

CUADRO 1
CUMPLIMIENTO DEL DEBER (PORCENTAJE)

	Población	Jueces	Fuerzas Armadas
Todos cumplen el deber	6	3	2
La mayoría cumple el deber	25	42	34
Algunos cumplen el deber	59	51	62
Nadie cumple el deber	8	2	2

Pregunta 229: ¿Usted cree que la gente en su comunidad es cumplidora del deber?

De una primera lectura se concluye que la gran mayoría considera que tiene derechos individuales sobre las propiedades del Estado, que esos bienes son como propios y no de la comunidad. De ahí que no tengan por qué respetarse

---

10 Ver capítulo sobre inseguridad, violencia y guerra.

como colectivos. En el cuadro 2 se presentan los resultados frente a preguntas tales como *evitar el pago del pasaje del bus, hacer trampa en los impuestos, reclamar beneficios del Estado a los que se sabe que no se tiene derecho*, en una escala de 1 a 10, donde 1 equivale a "nunca se justifica" y 10 a "siempre se justifica". En particular en el caso del pago del pasaje del bus, son considerablemente elevados los puntajes en favor de la violación de las normas. Es interesante observar que, con excepción del reclamo de beneficios del Estado a los que no se tiene derecho, los empleados públicos e inclusive los pobres parecerían tener por las normas mayor respeto que el resto de la sociedad.

CUADRO 2
ACATAMIENTO DE LAS NORMAS CÍVICAS, EN COLOMBIA

	No pagar el pasaje del bus	Hacer trampa en los impuestos	Reclamar beneficios del Estado sin tener derecho	Comprar algo que usted sabe que es robado	Aceptar un soborno en el desempeño de sus deberes
Población	3.7	2.3	2.2	1.8	1.6
Docentes	2.8	2.0	1.9	1.5	1.3
Jueces	2.7	1.7	1.4	1.2	1.2
Fuerzas Armadas	2.7	1.8	1.6	1.4	1.2
Zonas de Violencia	3.2	2.8	2.7	1.8	1.7
Salarios mínimos					
Menos de 1	3.9	2.2	2.3	1.7	1.6
De 1 a 3	3.6	2.3	2.1	1.8	1.6
De 4 a 6	3.9	2.5	2.5	1.9	1.6
Más de 7	3.8	2.4	2.4	2.0	1.7

Preguntas 278 a 282: En una escala de 1 a 10 diga si nunca se justifica (1) o si siempre se justifica (10).

Estos resultados, sin embargo, frente a los de las encuestas del *World Values Survey*, muestran que en el marco de comparaciones internacionales los colombianos no están mal posicionados. Para efectos de evaluar esta situación los resultados de las cinco preguntas se agregaron en una escala con un máximo de 50 puntos. Los encuestados que se acercan a 50 son los que más acatan normas cívicas y los que se acercan a cero son los menos cívicos. El promedio de los 41 países es 40.6 con una desviación estándar de 6.9 (gráfica 1).

Gráfica 1
Acatamiento de las normas cívicas, a nivel internacional

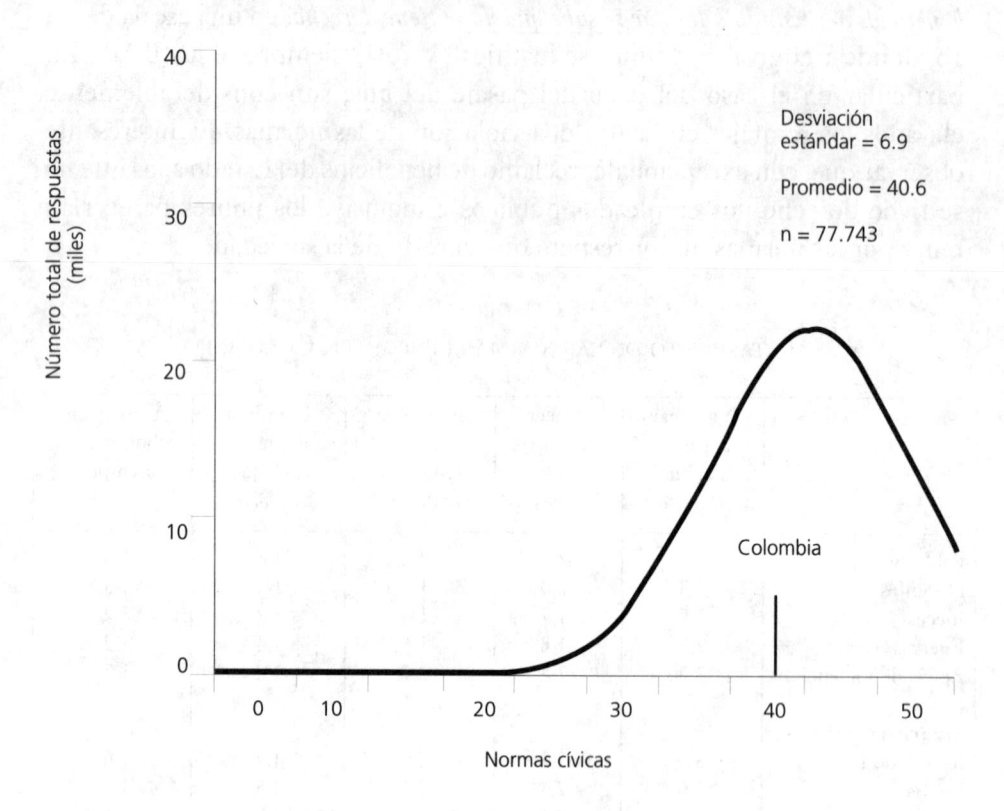

Desviación estándar = 6.9
Promedio = 40.6
n = 77.743

Pregunta: Para cada una de las siguientes afirmaciones diga si cree que nuca se justifican (1) o si siempre se justifican (10): evitar el pago del pasaje del bus; hacer trampa en los impuestos, si se tiene la oportunidad; reclamar beneficios del Estado a los que sabe que no tiene derecho; comprar algo que usted sabe que es robado; aceptar un soborno en el desempeño de sus deberes.

Fuente: *World Values Survey.*

El promedio para Colombia es de 39 puntos. De hecho, países como Finlandia, Francia y Bélgica están por debajo de Colombia en esta escala de acatar las normas cívicas (ver cuadro 3). México registra el índice más bajo de acatamiento de las normas cívicas. En cualquier caso, estos datos no validan la creencia generalizada de que en Colombia hay una mayor propensión a la violación de las normas que en los demás países.

Cuadro 3
Acatamiento de las normas cívicas* y rechazo de la corrupción**, a nivel internacional

País	Normas cívicas	Rechazo de la corrupción	País	Normas cívicas	Rechazo de la corrupción	País	Normas cívicas	Rechazo de la corrupción
Argentina	43	18	Francia	38	15	Portugal	38	17
Austria	43	18	Hungría	39	15	Rumania	41	17
Bélgica	38	16	Islandia	41	18	Rusia	40	17
Brasil	40	17	India	43	18	Moscú	37	16
Inglaterra	41	18	Irlanda	41	18	Corea S.	41	17
Bulgaria	41	18	Italia	41	17	Eslovenia	41	17
Bielorrusia	38	16	Japón	43	17	España	40	17
Canadá	41	18	Latvia	40	17	Suecia	42	18
Chile	39	15	Lituania	41	17	Suiza	42	17
China	43	18	México	33	13	Turquía	44	18
Dinamarca	43	18	Holanda	41	18	USA	42	18
Alemania	43	17	Nigeria	41	17	Colombia	39	18
Estonia	41	17	Irlanda N.	43	18	**Promedio**	**41**	**17**
Finlandia	38	15	Noruega	42	18			

* Indice compuesto por cinco preguntas sobre normas cívicas:
a) "Evitar el pago del pasaje del bus".
b) "Hacer trampa en los impuestos, si se tiene la oportunidad".
c) "Reclamar beneficios del Estado a los que se sabe que no se tiene derecho".
d) "Comprar algo que usted sabe que es robado".
e) "Aceptar un soborno en el desempeño de sus deberes".

** Indice compuesto por dos preguntas sobre corrupción:
a) "Reclamar beneficios del Estado a los que se sabe que no se tiene derecho".
b) "Aceptar un soborno en el desempeño de sus deberes".

Fuente: *World Values Survey*.

Si se limita la escala a las dos preguntas que indagan más específicamente sobre los valores con respecto a la relación entre lo privado y lo público, los resultados señalan que Colombia está por encima del promedio mundial, es decir que se percibe como menos "corrupta". En efecto, mientras que entre 41 países este promedio se establece en 17 el rechazo de la corrupción en Colombia está en 18 en la escala de 1 a 20 (gráfica 2).

GRÁFICA 2
RECHAZO DE LA CORRUPCIÓN, A NIVEL INTERNACIONAL

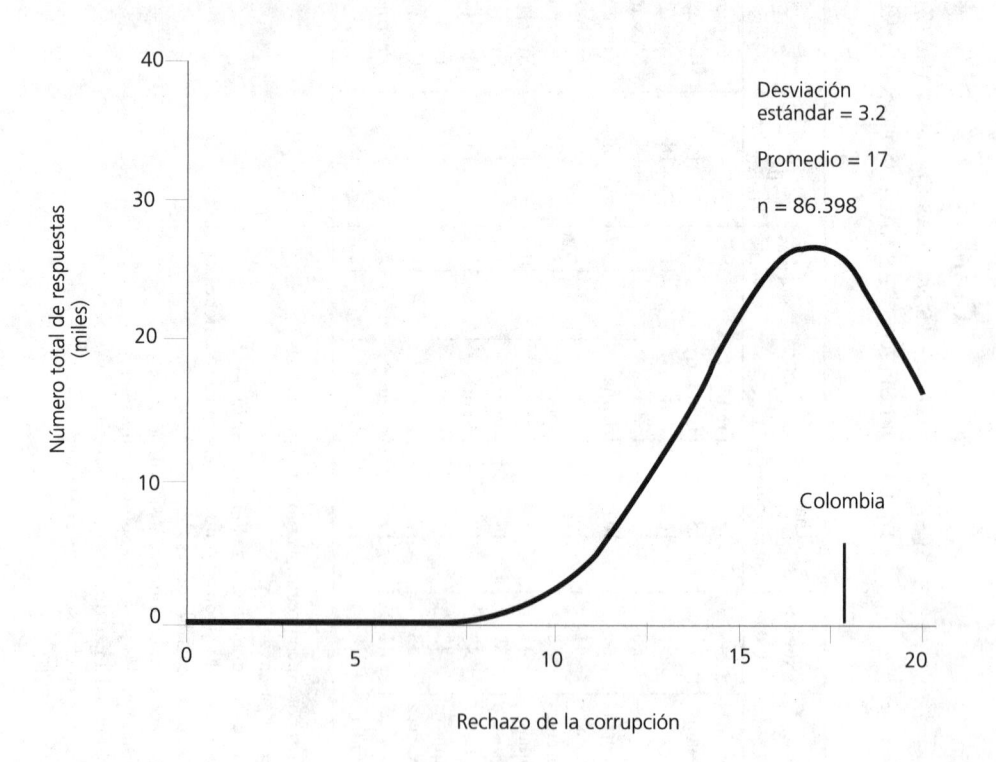

Desviación estándar = 3.2

Promedio = 17

n = 86.398

Pregunta: Para cada una de las siguientes afirmaciones diga si cree que nuca se justifica (1) o si siempre se justifica (10): reclamar beneficios del Estado a los que se sabe que no se tiene derecho; aceptar un soborno en el desempeño de sus deberes.
Fuente: *World Values Survey*.

Estas observaciones permiten concluir que, en el promedio, las actitudes de los colombianos respecto de este fenómeno no difieren mucho de las de otros países. Al contrario, si algo se puede afirmar es que esa supuesta cultura de irrespeto de las normas se percibe como menos pronunciada en Colombia que a nivel internacional. Por lo tanto, no se puede hablar de una cultura supuestamente innata en la población colombiana conducente al no acatamiento de las normas básicas de convivencia social. Entonces, ¿dónde está el problema? La evidencia que surge una y otra vez de esta investigación sugiere que la respuesta puede residir en la impunidad e ineficiencia del aparato judicial. Esto, por supuesto, no puede atribuirse a nada diferente de la falta de legitimidad de las normas y de la estructura institucional que, en particular en lo que concierne a la justicia y la seguridad, como se verá, está más diseñada para proteger al Estado y a quienes lo controlan que para ofrecer garantías al ciudadano y dirimir conflictos entre particulares.

Aquí es preciso subrayar que, por tratar la encuesta de la percepción que tienen los encuestados de sí mismos, y no de estadísticas fácticas (número de delitos, etc.), las respuestas involucran elementos subjetivos difíciles de evaluar: basta pensar, en otro plano, en la relación entre las declaraciones de pertenencia a la fe católica y la proporción de uniones libres y de hijos por fuera del matrimonio. Así las cosas, se podría hipotizar una suerte de "esquizofrenia" cultural, en donde el "deber ser" (los valores, lo que se considera correcto) está no solo muy distanciado sino incluso desligado del comportamiento efectivo de la gente. Este tipo de comportamientos son propios de sociedades en las que se han impuesto estructuras institucionales formales que no están debidamente soportadas por la cultura de la población, por lo que hacer cumplir la ley se torna demasiado costoso. En cualquier caso, es indudable que la relación entre autopercepción y comportamiento efectivo a nivel moral y religioso es un índice para la compresión de la actitud del colombiano frente a ese otro tipo de normas que son las legales.

II. LA CORRUPCIÓN

Por corrupción se entiende la utilización de un cargo público en beneficio propio; también el uso indebido de los bienes del Estado. Todo gobierno, complaciente o represivo, controla la distribución de cuantiosos recursos e impone costos más o menos onerosos a las actividades privadas. Los funcionarios públicos pueden actuar en su propio beneficio en los casos de peculado o malversación de fondos; a veces en el acto intervienen al menos dos partes, como ocurre con el soborno o con la extorsión de particulares. El pago es corrupto cuando es ilegal y el destinatario del dinero es una persona y no las arcas del Estado. Esa conducta afecta el comportamiento de ambas partes: el de quien paga –el particular– y el de quien recibe el dinero –el funcionario–. Este tipo de corrupción se debe diferenciar del que surge en el ámbito político y en el judicial. En cualquiera de estos casos también puede interferirse en la distribución de riqueza. Ahora bien, no puede asumirse que la corrupción tenga el mismo impacto o motivación en todos los países.

La corrupción tiene diversos y perversos efectos. Su impacto global no depende exclusivamente de los pagos que se realizan, sino también de las distorsiones que introduce en la economía. Entre éstas se destaca, en primer lugar, el condicionamiento de la *eficiencia de los funcionarios públicos*. En toda sociedad existen leyes y reglamentos que sirven propósitos sociales productivos, como es el caso de las normas urbanísticas, los controles ambientales y la disciplina y vigilancia del sistema financiero. El soborno contribuye a que se eludan las normas con grandes perjuicios para la sociedad.

En segundo lugar, la corrupción *distorsiona la asignación de recursos. En materia presupuestal* tiende a aumentar el número, tamaño y complejidad de proyectos intensivos en capital, en detrimento de aquellos que requieren bajas inversiones, en la medida en que es más fácil obtener cuantiosos beneficios con los primeros. De esta manera, se reduce la capacidad del Estado para prestar servicios públicos indispensables en los que el cobro de comisiones se dificulta, como en educación y salud. También distorsiona la asignación de *recursos privados*, incluyendo el capital humano, que responde básicamente a la dinámica de la corrupción y no a la bondad de las iniciativas y proyectos. Por lo tanto, estimula la desviación de esfuerzos hacia la captación de rentas y altera artificialmente las prioridades sectoriales y la selección de tecnologías. Quienes sobornan también pueden adquirir derechos monopolistas y así cobrar precios por encima de los que resultarían de mercados competitivos.

En tercer lugar, cuando la corrupción juega un papel importante en la determinación de proyectos y contratistas o los políticos influyen en su aprobación, la evaluación de sus *costos y beneficios* deja de ser el criterio de selección. En esos casos con frecuencia proyectos terminados nunca se utilizan; otros tienen costos de mantenimiento exagerados; otros no se concluyen. También se permite deliberadamente su deterioro para justificar su reconstrucción o reparación y así facilitar la generación de nuevas comisiones[11]. En consecuencia, se afecta negativamente la *rentabilidad* esperada de los proyectos y de la infraestructura existente, lo cual reduce la tasa de crecimiento potencial de la economía. Por ello, a menudo el crecimiento esperado de la inversión resulta muy inferior al estimado por los economistas.

En cuarto lugar, *expulsa a las empresas del sector formal* y puede generar un círculo vicioso en donde el aumento de la corrupción induce actividades económicas informales, las cuales a su vez incrementan la corrupción.

En quinto lugar, menoscaba *la capacidad del Estado de obtener ingresos*, lo que redunda en el incremento incesante de los impuestos, que son pagados por un número cada vez más reducido de contribuyentes –inequidad fiscal–, acentuando los problemas de *concentración* de capitales e ingresos.

Situaciones de la naturaleza descrita hacen que los recursos y esfuerzos de los individuos se orienten a la realización de actividades improductivas y que generalmente resulten premiados quienes tienen acceso a legisladores y funcionarios públicos. Este conjunto de factores lleva a que la corrupción, por las más diversas vías, empobrezca la sociedad, afecte negativamente el crecimiento, oriente el régimen impositivo en contra de los pobres o, al menos, de los asalariados, reduzca la eficiencia de los programas sociales y, en general, redunde en elevados costos de transacción. Las garantías sobre los derechos políticos y de propiedad y la posibilidad de obtener rentas futuras se vuelve con ello incierta, dificultando el desarrollo.

En esta parte se analizan tres aspectos. En primer término, se evalúan las percepciones de los encuestados respecto de la corrupción; acto seguido se indaga sobre quiénes se considera que son los corruptos y quiénes sus

---

[11] Vito Tanzi y Hamid Dawodi. "Carreteras hacia ninguna parte: cómo la corrupción en la inversión pública amenaza el crecimiento", en *FMI, Economic Issues*, N° 12; Paolo Mauro. "¿Por qué preocuparse con la corrupción?", en *FMI, Economic Issues*, N° 6.

beneficiarios. Es importante recalcar de nuevo que no se evalúa la corrupción en sí misma, sino lo que piensa la población al respecto. En tercer lugar, se profundiza su alcance en el campo político y judicial.

A. LA LUCHA CONTRA LA CORRUPCIÓN COMO PRIORIDAD

Las características de la corrupción difieren entre sociedades: puede ser poco frecuente, generalizada o sistémica. Si es poco frecuente, es fácil atacarla. Pero cuando es generalizada, quienes trabajan para el Estado o se relacionan con él creen que la corrupción es el camino para lograr que la maquinaria de éste funcione, generando una dinámica exponencial, que termina por convertir el fenómeno en un problema sistémico. Esto ocurre porque la corrupción de unos estimula la de los demás a aceptar sobornos hasta que todos, incluyendo los más moralistas, se corrompen. Más aún, se llega así a un nivel en que, en efecto, la única posibilidad de supervivencia de los funcionarios correctos es dejar de serlo y hacer lo que hacen los demás. A su turno, los ciudadanos, si quieren obtener respuesta del Estado, tienen que ceder a las pretensiones corruptas de los servidores públicos. Una vez que la corrupción se ha tornado sistémica, su detección y sanción se tornan en extremo improbables.

En esas circunstancias, son muchos los que participan del soborno. El poder económico compra el político que, a su vez, nutre el económico, y así los países se adentran en un círculo vicioso de concentración de poder y riqueza, en el que los funcionarios públicos utilizan el monopolio del poder de regulación y coercitivo del Estado frente al sector privado, así éste en últimas termine dominando al primero. Con la compra de cooperación se logran objetivos que impiden la organización del Estado como un cuerpo unitario en función de los intereses generales. El Legislativo y el Ejecutivo con frecuencia se pronuncian en favor de quienes los apoyan económicamente en las campañas políticas, con independencia de si el origen del dinero es o no lícito y de si los intereses que sirven respetan o no el juego democrático.

La percepción de corrupción en Colombia parece generalizada. La gráfica 3 presenta las cinco *prioridades* que la población considera debe enfrentar el país en los próximos diez años. El primer lugar lo ocupa la disminución del desempleo y el segundo, con un porcentaje similar, la lucha contra la corrupción. La trascendencia que se le asigna a esta última es indiscutible. Sin embargo, cabe destacar que cuando se agrupan la violencia identificada como tal y la representada en la guerrilla (28%), la lucha contra la corrupción y el desempleo pasan a segundo plano. La situación socioeconómica incide en la escogencia de prioridades (gráfica 3): quienes tienen ingresos superiores a cuatro salarios mínimos le asignan la mayor trascendencia; para aquellos que están por debajo de un salario mínimo, es prioritario luchar contra la pobreza (18%), el desempleo (14%), la guerrilla (14%) y la violencia (13%); la importancia asignada por los ricos a combatir la corrupción (23%) duplica la de los pobres (11%) y se asemeja a la que le otorgan a la lucha contra los factores generadores de violencia.

GRÁFICA 3
PRIORIDADES PARA EL PAÍS EN LOS PRÓXIMOS
DIEZ AÑOS, SEGÚN INGRESO Y SECTOR

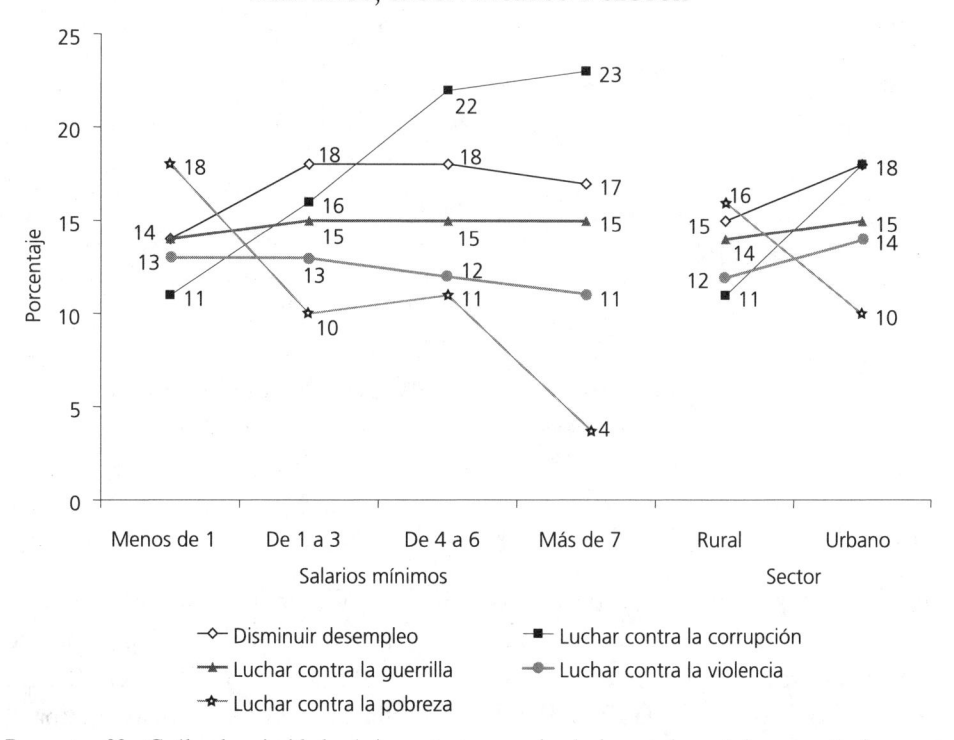

Pregunta 188: ¿Cuál es la prioridad más importante para el país durante los próximos 10 años?

Entre el campo y la ciudad también existen enormes diferencias. Para el sector rural, la corrupción ocupa el quinto lugar (11%), mientras que en el sector urbano comparte el primero con el desempleo (18%).

Por estructura de edades es más importante para los mayores que para los jóvenes. En particular, para la población entre 35 y 44 años es lo más importante (17%) (gráfica 4).

GRÁFICA 4
PRIORIDADES PARA EL PAÍS EN LOS PRÓXIMOS DIEZ AÑOS, SEGÚN EDAD

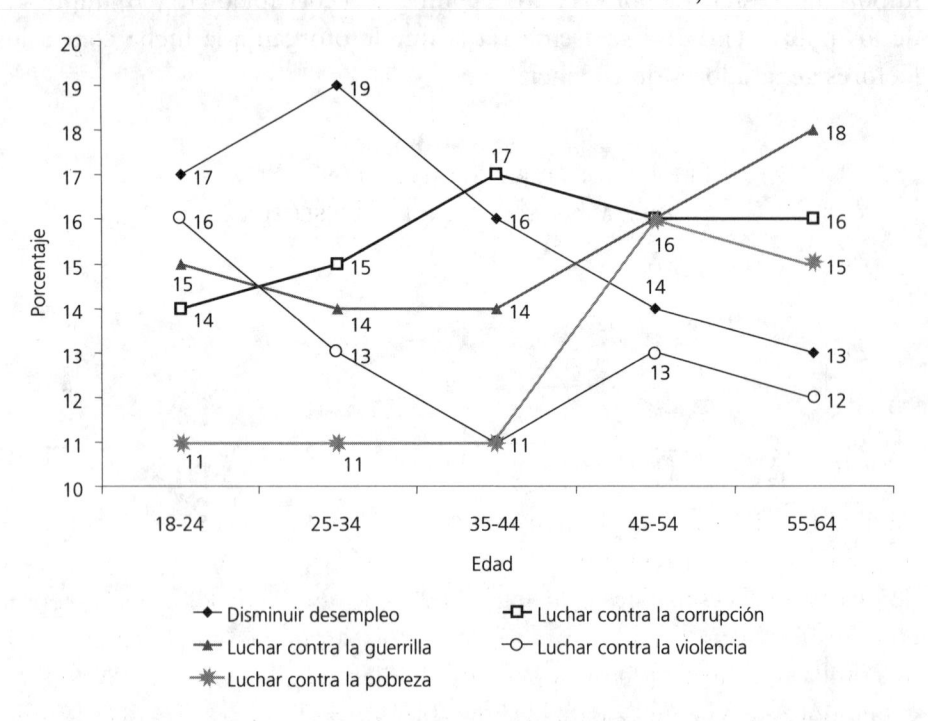

[Gráfica: Porcentaje vs Edad (18-24, 25-34, 35-44, 45-54, 55-64)
- Disminuir desempleo: 17, 19, 16, 14, 13
- Luchar contra la corrupción: 14, 15, 11, 16, 16
- Luchar contra la guerrilla: 15, 14, 14, 16, 18
- Luchar contra la violencia: 16, 13, 11, 13, 12
- Luchar contra la pobreza: 11, 11, 11, 16, 15]

Pregunta 188: ¿Cuál es la prioridad más importante para el país durante los próximos 10 años?

Por regiones, sorprende que en las Zonas de Violencia la lucha contra la corrupción sea lo prioritario y que ésta sea la única porción del país donde este asunto preocupe más que la lucha contra el desempleo o la guerrilla. En el Distrito Capital y en la Zona Pacífica la lucha contra la corrupción ocupa el segundo lugar y en las demás regiones el tercero (gráfica 5).

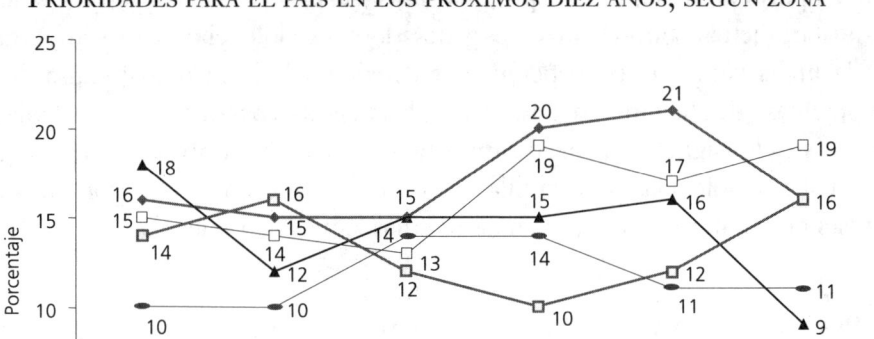

Gráfica 5
Prioridades para el país en los próximos diez años, según zona

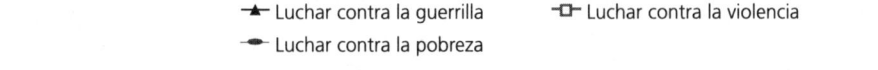

Pregunta 188: ¿Cuál es la prioridad más importante para el país durante los próximos 10 años?

Para educadores, jueces y miembros de las Fuerzas Armadas la importancia de la lucha contra la corrupción cobra aún mayor relevancia. La proporción de jueces que la considera prioritaria (30%) duplica la de los que así piensan en el resto de la población. Para los maestros compite en importancia con la de combatir el desempleo y supera ampliamente la de combatir los factores generadores de violencia; para los miembros de las Fuerzas Armadas compite con la de erradicar la guerrilla (gráfica 6).

Se concluye así que el problema de la corrupción está asociado con los niveles de ingreso y la estructura de edades: afecta más a los ricos que a los pobres; a los habitantes de las zonas urbanas que a los de las rurales y a la población en edad madura que a los jóvenes. En su lugar entre los jóvenes, en los estratos sociales de menores ingresos y en las zonas más pobres del país es prioritario enfrentar los problemas que afectan la seguridad económica. Para los empleados públicos, exceptuando las Fuerzas Armadas –que consideran prioritario actuar contra los agentes generadores de violencia–, lo más importante es la lucha contra la corrupción, por considerarla la principal causa de los problemas que afectan a país. El caso de los jueces es particularmente llamativo pues éstos le asignan el doble de importancia a la lucha contra este flagelo que a combatir la violencia y la guerrilla tomadas en su conjunto, situación que no se presenta ni entre los ricos, ni en las mismas Zonas de Violencia.

GRÁFICA 6
PRIORIDADES PARA EL PAÍS EN LOS PRÓXIMOS DIEZ AÑOS, SEGÚN ESTAMENTO

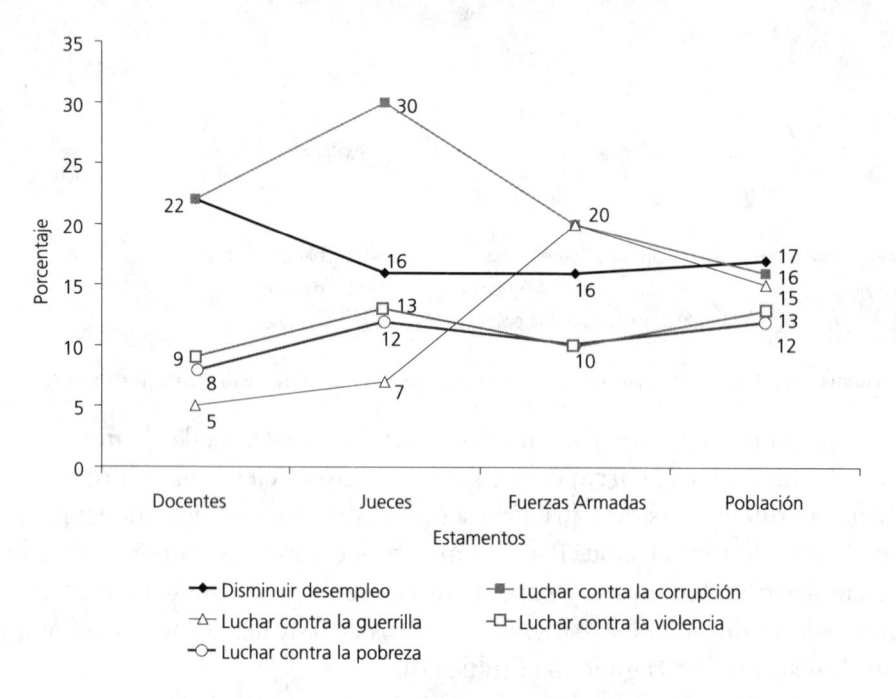

Pregunta 188: ¿Cuál es la prioridad más importante para el país durante los próximos 10 años?

Hay quienes afirman que la corrupción es mayor en la actualidad que en ningún otro período de la historia. Sin embargo, la corrupción no es en absoluto un fenómeno exclusivamente moderno; ha sido un flagelo permanente de la humanidad desde los albores de la civilización, aunque las oportunidades para que florezca a gran escala parecen ser hoy en día mayores que nunca[12]. El tamaño de los proyectos, la movilidad de capitales, la globalización y privatización de empresas estatales facilitan que ello ocurra. La corrupción extendida a todos los ámbitos –síntoma de que el Estado funciona en forma precaria– es especialmente acentuada en los países en desarrollo, no porque su población sea distinta de la de otros países, sino porque las condiciones la propician. La motivación para obtener ingresos extraordinarios es grande, exacerbada por la pobreza y por los sueldos muchas veces insuficientes de los funcionarios públicos, así como por una constitutiva debilidad del Estado que no acierta a afirmarse como garante de los intereses colectivos y a adquirir por esta vía dignidad moral propia.

Adicionalmente, son numerosas las oportunidades de participar en actos corruptos con posibilidades de obtener importantes beneficios económicos. En primer lugar, están las propiedades pertenecientes al Estado, objeto de una tendencia mundial a la privatización. En segundo lugar, las rentas procedentes de monopolios son generalmente elevadas en economías, por paradójico que parezca, a la vez excesivamente reguladas, en las que proliferan normas mal definidas y cambiantes, y en donde, a la vez, los funcionarios públicos gozan de grandes poderes discrecionales. Además, en estos países es mayor la presencia de riesgos de diversa índole (enfermedades, accidentes, desempleo, etc.) y la población suele tener acceso restringido a mecanismos de protección tales como los seguros de salud y las pensiones y a un mercado laboral eficiente[13]. Con frecuencia, en estos países las normas exageran la cobertura de los subsidios frente a la disponibilidad de recursos, en aras de beneficiar a los pobres, y para racionarlos se termina por otorgar excesivo poder discrecional a los funcionarios encargados de asignarlos, lo que genera un clima propicio para la corrupción. A causa de ello con frecuencia se recurre a la intriga o al soborno.

---

[12] James Walsh. "Los costos y secuelas de la corrupción han alcanzado proporciones exorbitadas, provocando una respuesta internacional dirigida a erradicar la lacra", en *Time Magazine*, junio de 1998.
[13] Gray W. Cheryl y Daniel Raufmann. "Corrupción y Desarrollo", en *Finanzas y Desarrollo*, marzo de 1998.

Los mercados corruptos son generalmente cerrados: las normas no son claras y la información sobre costos y precios es restringida. En estos mercados, en la práctica, los funcionarios públicos terminan adquiriendo poderes monopólicos por cuanto quedan habilitados para definir la cantidad y calidad del servicio que suministran: pueden restringir la oferta, aumentando el precio para quien desee adquirir el bien o servicio; también pueden aumentar la oferta por encima de lo establecido por el Estado, si éste ha fijado precios por debajo del que resulta de la demanda a ese precio; o, cuando el recurso es abundante, pueden ponerlo sólo al alcance de quienes "califican", generando escasez mediante mecanismos tales como demoras y trabas o poniéndolo sólo a disposición de quien paga por ello. Un ejemplo típico de esta situación se presenta con las licencias de conducir o el pago de propinas para acceder a un servicio cuando no se llenan los requisitos necesarios[14].

---

14 Susan Rose Ackerman. "La economía política de la corrupción y sus consecuencias", en *Public Policy for the Private Sector*, Banco Mundial, abril 1998. La corrupción en el ámbito económico surge por los más diversos motivos:
Los individuos o empresas pagan para obtener beneficios del Estado. Los gobiernos con frecuencia adoptan políticas que tienen *efectos perversos*: por buscar el bien de los más pobres y desvalidos, con frecuencia terminan pagando costos demasiado elevados. La motivación de cierto tipo de políticas y los beneficios que se espera obtener son claros. Lo que no es claro y además resulta especialmente complejo son las implicaciones. El hecho es que los supuestos beneficiarios rara vez resultan favorecidos. En general el beneficio es capturado por los que están más dispuestos a pagar por el servicio o por la excepción establecida. Es decir, se requiere del pago de propinas o sobornos para tener derecho sobre algo que si estuviera bien estructurado o fuera transparente no demandaría el recurso a este expediente. Entre los mecanismos típicos que se utilizan para estos propósitos está suministrar bienes gratis o a precios inferiores a su costo de producción a determinados segmentos de la población. En consecuencia, surgen precios duales: uno el subsidiado, al que se vende supuestamente a los pobres; y otro el de mercado, para el resto de la población. Este hecho genera incentivos para que las personas paguen por comprar al precio subsidiado. Situaciones similares se presentan cuando frente a problemas en el sector externo de las economías o con el ánimo de proteger la producción doméstica se establecen tasas de cambio múltiples o cuotas de importación.
Los individuos y las empresas pueden pagar para *ahorrar costos*. Por ejemplo, pueden negociar con los recaudadores de impuestos o aduanas para quedar clasificados en rubros

La perversidad de la corrupción sólo se evidencia después de un largo proceso debido a que, por sus propias características, se permite que escale hasta niveles insospechados antes de concluirse que el Estado debe tomar acciones en su contra y de que éstas efectivamente se adopten. Las consecuencias negativas de la corrupción se resumen en la destrucción de la naturaleza o razón de ser de las actividades penetradas por ella. En el mundo de los negocios la corrupción implica costos; en el ámbito público es fatal, pues transforma las instituciones públicas en botín de los particulares. La corrupción en el Estado surge porque las garantías económicas y políticas son frágiles, lo que implica costos de transacción elevados, al contrario de lo que se requeriría para lograr elevadas tasas de desarrollo y generación de empleo productivo. Así, la corrupción es a su turno síntoma de muchos males y no se presenta de manera independiente de la estructura institucional ni de la situación económica, política y social.

---

que implican costos inferiores a los que la ley impone. También hay un incentivo a la corrupción en la ineficiencia del Estado: las personas pagan por ahorrar tiempo, evitar un trámite interminable, etc.

Los gobiernos normalmente adoptan regulaciones, imponen impuestos y se encargan de hacer respetar el orden. En uso de esas funciones los empleados públicos pueden demorar trámites e imponer costos selectivos que afecten circunstancias particulares. Las empresas pueden pagar para influir en la interpretación de las normas o para obtener un juicio favorable, de manera que con ello se afecta la posición competitiva de las empresas mismas. Los incentivos para pagar son particularmente altos cuando los requerimientos regulatorios no son claros y otorgan excesiva discrecionalidad a los funcionarios públicos y cuando las agencias correspondientes son nuevas y no tienen experiencia. Quienes obtienen beneficios, en especial por pagar sobornos a los empleados de menor rango, raramente piensan que con ello se está trabajando ineficientemente.

Los gobiernos compran y venden bienes o servicios y distribuyen subsidios, y recientemente han adoptado políticas de renta de empresas estatales o entrega en concesión de la construcción y administración de infraestructura a operadores privados. Estas estrategias crean incentivos para la corrupción. En los contratos, concesiones o privatizaciones, las grandes empresas pagan propinas a los funcionarios de rangos elevados para quedar clasificadas en caso de licitaciones o supuestas compras abiertas. Muchas veces el alto gobierno está aislado de los intereses corruptos y no demanda corrupción, al contrario que los empleados de menor nivel.

Es imposible cuantificar las sumas de dinero que se distribuyen en el mundo a través del soborno a funcionarios públicos. El Banco Mundial estima que si éste se aproxima al 5% de la inversión extranjera directa y de las exportaciones a países con tendencias corruptas, la cantidad anual rondaría los 80 mil millones de dólares. Estos estimativos se refieren exclusivamente a la rapiña internacional. No incluyen los millonarios costos *internos* en que incurren el Estado y los ciudadanos, ni las implicaciones de la pérdida de eficiencia derivada de las distorsiones que se introducen en la asignación de recursos.

Desde su posesión Wolfensonn, presidente del Banco Mundial, se declaró en pie de guerra contra la corrupción, definida como lo que pagan los particulares y aceptan los funcionarios públicos por cuenta de sobornos, propinas, favores, cohecho, mordidas, coimas o cualquier otro nombre que se le dé. Wolfensonn considera que la corrupción es un mal que echa todo a perder, aunque sus beneficiarios se nutran de ella como si fuera maná caído del cielo. La debacle asiática causada por escándalos de corrupción evidencia que ésta puede inclusive desestabilizar continentes. El efecto perverso que está causando la corrupción a nivel mundial ha llevado a que, bajo el auspicio de la Organización para la Cooperación y el Desarrollo Económico (OCDE), los 29 países más ricos del mundo incluyan en su agenda la aprobación de normas multilaterales para penalizar los sobornos pagados a funcionarios públicos extranjeros. A pesar de que en el proyecto se entrevén vacíos legales, como por ejemplo la exclusión de la penalización por cuenta de dádivas a partidos políticos, dejando la puerta abierta al financiamiento electoral de dudosa legalidad, significa un gran avance. En efecto, hasta fecha reciente algunos de estos países no sólo se negaban a tratar el tema, sino que además permitían deducir tributariamente ese tipo de pagos. Transparencia Internacional, un grupo alemán que busca combatir la corrupción mediante procedimientos como someter a la vergüenza pública a quienes la practican, ha elaborado un listado de 50 países que califica de corruptos. El listado (en orden descendente) fue encabezado en 1997 por Nigeria, Bolivia y Colombia y, el peor, Rusia. En el otro extremo, el de los países que se consideran menos corruptos, están Dinamarca, Finlandia y Suecia.

B. RECONOCIMIENTO DE LA CORRUPCIÓN

Uno de los tipos de corrupción más graves y más complejos de combatir es el que surge cuando los particulares o empresas pagan para obtener beneficios del Estado. En estos casos, los funcionarios públicos con poder discrecional influyen en la distribución y asignación de recursos[15] y, de acuerdo con la naturaleza de los programas, en la oferta de beneficios. La oportunidad y el monto de los pagos que se realizan están en función de los beneficios disponibles, del riesgo que asume quien participa en la transacción y del poder relativo de negociación de quien paga y de quien recibe.

Tratar de *identificar* quiénes son los corruptos contribuye enormemente a la búsqueda de soluciones. Esto debe hacerse en el plano estatal, que representa la oferta de corrupción, y en el de los particulares, que constituye su demanda. En el plano *estatal* se pueden distinguir dos tipos de corrupción. Uno es la cleptocracia, que resulta cuando la corrupción está organizada a nivel del *alto gobierno*. En este caso el Jefe de Estado recibe sobornos de una multiplicidad de agentes: actúa como monopolista y puede expropiar rentas y propiedad de los particulares con el fin de maximizar su riqueza personal o mantenerse en el poder. Los gobernantes corruptos pueden ser derrocados, pero la democracia no se constituye en antídoto de la corrupción, ya que en ocasiones coexiste con ella. La corrupción a nivel estatal también puede estar en manos de *un sinnúmero de funcionarios públicos* que negocian con una gran cantidad de personas y empresas.

En el otro extremo del mercado del soborno están los *particulares*. Entre éstos también es posible identificar grupos. Se puede hablar de un pequeño número de empresarios e individuos corruptos o de un sinnúmero de ellos. En algunos casos la mafia comparte con el Estado la protección de los negocios. La mafia, al ser un grupo organizado que da protección, sustituye al Estado en la provisión de servicios que éste normalmente presta en sociedades organizadas. Un Estado que dependa demasiado de pocos productores generalmente comparte rentas con ellos.

---

15 Ackerman. "La economía política de la corrupción", *cit.*

1. ¿LA CORRUPCIÓN AFECTA A TODOS LOS EMPLEADOS PÚBLICOS O SOLO A ALGUNOS DE ELLOS?

En Colombia el 97% de los encuestados piensa que *algunos, la mayoría o todos los servidores públicos están involucrados en corrupción* (gráfica 7). Esta cifra casi duplica la registrada en Estados Unidos en 1994, año en el que se obtuvo el récord negativo de respuestas frente a una pregunta similar (aunque con menor carga negativa: el 51% de los norteamericanos pensaban que "algunos de los servidores públicos son corruptos"[16]), que a su vez duplica la registrada 30 años antes.

GRÁFICA 7
LA CORRUPCIÓN DEL ESTADO, SEGÚN INGRESO Y SECTOR

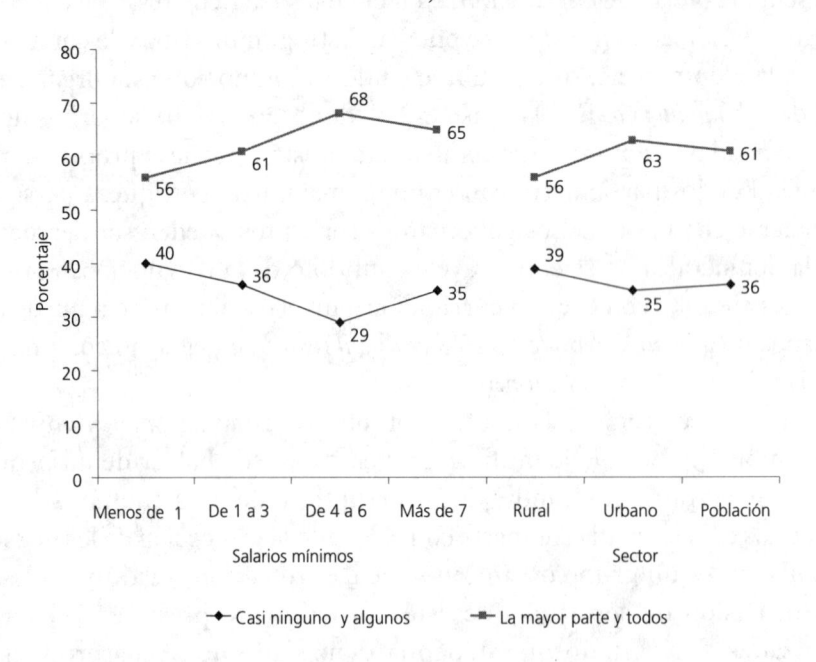

Pregunta 296: ¿Qué tan involucrados diría usted que están los empleados públicos en el serrucho y la corrupción en Colombia?

---

16 Nye *et al.*, 1997, p. 81.

Dando cabida al beneficio de la duda, por cuenta de la interpretación de la categoría *algunos funcionarios públicos*, se tiene que más del 60% de la población piensa que *todos o la mayoría* de los funcionarios son corruptos, lo que llevaría a pensar que la población considera que es un fenómeno generalizado, así dicha percepción sea menos pronunciada entre los pobres (gráfica 7). Los funcionarios públicos, a pesar de ser quienes mayor énfasis ponen en la necesidad de combatir la corrupción, son los menos críticos de la burocracia, en especial los jueces (solo el 26% considera que todos o la mayoría son corruptos) (gráfica 8).

GRÁFICA 8
LA CORRUPCIÓN DEL ESTADO, SEGÚN ESTAMENTO Y ZONA

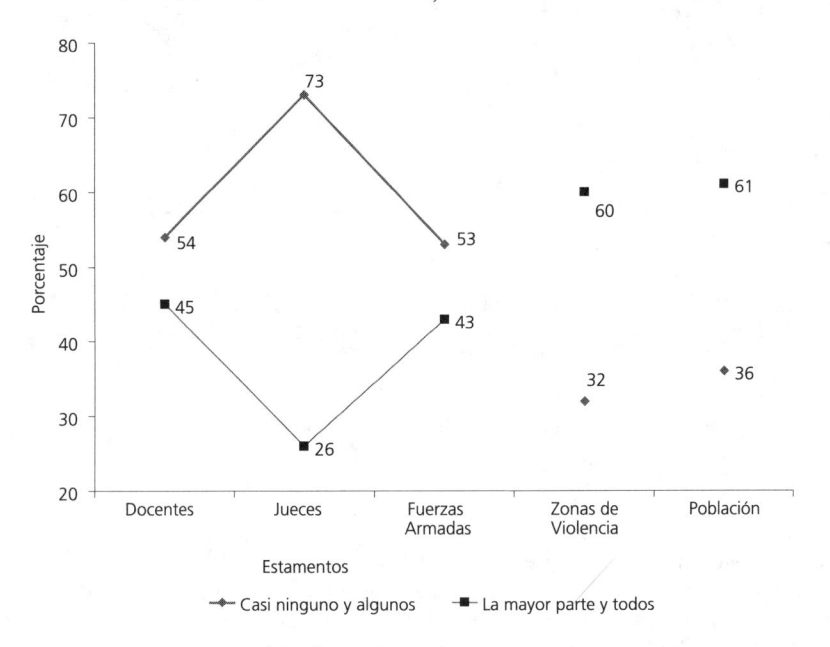

Pregunta 296: ¿Qué tan involucrados diría usted que están los empleados públicos en el serrucho y la corrupción en Colombia?

En el caso de los educadores y de las Fuerzas Armadas esos porcentajes son algo mayores (44% en promedio), pero definitivamente son inferiores a los del resto de la población, incluyendo los más pobres y los habitantes del campo.

En otras palabras: mientras la población percibe la corrupción como generalizada o sistémica a nivel del Estado, los empleados públicos la perciben como concentrada en unos pocos funcionarios.

GRÁFICA 9
PERCEPCIÓN DE CORRUPCIÓN, SEGÚN INGRESO Y SECTOR

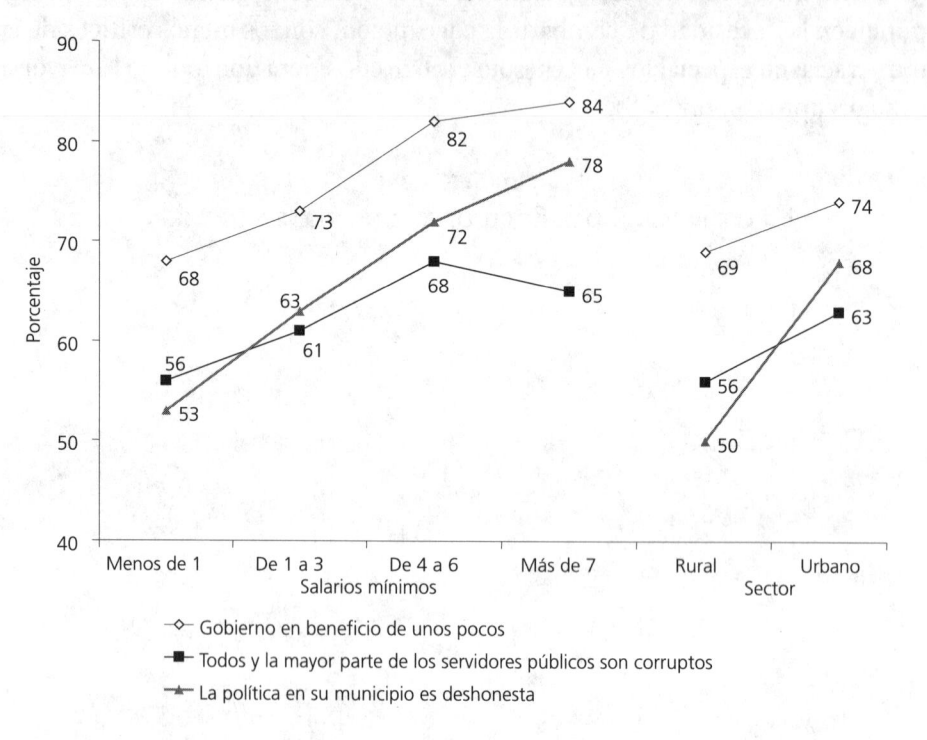

–◇– Gobierno en beneficio de unos pocos
–■– Todos y la mayor parte de los servidores públicos son corruptos
–▲– La política en su municipio es deshonesta

Pregunta 202: ¿Usted describiría la política en su municipio/ciudad como un asunto honesto y transparente o como un asunto deshonesto?
　　Pregunta 218: ¿Diría usted que el país es gobernado por unos cuantos intereses poderosos en su propio beneficio, o que es gobernado para el bien de todo el pueblo?
　　Pregunta 296: ¿Qué tan involucrados diría usted que están los empleados públicos en el serrucho y la corrupción en Colombia?

A todo nivel, se considera que la política municipal es deshonesta (gráfica 10), siendo nuevamente mayor esta percepción entre los ricos que entre los pobres y en el sector urbano que en el rural. Sin embargo, exceptuando los más pobres, es mayor la proporción de población que percibe que la política a nivel municipal es deshonesta que la que piensa que todos o la mayoría de los funcionarios públicos son corruptos. La tendencia en contra de la política en el municipio es particularmente elevada en los estratos altos. Al pasar del campo a la ciudad se reproducen estas percepciones. Desde esta perspectiva, la percepción de los funcionarios públicos se asemeja a la de la población, aunque cabe destacar que los maestros tienen una percepción de la corrupción en la política municipal más elevada que el resto de la sociedad (82%) (gráfica 10). Esta percepción general es confirmada por el hecho de que a la corrupción

GRÁFICA 10
PERCEPCIÓN DE CORRUPCIÓN, SEGÚN ESTAMENTO

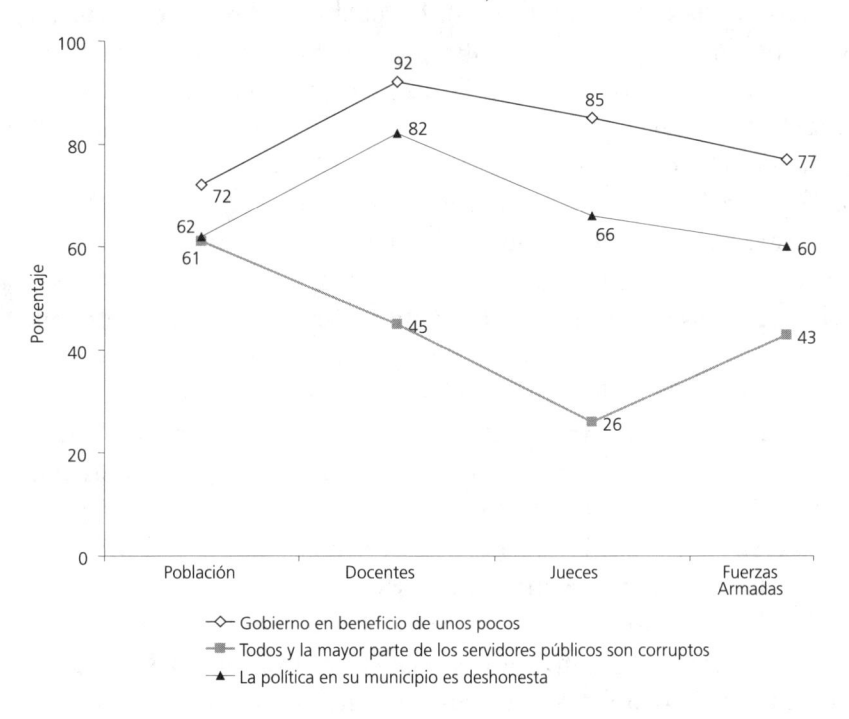

Pregunta 202: ¿Usted describiría la política en su municipio/ciudad como un asunto honesto y trasparente o como deshonesto?

Pregunta 218: ¿Diría usted que el país es gobernado por unos cuantos intereses poderosos en su propio beneficio, o que es gobernado para el bien del todo el pueblo?

Pregunta 296: ¿Qué tan involucrados diría usted que están los empleados públicos en la corrupción en Colombia?

de los administradores locales, que han sabido explotar en su propio beneficio los efectos presupuestales de la descentralización del Estado, se suma que "la guerrilla misma la ha convertido en factor de corrupción y de ineficiencia"[17].

2. LA CORRUPCIÓN BENEFICIA A UNOS POCOS

Una elevada proporción de población percibe que *se gobierna en beneficio de unos pocos*. Esta percepción crece aceleradamente con el aumento en el nivel de ingreso, hasta alcanzar un 84% en los estratos altos, frente al 68% entre los más pobres (gráfica 9). Los educadores (92%), los jueces (85%) y los integrantes de las Fuerzas Armadas (77%) son aún más críticos de la forma como se gobierna el país (gráfica 10). En cualquier caso es particularmente relevante que la población que percibe que se gobierna para unos pocos supere la que piensa que todos o la mayoría de los funcionarios públicos son corruptos o que la política local es deshonesta. Así surjan diferencias de criterios respecto de quiénes son los corruptos (para estratos altos la mayoría de los funcionarios públicos y para los empleados públicos, en particular para los jueces, algunos pocos), éstas desaparecen cuando se indaga sobre los beneficiarios: sólo un reducido porcentaje de la población, concepto que es especialmente elevado entre los más ricos y los funcionarios públicos. Los más pobres y los habitantes del campo son menos críticos de los funcionarios públicos, y también quienes perciben como menos concentrados los beneficios estatales.

Es interesante observar que los habitantes de las Zonas de Violencia, si bien consideran que lo más importante en los próximos diez años es que en el país se combata la corrupción, tienen ideas similares a las de la población respecto de quiénes son los corruptos. Creen, al igual que el promedio del país, que la corrupción a nivel de los empleados públicos es bastante generalizada y que quienes se benefician de los favores del Estado central son relativamente pocos. Sin embargo, surgen diferencias grandes respecto de lo que piensan de los políticos locales, al considerar que éstos son menos deshonestos.

---

17 Alfredo Rangel. *Colombia: guerra en el fin de siglo*, Bogotá, Tercer Mundo, 1998, p. 40.

De lo expuesto se pueden extraer algunas conclusiones. En primer lugar, no cabe duda que la percepción de corrupción es elevada, así ésta sea más acentuada entre los ricos que entre los pobres, mayor en la ciudad que en el campo y en las zonas más ricas del país. Además, una gran mayoría opina, pero nuevamente de manera más acentuada entre los ricos, que casi todos los empleados públicos son corruptos, pero que los beneficios sólo alcanzan a unos pocos, siendo esa percepción menos pronunciada entre los pobres. La condición que parece ajustarse más a las percepciones de los habitantes de las Zonas de Violencia es que la corrupción no sólo toca a todos los funcionarios públicos y beneficia tan sólo a unos pocos, sino que definitivamente no sienten que ellos forman parte de los beneficiados. Los pobres y los habitantes del campo parecerían tener opiniones similares, aunque para ellos el problema es menos generalizado y tampoco consideran que los esfuerzos del Estado deban canalizarse primordialmente hacia su erradicación. En segundo lugar, se destaca que los empleados públicos, y en particular los jueces, además de percibir la corrupción como el problema más apremiante de combatir en el futuro, consideran que son relativamente pocos los involucrados en el negocio: únicamente un puñado de particulares se beneficia con ella y sólo unos pocos funcionarios son corruptos. Exceptuando los maestros, que son bastante críticos de los políticos locales, en general son más los que critican a éstos que los que consideran que la mayoría de los funcionarios públicos son corruptos.

De aquí se deduce que existe una correspondencia entre la percepción generalizada de corrupción y la importancia de combatirla, así haya diferencias respecto de quiénes se consideran corruptos y del grado de concentración de los beneficios. De ser esto así, ¿por qué persiste el problema? Pueden argüirse diversas razones. Una, es que algunos colombianos con enorme poder no están en su contra, bien sea porque no la perciben como problema grave o porque derivan beneficios de ella. Otra, que la presentación del funcionamiento de las instituciones en los medios masivos de comunicación y el despliegue a los escándalos está magnificando la percepción de corrupción pero que, al no tener consecuencias nocivas para los grupos más poderosos e influyentes de la población, no se genera una presión para erradicarla. En esta segunda lectura aparece, inclusive, una relación de causalidad inversa. Por ejemplo, las imágenes negativas de los políticos y el Congreso, transmitidas en los medios, alimentan la desconfianza y esa percepción lleva a que la gente estime que aquello en lo que no confía es corrupto. Una tercera interpretación es que las imágenes negativas y la desconfianza pueden estar más asociadas con hechos tales como la negligencia, el clientelismo, el turismo oficial o los montos artificiales de los contratos públicos. En ese caso, la percepción de corrupción reflejaría más la ineficiencia en la función pública que la deshonestidad propiamente dicha. De cualquier manera, la corrupción, junto con el desorden administrativo y la falta de claridad y coherencia normativa, contribuye al descrédito del aparato de justicia y a la desconfianza en la posibilidad de obtener el respeto de los propios derechos mediante el recurso a la rama judicial del poder público[18].

3. LA CORRUPCIÓN EN EL ÁMBITO POLÍTICO Y JUDICIAL

a. LA POLÍTICA

Es preciso distinguir la corrupción que involucra funcionarios públicos de la corrupción política, que consiste en la compra de votos, las contribuciones legales a las campañas electorales o los recursos provenientes de actividades ilícitas para influir en la adopción de normas y regulaciones.

La principal causa de corrupción en el *ámbito político* deriva del conflicto de intereses que surge entre la población y los políticos. Este fenómeno con frecuencia se subestima. Las campañas políticas demandan recursos. La democracia también le asigna un rol político enorme a sus líderes y éstos con frecuencia pagan para influir sobre los electores y obtener su apoyo. Así mismo se moviliza a los votantes mediante el clientelismo u otro tipo de favores del Estado –fondos con frecuencia no adecuadamente contabilizados–. De otra parte, en ausencia de recursos públicos, la financiación se obtiene de la empresa privada, que paga para evitar los perjuicios que pueden derivarse de decisiones políticas, o para lograr beneficios. Si bien las contribuciones de particulares pueden estar legalmente aceptadas, tanto empresarios como políticos prefieren mantenerlas en secreto. Las normas relacionadas con la financiación de las

---

18 J. A. Bejarano (dir.). *Colombia: inseguridad, violencia y desempeño económico en las áreas rurales*, Bogotá, Universidad Externado de Colombia y FONADE, 1997, p. 25.

campañas pueden ser permisivas, pero también muy restrictivas, y en este caso por lo general se induce el fraude. La corrupción en el ámbito político paga y en parte financia los partidos políticos y las contiendas electorales. Es por esto que algunos países cubren los costos electorales con cargo al Presupuesto de la Nación.

La percepción generalizada de desconfianza en las instituciones políticas[19] deriva en dinámicas complicadas, que en parte explican la desvinculación e indiferencia de los colombianos frente a la política. El desempeño de esa actividad es particularmente difícil en un país en el que el hecho mismo de aspirar a un cargo público o participar en contiendas electorales genera recelo[20]. Los políticos son percibidos en todos los niveles de ingreso, en todas las edades, en el campo y en la ciudad, como verdaderos empresarios que operan en el ámbito de la vida pública por razones de lucro personal y que tienen mayores posibilidades de éxito que los ricos o quienes trabajan, sin distingo de profesiones u oficios (gráfica 11), exceptuando al *narcotraficante*, que es el único que es percibido como más exitoso.

A un mismo tiempo, se considera que la política es una actividad que inspira aún menos respeto que el narcotráfico[21]. Se destaca adicionalmente (cuadro 4) que los funcionarios públicos tampoco respetan a los políticos, así los consideren exitosos (15%), al igual de lo que cree la sociedad.

El círculo vicioso entre desconfianza, promesas electorales y aquellos aspirantes que, una vez elegidos, no cumplen con sus ofertas y por lo tanto no merecen confianza ni respeto, se ve agravado por la percepción que se tiene de que la actividad política es personalmente lucrativa. Aparece así, como un requisito informal para legitimar la función pública, que la actividad debe ser ejercida con una gran dosis de sacrificio personal[22]. De lo contrario, se percibe como el camino más eficiente para obtener riqueza, aprovechándose de la

---

19 Ver capítulo sobre valoración de la política.
20 En una encuesta realizada en Bogotá entre líderes comunitarios sólo un 10% de los encuestados se mostró en desacuerdo con la afirmación de que "hay que desconfiar de quien trata de hacerse elegir" (Gutiérrez, 1997).
21 Ver capítulo sobre estructura de incentivos y sanciones y sus consecuencias económicas.
22 "Los líderes, por serlo, cargan con la obligación del altruismo; no se debe votar por ellos

investidura. De ahí podría concluirse que la participación de los colombianos en las contiendas electorales se constituye en un simple rito, revestido de gran recelo y desconfianza. Esta situación genera dos reacciones: la del votante apolítico, que simplemente cumple con los rituales electorales, y la del votante que, a veces ayudado por un intermediario –por ejemplo, el líder comunitario–, intercambia su voto por beneficios concretos, a los que en sana lógica debería tener derecho, si se respetaran los derechos de las comunidades y si los mercados políticos y económicos funcionaran eficientemente, sin necesidad de recurrir a intermediarios.

GRÁFICA 11
PERCEPCIÓN DEL ÉXITO Y LA RESPETABILIDAD DE LOS POLÍTICOS

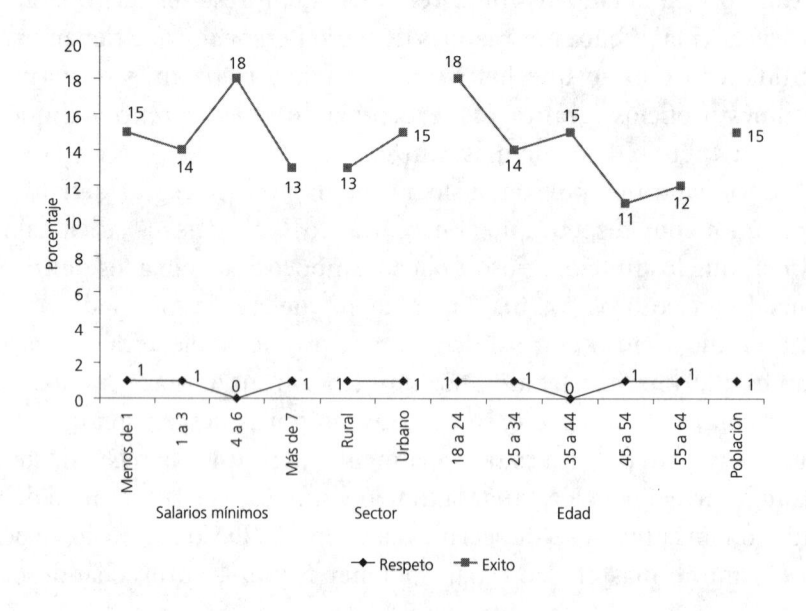

Pregunta 240: ¿Por cuál de las siguientes actividades siente más respeto? (En la gráfica se considera al político).

Pregunta 241: ¿Por cuál de las siguientes actividades siente más éxito? (En la gráfica se considera al político).

---

si incumplen, pero no tienen el derecho de exigir el voto como requisito para cumplir" (Gutiérrez, 1997, p. 143).

Del capítulo sobre valoración de la política surge evidencia para afirmar que la corrupción en el ámbito político está asociada con el estilo de relaciones que prevalecen entre la población, los políticos y los funcionarios públicos (gráfica 12).

GRÁFICA 12
OBJETO DE LA VISITA DE LA POBLACIÓN Y LOS JUECES A LOS CONGRESISTAS

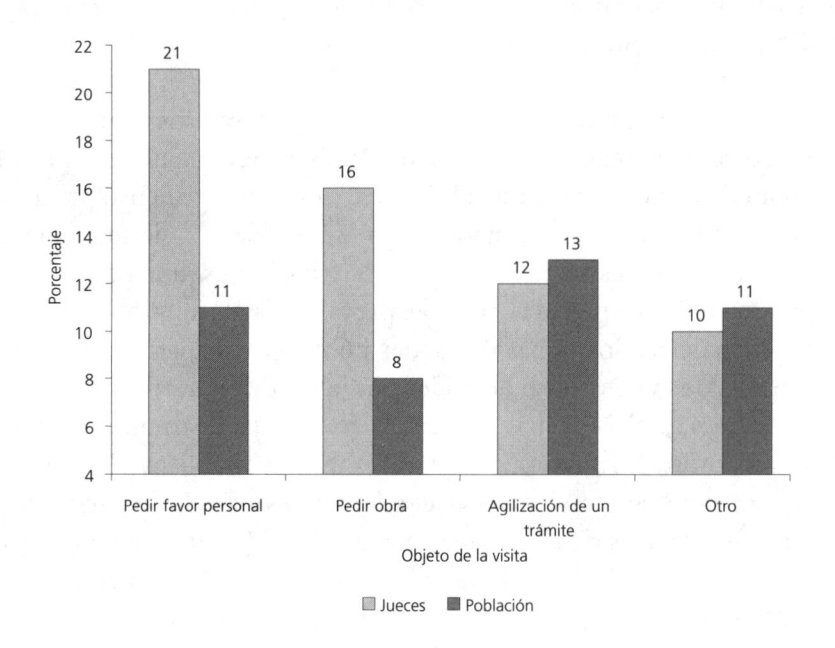

Objeto de la visita	Jueces	Población
Pedir favor personal	21	11
Pedir obra	16	8
Agilización de un trámite	12	13
Otro	10	11

Pregunta 220: ¿Con qué fin visitó al congresista?

En primer lugar, es claro que las visitas a congresistas se realizan mayoritariamente en busca de favores personales y trámites, no identificables con la búsqueda del bienestar de la comunidad, situación diferente a la que surge frente a los concejales, que son más buscados para promover alguna obra, así estos funcionarios no estén exentos de tener que atender favores personales, en particular para los más pobres.

En segundo lugar, al menos en el caso de los congresistas, la corrupción no parece ser tan generalizada y, cuando se presenta, sólo involucra a unos pocos. El congresista no sólo es considerablemente menos visitado que los funcionarios locales sino que quienes más lo visitan son los ricos (el 6% frente al 1% de los pobres).

En tercer lugar, los resultados obtenidos en las Zonas de Violencia son particularmente interesantes si se recuerda que estos segmentos de la población son los que más preocupados están con la corrupción y perciben que involucra a todos los empleados públicos y beneficia tan solo a unos pocos. A pesar de ello, sus habitantes son precisamente los que más visitan a los representantes del poder político tanto en el nivel local como en el nacional en busca de favores personales.

En cuarto lugar, se destaca que quienes más visitan a los congresistas en busca de favores personales (21%) son los jueces, a pesar de no sentir ningún respeto por ellos y de percibir que obtienen éxito mediante el uso privado de su función (cuadro 4). Estos resultados despiertan serias inquietudes en torno a las relaciones entre los políticos nacionales y los jueces, que no parecerían corresponder a las requeridas para la prevalencia de una clara y nítida independencia de las dos ramas del poder público a que pertenecen, lo que con frecuencia deriva en abuso de poder por parte de las autoridades.

En resumen, podría decirse que en el nivel nacional y municipal surgen problemas en torno a las relaciones entre los empleados públicos y la población. En el ámbito político, en el nivel nacional surge una relación inquietante alrededor de unos pocos ricos, los jueces y unos pocos congresistas, en especial para influir en la toma de decisiones. En el nivel local parecería más frecuente la negociación de favores personales a cambio de los votos de los estratos más pobres. La estrecha relación entre jueces y políticos genera inquietudes frente a las posibles interferencias entre el poder ejecutivo y el judicial.

b. LA CORRUPCIÓN EN LA JUSTICIA

La corrupción también puede penetrar el ámbito de la justicia. Los jueces tienen el poder de influir en la distribución de riqueza y de interferir en las libertades individuales. De ahí que surjan incentivos al soborno. En algunos países, la corrupción se origina porque los jueces se sienten mal remunerados y tienen demasiado trabajo y poco apoyo. También puede ser que los jueces no sean corruptos, pero sus ayudantes sí. Cuando la justicia es corrupta, aumentan la incertidumbre de los negocios y las posibilidades de evadir las normas y evitar toda sanción. Por ello quien tiene un pleito potencial lo evita, a menos que pueda pagar elevados sobornos o utilizar otros métodos, como el de contratar a particulares para protegerse o para tener como alternativa el ejercicio privado de la justicia. Pero quizás es más grave aún que se ponga a esta rama del poder público al servicio de los intereses de quienes detentan el poder o del Estado como un fin en sí mismo, en contra de quienes no comparten la forma como se gobierna o quieren compartir sus prerrogativas, o que el poder se utilice para coaccionar la libertad y autonomía de la rama judicial. En estos casos, la existencia de reglas de juego, así sean claras y bien definidas, no significa nada; éstas son tan solo retórica.

GRÁFICA 13
PERCEPCIÓN DEL ÉXITO Y LA RESPETABILIDAD DE LOS JUECES

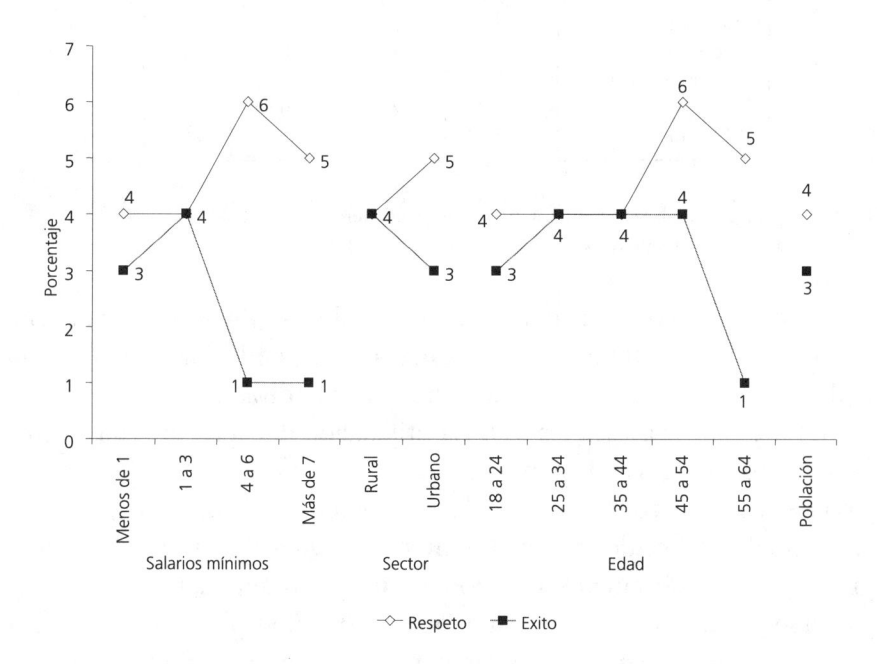

Pregunta 240: ¿Por cuál de las siguientes actividades siente más respeto? (En la gráfica se considera "juez").

Pregunta 241: ¿A cuál de estos oficios le va mejor en la vida? (En la gráfica se considera "juez").

En Colombia los jueces se constituyen en el segmento de la población que más énfasis pone en la necesidad de combatir la corrupción. La percepción que se tiene de ellos es menos precaria que la que se tiene de los políticos, pero aún así no puede considerarse suficiente: en promedio solo el 4% de la población les tiene respeto. Sin embargo, y en contraste con lo que la población piensa de los políticos, la justicia no se percibe como una actividad económica lucrativa: solo el 3% la considera exitosa (cuadro 4 y gráfica 13). La mayor respetabilidad social de los jueces surge entre ellos mismos (31%) y en los estamentos militares (10%). Para los docentes y en las Zonas de Violencia esa respetabilidad es aún más reducida que en el resto de la población.

CUADRO 4
RESPETO Y ÉXITO DE JUECES Y POLÍTICOS

	Jueces		Políticos	
	Respeto	Exito	Respeto	Exito
Docentes	4	1	0	15
Jueces	31	1	0	15
Fuerzas Armadas	10	1	0	15
Zonas de Violencia	3	2	0	15
Población	4	3	1	15

Pregunta 240: ¿Por cuál de las siguientes actividades usted siente más respeto?
Pregunta 241: ¿A cuál de estos oficios le va mejor en la vida?

Ahondar en el papel de la justicia en la sociedad colombiana es de particular importancia, en especial por los indicios de interdependencia entre las ramas del poder público que surgieron en el aparte anterior de las estrechas relaciones entre jueces y políticos (gráfica 12). La utilización del aparato judicial como medio de coacción reviste la mayor gravedad.

En los regímenes democráticos, la corrupción puede llegar a menoscabar la legitimidad del Estado. En los totalitarios, el manejo discrecional de los recursos y la interferencia en el poder judicial puede ser utilizada para mantenerse por los gobernantes en el poder. Si la mayoría de los individuos ricos y poderosos integran la red de corruptos, esta circunstancia ayuda a mantener en el poder a quienes sirven sus propósitos. Si bien la corrupción no alcanza necesariamente a desestabilizar la democracia, sí se rige por normas que van en contravía del intercambio abierto y justo de los miembros que integran la sociedad[23].

Pero, la corrupción no es la única razón que justifica la necesidad de que la justicia sea eficiente. Ello se requiere también para garantizar los derechos de propiedad y la vida en presencia de conflictos que surjan por cuenta de la integración entre los individuos que conforman la sociedad. De ahí que a continuación se profundiza sobre el grado en el cual los derechos de colombianos se están viendo afectados por la falta de garantías sobre sus derechos y sobre lo que la población piensa de la eficiencia de la justicia. En seguida se analiza la confianza que los colombianos tienen en las instituciones judiciales.

III. LA INEFICIENCIA DE LA JUSTICIA

La necesidad imperiosa de que exista un *tercer agente* para dirimir conflictos y ofrecer a los diferentes grupos de interés protección y justicia, o al menos reducción del desorden y respeto de los derechos de propiedad y de los derechos políticos, implica la existencia de un *Estado* con poder coercitivo y monopolio del uso de la fuerza.

Sin embargo, que el Estado tenga poder coercitivo no garantiza la eficiencia de los mercados políticos y económicos. Para ello se requiere además, de una parte, de la existencia de un aparato judicial independiente, con instrumentos que permitan el desenvolvimiento regular y eficiente de los procesos, y de otra, que el agente encargado de velar por el cumplimiento de los contratos sea imparcial. Ese agente, bajo cualquier circunstancia, es un individuo y como tal tiene percepciones subjetivas del entorno y no siempre dispone de toda la información necesaria para fallar de manera justa e imparcial. Los países desarrollados tienden a tener sistemas judiciales más efectivos, con leyes más claras y operadores del derecho más confiables, por lo que se tiene mayor confianza en que los intereses de una parte no inclinarán los

---

23 Ackerman. "La economía política de la corrupción", *cit.*

resultados judiciales. En el mundo subdesarrollado es mayor la incertidumbre, tanto por la frecuente ambigüedad de las leyes como por el comportamiento de los agentes encargados de hacerlas cumplir y dirimir los conflictos.

La eficiencia del Estado también depende de la aceptación de las reglas por parte de la sociedad. Cuando ésta las percibe como *legítimas* acepta fácilmente su cumplimiento. En ese caso, paradójicamente, la importancia del poder coercitivo del Estado se reduce, pues si los miembros de una sociedad están de acuerdo con una norma se tienen que gastar pocos recursos en hacerla cumplir. En contraste, cuando las reglas no se perciben como legítimas, así sea grande el poder coercitivo del Estado, se dificulta imponer su cumplimiento y se vuelve en extremo costoso. Esto ocurre cuando se considera, a pesar de lo dispuesto por las normas, que ciertas actividades no deben prohibirse ni restringirse –por ejemplo, el juego en casinos, la prostitución, el narcotráfico o el contrabando–. En esos casos los costos de imponer la ley se tornan prohibitivos.

A. LA NECESIDAD DE JUSTICIA CIVIL ES GRANDE

Las necesidades de justicia civil son apremiantes. En el último año cerca del 50% de los encuestados *se vio afectado* por problemas cuya resolución sería de competencia de la justicia civil (gráfica 14), y cada uno de los afectados enfrentó en promedio más de 1.8 delitos (gráfica 15). La población afectada por disputas aumenta considerablemente con el nivel de ingreso, siendo particularmente pronunciada en los estratos altos (61%), sin que pueda decirse que es baja entre los más pobres (39%) (cuadro 5). Los jueces y docentes se vieron aún más afectados que la población y cada uno de los más afectados fue víctima en promedio de más de dos delitos.

El diseño de la encuesta permite diferenciar las necesidades de justicia civil en función del tipo de problema, según si es de naturaleza contractual o se refiere a disputas relacionadas con inmuebles (cuadro 5). Los litigios del primer tipo –el no pago de una deuda o el incumplimiento de un acuerdo verbal o escrito– aumentan significativamente con el nivel de ingreso y superan con creces los relacionados con *bienes* –problemas de linderos o servidumbres o con algún vecino–. En este último caso, las diferencias por niveles de ingreso son significativamente menores.

Gráfica 14
Disputas de índole civil en el último año y reacciones, según estamento

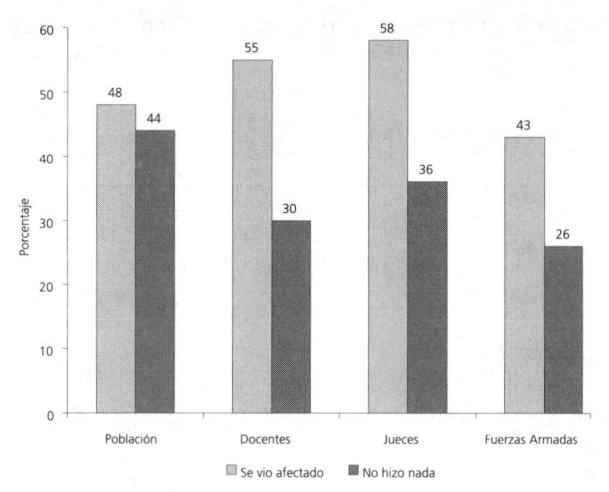

Estamento	Se vio afectado	No hizo nada
Población	48	44
Docentes	55	30
Jueces	58	36
Fuerzas Armadas	43	26

Preguntas 133 a 138: ¿Usted o alguien de su hogar se vio afectado por alguno de los siguientes problemas? (En la gráfica se considera "se vio afectado").

Pregunta 141: En el caso que usted considera como el problema más grave, ¿cuál fue su reacción? (En la gráfica se considera "no hizo nada").

Gráfica 15
Disputas de índole civil por habitante*, según estamento

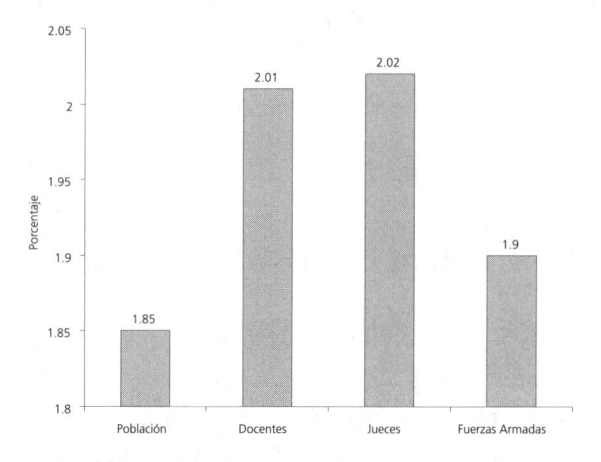

Estamento	Porcentaje
Población	1.85
Docentes	2.01
Jueces	2.02
Fuerzas Armadas	1.9

* Se sumó el número de disputas por las que cada individuo se vio afectado y se promedió con el total de la población.

Preguntas 133 a 138: ¿Usted o alguien de su hogar se vio afectado por alguno de los siguientes problemas? (En la gráfica se considera "se vio afectado").

Cuando se pregunta: *de los problemas que lo afectaron, ¿cuál considera el más grave?*, el 39% de la población señala aquellos de tipo *contractual* y sólo el 6% menciona los relacionados con disputas en torno a inmuebles (cuadro 6).

CUADRO 5

NECESIDAD DE JUSTICIA CIVIL*, SEGÚN ESTAMENTO E INGRESO

	Población	Jueces	Fuerzas Armadas	Salarios mínimos			
				– de 1	De 1 a 3	De 4 a 6	+ de 7
DE CONTRATOS	74	103	79	58	75	92	109
No le pagaron algo que le debían	32	43	34	23	33	41	45
Insistían en cobrarle una deuda que usted no podía pagar	14	10	7	12	16	13	19
Le incumplieron un acuerdo escrito o verbal	19	37	29	13	18	27	33
Lo engañaron en la venta de algo	9	13	9	10	8	11	12
DE BIENES	13	14	9	12	13	19	15
Problemas de linderos o servidumbres	5	7	3	5	5	6	7
Otros problemas con algún vecino	8	11	6	7	8	13	8

* La suma de los porcentajes no da 100 pues un mismo individuo se pudo ver afectado por más de un problema.

Preguntas 133 a 138: ¿Usted o alguien de su hogar se vio afectado por alguno de los siguientes problemas?

B. LA SATISFACCIÓN ESPERADA ES BAJA

Ante la necesidad de justicia civil la satisfacción esperada es baja. El cuadro 3 presenta las reacciones de los afectados por disputas de índole civil frente al problema que consideran más grave y las agrupa en: actitud sumisa, intermediación privada, vía estatal y vía violenta. Del total de afectados sólo el 20% reacciona acudiendo a una autoridad estatal.

Cuadro 6
Disputas consideradas más graves, según estamento e ingreso

	Población	Jueces	Fuerzas Armadas	Salarios mínimos			
				– de 1	De 1 a 3	De 4 a 6	+ de 7
DE CONTRATOS	39	50	39	32	40	47	56
No le pagaron algo que le debían	19	19	20	14	20	27	23
Insistían en cobrarle una deuda que usted no podía pagar	8	4	4	8	8	6	11
Le incumplieron un acuerdo escrito o verbal	8	21	13	5	8	10	16
Lo engañaron en la venta de algo	4	6	2	5	4	4	6
DE BIENES	6	7	6	7	6	6	5
Problemas de linderos o servidumbres	2	2	3	3	2	2	2
Otros problemas con algún vecino	4	5	3	4	4	4	3
No se vio afectado	55	43	55	61	54	47	39

Pregunta 139: De los problemas anteriores, ¿cuál considera que fue el más grave?

Dentro del 80% que no busca apoyo estatal, el 13% busca intermediación privada profesional o de un cura; el 2% opta por amenazar a la contraparte, como única vía o como complemento de alguna de las otras; el resto, un impresionante 67%, adopta una actitud sumisa y soporta lo que claramente es una situación difícil de aceptar o injusta frente al problema que considera más grave, puesto que se resigna a su suerte "no hizo nada" o realiza un arreglo amistoso. Si se miran en mayor detalle los resultados, no se encuentran diferencias por sexo o por edad que valga la pena analizar[24] (cuadro 7).

---

24 Tan solo cabe mencionar que los más jóvenes acudieron mucho más que el promedio a la policía (10%) y los de mayor edad lo hicieron a la alcaldía (8%). El uso de la amenaza es constante en las diversas edades (2%), y sólo cae a partir de los 45 años (1%), hasta desaparecer después de los 54 años. Los hombres (3%) recurren más a la amenaza que las mujeres (1%).

Cuadro 7
Reacciones ante disputas civiles, según estamento

	Población	Jueces	Fuerzas Armadas
Actitud sumisa	67	68	61
No hizo nada	44	37	25
Trató de arreglar con amigos	23	31	36
Intermediación privada	13	11	20
Ir donde el cura	1	1	1
Habló con un abogado	12	10	19
Vía estatal	20	20	20
Ir a la Policía	6	2	4
Ir a la Fiscalía	8	12	14
Ir a la Alcaldía	4	4	1
Acudió a otra autoridad estatal	2	2	1
Vía violenta	2	0	1
Amenazó a la persona	2	-	1

Pregunta 141: En el caso que usted considera como el problema más grave, ¿cuál fue su reacción?

En su lugar, conviene detenerse en las diferencias que se presentan por niveles de ingreso (cuadro 8). En contraste con lo que sería de esperar, los más ricos, a pesar de ser los más afectados por disputas civiles, son quienes menos utilizan la vía estatal (el 16%, contra el 28% de los más pobres). Por el contrario, en términos relativos, la intermediación de un abogado tiene mayor peso para aquellos con ingresos superiores a cuatro salarios mínimos. Estos estratos no sólo son los que más buscan servicios profesionales (17%) sino que la importancia que le asignan a esta vía es superior a la que le atribuyen al recurso del Estado. Sorprende que los más ricos sean quienes más acudan a la vía violenta (5%) como mecanismo de defensa contra lo que consideran injusto. Para los de menores ingresos el abogado no parece ser tan accesible o deseable: sólo el 8% dice haber recurrido a uno. De ahí se concluye que frente a disputas de índole civil los integrantes de este estrato sólo tienen, realmente, dos alternativas: acudir a la autoridad o adoptar una actitud sumisa. Por tanto, para ellos la disponibilidad de la vía estatal es crucial. De ella depende su posibilidad de acceder a la justicia[25].

CUADRO 8
REACCIONES ANTE DISPUTAS CIVILES, SEGÚN INGRESO

	Salarios mínimos			
	Menos de 1	1 a 3	4 a 6	Más de 7
Actitud sumisa	64	68	66	66
Intermediación privada	8	12	16	17
Vía estatal	28	19	18	16
Vía violenta	1	2	2	5

Pregunta 141: En el caso que usted considera como el problema más grave, ¿cuál fue su reacción?

Los jueces y miembros de las Fuerzas Armadas son los menos dados a permanecer inactivos frente a disputas de índole civil y, a su vez, sin que sean los más dados a recurrir a las autoridades estatales, son los más dados a solicitar ayuda de abogados, inclusive en mayor proporción que los segmentos más ricos de la sociedad. La proporción que acude directamente a la vía estatal es similar al promedio de la población, aunque inferior a la de los pobres. Cabe destacar, sin embargo, que tanto la población en general como los jueces y militares, entre los distintos agentes estatales, prefieren acudir a la Fiscalía (justicia penal), y que ésta no es una entidad competente para tales efectos.

C. RAZONES PARA NO ACUDIR A LAS AUTORIDADES

Además de las pocas expectativas que se tienen frente a las disputas de índole civil, es importante analizar las razones por las cuales las personas deciden no acudir a ninguna autoridad estatal. El 60% de la población, el 88% de los

---

25 Desde la perspectiva urbano-rural hay diferencias, pero ninguna es protuberante. En el sector rural la actitud es más sumisa (68 vs. 66%), se acude menos a los abogados (7 vs.

jueces y el 78% de los militares asume una actitud pasiva. En términos generales alrededor del 30% considera que la disputa no es grave y el resto –una proporción más elevada– que los arreglos amigables funcionan mejor (cuadro 9). La calificación de que una disputa no es grave, particularmente alta entre los jueces, es bien paradójica. Esa respuesta lleva implícita una evaluación previa de que el costo de tratar de hacer respetar los derechos supera las posibilidades de recuperar lo perdido. De ahí, y como se desprende del análisis que se realiza a continuación, se puede concluir que en Colombia hacer cumplir las normas es demasiado oneroso. Es decir, los costos de transacción son elevados. En países donde éstos son reducidos no sólo es un verdadero derecho denunciar a quienes irrespetan las normas, sino que también es una obligación para con el resto de la sociedad. Esto hace que la impunidad no sea la norma. Por el contrario, la falta de información de parte de las autoridades y de la misma sociedad sobre la ocurrencia de delitos e infracciones lleva a que éstos proliferen impunemente. Quien es víctima de un delito cree que es el único. Un juez personalmente involucrado en una disputa civil debería actuar por los conductos legales, por principio, ya que es el ciudadano más comprometido con la justicia. Por ello es grave que la población en general no recurra al Estado, pero es más grave aún que los jueces y miembros de las Fuerzas Armadas no lo hagan, puesto que ellos son los encargados de dirimir conflictos, impartir justicia, mantener el orden público y poner a funcionar los instrumentos estatales al servicio del derecho (cuadro 7).

Ahora bien, ¿qué ocurre con ese otro 44% que viéndose afectado por alguna disputa *decide no hacer nada*? (cuadro 7). Las razones expuestas tienen gran trascendencia por estar relacionadas con la percepción que tienen los colombianos del funcionamiento de la justicia. El 36% considera que la justicia es inoperante –alega trámites demorados y complicados, el no saber a quién acudir y no tener claro cuál es la autoridad competente– y un no despreciable 9% evita actuar por la vías legales por temor a las represalias o porque considera

---

14%) pero más a la vía estatal (23 vs. 19%). En el ámbito regional, sobresale el peso de la actitud sumisa en la Zona Oriental (74%) y la frecuente utilización de abogados en las Zonas de Violencia (14 vs. 15% en el Distrito Capital). En estas zonas, la vía estatal es usada en el 18% de los casos, respecto de un promedio del 12%.

que las amenazas funcionan mejor (cuadro 9). Entre las razones por las cuales los jueces y los militares, frente a disputas de índole civil, no acuden a las autoridades, el 22% arguye la inoperancia de la justicia. Entre los militares, además, se destaca que consideran que sólo las amenazas funcionan y un no despreciable 4% arguye que el problema lo ha tenido con las autoridades mismas. Los jueces y los militares son los menos críticos de la efectividad de la justicia, sin dejar de reconocer que el problema existe.

CUADRO 9
RAZÓN PARA NO ACUDIR A LA AUTORIDAD
POR DISPUTA CIVIL, SEGÚN ESTAMENTO

	POBLACIÓN	JUECES	FUERZAS ARMADAS
Temor	9	1	3
Temor a represalias	5	1	1
Sólo funcionan las amenazas	4	–	2
Pasividad	66	88	78
El caso no era lo suficientemente grave	28	33	27
Los arreglos amigables funcionan mejor	38	55	51
Inoperancia de la justicia	36	22	23
Era muy demorado	10	8	9
Trámites complicados	13	7	11
No está claro quién es la autoridad	2	1	–
No sabía a quién acudir	11	6	3
El problema era con las autoridades	2	–	4

Pregunta 142: Si no recurrió a alguna autoridad estatal, ¿cuál fue la principal razón para no hacerlo?

Se destaca no sólo la elevada proporción de necesitados de justicia civil, incluyendo jueces y militares, que acuden a autoridades que tienen poco o nada que ver con esta jurisdicción, por pertenecer en su mayoría al aparato de la justicia penal o a la Administración Pública, sino también la de aquellos que no saben qué hacer, evidenciando otro de los grandes problemas que aquejan a los colombianos: la falta de información o la ignorancia con respecto a los derechos que se tienen y sobre los procedimientos para hacerlos respetar.

Podría afirmarse que para recuperar la eficacia de la justicia civil en Colombia y para devolver la credibilidad de la población en ella, además de la necesidad de diseñar mecanismos adecuados para satisfacer las demandas de los ciudadanos, es indispensable comunicar e instruir a la población, incluyendo a jueces y miembros de las Fuerzas Armadas, acerca de sus derechos y de cómo ejercerlos para que acudan al Estado en busca de apoyo y protección y para que cuando lo hagan recurran a la autoridad competente.

D. LA NECESIDAD DE JUSTICIA PENAL ES GRANDE

1. LOS ATENTADOS CONTRA LA VIDA TIENEN UNA FRECUENCIA ENORME

Al analizar la justicia penal se destaca que su necesidad es elevada, aunque menor que la de justicia civil. En materia civil, cerca de uno de cada dos colombianos se vio afectado por una disputa en el último año; en el caso penal esta proporción es de uno a tres (gráfica 16).

Esa proporción crece en el caso de los jueces y miembros de las Fuerzas Armadas. Que los delitos sean menos que las disputas civiles no puede considerarse estimulante, en particular si se tiene en cuenta que en promedio cada afectado padeció más de dos delitos en el último año (gráfica 17). En el caso de los docentes y jueces ese promedio es alarmante pues se aproxima a tres.

Las necesidades de justicia penal por cuenta de amenazas o atentados *contra la vida e integridad personal* de la población son enormes en términos relativos, así sean inferiores a las derivadas de delitos *contra la propiedad*: en el último año el 12% de los encuestados se vio afectado por delitos contra la vida y la integridad personal, y el 24% por atentados contra el patrimonio. Se destaca la baja incidencia de delitos con autoridades involucradas.

Gráfica 16
Afectados por algún delito en el último año y reacción, según estamento

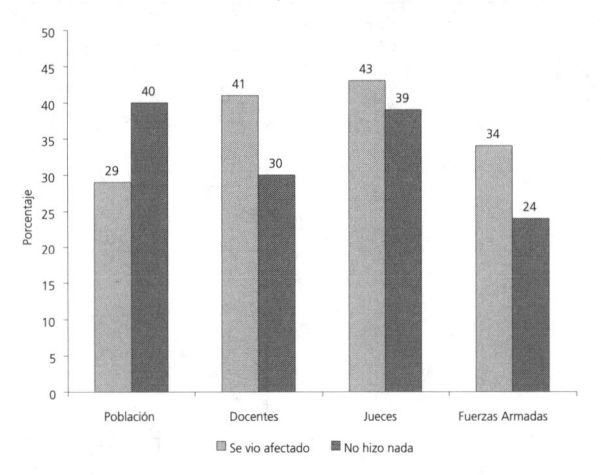

Preguntas 143 a 154: ¿En el último año usted o alguien de su hogar se vio afectado por alguno de los siguientes hechos? (En la gráfica se considera "se vio afectado").

Pregunta 157: Para este caso que usted considera más grave, ¿a quién recurrió? (En la gráfica se considera "no hizo nada").

Gráfica 17
Delitos por habitante, según estamento

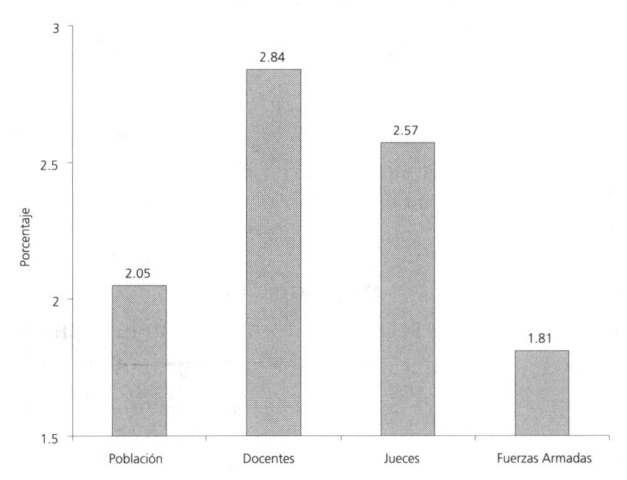

Preguntas 143 a 154: ¿En el último año usted o alguien de su hogar se vio afectado por alguno de los siguientes hechos? (En la gráfica se considera "se vio afectado").

Cuadro 10
Necesidad de justicia penal*, según ingreso y estamento

Delitos que lo afectan	Menos de 1	1 a 3	4 a 6	Más de 7	Población	Jueces	Fuerzas Armadas
DELITOS CONTRA LA PROPIEDAD	16	24	43	31	24	42	29
Hurto o robo sin arma	8	11	17	20	11	24	17
Atraco o robo armado	4	7	15	4	7	9	5
Fraude o estafa	3	5	8	5	5	6	5
Extorsión, boleteo	1	1	3	2	1	3	2
DELITOS CONTRA LA VIDA E INTEGRIDAD PERSONAL	9	9	15	19	12	14	14
Lesiones personales	2	2	5	8	3	2	5
Violencia en el hogar	3	3	4	4	3	4	3
Amenazas de muerte	3	2	3	5	3	4	3
Homicidio	1	2	2	1	2	2	3
Secuestro	-	-	1	1	1	2	-
Delitos con autoridades involucradas	-	1	2	2	1	1	1
Ninguno	78	72	58	58	71	57	66

* Los delitos no suman 100% dado que un individuo pudo verse afectado por más de un delito.

Preguntas 143 a 154: ¿En el último año usted o alguien de su hogar se vio afectado por alguno de los siguientes hechos?

La franja de los más necesitados de justicia penal en el país es la de ingresos medios hacia arriba (más de 4 salarios mínimos). Con la disminución del nivel de ingreso disminuye considerablemente la necesidad de justicia penal, en particular por *delitos contra la vida e integridad personal*[26] (cuadro 10). Los

---

26 Los grupos menos necesitados de justicia penal son los mayores de 54 años (25%) y las

atentados contra *la propiedad* afectan particularmente a la clase media y a la alta, aunque a esta última en menor grado.

Los jueces y los miembros de las Fuerzas Armadas son quienes más declaran verse *afectados por delitos* (43 y 34%, respectivamente, frente a 29% del resto de la población), en especial por aquellos contra *la propiedad*. En el caso de los jueces, la incidencia de tales hechos supera inclusive la que se registra en los estratos de más altos ingresos y se asemeja a la de los estratos de ingresos medios. Entre los delitos contra la propiedad se destacan el hurto o robo sin arma y el atraco o robo armado por ser los más frecuentes, en particular en los estratos medios. En cuanto a los delitos contra la vida y la integridad personal, se destacan por su frecuencia las lesiones personales, la violencia en el hogar y la amenaza de muerte, cuya incidencia aumenta con el nivel de ingreso. En las Fuerzas Armadas las víctimas de lesiones personales son más frecuentes; y entre los jueces las de amenaza de muerte y de violencia en el hogar (cuadro 9).

Frente a los delitos que se consideran *más graves*, se destacan nuevamente el hurto o robo sin arma y el atraco. Los militares le atribuyen igual importancia al atraco y a las lesiones personales. A los jueces les parecen más graves que al resto de la población las amenazas de muerte, en tanto que los militares les atribuyen igual gravedad que al homicidio (gráfica 18).

2. LA SATISFACCIÓN ESPERADA CON RESPECTO A LA JUSTICIA PENAL

Ante la necesidad de justicia penal, ¿cuál es la satisfacción esperada por los encuestados? Los cuadros 11 y 12 permiten responder esta pregunta. De los afectados por delitos en el último año, el 40% no hizo nada o arregló amigablemente. Es decir, no esperó que la justicia penal interviniera para identificar a los responsables y prefirió adoptar una actitud sumisa o llegar a una solución por fuera de los cauces judiciales.

---

mujeres (26%). Finalmente, un dato curioso: la violencia en el hogar es más frecuente en los estratos altos (6%). Por género no hay mayor diferencia en la incidencia de este tipo de delito: mujeres 4% y hombres 3%.

Gráfica 18
Delito más grave por el que se vio afectado, según estamento

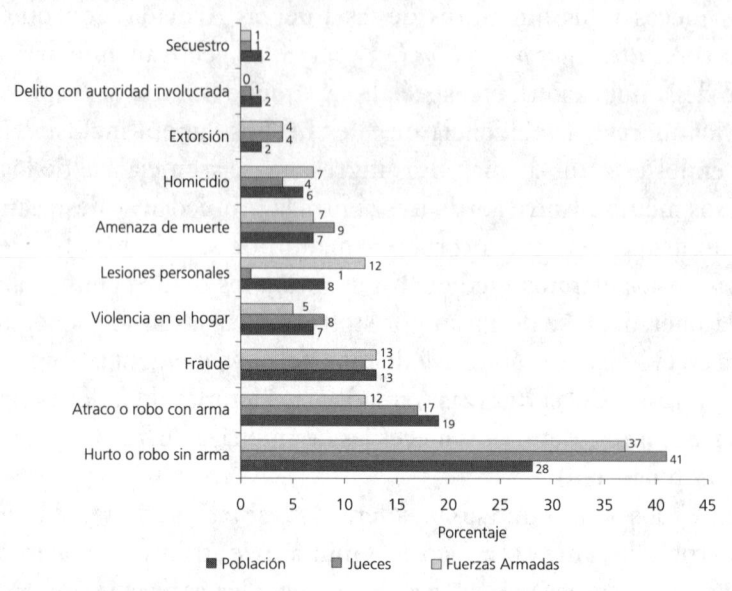

Delito	Población	Jueces	Fuerzas Armadas
Secuestro	1	1	2
Delito con autoridad involucrada	0	1	2
Extorsión	4	4	2
Homicidio	7	4	6
Amenaza de muerte	7	9	7
Lesiones personales	12	1	8
Violencia en el hogar	5	8	7
Fraude	13	12	13
Atraco o robo con arma	12	17	19
Hurto o robo sin arma	37	41	28

Pregunta 155: De los delitos de que ha sido víctima, ¿cuál considera más grave?

La satisfacción esperada con respecto a la actuación de la justicia penal presenta patrones de comportamiento semejantes a los observados frente a la justicia civil: la actitud sumisa aumenta en la medida en que disminuye el ingreso, así las diferencias sean menos marcadas (cuadro 11). Aún así, se destaca nuevamente que los pobres son quienes más buscan la vía estatal. Es sorprendente lo poco que se busca la intermediación privada (un abogado o un cura) para atender problemas penales. La razón es que los encuestados adoptan la posición de denunciantes, no de sindicados o acusados necesitados de un abogado. Este comportamiento tiene otra explicación obvia: en materia penal la víctima se siente débil e impotente frente a quien la agredió o no conoce al responsable; en cambio, en materia civil la contraparte es conocida y menos intimidante[27]. La utilización de la vía violenta frente a delitos es

---

27 La satisfacción esperada de la justicia penal no cambia significativamente entre el sector

menor que ante los casos civiles, aunque nuevamente los más ricos son quienes con mayor frecuencia recurren a este instrumento.

CUADRO 11
REACCIÓN ANTE EL DELITO, SEGÚN INGRESO

	Salarios mínimos			
	Menos de 1	1 a 3	4 a 6	Más de 7
Actitud sumisa	49	49	44	46
Intermediación privada	2	6	8	7
Vía estatal	55	47	51	45
Vía violenta	0	1	1	2

* Los porcentajes no suman 100% dado que un individuo pudo recurrir a más de una autoridad.
Pregunta 157: Para el caso que usted considera más grave, ¿a quién recurrió?

Sorprendentemente, los jueces, frente a los delitos, asumen una actitud similar a la del promedio de la población, aunque buscan relativamente más la intervención del Estado y son quienes más acuden a la amenaza (cuadro 12). En contraste, frente a los delitos los miembros de las Fuerzas Armadas son los menos sumisos y a su vez quienes más buscan una respuesta de parte del Estado.

---

rural y el urbano. Sin embargo, por zonas hay diferencias que vale la pena mencionar. En la zona Oriental, en comparación con el promedio, la actitud sumisa en lo penal pesa poco (41%), mientras que la vía estatal es utilizada con mayor frecuencia (57%). En su lugar, en las Zonas de Violencia la actitud sumisa pesa significativamente (59%), en tanto que solo allí nadie dice utilizar la amenaza como medio de solución del conflicto.

CUADRO 12
REACCIÓN ANTE EL DELITO, SEGÚN ESTAMENTO

	POBLACIÓN*	JUECES	FUERZAS ARMADAS
ACTITUD SUMISA	48	50	37
No hizo nada	40	39	24
Trató de arreglar con amigos	8	11	13
INTERMEDIACIÓN PRIVADA	7	5	3
Habló con un abogado	5	5	3
Ir donde el cura	2	-	-
VÍA ESTATAL	48	56	65
Ir a la Fiscalía/ el juzgado	14	27	23
Ir a la Alcaldía	2	-	1
Ir al Ejército	1	3	1
Ir a la Policía	28	20	39
Acudió a otra autoridad estatal	3	6	1
VÍA VIOLENTA	1	2	1
Amenazó a la persona	1	2	1

* Los porcentajes no suman 100% dado que un individuo pudo recurrir a más de una autoridad.
Pregunta 157: Para el caso que usted considera más grave, ¿a quién recurrió?

3. RAZONES PARA NO ACUDIR A LAS AUTORIDADES

Entre las razones para no acudir a la justicia penal se destacan sus defectos. La inoperancia, la ausencia de autoridad y la tramitología fueron citadas por el 35% de los afectados y la falta de pruebas por el 16%. Por otra parte, el 17% arguye que el caso no era muy grave. Paradójicamente, a pesar de que los jueces y los miembros de las Fuerzas Armadas son de nuevo los más dados a considerar que el delito de que fueron víctimas no era grave (uno de cada cuatro piensa de esa manera), aducen que la falta de pruebas los inhibe de acudir a la justicia y a la vez critican menos la efectividad de la justicia (cuadro 13).

Cuadro 13
Razón para no acudir a la autoridad ante el delito, según estamento

	Población	Jueces	Fuerzas Armadas
Temor	30	24	24
Temor a represalias	15	7	12
La solución privada funciona mejor	15	17	12
Pasividad	17	26	21
El caso no era muy grave	17	26	21
Inoperancia de la justicia	35	23	29
Inoperancia de la justicia	11	2	5
Trámites complicados	11	9	15
Ausencia de autoridad	13	12	9
Autoridades involucradas	1	–	–
Falta de pruebas	16	27	24

Pregunta 158: Si no recurrió a la autoridad estatal, ¿cuál fue la principal razón para no hacerlo?

En segundo lugar, y después de la falta de efectividad de la justicia, aunque en una proporción similar, la población considera que la *justicia privada* funciona mejor: el 15% piensa que la búsqueda de justicia funciona más bien en su contra –entendiendo esto como los actos que agentes no estatales realizan y que se traducen en "temor a las represalias"– y otro 15% estima que la solución privada es mejor (cuadro 10). En total, el 30% de la población y el 24% de los jueces y miembros de la Fuerzas Armadas se abstienen de acudir a la justicia estatal porque consideran más eficiente la *justicia privada*. Se destaca así la gran importancia de la justicia privada, dada la elevada proporción de encuestados que afirma haber actuado a través de ella o dejado de actuar por miedo a ella.

Al comparar estas cifras con las correspondientes a las de segmentos de la población que acuden a la justicia estatal (48%) es necesario aclarar que el 30% que le da importancia a la justicia privada es parte del total que no acude a ninguna autoridad (48%), bien sea porque no hace nada o porque arregla amigablemente (cuadro 12). En consecuencia, la proporción que le otorga importancia a la justicia privada, frente al total, se aproxima al 15%, cifra que es elevada si se recuerda que la proporción que acude a la Fiscalía o a un juzgado es del 14%, así la que recurre a la Policía sea el doble (28%). En relación con el grupo que prefiere la vía estatal (48%), la proporción de quienes recurren o le temen a la justicia privada equivale a casi una tercera parte. La importancia de la justicia privada para los jueces y militares es ligeramente menor frente al total de quienes se ven afectados por un delito. Sin embargo, al comparar la proporción de jueces y militares que le atribuyen eficacia a la justicia privada frente a la de los que acuden a la vía estatal se destaca que ésta es aún más significativa: en el caso de los jueces alcanza el 42% y en el de los militares el 37%.

E. CAUSAS DE HOMICIDIO

1. LA JUSTICIA PRIVADA

Algunas preguntas específicas vinculadas con el *homicidio* indican que la importancia de la justicia privada parece tener dos orígenes.

En primer lugar, la *percepción de impunidad* es enorme frente al homicidio. La justicia privada parecería una forma de obtener lo que no se logra por la vía estatal. Frente a la pregunta de *si conoce a alguien que fue asesinado en los últimos cinco años* el 44% de la población responde afirmativamente y el 78% que el homicidio del cual se enteró de manera directa no fue aclarado. Los jueces (68%) y militares (61%) se vieron afectados por una mayor proporción de homicidios en el mismo periodo y en ambos casos más de dos terceras partes manifiestan que éstos no fueron aclarados (cuadro 14). Aunque estas cifras son bastante inferiores al supuesto 99% de impunidad que ha hecho carrera en los medios de comunicación sin sustentación empírica, su magnitud es monumental pues refleja lo que para los encuestados es la realidad con base en la cual toman sus decisiones. Más grave aún es que una proporción no despreciable afirma saber quiénes fueron los responsables, en particular entre los miembros de las Fuerzas Armadas. Dentro de este estamento más de uno de cada dos afirma saber quién fue el responsable, frente a uno de cada tres en promedio entre la población y los jueces.

CUADRO 14
SITUACIÓN RESPECTO DEL HOMICIDIO, SEGÚN ESTAMENTO

	POBLACIÓN	JUECES	FUERZAS ARMADAS
Alguien conocido fue asesinado	44	68	61
El homicidio no fue aclarado	78	77	69
Sabe quiénes fueron los responsables	28	30	54

Pregunta 182: ¿Alguna persona que usted o alguien de su hogar conocía personalmente, fue asesinada en los últimos 5 años? (En el cuadro se considera "sí").
Pregunta 183: ¿Sabe usted si ese homicidio fue aclarado por las autoridades? (En el cuadro se considera "no fue aclarado").
Pregunta 184: ¿Tiene usted alguna idea de quiénes fueron los responsables? (En el cuadro se considera "sí").

En segundo lugar, *la percepción de eficacia* de la justicia privada (ajustes de cuentas y ajusticiamientos) es grande. Más de una cuarta parte de los encuestados le atribuye a la justicia privada los homicidios de los cuales se entera. Si se incluye la limpieza social dentro de esta forma de justicia privada, la proporción sube hasta el 32%. Para los jueces y militares, si bien la situación es menos clara y la importancia de la justicia privada frente al delito es inferior a la que le asigna el resto de la población, no deja de ser elevada (gráfica 19).

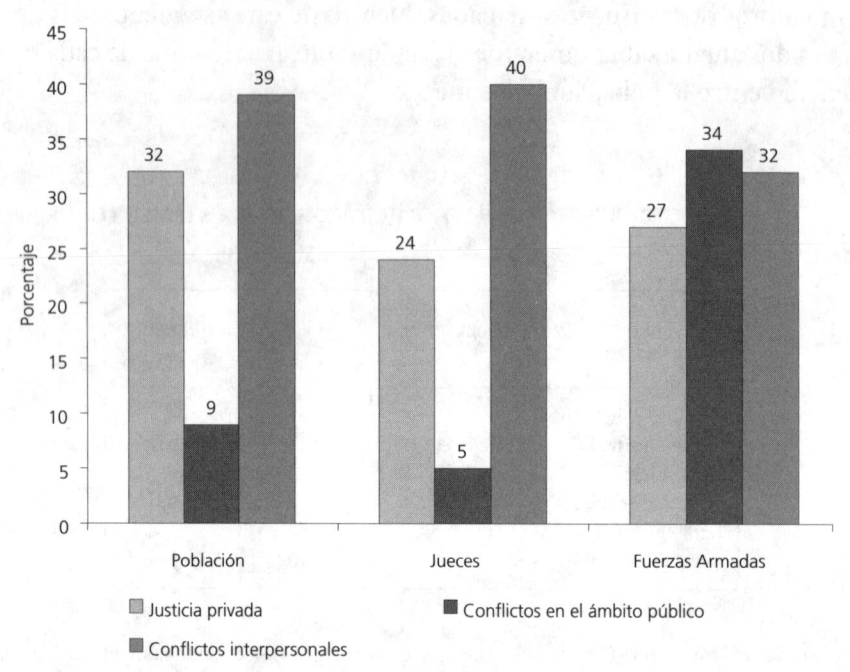

Gráfica 19
Causa del homicidio, según estamento

Estamento	Justicia privada	Conflictos en el ámbito público	Conflictos interpersonales
Población	32	9	39
Jueces	24	5	40
Fuerzas Armadas	27	34	32

Nota: Justicia privada = ajuste de cuentas, ajusticiamiento, limpieza social; conflictos en el ámbito público = intervención legal, enfrentamiento armado; conflictos interpersonales = riña, atraco, maltrato familiar, equivocación y diferencias políticas.

Pregunta 185: ¿Podría usted dar su opinión acerca de cuál fue la principal razón para que ocurriera ese homicidio?

La responsabilidad en los homicidios que la población y los jueces le atribuyen a la justicia privada supera en cuatro y quince veces, respectivamente, la que le atribuyen al enfrentamiento armado (8%). En contraste, los miembros de las Fuerzas Armadas le asignan menor protagonismo a la justicia privada que al enfrentamiento armado (cuadro 15). Así surjan diferencias, no se puede concluir que para la población y los jueces la presencia de los grupos alzados en armas sea ajena a los ajustes de cuentas o ajusticiamientos. Puede significar simplemente que frente a la pregunta, por la forma como se formuló, la muerte por cuenta del enfrentamiento armado se entiende como muerte en el campo de batalla, percepción que en el caso de las Fuerzas Armadas es más pronunciada. Al agrupar estas dos causas se encuentra que más del 40% de la población, del 30% de los jueces y del 61% de los miembros de las Fuerzas Armadas les atribuyen el origen de los homicidios.

CUADRO 15
CAUSA DEL HOMICIDIO, SEGÚN ESTAMENTO

CAUSA	POBLACIÓN	JUECES	FUERZAS ARMADAS
Justicia privada	32	24	27
Ajuste de cuentas	19	10	14
Ajusticiamiento	8	14	11
Limpieza social	5	-	2
CONFLICTOS EN EL ÁMBITO PÚBLICO	9	5	34
Enfrentamiento armado	8	2	27
Intervención legal	1	3	7
Delitos contra la propiedad	21	28	24
Atraco	21	28	24
CONFLICTOS INTERPERSONALES	18	12	8
Riña	15	7	6
Maltrato familiar	1	-	1
Equivocación	2	4	1
Diferencias políticas	-	1	-
No sabe	20	31	7

Pregunta 185: ¿Podría usted dar su opinión acerca de cuál fue la principal razón para que ocurriera ese homicidio?

La percepción sobre la eficacia de la justicia privada varía entre las diferentes categorías de encuestados. Resulta particularmente preocupante que sea precisamente entre los jóvenes y los más ricos donde se percibe que ésta opera más eficientemente que la justicia estatal. La diferencia frente a los demás grupos de edades y de ingresos se aproxima a los 10 y 8 puntos porcentuales, respectivamente. Entre los más jóvenes la limpieza social como causa de homicidio tiene cierta relevancia. Si se incluye esta causa dentro de la definición de justicia privada –aunque en estricto sentido no lo es porque su objetivo no es atacar al responsable de una "falta" o a sus allegados sino a una "clase" de individuos estigmatizados por diferentes prejuicios, entre los cuales puede estar el considerarlos una amenaza para la sociedad– el peso de la justicia privada como explicación del homicidio es comparativamente mayor en los segmentos de más de cuatro salarios mínimos (cuadro 16).

CUADRO 16
PERCEPCIÓN DE LA EFICACIA DE LA JUSTICIA PRIVADA, SEGÚN EDAD E INGRESO

	Ajuste de cuentas	Ajusticiamiento	Limpieza social	Total
EDAD				
18 a 24 años	19	10	7	36
25 a 34 años	21	10	5	26
35 a 44 años	17	5	5	27
45 a 54 años	20	6	1	27
55 a 64 años	16	8	1	25
SALARIOS MÍNIMOS				
Menos de 1	22	5	4	31
1 a 3	15	9	6	30
4 a 6	25	10	4	39
Más de 7	30	7	0	37

Pregunta 185: ¿Podría usted dar su opinión acerca de cuál fue la principal razón para que ocurriera ese homicidio?
Pregunta 187: ¿Usted o alguien en su hogar tiene un arma de fuego?

2. CONFLICTOS INTERPERSONALES

El que los jueces (30%), la población (40%) y los miembros de las Fuerzas Armadas (61%) responsabilicen mayoritariamente de los homicidios a la justicia privada y a los conflictos en el ámbito de lo público, tomados en su conjunto, no es motivo para que se subestime la importancia del atraco y de los *conflictos interpersonales* como causas de homicidio: después del atraco, estos últimos figuran entre las principales causas de homicidio para casi uno de cada cinco colombianos y para uno de cada diez jueces y miembros de las Fuerzas Armadas (cuadro 15). Dentro de los delitos categorizados como conflictos interpersonales se destaca en especial la riña.

3. BALANCE DE LAS DOS JUSTICIAS

Algunos de los principales puntos comentados hasta aquí pueden sintetizarse en el cuadro 17, que agrupa las percepciones sobre la justicia estatal y la privada, así los resultados obtenidos frente a la primera no correspondan en realidad a la eficacia sino a la satisfacción esperada.

Cuadro 17
Las dos justicias, según estamento

Justicia estatal	Necesidad de justicia			Satisfacción esperada		
	Población	Jueces	Fuerzas Armadas	Población	Jueces	Fuerzas Armadas
Justicia civil	45.00	57.00	45.00	20	20	20
Número de disputas	1.85	2.02	1.90			
Justicia penal	29.00	43.00	34.00	48	56	65
Número de delitos	2.05	2.57	1.81			

Justicia privada	Población	Jueces	Fuerzas Armadas
Disputas civiles	9	1	3
Delitos	30	24	24
Eficacia justicia privada (sin limpieza social)	27	24	25

El 44% de la población que conoció de un homicidio cercano, el 68% de los jueces y el 61% de las Fuerzas Armadas se toma como el 100% para efectos del cálculo de la eficacia de la justicia.

Es claro que la necesidad de justicia civil supera ampliamente la de justicia penal, por el porcentaje de personas que se dice afectado por un problema de su competencia, así sea mayor el número de problemas penales que en promedio afectó a cada persona. Sin embargo, la satisfacción esperada de la justicia civil es menor. Sólo uno de cada cinco afectados espera algún tipo de respuesta del Estado. En el caso de la justicia penal, alrededor de un 50% de la población y de los jueces afectados espera una respuesta, siendo mayor esta expectativa en el estamento militar (65%) (cuadro 17).

Estas percepciones contrastan con la eficacia que los encuestados le atribuyen a la justicia privada. En el caso de la justicia civil, frente a la proporción de población que espera alguna eficacia de la intervención del Estado, se destaca que la mitad cree más en la justicia privada, relación que es apreciablemente menor entre jueces y militares. En el caso de la justicia penal, esta relación también es mayor entre la población (62%) que entre los jueces (50%) y miembros de las Fuerzas Armadas (38%), sin que esta última pueda considerarse baja. El resultado de las Fuerzas Armadas puede estar relacionado con la elevada proporción de delitos que sus miembros le atribuyen a la guerrilla, delitos que en el caso de la población y de los jueces se perciben más como ajusticiamientos o ajustes de cuentas.

Lo expuesto hasta aquí permite concluir que en Colombia la estructura de las instituciones judiciales presenta serios problemas. En primer lugar, las reglas de juego indican que hay una clara desviación entre el enfoque que se le ha dado a las políticas del Estado y la realidad de las necesidades sociales, y por esta vía entre aquellas y los resultados obtenidos. En efecto, de una parte, se ha puesto más énfasis en la justicia penal, cometiendo equivocaciones por la forma rapsódica e incoherente como se ha reaccionado frente al delito. De la otra, se ha dejado de lado la justicia civil, que es precisamente donde es mayor la frecuencia de problemas y menor la satisfacción esperada. Se concluye así que al descuido en el campo de la justicia civil se suma que no se ha tenido éxito en el de la criminalidad.

En segundo lugar, la actuación de la población e inclusive de jueces y militares frente a las disputas o la delincuencia en el país lleva implícito haber evaluado previamente que lo que se puede ganar solicitando la intervención de los jueces es inferior a los costos en que se tiene que incurrir por buscar el reconocimiento judicial de los propios derechos. Esto, en otras palabras, significa que en Colombia la percepción generalizada con base en la cual se toman decisiones es que resulta demasiado costoso hacer respetar los derechos que se derivan de los contratos y las que se reconocen en las normas.

En tercer lugar, dada la interpretación que se le ha dado al conflicto armado y al narcotráfico –clasificación de los hechos punibles y diferentes normas que tipifican los delitos en el ámbito político– el éxito en la lucha ha sido precario. Más del 40% de la población considera que los homicidios tuvieron su origen en esas organizaciones.

En cuarto lugar la población, pese a la apremiante necesidad de justicia, parecería estar resignada a su ineficiencia, y por tanto a una actitud de sumisión o a recurrir a métodos de justicia privada.

De ahí surgen diversos interrogantes. Es posible que la principal causa del desbordamiento de la actividad delictiva en el país resida en la poca atención que se le ha prestado a la resolución de disputas civiles. Problemas relativamente menores no resueltos, como el incumplimiento de los contratos o el fraude, vinculados con la transferencia de la propiedad, pueden constituirse fácilmente en generadores de violencia. Esta situación podría prevalecer en la población en general, y en particular en los estratos altos que son los que más acuden a la violencia frente a disputas civiles y más creen en la eficacia de la justicia privada. También cabe recordar la causa que adujo "Tirofijo" para iniciar su lucha guerrillera, que lleva ya más de cuarenta años de escalada: el robo no resuelto de unas gallinas.

Los costos de transacción parecen ser muy altos en el ámbito económico –el delito más frecuente es contra la propiedad–, aunque es probable que desde el punto de vista del conglomerado social sean aún mayores en el ámbito político. La clara violación del derecho a la vida y el que una proporción aún mayor de la población y de jueces considere que en ese frente es eficaz la justicia privada evidencia la precariedad del aparato judicial colombiano. En el capítulo sobre inseguridad, violencia y guerra se establece la estrecha vinculación que existe entre homicidios, ajustes de cuentas y ajusticiamientos, por una parte, y la presencia de grupos armados al margen de la ley, por otra.

Por último, cabe destacar que es posible que en las diferencias de percepción de los jueces y miembros de las Fuerzas Armadas y del resto de la población radique buena parte de los problemas. Es claro que en toda la población, incluyendo estos sectores, la frecuencia de las disputas civiles supera la de los delitos, y que entre éstos son más frecuentes los que atentan contra la propiedad que contra la vida. Sin embargo, la percepción de estos estamentos y la de la población difieren en que aquellos creen más en la eficiencia de la justicia penal y le atribuyen relativamente menor eficacia a la justicia privada.

En particular llama la atención que los jueces y miembros de las Fuerzas Armadas, frente a la necesidad de justicia civil, tengan relativamente menores expectativas; de aquí puede inferirse que estos sectores de la sociedad no consideran tan apremiante esa necesidad y que, en cierta forma, piensan que las disputas deberían dirimirse en otros ámbitos, en especial "buscando arreglos amigables" (55 y 51%, respectivamente). Es decir, le atribuyen menor importancia o no creen en el papel que puede o debe jugar el Estado en ese frente. En el nivel penal, para los jueces el problema más grande está asociado con la falta de pruebas, y para la población y los militares con la inoperancia de la justicia. En segundo lugar, los jueces y la población consideran que el principal responsable de los elevados costos de transacción del recurso al aparato judicial es la posibilidad de recurrir al mecanismo muchas veces más económico de la justicia privada; para los militares está al lado de la falta de pruebas. Ahí pueden encontrarse las razones por las cuales la población y los militares, frente al delito, buscan mayoritariamente autoridades militares y menos la justicia (fiscal o juez) y no parecería que consideren la solución judicial como la más indicada.

Los resultados hasta aquí obtenidos llevan a profundizar aún más en el papel de la justicia estatal y en lo que esperan de ella quienes tienen a su cargo la salvaguardia de la ley y la preservación del orden.

IV. LOS RESPONSABLES DE PRESERVAR LA LEY Y EL ORDEN

Ahondar en las percepciones de jueces y miembros de las Fuerzas Armadas ayuda a despejar interrogantes, por ser precisamente éstos quienes tienen a su cargo preservar el orden y garantizar el respeto de los derechos de la población; a su vez, cabe recordar que estos estamentos se ven más afectados que la población por la criminalidad y, en especial, se ven más perjudicados por atentados contra la vida. También, a pesar de ser más dados a recurrir a las autoridades frente al delito y ser menos críticos de la eficiencia de la justicia, no dejan de atribuir al mal funcionamiento de ésta la poca credibilidad que les merece la misma, así como a la falta de pruebas. Los militares le atribuyen particular relevancia, respecto del debilitamiento de la justicia estatal, a la eficiencia de la justicia privada, y los jueces consideran que apelar a la justicia estatal es demasiado costoso. Una proporción apreciable de ambos no acude a ésta por considerar que el problema no es grave. Es decir que, tras una evaluación previa, jueces y militares suelen concluir, frente al delito que los afecta y que consideran más grave, que la justicia es demasiado costosa.

A. LA VIOLENCIA AFECTA MÁS A LOS JUECES Y MILITARES

1. PARA JUECES Y MILITARES LA INSEGURIDAD ESTÁ ASOCIADA CON DELITOS CONTRA LA VIDA Y LA INTEGRIDAD PERSONAL

Frente a la pregunta: *¿cuál de los delitos es el que lo hace sentir más inseguro?*, los jueces y los miembros de las Fuerzas Armadas le temen esencialmente a la justicia privada –homicidio y secuestro (51%)– así en su vida privada sea mayor la incidencia de los delitos contra la propiedad. Para la población, si bien éste es el factor que la hace sentir más insegura, la importancia atribuida al mismo se distancia apreciablemente (33%) de lo señalado por jueces y militares (gráfica 20). En su lugar surgen los delitos contra la propiedad y los conflictos interpersonales, que parecen afectar menos a la población que a jueces y militares (cuadros 10 y 13).

Por otra parte, si bien entre los delitos que afectan tanto a los jueces como a los miembros de las Fuerzas Armadas son pocos los asociados con autoridades involucradas, paradójicamente éstos son precisamente quienes se sienten más inseguros por cuenta de ello. Esa percepción sorprende si se tiene en cuenta que en ocasiones a las Fuerzas Militares se les atribuye este tipo de delitos, en lo relacionado con los derechos humanos, y a los jueces por lo que se refiere a su desempeño irregular. En contraste, para la población los delitos con autoridades involucradas no son particularmente relevantes (cuadro 18). Estos resultados son alarmantes por cuanto sugieren un Estado atemorizado por el comportamiento del mismo Estado, situación que no parece ser compartida por la población que, a pesar de considerar que el Estado no responde a sus requerimientos de justicia, le teme menos a los delitos con autoridades involucradas.

En resumen, más de la mitad de los miembros de estamentos oficiales se siente insegura por la actuación de la justicia privada y a más del 50% de la población le preocupan más los delitos asociados con la falta de efectividad de la justicia penal.

CUADRO 18
DELITO QUE CAUSA MAYOR INSEGURIDAD, SEGÚN ESTAMENTO

	POBLACIÓN	JUECES	FUERZAS ARMADAS
Delitos contra la propiedad	31	25	27
Hurto o robo sin arma	7	4	4
Atraco o robo armado	20	19	20
Fraude o estafa	2	–	1
Extorsión, boleteo	2	2	2
CONFLICTOS INTERPERSONALES	23	6	7
Lesiones personales	3	–	1
Violencia en el hogar	14	4	5
Abuso sexual	6	2	1
Justicia privada	33	52	51
Amenazas de muerte	10	8	7
Homicidio	13	21	27
Secuestro	10	23	17
DELITOS CON AUTORIDADES INVOLUCRADAS	4	11	8
NINGUNO	9	3	7

Pregunta 159: De los siguientes delitos, ¿cuál es el que lo hace sentir más inseguro?

Para jueces y miembros de las Fuerzas Armadas los problemas con *mayores efectos negativos sobre su bienestar* y el de su familia son la violencia y la inseguridad, situación que los afecta en proporción similar a la medida en que el desempleo afecta al resto de la población (gráfica 20). Las percepciones de estos segmentos contrastan inclusive con las de los estratos más ricos de la sociedad, que no sólo le asignan mayor significancia relativa al desempleo, sino también a la pobreza.

GRÁFICA 20
PROBLEMAS CON EFECTO NEGATIVO SOBRE EL BIENESTAR, SEGÚN ESTAMENTO

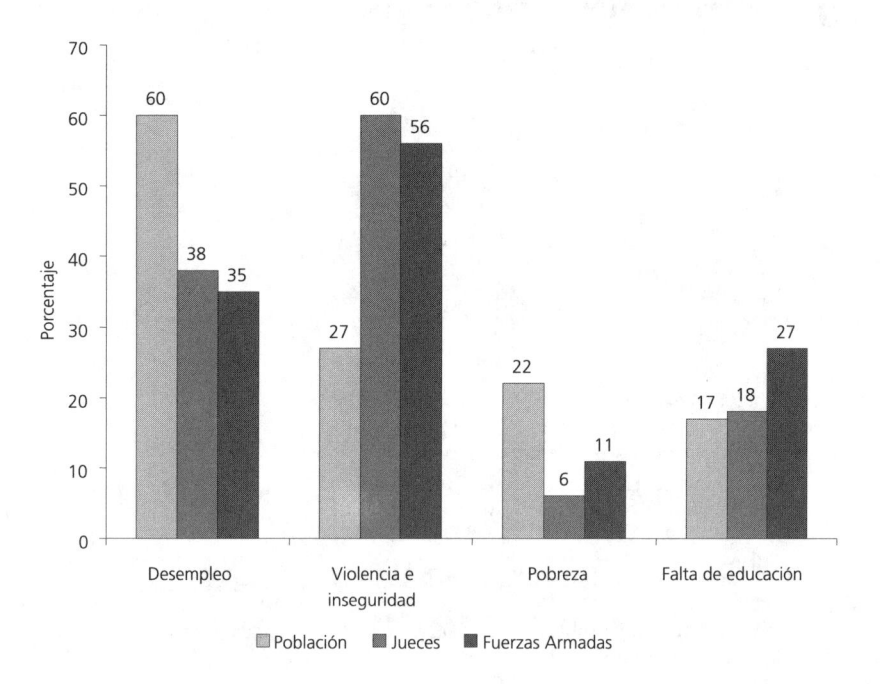

	Población	Jueces	Fuerzas Armadas
Desempleo	60	38	35
Violencia e inseguridad	27	60	56
Pobreza	22	6	11
Falta de educación	17	18	27

Pregunta 132: Entre los siguientes problemas diga cuáles son los dos que usted siente que tienen un mayor efecto negativo sobre el bienestar suyo y el de su familia.

De otra parte, los jueces y miembros de las Fuerzas Armadas son considerablemente más temerosos que el resto de la población. Una mayor proporción considera que el delito que los hace sentir más inseguros *es muy probable o probable que les ocurra en el próximo año* (el 59% en el caso de los jueces y el 63% en el de los militares, frente al 40% del resto de la población). Estos resultados llevan a no sorprenderse con las distorsiones que se vienen produciendo en el aparato judicial y militar que, por obvias razones, responden más a las percepciones de sus integrantes que a las de la población. Vale decir que el mayor énfasis se ha puesto en combatir delitos tales como el homicidio y el secuestro y no problemas de índole civil o penal de menor gravedad, pero que pueden constituirse en el caldo de cultivo del enorme malestar social y escalar hasta desembocar abiertamente en violencia.

GRÁFICA 21
PROBABILIDAD DE SER VÍCTIMA DEL DELITO QUE CAUSA
MAYOR INSEGURIDAD, SEGÚN ESTAMENTO Y ZONA

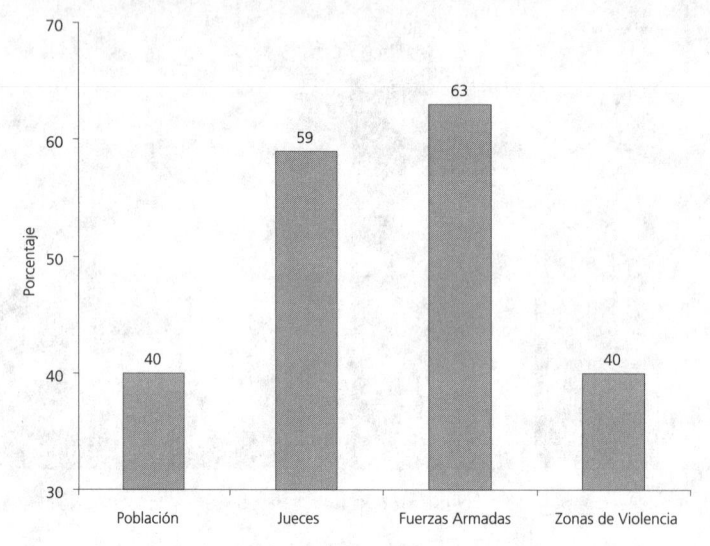

	Porcentaje
Población	40
Jueces	59
Fuerzas Armadas	63
Zonas de Violencia	40

Pregunta 160: ¿Cree usted muy probable, probable, poco probable o nada probable que en el próximo año usted o alguien de su familia pueda ser víctima del delito que lo hace sentir más inseguro? (En la gráfica se considera "muy probable" o "probable").

Para los jueces (80%) y miembros de las Fuerzas Armadas (84%) también es más elevada la frecuencia de *delitos en la vecindad* que para la población (62%). La frecuencia que éstos le atribuyen a los delitos contra la *propiedad*, en especial al hurto o robo, es significativamente mayor de la que percibe el promedio de la población (cuadro 19). Adicionalmente, a pesar del temor que despierta la actuación de la justicia privada, en particular entre jueces y militares, nadie considera que sea muy frecuente en la vecindad. De ahí que surjan interrogantes tales como: ¿por qué se le asigna mayor importancia a combatir los delitos contra la vida, si los jueces perciben que la población se está viendo más afectada por otro tipo de delincuencia y si ellos mismos consideran que son relativamente menos frecuentes en la vecindad? Los delitos contra la propiedad, en el caso de los jueces y miembros de las Fuerzas Armadas, son, respectivamente, siete y tres veces más frecuentes que el resto de delitos. En el caso de la población esta relación es ligeramente superior a dos.

CUADRO 19
DELITOS QUE LO AFECTAN, LE CAUSAN MAYOR
INSEGURIDAD Y MÁS FRECUENTES, SEGÚN ESTAMENTO

	Población			Jueces			Fuerzas Armadas		
	A	I	F	A	I	F	A	I	F
Delitos contra la propiedad	24	31	44	42	25	69	29	27	60
Conflictos interpersonales	6	23	10	6	6	7	8	7	17
Justicia privada	6	33	7	8	52	2	6	51	7
Delitos con autoridades involucradas	1	4	1	1	11	1	1	8	-
Ninguno	71	9	38	57	3	20	66	7	16

A: Delito que lo afecta; I: Delito que lo hace sentir más inseguro; F: Delito más frecuente.

Pregunta 159: De los siguientes delitos, ¿cuál es el que lo hace sentir más inseguro? (En el cuadro se considera "delitos contra la propiedad", "conflictos interpersonales", "justicia privada" y "delitos con autoridades involucradas").

Preguntas 143 a 154: ¿En el último año, usted o alguien de su hogar se vio afectado por alguno de los siguientes hechos? (En el cuadro se considera "se vio afectado").

Pregunta 168: De los siguientes delitos, ¿cuál es el más común y frecuente en su vecindad? (En el cuadro se considera "delitos contra la propiedad", "conflictos interpersonales", "justicia privada" y "delitos con autoridades involucradas").

Del capítulo sobre capital social se extrae que, paradójicamente, donde surgen los segmentos más organizados de la sociedad es precisamente donde es mayor la criminalidad y el irrespeto por las normas, a la vez que es precisamente para estos estamentos que funciona mejor el aparato judicial. En consecuencia cabe preguntarse: ¿a quién responde entonces la justicia? Es tentador responder que a una clase social que se apoderó del Estado y que lo tiene al servicio de su propia supervivencia, o quizás lo tuvo, porque ese segmento de la población, como allí se anota, siente que ha perdido el monopolio del Estado.

2. PARA LOS MILITARES EL PROBLEMA NO ESTÁ EN LA FALTA DE AUTORIDAD

Es interesante observar que fenómenos a los que en determinados medios se les *atribuye con frecuencia la mayor causalidad del malestar social*, como la diferencia en los niveles de ingreso, la falta de tierra, el que siempre haya sido así o que se piense que no está mal hecho, incluyendo el que haya autoridades involucradas, no surgen entre las principales causas de criminalidad para nadie (cuadro 20). En su lugar, aparecen otras razones económicas y sociales (desempleo, pobreza y falta de educación). Esta percepción inclusive la comparten los funcionarios responsables de hacer respetar las normas y de preservar el orden. En el discurso de los más altos funcionarios judiciales[28] y en el diagnóstico, de clara estirpe marxista, sobre la situación delictiva en Colombia, publicado recientemente por la Policía Nacional en su revista anual[29], se ratifica la existencia de esa visión, profundamente arraigada en todos los estamentos de la sociedad. Después de estas causas aparece la falta de autoridad. Sorprende, sin embargo, que sean los militares quienes menos le atribuyan el actual nivel de delincuencia a la falta de autoridad (cuadro 20) y que, en su lugar, se lo atribuyan de manera destacada a la falta de educación. En contraste, llama la atención que para los jueces la falta de autoridad sí surja con una importancia relativamente elevada.

---

28 Ver por ejemplo Adolfo Salamanca. "La impunidad no es como la pintan", en *Inseguridad e impunidad en Colombia*, Bogotá, Partido Conservador Colombiano, 1997.
29 "W. Chamblis cree que la delincuencia emana del conflicto que se origina dentro del capitalismo, entre quienes poseen los medios de producción y quienes sólo tienen su fuerza de trabajo, y que esta lucha convierte la delincuencia en endémica". *Revista Criminalidad*, 1996, citada por Pedro Nel Ospina. "La Policía y la criminalidad", en *Estrategia*, 31 de julio de 1997.

Cuadro 20
Causas de la difusión de la delincuencia, según estamento

	Población	Jueces	Fuerzas Armadas
Desempleo	40	39	37
Pobreza	18	20	15
Falta de educación	17	13	27
Falta de autoridad	13	15	9
La gente que lo hace piensa que no está mal hecho	4	3	5
Siempre ha sido así en la vecindad	4	3	2
Hay autoridades involucradas	2	3	1
Las diferencias de ingreso	1	2	3
La falta de tierra	-	-	1

Pregunta 169: ¿Cuál cree usted que es la razón más importante para que ese delito sea tan común en su vecindad?

Se concluye que para casi toda la sociedad (alrededor del 80% de los encuestados) el origen de los delitos es de tipo económico y social (cuadro 20) (desempleo, pobreza y falta de educación). La falta de autoridad tiene poco que ver con el origen de la delincuencia, en particular según la percepción de los estamentos de las Fuerzas Armadas. Por otra parte, cabe destacar que razones que con frecuencia surgen en los análisis como el principal origen de la inseguridad –las diferencias de ingreso, la falta de tierras y las costumbres– son muy poco relevantes para la población según los datos de la encuesta, o que cuando menos se formulan en términos muy diferentes.

3. Para jueces y militares la prioridad es combatir la violencia

Entre un listado de *objetivos* que se deben lograr en los *próximos diez años*, surgen primordialmente para los miembros de las Fuerzas Armadas (30%)

erradicar la violencia y la guerrilla, tomadas en conjunto, factores que para la población tienen prácticamente la misma relevancia que luchar contra la pobreza y el desempleo. Para los jueces, combatir la corrupción (30%) es más importante. Aún así cabe destacar que los encuestados establecen diferencias entre guerrilla y violencia y que esta última, tomada independientemente, aparece en segundo plano. Resulta claro que para los estamentos oficiales es prioritario atender los problemas relacionados con la delincuencia, así no pueda concluirse que perciban que la criminalidad deba erradicarse por la vía de la autoridad.

Los jueces le atribuyen los efectos negativos de la violencia y la inseguridad a la corrupción –frente a la población, el doble de los jueces opina en ese sentido (30 vs. 16%)– y no parecen asociarla en medida considerable con la guerrilla (7%) ni con el narcotráfico (6%), a cuya erradicación le asignan reducida importancia (gráfica 22). Por su parte, los miembros de las Fuerzas Armadas le atribuyen los efectos negativos sobre su propio bienestar a la violencia y la inseguridad, a la corrupción y la guerrilla, siendo para ellos primordial combatir la guerrilla. A la población lo que más la perturba, en su orden, es el desempleo, la corrupción, la guerrilla y la violencia. Se concluye así que la población, a diferencia de lo que piensan los jueces y miembros de las Fuerzas Armadas, asocia la criminalidad con factores sociales y económicos, al igual que sus soluciones, situación que se distancia de la de los encargados de preservar el orden. La lucha contra el paramilitarismo y el narcotráfico no es particularmente importante para nadie. Por ende, para la población lo primordial, antes que combatir la violencia, es atender los problemas económicos y sociales. Para los jueces y las Fuerzas Armadas lo importante es recuperar la efectividad de la justicia y para los militares, además, restablecer el orden.

Teniendo en mente estos resultados, llama la atención que los jueces consideren que los narcotraficantes, junto con la guerrilla, se constituyen en la principal amenaza para el orden político y social de Colombia. La proporción de jueces que cita a los narcotraficantes como responsables de problemas de orden público duplica la que surge del resto de los encuestados, incluyendo los miembros de las Fuerzas Armadas. Para estos últimos, los paramilitares no tienen prácticamente ninguna responsabilidad y el gran culpable es la guerrilla. Contrastan estas apreciaciones con las del resto de la sociedad, donde, si bien uno de cada dos colombianos le atribuye responsabilidad a la guerrilla, casi uno de cada cuatro percibe como amenaza a los paramilitares y uno de cada cinco a los narcotraficantes (gráfica 23).

GRÁFICA 22
PRIORIDADES PARA EL PAÍS, SEGÚN ESTAMENTO

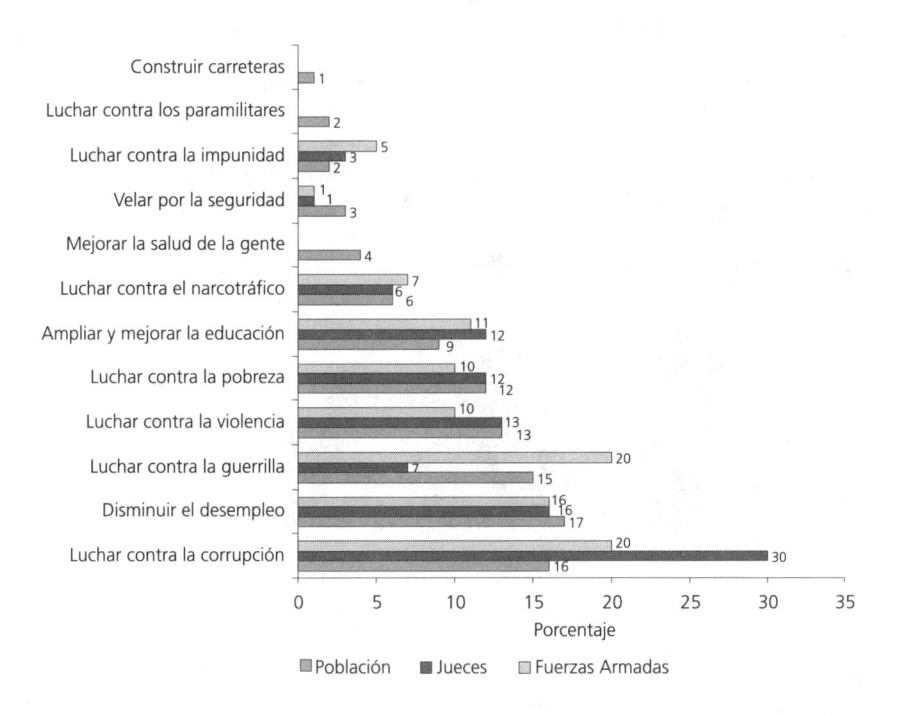

Prioridad	Población	Jueces	Fuerzas Armadas
Construir carreteras		1	
Luchar contra los paramilitares		2	
Luchar contra la impunidad	5	3	2
Velar por la seguridad	1	1	3
Mejorar la salud de la gente		4	
Luchar contra el narcotráfico		7	6, 6
Ampliar y mejorar la educación	11	12	9
Luchar contra la pobreza	10	12	12
Luchar contra la violencia	10	13	13
Luchar contra la guerrilla	20	7	15
Disminuir el desempleo	16	16	17
Luchar contra la corrupción	20	30	16

Pregunta 188: ¿Cuál es para usted la prioridad más importante del país en los próximos 10 años?

Estos resultados pueden interpretarse de diversas formas. Una sería que, a pesar de que los miembros de las Fuerzas Armadas responsabilizan de la violencia y la inseguridad en primer lugar a la guerrilla y, en segundo lugar, al narcotráfico, no consideran que valga la pena dedicar mayores esfuerzos a combatir a este último y que según ellos, en su lugar, se debe poner todo el énfasis en combatir la guerrilla. Para este estamento la educación también es clave. Con base en esa interpretación, se concluiría que el estamento militar considera que erradicando la guerrilla e impartiendo más educación es posible hacerle frente a la violencia, que en su opinión se deriva del desempleo y la pobreza.

GRÁFICA 23
GRUPOS QUE ALTERAN EL ORDEN PÚBLICO, SEGÚN ESTAMENTO

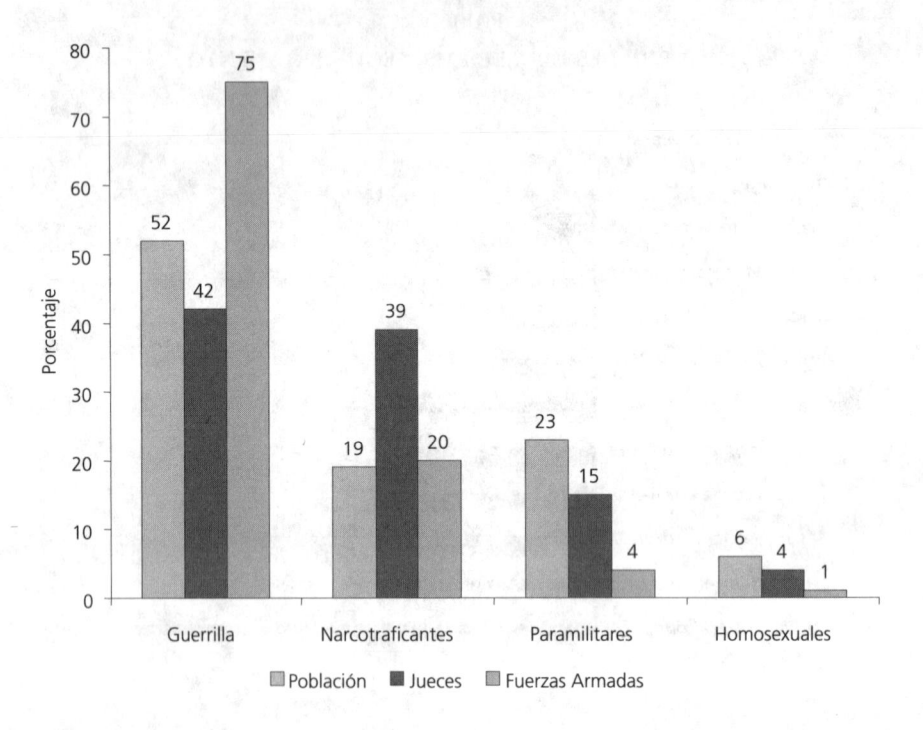

Grupo	Población	Jueces	Fuerzas Armadas
Guerrilla	52	42	75
Narcotraficantes	19	39	20
Paramilitares	23	15	4
Homosexuales	6	4	1

Pregunta 103: Seleccione de la lista el grupo que piensa que está amenazando el orden político y social de esta sociedad.

Los jueces, por su parte, parecerían asociar la violencia, que es lo que afecta más negativamente su bienestar, con la corrupción. Responsabilizan de ésta en proporciones similares a guerrilleros y narcotraficantes. Aún así, en su opinión combatir estos grupos no parece ser lo primordial. Para ellos, frente al resto de la población, lo más importante es recuperar la efectividad del ordenamiento jurídico. Entre las principales razones por las cuales los jueces mismos no acuden a la justicia surge preponderantemente la falta de pruebas, que el caso no era grave y el mejor funcionamiento de la justicia privada.

Estas percepciones, que difieren de lo que piensa la población en el acento que le atribuyen a los distintos parámetros, pueden explicar también el énfasis que hacen los estamentos institucionales en las normas, dedicadas esencialmente a combatir delitos excepcionales, y el que la población asuma una actitud pasiva al percibir sus problemas de otra manera, es decir, como asociados más bien con problemas económicos y sociales, y por lo tanto difícilmente solucionables por la vía judicial.

4. PERCEPCIÓN DE SU PROPIA RESPONSABILIDAD POR PARTE DE LAS AUTORIDADES

Frente a la situación hasta aquí descrita, en lo relacionado con la criminalidad y la falta de eficiencia de la justicia, resulta esencial el análisis de las percepciones que tienen las autoridades sobre sus propias responsabilidades.

Los miembros de las *Fuerzas Armadas* creen, más que ningún otro segmento de la población, en la capacidad de los representantes de las autoridades estatales de reducir la delincuencia. Entre éstas se ubican ellos en primer lugar. En términos netos el 93% de los miembros de las Fuerzas Armadas cree que la Policía es la que más contribuye a disminuir el delito y el 79% considera que a esto coadyuva principalmente el Ejército. El segundo lugar (50%) lo ocupan los jueces. Por otro lado, consideran que a este respecto los celadores y los maestros son más útiles que organizaciones privadas tales como la Cruz Roja (gráfica 24), organización muy valorada por la población.

Los *jueces*, por su parte, si bien tienen una percepción positiva del papel que juegan ellos mismos frente al delito –el 46% cree ayudar a reducirlo–, consideran que la Policía y el Ejército, e inclusive los mismos maestros, están más llamados a cumplir con esa labor.

Así, podría afirmarse que en concepto de la población, de los jueces y de los miembros de las Fuerzas Armadas, es a estos últimos a quienes les cabe mayor responsabilidad en la erradicación de la violencia generalizada. Esta percepción contradice apreciaciones anteriores de los mismos jueces, en las que, si bien vinculan la violencia y la corrupción con la falta de autoridad, la asocian en mayor proporción con problemas de tipo legal, económico y social. Para los miembros de las Fuerzas Armadas, sin duda la causa de los problemas de violencia y criminalidad está en cualquier factor diferente a la falta de autoridad. Ahora bien, si el problema para los miembros de las Fuerzas Armadas no es la falta de autoridad y, simultáneamente, se considera que ellos mismos son quienes más contribuyen a reducir el delito y que, en segundo lugar, esta tarea corresponde a la justicia y la educación, entonces, ¿por qué no logran disminuir sensiblemente la delincuencia? Hay indicios que permiten afirmar que estos agentes también consideran que el problema está en las normas. Cabe destacar, como se mencionó anteriormente, que la falta de pruebas surge como un argumento importante en la explicación de la impunidad. Este es un argumento esgrimido en particular por jueces y militares. Estos últimos son quienes más afirman conocer a los responsables de los homicidios y para quienes más pesa la falta de pruebas.

GRÁFICA 24
ROLES QUE INCIDEN EN LA DELINCUENCIA, SEGÚN ESTAMENTO

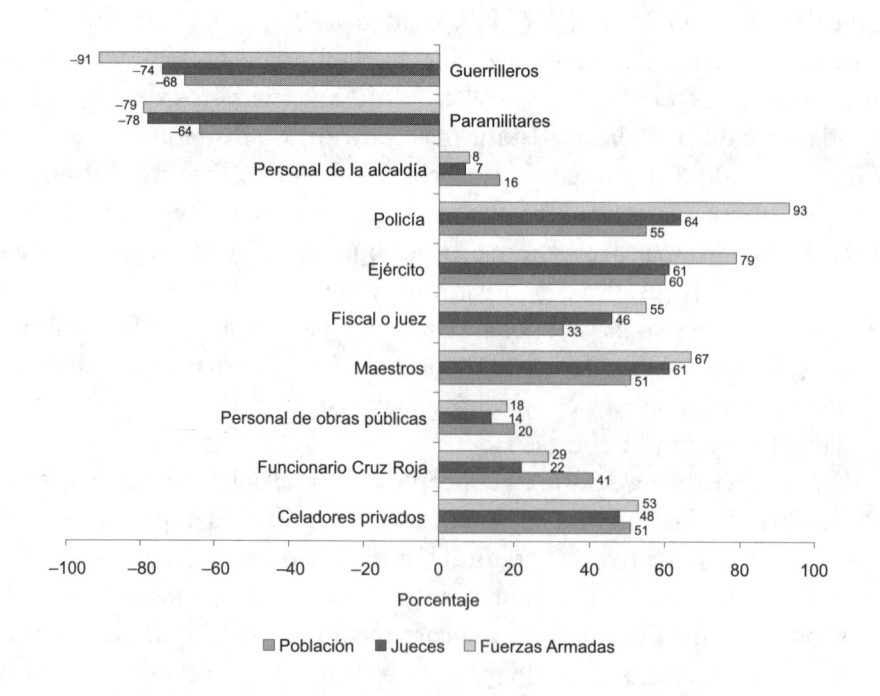

Rol	Población	Jueces	Fuerzas Armadas
Guerrilleros	-91	-74	-68
Paramilitares	-79	-78	-64
Personal de la alcaldía	8	7	16
Policía	93	64	55
Ejército	79	61	60
Fiscal o juez	55	46	33
Maestros	67	61	51
Personal de obras públicas	18	14	20
Funcionario Cruz Roja	29	22	41
Celadores privados	53	48	51

Preguntas 170 a 180: Diga si un mayor número de los siguientes personajes no afectaría o, por el contrario, contribuiría a que aumentaran o disminuyeran los delitos en su ciudad.

En resumen, se concluye que tanto los jueces como el estamento militar se sienten más amenazados por delitos contra su integridad personal que el resto de la sociedad y consideran que la posibilidad de ocurrencia de esos delitos también es marcadamente más elevada de lo que piensa el resto de la población. Inclusive llama la atención que éstos sean los que más le temen a los delitos con autoridades involucradas. Como decíamos, el Estado le teme al Estado.

De otra parte, estos estamentos difieren de lo que piensa la población sobre los factores generadores de violencia: las Fuerzas Armadas la atribuyen esencialmente a la guerrilla y, a pesar de la importancia que le asignan a erradicar la corrupción, consideran que el Estado debe orientar todos sus esfuerzos a combatir a los subversivos. Perciben, al igual que la población, que ellos son quienes más contribuyen a restablecer el orden y que el problema de la violencia no puede atribuirse a la falta de autoridad. Este conjunto de resultados, junto a las percepciones que tienen frente a la justicia ordinaria, lleva a concluir que el estamento militar considera que los problemas están en las normas, en la estructura institucional, y que la razón de la persistencia de estos obstáculos reside en las dificultades políticas para introducir cambios.

Para los jueces la situación es diferente. Perciben que lo más grave es la corrupción y si bien no ven como prioritario combatir el narcotráfico sí consideran que éste es, junto con la guerrilla y los paramilitares, la principal amenaza del orden político y social. Si bien los jueces consideran que en el origen de los problemas asociados con la violencia sí está la falta de autoridad, también terminan por conducir los problemas al ámbito político.

Por último, hay unanimidad de criterios, aunque difieren en grado respecto de quiénes ayudan a disminuir la delincuencia. Para todos lo más importante es la Policía, en segundo lugar el Ejército y en tercero, con un porcentaje significativamente menor, los representantes de la justicia. Este tipo de situaciones surgen en sociedades donde la violencia está en el orden del día y tanto para los estamentos públicos como para la población se dificulta establecer a quién corresponde el manejo de la justicia y el orden. Sobre este punto se profundiza en el capítulo sobre inseguridad, violencia y guerra.

B. JUECES Y MILITARES APOYAN EL RÉGIMEN DEMOCRÁTICO

Si hay algo importante para el buen funcionamiento del Estado es que quienes deben responder por la efectividad de la justicia y tienen el monopolio del manejo de la fuerza apoyen el régimen político vigente, confíen en las instituciones y las perciban como legítimas. Los jueces (98%) y los miembros de las Fuerzas Armadas (87%) apoyan el régimen democrático más que cualquier otro tipo de gobierno, como puede ser el militar o el encarnado por líderes políticos fuertes[30]. Esto no obsta para que simultáneamente se registren tendencias en favor de otros sistemas, lo cual parecería contradictorio. En el caso de las Fuerzas Armadas es particularmente marcado el apoyo a gobiernos militares (39%) o a líderes fuertes que ignoren al Congreso (39%). Los jueces, si bien apoyan poco el régimen militar (12%), tienen amplias simpatías por líderes políticos fuertes que ignoren al Congreso (36%). Para dilucidar lo ambiguo de esa posición se optó por agrupar las preferencias de quienes apoyan los regímenes democráticos (democracia y tecnocracia –expertos–) y quienes apoyan los totalitarios (líder político fuerte y gobierno militar). En el balance[31], la población y los miembros de las Fuerzas Armadas tienen posiciones similares: el 78% está a favor de un régimen democrático, resultado que se distancia del porcentaje alcanzado por los jueces, que es del 106%, siendo en el caso de esta rama del poder público particularmente débil el apoyo de cualquier régimen político diferente del democrático (gráfica 25).

La importancia que los jueces le atribuyen a la política (57%) supera en más del doble a la que le asignan el resto de la población (25%) (cuadro 21) y las Fuerzas Armadas (19%). De acuerdo con ello, participan más en las elecciones (gráfica 26), en particular en las de Presidente (81%) y Congreso (74%). Ante el rechazo que hay entre los jueces por la utilización de la violencia con fines políticos (el 83% frente al 65% de la población), y a pesar de que

---

30 Ver capítulo sobre instituciones democráticas y valoración de la política.
31 Es la diferencia entre la suma de expertos y democracia y la suma de líder político fuerte y gobierno militar, por lo que puede ser superior al 100%.

son quienes más participan en actividades políticas directas, e incluso con tintes de ilegalidad[32], se concluye que consideran que los problemas que aquejan al país se pueden resolver dentro del marco institucional vigente, posición que parece ser ampliamente compartida por el estamento militar.

GRÁFICA 25

PREFERENCIA DE SISTEMAS POLÍTICOS, SEGÚN ESTAMENTO

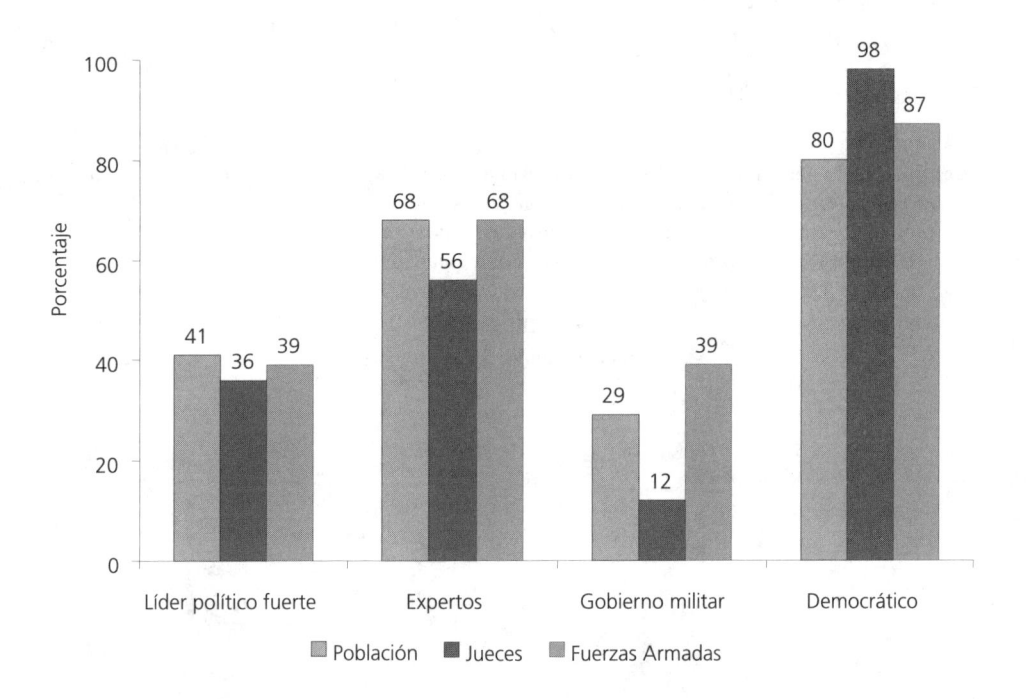

Sistema político	Población	Jueces	Fuerzas Armadas
Líder político fuerte	41	36	39
Expertos	68	56	68
Gobierno militar	29	12	39
Democrático	80	98	87

Preguntas 211 a 214: De los siguientes tipos de sistemas políticos diga si sería muy bueno, bueno, malo o muy malo para este país: tener a un líder político fuerte el cual no se preocupe por el Congreso y las elecciones; tener expertos, para que tomen decisiones de acuerdo con lo que ellos creen que es mejor para el país; tener un gobierno militar; tener un sistema político democrático.

---

32 Ver capítulo sobre estructura de incentivos y sanciones y sus consecuencias económicas.

Cuadro 21
Confianza, política y elecciones, según estamento

	Población	Jueces	Fuerzas Armadas
Confianza interpersonal	9	26	11
Interés en la política	25	57	19
Votó para Presidente	50	81	3

Pregunta 228: En términos generales, ¿diría usted que se puede confiar en la mayoría de las personas o que no se puede ser tan confiado al tratar con la gente?

Pregunta 200: ¿Qué tan interesado está usted en la política?

Pregunta 78: ¿Usted votó en las últimas elecciones para presidente?

Gráfica 26
Participación electoral

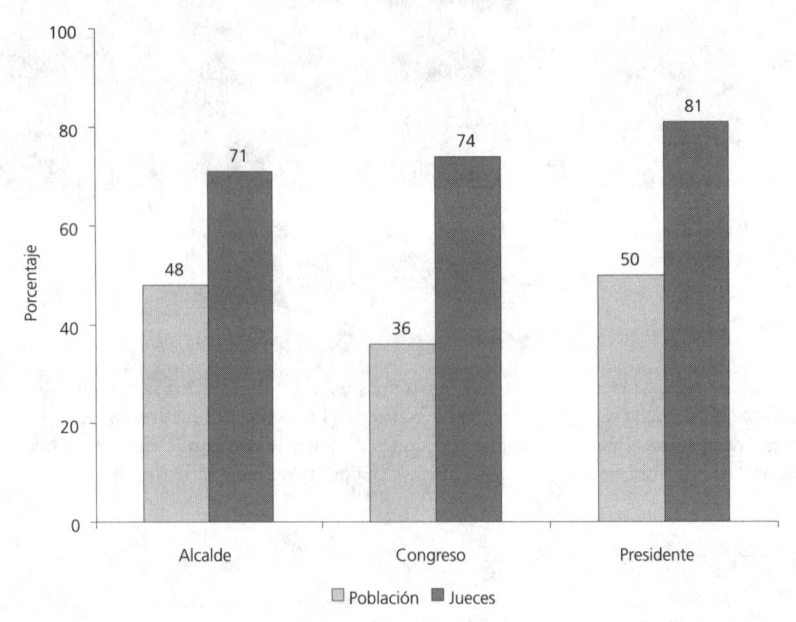

	Población	Jueces
Alcalde	48	71
Congreso	36	74
Presidente	50	81

Preguntas 76 a 78: ¿Usted votó en las últimas elecciones para alcalde, para Congreso y para Presidente?

Los jueces, en consecuencia, confían más en los partidos políticos y en el Congreso (gráfica 27), y rechazan menos la forma como opera la democracia en Colombia. Los miembros de las Fuerzas Armadas, por su parte, y a semejanza del resto de la sociedad, establecen diferencias entre políticos y Congreso y creen menos en los partidos políticos y en la forma como se administra el país.

GRÁFICA 27
CONFIANZA EN LAS INSTITUCIONES, SEGÚN ESTAMENTO

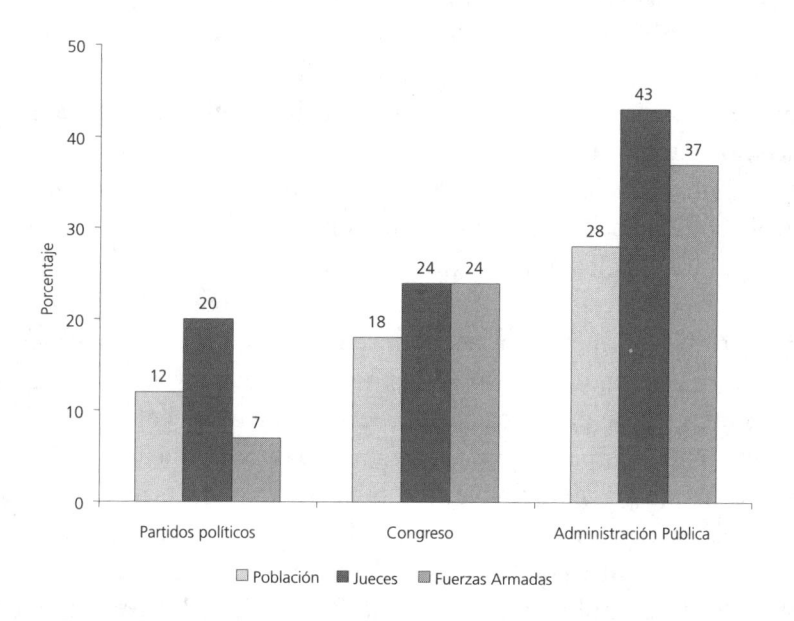

Institución	Población	Jueces	Fuerzas Armadas
Partidos políticos	12	20	7
Congreso	18	24	24
Administración Pública	28	43	37

Preguntas 251 a 253: De las siguientes organizaciones diga cuánta confianza tiene en ellas: ¿mucha confianza, algo de confianza, poca confianza o nada de confianza? (En la gráfica se considera "mucha confianza" y "algo de confianza").

La mayor independencia de los jueces y de los miembros de las Fuerzas Armadas se reafirma al observar que, frente a la población, una mayor proporción (58%) considera que para tener un desempeño laboral adecuado *se debe estar primero de acuerdo con las órdenes*: sólo uno de cada tres jueces o miembros de las Fuerzas Armadas está dispuesto a ejecutar órdenes que no comparte, frente a casi una de cada dos personas en el resto de la población.

De otra parte, a pesar de que los jueces y los miembros de las Fuerzas Armadas juegan un papel esencial en la forma como se gobierna el país y en la preservación del Estado de derecho, son los más críticos ¿*qué tan insatisfecho se encuentra usted con el desempeño del Gobierno Nacional?*, siendo esta percepción más acentuada entre los jueces (85%), cuya diferencia frente al promedio nacional es de 11 puntos porcentuales. Esto puede explicar, en primer término, la enorme preocupación que tienen los jueces por la corrupción y el que la vinculen hasta cierto punto con el narcotráfico y consideren que está centrada en unos pocos funcionarios públicos; y, por otra parte, que los militares no consideren que el problema resida en la falta de autoridad. Estas respuestas sugieren que, a diferencia de lo que percibe la población, estos estamentos atribuyen más la situación que afecta al país a la forma como el gobierno y las élites lo manejan. Vale decir que consideran el problema como esencialmente político e institucional y estiman que, de no ser posible solucionarlo por la vía democrática, se justificaría inclusive, en especial en el caso de los militares, un régimen autoritario.

Para estos dos sectores de la sociedad es importante el cambio gradual (89 y 80%, respectivamente), y sus preferencias son que éste se alcance por la vía democrática. Esta, en el caso de los jueces, puede expresarse a través de acciones concretas de participación directa, inclusive ilegales, posición que no es plenamente compartida por el estamento militar, que considera que su presencia es lo que más contribuye al restablecimiento del orden. Comoquiera que no creen que el problema esté en la falta de autoridad, es claro que la situación la asocian más con la incapacidad de la clase política, de las élites y del gobierno de cumplir con la responsabilidad que les corresponde. La población, por su parte, tiene una posición menos crítica, así esté más polarizada en torno a los mecanismos para el logro del cambio e incluya en una proporción no despreciable (37%) la utilización de la violencia con fines políticos.

V. ¿A QUIÉN RESPONDE LA JUSTICIA?

La percepción que la población tiene de la justicia, como se vio, es de enorme ineficiencia, lo que conduce al escepticismo y a la pérdida de respeto por sus representantes. No sólo la percepción de corrupción es pronunciada e invade el ámbito político y judicial sino que también la proporción de población que no hace nada frente a los delitos o disputas es elevada, como también la de quienes consideran que la justicia privada funciona mejor. El temor a las represalias o la percepción de que la justicia funciona en su contra es elevada, en particular entre los ricos. A pesar de estos resultados la judicial es la rama del poder público que genera menos desconfianza (gráfica 28)[33]; ésta se reduce aún más con el aumento en el ingreso y al pasar del campo a la ciudad.

GRÁFICA 28
CONFIANZA EN EL PODER JUDICIAL (SALDO)

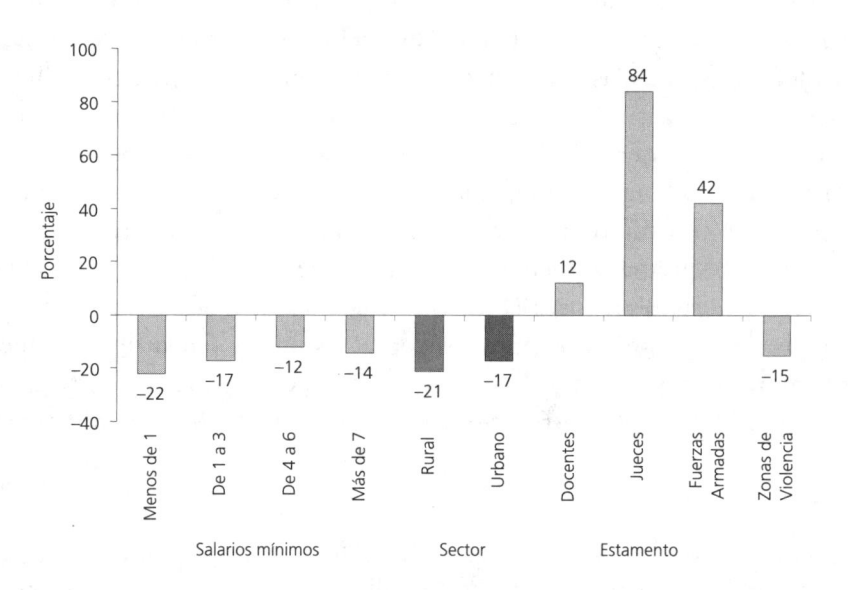

Preguntas 243 a 257: ¿Cuánta confianza tiene en cada una de estas instituciones: mucha confianza, algo de confianza, poca confianza o nada de confianza? (En la gráfica se considera el poder judicial).

A diferencia de lo que piensa la población, los funcionarios públicos respetan más a los jueces y confían más en la justicia, en particular los mismos jueces (84%) y los militares (42%) e inclusive los docentes (12%) (gráfica 28). Así

---

[33] Ver capítulo sobre instituciones democráticas y valoración de la política.

mismo, en las Zonas de Violencia, y a pesar de la prioridad que éstas le asignan a la lucha contra la corrupción, es donde menos se desconfía de la justicia, así los jueces no les merezcan respeto los jueces.

Sorprende que entre las ramas del poder público la justicia sea la que menos desconfianza genera en la población colombiana. Sorprende porque, como se concluyó, la percepción de corrupción es generalizada y la efectividad de la justicia está lejos de responder a las expectativas de la población. Más aún, con frecuencia quien enfrenta un problema prefiere recurrir a la fuerza pública o a la justicia privada antes que al juez. Por esto cabe preguntarse qué entienden quienes respondieron a la pregunta: *¿Cuánta confianza le tiene al poder judicial: mucha confianza, algo de confianza, poca confianza o nada de confianza?* Quien lee la pregunta tal como se formuló y en el contexto en que se planteó, ¿piensa en las altas Cortes, en la Fiscalía o en la justicia ordinaria? Dentro del ordenamiento constitucional colombiano, al igual que en otros regímenes democráticos, hay por lo menos tres tipos de instituciones que la población, así no tenga claridad sobre las funciones que cumplen, sabe que existen y que son diferentes. De un lado están las altas Cortes –la Constitucional, la Suprema de Justicia y el Consejo de Estado–; en segundo lugar, están las agencias de control (Procuraduría y Contraloría), que vigilan las relaciones de los empleados públicos con el Estado; y por último los jueces que conforman la justicia ordinaria. Dentro de esa estructura institucional cabría también establecer otras categorías: la de la justicia penal militar[34] y la

---

[34] Hasta mediados de los años 80 la intervención judicial para controlar los eventuales atropellos de los agentes estatales en el conflicto bélico fue precaria. Los controles disciplinarios y penales los tenía la fuerza pública, la cual tendió a actuar con espíritu de cuerpo, por lo que las violaciones de derechos humanos por parte de miembros de organismos de seguridad del Estado raramente fueron investigadas o sancionadas. En 1983 ese régimen fue declarado inconstitucional y se abrió la posibilidad de nombrar a un civil en el cargo de procurador delegado para las Fuerzas Armadas. No obstante esta facultad sólo se empezó a ejercer a finales de los años 80. A partir de entonces los militares fueron investigados y sancionados por violación de los derechos humanos, pero a continuación esa política se relajó por presión de los uniformados. En la actualidad, parece existir un verdadero esfuerzo institucional, en parte bajo presión de los Estados Unidos, por erradicar estas violaciones de los organismos del Estado. De otra parte, hay que decir

asociada con delitos en que están involucrados agentes alzados en armas y narcotraficantes, que revisten características violentas y atentan contra los derechos humanos[35]. Dentro de ese contexto cabe preguntarse: ¿cuál justicia es la que genera confianza? Como se vio, parece obvio que no es la justicia ordinaria. Algunos autores sugieren que el sistema judicial colombiano parece más diseñado para imponer costos a las partes y dificultar la solución de procesos que para propiciar un escenario apto para la resolución de conflictos. En ese caso, y teniendo en cuenta lo que transmiten a diario los medios de comunicación, parecería que la pregunta se interpretó referida a las altas Cortes, en particular a la Constitucional.

La justicia, con la Constitución del 91, adquirió enormes poderes y privilegios. Gracias a herramientas como la acción de tutela y las demandas y acciones de grupo, ahora la población puede exigir eficazmente que se garantice la protección de los derechos fundamentales o colectivos. A raíz de esos instrumentos y de las amplias facultades que se le dieron a la Cortes, éstas se fortalecieron, sobre todo la de constitucionalidad.

Con base en estas facultades y competencias las Cortes han entrado a fallar respecto de conflictos de gran envergadura que de tiempo atrás se habían gestado sin que, en el seno del Ejecutivo ni del Legislativo, se tuviese el poder,

---

que las demandas en contra de la fuerza pública se originan en ocasiones en organizaciones internacionales simpatizantes con la guerrilla y que, en cambio, las violaciones de ésta contra la población civil y contra los militares inermes reciben mucha menos propaganda.

35 La justicia sin rostro se introdujo para mantener la reserva de identidad de los jueces, fiscales y testigos y contar con condiciones de mayor seguridad y plazos más largos para investigar las masacres, las organizaciones de secuestradores o narcotraficantes y otros delitos que usualmente quedaban en la impunidad por el amedrantamiento de los jueces y testigos, la corrupción o el asesinato de los mismos. Este sistema, llamado de la justicia regional, fue implantado frente a la incapacidad del sistema judicial de combatir el crimen organizado. Las razones que dieron origen a la justicia regional en 1989 no han desaparecido, si acaso se han agudizado. Sin embargo, recientemente se suscitó una intensa polémica que condujo a su desmonte y a la adopción de un nuevo sistema, el de la justicia especializada. Quienes abogaron por el desmonte tildaron a la justicia sin rostro de no servir eficazmente para los fines que motivaron su institución (así, por ejemplo, en los ambientes judiciales era muy fácil saber qué juez llevaba un determinado proceso) y, además, de prestarse para toda suerte de violaciones del Estado de derecho.

la voluntad o el respaldo político requerido para resolverlos o para proporcionar los instrumentos legales pertinentes. Basta citar algún ejemplo para ilustrar el alcance de esta afirmación. Hasta comienzos de los años 90, el Estado tenía el monopolio del manejo pensional. Trabajadores y empresarios realizaban aportes obligatorios destinados a la jubilación, pero la población veía ese pago como un impuesto, debido a que la posibilidad de obtener el pago oportuno de la pensión se percibía como remota y sujeta en ocasiones a la capacidad de intriga ante los funcionarios del ramo. Al desorden y la ineficiencia del sistema de seguridad social se sumaba la escasez de mecanismos idóneos para forzar al Estado al cumplimento de sus obligaciones. Luego de la Constitución de 1991, a raíz de tutelas falladas por la Corte Constitucional, el Estado fue forzado a reconocer oportunamente los derechos pensionales de los extrabajadores.

En otro contexto cabe recordar lo ocurrido con el crédito hipotecario. Por cuenta de diversas demandas se le puso un tope al crecimiento de los costos financieros de los créditos y por vía judicial se ordenó reliquidar los saldos de las deudas para ajustar su costo a la inflación, desligándolo de la tasa de interés del mercado. Las bases de la decisión están en el derecho constitucional a la vivienda digna. Cabe recordar que el país tuvo un esquema subsidiado de vivienda hasta 1990 y que, en razón del cambio que se introdujo en la política financiera a comienzos de los años 90, se eliminaron prácticamente todos los subsidios canalizados a través de los establecimientos de crédito. A raíz de ello y del desacertado manejo de la política económica, la relación entre la deuda hipotecaria y el valor de la vivienda, pero sobre todo entre aquella y el incremento salarial de los deudores, se tornó insostenible. La población rechazó drásticamente los cambios en las reglas que afectaron su ingreso disponible y su riqueza y la Corte Constitucional respondió positivamente a sus demandas.

De estas apreciaciones podría concluirse que la población percibe que la justicia opera mejor frente a la solución de conflictos en el ámbito del derecho administrativo, ligados a la corrupción o interferencia del Estado en los derechos de los individuos, que para atender aquellos que se presentan entre particulares. Este punto reviste la mayor trascendencia pues la corrupción en general se identifica con la interferencia de particulares y funcionarios públicos en la distribución de los recursos del Estado y con la falta de equilibrio e independencia de funciones y autonomía de las ramas del poder público. El abuso de poder por parte del Estado causa los más diversos problemas, que se traducen en falta de garantías civiles, políticas y económicas. En Colombia es evidente que esa independencia es precaria. North y Weingast[36] señalan que el imperio inglés sólo se consolidó y terminó una guerra que duró más de cien años cuando logró que la estructura institucional del Estado estuviese claramente delimitada: cuando se independizaron los poderes legislativo y ejecutivo y se confirió suficiente autonomía al poder judicial, de suerte que el gobernante dejó de interferir permanentemente en las reglas y por ende en la propiedad, los derechos de obtener rentas y las libertades civiles y políticas de la población. Además, el diseño de las normas endogenizó su respeto por parte de los actores sociales, reduciendo o eliminando estímulos para su violación. ¿Qué significa endogenizar el cumplimiento de las reglas? Significa estructurar las normas de forma tal que la población sienta que de incumplirlas se deriva para ella misma un costo superior al que paga al acatarlas.

Por la forma como ha venido operando la Corte Constitucional cada día es más frecuente la adopción de profundos cambios en la estructura institucional colombiana mediante decisiones de ese cuerpo. Esta situación, si bien no es la ideal, pues al suplirlas termina por desconocer las funciones de los órganos de elección popular, al parecer en la actualidad es la única forma, en razón de la falta de orden institucional y de la profunda desconfianza que manifiesta tener la población en el gobierno, en el Congreso y en la clase política. A la larga si un Estado funciona precariamente y las instituciones son cuestionadas de manera permanente es utópico pensar que la rama judicial, que es la llamada a hacer cumplir la ley, pueda responder a las demandas de justicia social y económica de la población, y que por su parte los mercados políticos y económicos sean eficientes.

En Colombia los problemas de orden institucional son múltiples, y más grave aún la escasa endogenización de las normas. Desde este punto de vista

---

36 Douglass North y Barry Weingast. "Constitutions and Commitment: The Evolution of Institutions Governing Public Choice in Seventeenth Century in England", en *The Journal of Economic History*, Vol. XLIX, N° 4, pp. 803 a 832.

las leyes no parecen estar diseñadas para el logro del bienestar social sino para preservar estructuras perversas y nocivas. En cierto modo el Ejecutivo y el Legislativo están presos el uno del otro. Si el Ejecutivo no concede recursos y empleos pretendidos por el Legislativo, éste no aprueba los proyectos de ley presentados por aquel. De otra parte, existe una elevada interferencia entre jueces y políticos y algunos estamentos de la población en busca de beneficios personales.

En lo que toca con la justicia ordinaria, desde el punto de vista institucional, y quizás por las razones expuestas en el acápite anterior, relacionadas con las prioridades de los jueces y el estamento militar, cabe destacar que los distintos gobiernos han dedicado ingentes esfuerzos a la implementación de procedimientos judiciales de excepción, adoptados en ejercicio de facultades extraordinarias y considerados en su momento necesarios para reprimir el enemigo público de turno: movimientos que alteran el orden público, guerrilla y narcotráfico, enemigos que le disputan al Estado el monopolio del poder coercitivo[37]. Las normas en general han penalizado las más diversas conductas, restringiendo las garantías procesales y aplicando en ocasiones la justicia penal militar a civiles. Al respecto cabe anotar que en un régimen democrático no es conveniente que las políticas criminales sean adoptadas discrecionalmente por el Ejecutivo, mediante la utilización de facultades transitorias de estados de excepción. Este tipo de decisiones deberían ser ampliamente debatidas entre el Legislativo y los ciudadanos. De ello depende su legitimidad y probabilidad de éxito. En la medida en que se expande la cobertura de la justicia penal de excepción, disminuye la capacidad del Estado de legislar respecto de los conflictos que está llamado a resolver, acudiendo a la instancia legítima que es el Congreso de la República.

De los resultados expuestos, en este marco la población percibe una enorme confusión. Frente a delitos y disputas busca la fuerza pública más que la justicia y tanto la población como los mismos jueces consideran que es la fuerza pública la que contribuye a reducir la delincuencia. Los jueces en

---

[37] Mauricio García, Catalina Botero, Rodrigo Uprimy, Hernando Valencia e Iván Orozco. *La paz es rentable*, Bogotá, Universidad de los Andes, 1997.

este contexto se perciben como un convidado de piedra. Un ambiente de criminalidad organizada sirve el propósito de *desviar la justicia y la estructura de seguridad estatal*, aumentando peligrosamente la vulnerabilidad de la democracia y del Estado de derecho[38]. Gobiernos autoritarios, que controlan las instituciones políticas y legales, pueden abusar del poder utilizando la fuerza pública o la justicia como instrumentos para preservarse en el poder. Por su parte, grupos disidentes que quieren acceder al poder por fuera del ordenamiento legal pueden, alegando la existencia de una justicia inoperante o de una injusticia social manifiesta e insanable por los cauces constitucionales, justificar actuaciones delictivas, por considerar las normas y los procedimientos injustos o que quienes las interpretan y aplican son arbitrarios y no expresan valores democráticos.

Frente a este tema, el documento "La paz es rentable"[39] anota: "La coyuntura institucional actual presenta importantes retos y peligros para la justicia. De un lado los jueces han adquirido un protagonismo insospechado en la definición de los principales problemas institucionales: el deterioro y la corrupción de la clase política han ocasionado una especie de intervención excepcional de los jueces en asuntos que inicialmente no les correspondían. De otra parte, la incapacidad creciente de la justicia para responder a las demandas de justicia provenientes de los conflictos sociales pone de presente una crisis profunda en su funcionamiento instrumental tradicional. Finalmente, la confrontación armada debilita la capacidad del Estado para regular los comportamientos sociales y desnaturaliza el aparato judicial, de manera que se convierte en un instrumento de guerra".

De los resultados obtenidos hasta aquí es posible concluir que los colombianos establecen diferencias entre las altas Cortes y la justicia ordinaria. De la percepción que tiene la población de los resultados de esta última en cuanto en extremo precarios se deduce que la menor desconfianza que se tiene en esta rama del poder público responde a lo que siente la gente frente a la corrupción y a la interferencia del Estado en el ingreso y patrimonio de la

---

38 V. M. Caferra, 1992.
39 *Ibid.*

población, o sea frente a las relaciones de la sociedad con el Estado. Esta función esencialmente está a cargo de las altas Cortes y en alguna medida de las agencias de control.

Las apreciaciones enunciadas no obstan para que surjan inquietudes respecto de a quién responde la justicia en Colombia. Si bien se requiere de mayor análisis, hay importantes elementos para pensar que, buscando defender la legitimidad del ordenamiento institucional, o de quienes detentan el poder, los distintos gobiernos han orientado sus esfuerzos a combatir judicialmente las organizaciones alzadas en armas que le disputan el monopolio de la fuerza al Estado y que, en aras de ese objetivo, que de hecho no se ha logrado, se ha abandonado a su suerte a la población. Esta progresivamente ha ido cayendo en manos de una justicia impuesta por particulares, que han venido sustituyendo al Estado en el cumplimento de una de sus principales e inalienables funciones, cual es la de ser árbitro responsable de dirimir los conflictos entre los distintos estamentos de la sociedad. De ahí que pueda afirmarse que la justicia ha estado al servicio de quienes detentan el poder para que puedan preservarlo, o en el mejor de los casos al servicio del Estado concebido como un fin en sí mismo o cuya seguridad puede en todo caso primar sobre la de la población.

Posiblemente esta situación no es vista con buenos ojos por parte de los mismos jueces, quienes la consideran no sólo inconveniente sino indeseable e inaceptable y entienden como prioritario combatir la corrupción. Sin embargo, la estrecha relación entre jueces y legisladores (que se deduce de la frecuencia de visitas de aquellos a éstos) da pie para identificar enormes problemas, que si bien no podrían calificarse de generalizados, no por ello son menos graves.

Aunque puede afirmarse que la corrupción en el ámbito judicial no parece estar tan generalizada, sí está sujeta al chantaje o a la amenaza de parte de todas las fuerzas en conflicto, llámense éstas gobierno, políticos, narcotraficantes, guerrilleros o paramilitares. Ciertamente el segmento de la población que dice estar más amenazado es el judicial. En estas condiciones es casi una utopía pretender ser eficiente en esta rama del poder público, y que la población en general tenga acceso a este servicio básico para la convivencia pacífica.

VI. CONCLUSIONES

Un Estado que funcione eficientemente requiere de normas que sean percibidas como justas por la población, que ésta acepte cumplirlas y que se incorporen claros controles al manejo del monopolio de la fuerza por parte del Estado. También se requiere que quienes están a cargo de hacer cumplir las normas, es decir, los jueces, sean independientes es imparciales y que, a la vez, su percepción respecto de lo que se considera justo o injusto coincida con lo que consagran las normas, lo que a su turno debe guardar concordancia con las aspiraciones de la población.

En Colombia prevalece la percepción de que la población no respeta lo público y que éste es un problema cultural. Los resultados de esta investigación no validan esa percepción. La cultura del país en esta materia no difiere de la que se presenta en la mayoría de los países del mundo. Inclusive el respeto por lo público parecería estar más arraigado que en muchos países desarrollados. Ese resultado lleva el debate a otro estadio, que surge una y otra vez a lo largo de esta investigación: el de la elevada impunidad e ineficiencia de la justicia. El individuo evalúa la probabilidad de ser sancionado frente al delito; si ésta es muy reducida, el riesgo de incumplimiento de la norma se dispara. De los resultados de la encuesta se desprende que, por ejemplo en el caso de un homicidio, la población percibe que sólo existe un 18% de probabilidad de que éste sea sancionado, así un 28% afirme saber quiénes fueron los culpables. De estos resultados se concluye que el problema no es cultural, sino de ineficiencia de la justicia y de impunidad. La percepción de la población es confirmada por Rubio[40] al señalar que, globalmente, la probabilidad de que un delito sea condenado se encuentra cerca del 1% (luego de pasar del 10 al 20% en la década del 60).

En materia judicial es esencial establecer diferencias entre las relaciones del Estado con los particulares y aquellas entre particulares. En el primer caso, las fallas en la justicia generalmente se identifican con la corrupción.

---

40 "Normas, Justicia y Economía en Colombia", en Ministerio de Justicia y del Derecho. *Elementos económicos para la reforma judicial*, Serie Documentos, Bogotá, octubre de 1995 (citado en Bejarano. *Colombia: inseguridad, violencia y desempeño económico, cit.*, p. 17).

La percepción que hay en Colombia es que la corrupción es bastante generalizada, y luchar contra ella figura entre las prioridades de la población. Dicho objetivo es particularmente marcado entre los jueces, los habitantes de las Zonas de Violencia y los estratos más ricos de la sociedad. En segundo lugar, frente al interrogante sobre quiénes son los corruptos surgen enormes diferencias. Para la población en general la gran mayoría de los funcionarios públicos es corrupta y sus beneficiarios son tan sólo unos pocos. Los menos críticos del gobierno y quienes perciben menos concentrados sus beneficios son los estratos más pobres. Es significativo que quienes ven más expandida la corrupción a nivel de todos los empleados públicos y más concentrados sus beneficiarios sean los habitantes de las Zonas de Violencia. En contraste, los empleados públicos perciben que la oferta de corrupción se centra alrededor de unos pocos empleados públicos, aunque también opinan que los beneficiarios son pocos.

La corrupción que surge como consecuencia de la apropiación de recursos del Estado por parte de los funcionarios públicos difiere de la que surge en el frente político y en el judicial. En el político es claro que la población percibe su actividad como corrupta. Pero también es claro que existen diferencias en el tipo de negociaciones que se desarrollan a ese nivel. De una parte, aparecen unos estratos altos vinculados con políticos en el orden nacional (congresistas) con el fin de agilizar trámites u obtener favores; de otra, estratos pobres en el nivel local, que se vinculan por cuenta de favores. En particular, en estos últimos casos parece aventurado calificar a la política de corrupta. Más cabría tipificar la situación como aquella en la que el Estado funciona pobremente y su estructura institucional no responde frente a las necesidades mínimas de la población.

La evidencia señala que para la población el Estado es manejado por unas élites con las cuales comparte rentas. Estas percepciones pueden o no corresponder a la realidad, pero ciertamente se constituyen en el punto de referencia que le sirve a la población para tomar decisiones. Dentro de ese marco y como consecuencia del mismo, como se aprecia en el capítulo sobre estructura de incentivos y sanciones y sus consecuencias económicas, no hay en la sociedad una estructura de estímulos y sanciones que induzca a la valoración del trabajo productivo. Por el contrario, la estructura existente incentiva la búsqueda de rentas y prebendas a costa del resto de la sociedad. En esas condiciones no es posible hablar de mercados políticos y económicos eficientes, lo que dificulta el crecimiento y pone en entredicho la estabilidad democrática.

El colombiano no considera que la justicia ordinaria funcione. Esta percepción es particularmente acentuada para la solución de disputas de índole civil, que son las que más lo afectan y donde menos se espera que el Estado responda a las demandas de la población. En lo que respecta a la justicia penal, a pesar de ser ligeramente menor la frecuencia de los casos y algo mayor la capacidad de respuesta del Estado, su ineficiencia también es elevada.

Allí se aprecia que el porcentaje de personas afectadas por daño contractual (39%) y contra la propiedad (6%) es considerablemente alto y que cerca de la mitad de los afectados no acude a la justicia. Entre las principales razones para actuar de esa manera se arguye la ineficiencia de ésta. Si a ese porcentaje se suman los que consideran que el delito que los afecta no es grave (28%) o no acuden al aparato judicial por temor a las represalias, o sea quienes piensan que es costoso hacer cumplir la ley, se llega a que casi tres cuartas partes de los afectados por el incumplimiento contractual se sienten inermes. En materia penal la situación es más alarmante aún. Si bien estos delitos son relativamente menos frecuentes –afectan a uno de cada tres encuestados– y la eficiencia de la justicia en este campo es relativamente mayor, es desproporcionadamente alta la incertidumbre que se genera por cuenta de los ataques contra la integridad personal y la elevada impunidad. A raíz de esas fallas ha ido surgiendo un sistema paralelo de justicia privada –las personas, frente a la violación de sus derechos o a lo que consideran como tal, acuden a la violencia o no actúan por temor a ser víctimas de ella–.

Los jueces y miembros de las Fuerzas Armadas, si bien su expectativa frente a la respuesta de las autoridades estatales tampoco es elevada, en especial en el caso de disputas civiles, son menos pesimistas por lo que se refiere a la respuesta del Estado frente al delito. Esto, sin embargo, no obsta para que consideren que, con respecto a la capacidad del aparato judicial, es más eficiente la justicia privada.

Jueces y militares desconfían de la capacidad del Estado de hacer respetar la ley y el orden y son quienes más amenazados se sienten por la inseguridad y la violencia. En ambos casos tanto la población como ellos mismos consideran que su presencia contribuiría a reducir los delitos, así tanto los unos como los otros consideren que el Ejército y la Policía son más efectivos en el logro de ese propósito. Para todos el principal responsable de la perturbación del orden público es la guerrilla, así los jueces la responsabilicen en menor grado y, en su lugar, le atribuyan mayor papel al narcotráfico.

Tanto jueces como militares valoran la democracia. Sin embargo, también quieren el cambio y para ello, si bien no comulgan con las vías revolucionarias ni apoyan la utilización de la violencia con fines políticos, en el caso de los jueces las acciones directas –huelgas, manifestaciones, etc.–, e incluso las de tinte ilegal, reciben apoyo. En el caso de los militares el recurso a la fuerza se justifica, inclusive con la adopción de regímenes totalitarios, así no consideren que el problema sea la falta de autoridad.

Al analizar lo que piensan los jueces y miembros de las Fuerzas Armadas frente a diferentes tópicos es posible concluir que en opinión de quienes tienen por oficio hacer respetar las normas (jueces y fuerza pública) la causa es política y está vinculada con la estructura institucional del Estado, que no facilita el que se adopten las normas requeridas para que dichos estamentos puedan cumplir a cabalidad con sus funciones.

Los colombianos desconfían menos de la rama judicial de lo que desconfían de las otras ramas del poder público. Esto parecería contradictorio con que la población perciba los resultados judiciales de la lucha contra el delito como desastrosos. De ahí que acaso sea necesario interpretar esa confianza en la justicia como vinculada con las altas Cortes y no con la justicia ordinaria. En razón de esa percepción también surgen inquietudes respecto de los objetivos que se tienen frente a la criminalidad y emergen elementos de juicio para afirmar que la justicia está más al servicio de la protección del Estado y de quienes lo ocupan que de servirle a la población. En Colombia el gobierno y el estamento político han puesto mayor énfasis en combatir los delitos que atentan contra la estabilidad del régimen democrático, entendido en cierto sentido formalista, como seguridad del Estado mismo, que en la solución de los conflictos entre particulares y por lo tanto en la seguridad y las libertades de los ciudadanos, elemento esencial de un ordenamiento democrático propiamente dicho.

En esas circunstancias cabe pensar que quienes se encuentran en el poder lo ponen al servicio de intereses particulares en detrimento del resto de la sociedad, haciendo enormemente incierto el panorama en el cual se desarrolla la vida económica –pero no solo– en el país. En otras palabras, hacer cumplir las normas en Colombia es demasiado costoso. Esto equivale a que los costos de transacción son elevados y, por ende, se dificulta el progreso productivo y social. Frente a esta situación no deberían sorprender los resultados obtenidos en el capítulo sobre la familia, donde se hace explícito cómo, por la enorme desconfianza que se tiene frente a personas ajenas a la familia o al grupo social al que se pertenece, la actividad productiva tiende a darse en estructuras cerradas altamente ineficientes, en las que no cabe la especialización y división del trabajo, propia del desarrollo.

Así, se concluye que en opinión de la población los costos de transacción son demasiado elevados. Esto deriva en esencia de la ineficiencia de la justicia y de la carencia de mecanismos efectivos para la protección de los derechos individuales.

La percepción de una justicia inoperante y de un fenómeno sistémico corrupción que ha penetrado los altos niveles del gobierno tiene serias implicaciones económicas. De una parte, está la interferencia de los estratos altos en la toma de decisiones. Cabe recordar la importancia que esto tiene en un país en el que están mal definidas las reglas de juego y la justicia no funciona. Buscar rentas y monopolios otorgados al amparo de normas legales se vuelve un gran negocio. Así se respeta la ley al tiempo que se contraría la razón de ser de la democracia. De otra parte, también cabe recordar que cuando las necesidades de la población son grandes y los mercados laborales no funcionan, ni la cobertura de los apoyos estatales es suficiente, es clara la demanda de intermediarios ante el Estado para la solución de los problemas y la satisfacción de las necesidades y expectativas por parte de todos los actores sociales.

En el lenguaje cotidiano se utilizan con frecuencia tres términos cuyo significado no es unívoco: "populismo", "social" y "clientelismo". "Populismo" es una palabra que se usa peyorativamente para descalificar al oponente político: se asocia con los políticos que en opinión de sus críticos hacen promesas irrealizables para seducir a los estratos de más bajos ingresos y obtener sus votos. El término "social" se usa en el sentido de abogar por la protección los sectores menos favorecidos. Entonces, ¿cuál es la diferencia? "Social" es lo que afirma propugnar el que habla; "populista" es lo que afirma al respecto el crítico del primero. Por "clientelista" se entiende el que ayuda a los demás a conseguir empleo o favores a cambio de apoyo político y establece así relaciones de dependencia patrón-cliente.

A pesar de las connotaciones con que se utilizan estos calificativos, es fácil concluir que reflejan realidades difíciles de ignorar. Una es la enorme desprotección en la que vive la población. Inclusive tener empleo, así sea transitorio, puede constituir un privilegio. Otra es la escasa altura del debate político, pues tales términos sirven como una forma de descalificar al contrincante, sin argumentos de peso. Ello puede resumirse como la falta de definición de políticas y objetivos. Ambientes de esa naturaleza son propicios para la corrupción. De una parte, se estructuran toda suerte de apoyos para los pobres insuficientemente financiados. Es el caso de los subsidios a la vivienda y a los servicios públicos y sociales (servicios domiciliarios, salud, educación, etc.). Más aberrante aún es lo que ocurre a causa de la necesidad de obtener empleo: el "clientelismo". Dentro del ordenamiento institucional y del manejo de las finanzas públicas es más fácil aumentar las plantas de personal, alegando las más diversas justificaciones, que estructurar una política que facilite que el sector privado se encargue de generar empleo. De lograrse el objetivo modernizador de que la generación de empleo dependa del sector productivo se estarían rompiendo vínculos de dependencia patrón-cliente que penetran dramáticamente todas las esferas del Estado y generan costos inmensos para las finanzas públicas y para la sociedad en su conjunto.

Además de ser esta del clientelismo una política muy costosa y *sui generis* para generar empleo, tiene implicaciones adicionales: lleva a que los empleados, en particular si son calificados, sean deficientemente remunerados, lo que dificulta que personal calificado trabaje para el Estado; además, para justificar la nómina estatal se incrementan los trámites burocráticos y los obstáculos del sector público al sector productivo; de otra parte, de estos dos fenómenos se derivan estímulos para el soborno, tanto por el lado de la oferta como de la demanda: en efecto, la necesidad del sector privado de reducir los costos derivados de los excesivos trámites y las interminables demoras termina por justificar todo tipo de actuaciones ilícitas. El problema del empleo es tan evidente que para la población lo prioritario, por encima de cualquier otro objetivo, es disminuir el desempleo, y está dispuesta a sacrificar todo a cambio de la estabilidad laboral[41].

Los peligros potenciales de incumplimiento y el consiguiente descrédito del Estado se pueden reducir o eliminar cuando las instituciones tienen el perfil adecuado. Vale decir, cuando éstas anticipan posibles problemas y cuando las funciones que se le atribuyen al Estado están respaldadas con los recursos suficientes para financiar su cumplimiento. En esas circunstancias, las partes son más dadas a aceptar, participar y mantener acuerdos complejos.

Un sistema corrupto en el que la justicia no funciona no es competitivo, y además termina siendo inevitablemente más incierto que el legal. Esto no significa que todos sean corruptos. Hay quienes se rehúsan a participar en estos mercados ya sea por sus valores morales o por miedo al castigo. Los valores culturales, al igual que las instituciones, son decisivos en el correcto funcionamiento de la sociedad y de la economía y en sus relaciones con el Estado.

Controlar la corrupción cuesta y las reformas que se adopten para combatirla deben tener en cuenta tanto los costos como los beneficios probables. Eliminar la corrupción no tiene sentido si el resultado es un gobierno rígido y autárquico. Combatirla con eficiencia significa abordar sus causas profundas. Los esfuerzos institucionales para reducir la aceptación de propinas y la modificación de las normas pueden contribuir al cambio. Pero la integridad y honestidad de la población, traducidas en un compromiso cívico de transparencia y vigilancia, así como la legitimidad de los gobernantes, son esenciales. La presión internacional puede ser útil, pero un programa anticorrupción no puede tener éxito sin la reforma de las instituciones[42]. Las mayores debilidades de los países en desarrollo y de las economías en transición son la falta de credibilidad de las instituciones y la incapacidad para atender los reclamos y hacer cumplir las normas. Es difícil fortalecer las instituciones

---

41 Ver capítulo sobre estructura de incentivos y sanciones y sus consecuencias económicas.
42 Wei Shung-Jin. *La corrupción y el desarrollo económico: grava en las utilidades, ¿molestia menor o gran obstáculo?*, Harvard University and National Bureau of Economic Research, septiembre de 1998.

existentes, dada la aguda desconfianza que inspiran. Iría contra toda racionalidad apoyar aquello en lo que las personas desconfían. Sin embargo, mientras la desconfianza sea tan elevada y generalizada, plantear el mejoramiento se percibe casi inevitablemente como una reforma defensiva de "lo malo", es decir como un gesto de maquillaje moral por parte de los mismos implicados en la corrupción general del Estado. No obstante es cierto que existe la posibilidad de modificar esa situación, mejorando las instituciones existentes, tales como las Cortes, o creando nuevos cuerpos, como inspectores generales independientes o comisiones anticorrupción, pero no hay que olvidar que cualquier cambio requiere de compromisos éticos y políticos sólidos y de largo plazo, y que la solución frente a la *erosión de credibilidad no está en más o menos gobierno, sino en la adopción de formas diferentes de gobernar y de hacer política*. Al ser un problema que corroe las bases institucionales, se requiere de una respuesta que construya instituciones sobre nuevas bases.

En general se puede pensar que también aquí las normas (de control y vigilancia) deben, para tener éxito, encontrar una correspondencia en la sensibilidad social, es decir en el compromiso ético de la población. La multiplicación de los controles puede ir hasta el infinito si la ciudadanía no está comprometida con la transparencia en el manejo de los recursos y en la gestión estatal. Delegar el control a organismos todo lo imparciales que se quiera no es sino una forma de escamotear el compromiso cívico-político que debe residir y ser activo en la población misma y no puede ser enteramente asignado a instancias técnicas por fuera del trabajo de todos en un proyecto compartido de nación[43].

En cuanto a la interpretación verosímil según la cual el descrédito de la justicia no es aún mayor gracias a la confianza que inspira la Corte Cotitucional, vale la pena resaltar que aquí se expresa una de las mayores tensiones del desarrollo del país con respecto a otras realidades y a las tendencias predominantes en Occidente. A los problemas de una sociedad en muchos aspectos premoderna, con dificultades inmensas para acceder a un sistema mínimo de reglas, se agrega el fenómeno expansivo de los derechos[44] y, a la

---

43 Gilles Lipovetsky. *El crepúsculo del deber*, Barcelona, Anagrama, 1994, p. 202.
44 Así por ejemplo, la ecología no es un lujo de países ricos sino un compromiso impostergable

vez, la profunda crisis de la representación política que afecta incluso a los países en donde el sistema democrático parecería más consolidado[45]. Es decir que el país enfrenta no sólo el reto de ingresar de lleno a la modernidad, sino, a la vez, de participar en la resolución de conflictos de la organización social que se presentan en la democracia misma que se persigue. Basta decir, al respecto, que la confianza depositada por la población en la Corte Constitucional en algunas de las más sólidas democracias europeas obedece a la crisis de la representación política (Ejecutivo y Legislativo, del que deriva la ley aplicada por los jueces ordinarios) y corre el riesgo de conducir a un paradójico gobierno en nombre de los derechos fundamentales, "representados" por la Corte misma, que no es un órgano elegido popularmente. Fenómeno que tiene poco que ver con la superación de la democracia representativa en dirección de la participación ciudadana[46]. Resulta curioso, y a la vez inquietante, que algo similar se pueda ver en la crisis de las instituciones en Colombia. De tal manera que en caso de convocar una nueva Asamblea Constituyente –opción que probablemente se presente a la hora de llegar a un acuerdo de paz con los grupos armados– y de intentar restablecer un equilibrio entre configuración del Estado y legitimidad de la ley[47] habrá que tener muy en cuenta esta complejidad extrema, que no por ser ignorada dejará de determinar el bienestar de la población y las posibilidades de desarrollo.

---

    de todos, para no hablar de que el desarrollo libre y digno de la personalidad no se mide con el parámetro de nuestros medios sino de acuerdo con un concepto de hombre que ha ido forjando la civilización, que la globalización difunde como aspiración de la humanidad misma y que en el país se incorpora de lleno en la propia Constitución.

45 Geoffrey Brennan y James R. Buchanan. *The Reason of Rules. Constitutional Political Economy*, Cambridge University Press, 1985.
46 Al respecto Lipovetsky. *El crepúsculo del deber*, cit.
47 Brennan y Buchanan. *The Reason of Rules*, cit.

CAPÍTULO OCTAVO
Inseguridad, violencia y guerra

Paz, por supuesto, es algo más que la ausencia de guerra. Alcanzar la paz significa también eliminar las hambrunas, la pobreza, la violencia, la amenaza a los derechos humanos, los problemas de refugiados, la polución ambiental y otras muchas amenazas. Significa crear un clima en el que la gente pueda tener tranquilidad y bienestar.

Ciudad de Hiroshima. Declaración de paz, 6 de agosto de 1991

Inseguridad, violencia, terrorismo, guerra: palabras en apariencia concretas y fáciles de identificar y diferenciar, en la realidad no lo son. ¿En qué momento la inseguridad degenera en violencia o terrorismo y cuándo éstos se convierten en guerra? Sólo después de mucho tiempo y cuando la perturbación del orden público ha escalado enormes dimensiones el estado de guerra (civil) es plenamente identificable.

La violencia tiende a justificarse en los más diversos ámbitos, pero su justificación puede ser percibida como plenamente legítima tan solo por quien recurre a ella. Sin embargo, al no ser compartida por los intereses colectivos representados en la legalidad, sus actos son calificados de punibles. Puesto que quienes practican la violencia esgrimen argumentos –siempre insuficientes pero no del todo carentes de algún fundamento real– para justificarla, es particularmente difícil lograr que la justicia opere. La violencia revolucionaria y el terrorismo pueden llegar a gozar de alguna legitimidad simplemente por su antigüedad y porque la población se ha acostumbrado a su presencia[1]. Pero también pueden derivarla del hecho de constituir un principio de orden, al imponer condiciones mínimas de seguridad y justicia[2], en una verdadera privatización de estos "bienes públicos por excelencia"[3]. El reconocimiento de estos individuos es otorgado, así, por la sociedad misma. Cuando la población justifica o acepta a los grupos violentos, enfrenta enormes dificultades al verse obligada a escoger a quién extenderle su apoyo: ¿se prefiere a quien pretende imponer sus reglas por la vía de la fuerza? ¿O al Estado de derecho que no es capaz de defender a la sociedad de los agresores?

---

1 Kenneth Boulding. "Paz, justicia y caras del poder".
2 Fernando Gaitán Daza, en Malcolm Deas y F. Gaitán Daza. *Dos ensayos especulativos sobre la violencia en Colombia*, Bogotá, Fonade y DNP, 1995, p. 372.
3 Alfredo Rangel. *Colombia: guerra en el fin se siglo*, Bogotá, Tercer Mundo, 1998, p. 47.

La guerra es un fenómeno político con raíces en la estructura económica y social. Así como no hay guerras voluntarias, no hay revoluciones gratuitas. Las causas históricas que llevan a una Nación a la guerra no son siempre claras y nítidas como cuando se produce una catástrofe natural. Suelen, más bien, ser razones que llevan a una encrucijada de la que se busca salir mediante el conflicto. Por eso, a los ojos de los hombres que lo declaran, y de aquellos dispuestos a sacrificar su vida por esas causas, la guerra aparece como acto providencial y soberano de "legítima defensa". Las guerras no nacen en los estados mayores de los ejércitos, ni en los consejos de redacción de los periódicos. Estas instancias las declaran o bautizan. Pero hay fuerzas históricas que imponen las guerras, y que imponen también sus alcances y sus límites. Las naciones y los bandos se declaran la guerra por razones políticas, es decir, por causas que atañen al poder económico o territorial de los pueblos o de los Estados. Frente a la pregunta: ¿qué es mejor, la guerra o la paz?, la gran mayoría escogerá la paz. Sin embargo, también la mayoría de los que así piensan estaría dispuesta a involucrarse en guerras y conflictos violentos de percibir que la causa es más valiosa que vivir en paz.

Boulding sostiene que la violencia debería analizarse más como un problema de potencias y resistencias que como una explosión de baja intensidad. Cuando se presiona un pedazo de tiza por un período prolongado, en un comienzo no se parte, pero finalmente cede y se rompe. Lo mismo ocurre con la ecuación de violencia, aunque cabe anotar que ésta no es lineal. La resistencia a la violencia, que deriva del abuso del poder, lleva con el tiempo a que la violencia escale a niveles insostenibles. Cuando ello sucede se entra en una etapa diferente: se crean encarnizados enemigos y bandos irreconciliables, que tienden a legitimarse por la vía de la fuerza. Lo más difícil es identificar cuándo esto va a ocurrir; pero, una vez que ocurre, la situación cambia radicalmente[4].

La precariedad del *orden social* en Colombia, en particular en lo relacionado con la violencia homicida y el accionar de diversos y poderosos grupos armados, no tiene parangón en las sociedades desarrolladas –pero

---

4 Boulding. "Paz, justicia y caras del poder", *cit*.

tampoco en sociedades de desarrollo relativo semejante–. La tasa de homicidio en Colombia supera en cerca de diez veces la de Estados Unidos, veinte o treinta veces la europea, y casi cien veces la de los países asiáticos. Para encontrar algo similar en Europa es necesario remontarse a épocas premodernas: "En 1532 fue promulgado, tras larga preparación, el minucioso Ordenamiento de Carlos V (La Carolina) [...] con la reglamentación de la guerra privada, que pretendía obligar a los caballeros a acatar las normas, y de la ordenanza territorial para las gentes del camino, vagos y maleantes"[5]. Los esfuerzos sistemáticos de los monarcas por erradicar la venganza y las guerras privadas se iniciaron ya diez siglos antes de Lutero, con la recopilación de la Ley Sálica a principios del siglo VI[6]. Martín Lutero, inspirador de la reforma protestante que aportó el germen del *espíritu capitalista*, según la teoría weberiana de la modernización, era consciente de los problemas que implicaba el tránsito de una sociedad controlada por la religión, con una economía basada en la "serena moderación", hacia otra basada en el ánimo de lucro individual, con todos los conflictos sociales que de ello pueden derivarse[7].

El conflicto social que hoy vive Colombia se inició hace más de 40 años pero tan sólo recientemente el país empezó a adquirir plena conciencia de sus alcances. Para ello fue preciso que escalara proporciones como las planteadas en los mapas 1 y 2, que identifican lo ocurrido en este frente en la década de los años 90. Como se puede observar, la proliferación de grupos alzados en armas, que se disputan el control territorial, es alarmante.

Inicialmente, diversos grupos armados –primero liberales, luego comunistas, por último más pragmáticos– ofrecieron a los campesinos (pero también a los habitantes de los suburbios de las ciudades) la seguridad que el Estado era incapaz de proveer. El costo fue el surgimiento de una situación

---

5 Radbruch y Gwinner, 1955, p. 129.
6 "(Los reyes francos) son los primeros en tener una política criminal consciente [...] regida por dos ideas: sustituir las guerras privadas por el pago de indemnizaciones, y el derecho de autodefensa por la acción punitiva del Estado y sus castigos" (*ibid.*, p. 32).
7 "En los mercados y en el comercio ordinario impera el abuso del poder y de la fuerza cuando se transan mercancías; unos y otros se engañan públicamente con el peso y las medidas y se estafa por cuenta de la escasa transparencia en las finanzas" (*ibid.*, p. 130).

insostenible para empresarios e inversionistas, que pronto se percataron de los peligros que se estaban engendrando. De ahí nació un paramilitarismo virulento manejado originalmente por narcotraficantes y más tarde por latifundistas y dueños de fincas ganaderas, cuyo objetivo era eliminar la influencia guerrillera y hacerse al control de sus regiones, en ausencia del Estado. En los últimos años, la expansión de los grupos armados se ha dado principalmente en las localidades cafeteras, en las zonas de colonización de frontera, que son más propicias para los cultivos ilegales, y en las zonas de bonanza minera. En la puja por el poder entre fuerzas contrarias y excluyentes el gran perdedor resulta ser la población, que vive al azar día tras día, cada vez más desprotegida, expuesta a las masacres y a los desplazamientos forzados.

La dinámica de los problemas de orden público ha erosionado acelerada y profundamente el sistema judicial y la autoridad del Estado. La impunidad y la inseguridad se extienden a lo largo y ancho del territorio y afectan todos los estratos sociales. Frecuentes incidentes por el control territorial de vastas zonas del país, un Estado sin poder coercitivo sobre paraestados que dominan ciertas zonas del país, comunidades que buscan y obtienen protección y justicia de grupos armados al margen de la ley, a los cuales tributan, y acumulación primitiva de riqueza basada en la adquisición de tierra recurriendo a la violencia y a la búsqueda de rentas a costa de los demás (*rent seeking*), constituyen algunos de los síntomas inequívocos de arreglos institucionales pre-contractuales difícilmente asimilables a la modernidad.

Pese a la gran cantidad de estudios empíricos, no son muchos los diagnósticos realizados hasta la fecha acerca de las causas de la violencia en Colombia. Quizás el análisis al que se le ha asignado mayor relevancia hasta la fecha es el realizado durante la administración Barco (1987), presentado por la "Comisión de Estudios sobre la Violencia" —llamada de los *violentólogos*—. En su edición más reciente se plantea que lo reseñado allí son "ideas completamente interiorizadas en el discurso político cotidiano"[8], evidenciando

---

8 "Como tal es un referente analítico que hace parte ya de los adquiridos en el mundo académico e incluso de los apropiables por distintas dependencias oficiales. A su manera, se le incorpora también en el diseño de los planes gubernamentales...". Comisión de Estudios sobre la Violencia. *Estudio sobre la violencia en Colombia*, 1995, presentación a la 4ª edición.

con ello que no se basaron en estudios empíricos que soporten las apreciaciones expuestas. Esta manifestación da pie para la controversia, en especial a partir de las siguientes dos afirmaciones: "El porcentaje de muertos como resultado de la subversión no pasó del 7.51% en 1985, que fue el año tope. Mucho más que la del monte, la violencia que nos está matando es la de la calle"[9]. Más adelante, y dando más espacio a la interpretación, se llega a la siguiente

MAPA 1
MUNICIPIOS Y ACCIÓN GUERRILLERA (1995-1997)
Y MUNICIPIOS Y PRESENCIA PARAMILITAR (1982-1997)

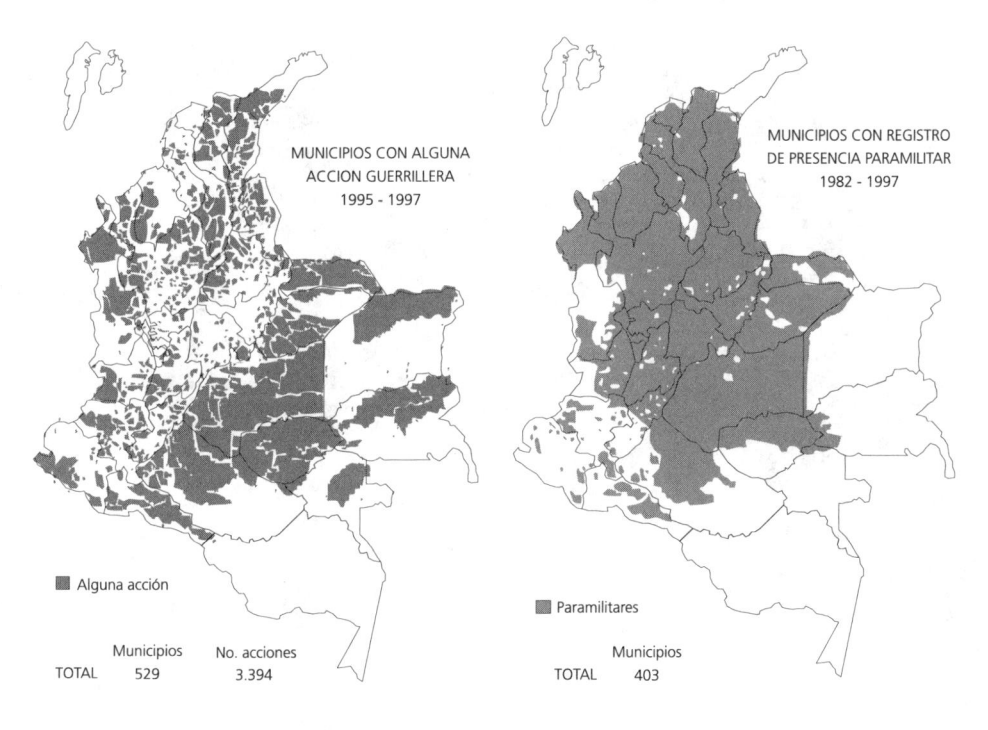

Fuente: Alejandro Reyes Posada y Ana Lucía Gómez Mejía, IEPRI, Universidad Nacional de Colombia.

---

9 *Ibid.*, p. 58.

afirmación categórica: "Los colombianos se matan más por razones de la calidad de sus vidas y de sus relaciones sociales, que por lograr el acceso al control del Estado"[10]. En un país en el que en 1986 sólo se capturó al 20% de los homicidas y únicamente el 5% de los homicidios fue aclarado, parece difícil encontrar bases sólidas para establecer porcentajes tan precisos de muertes causadas por la subversión, y mucho más para generalizar de manera tan

MAPA 2
MUNICIPIOS, ACCIONES GUERRILLERAS Y
PRESENCIA PARAMILITAR (1985-1997)

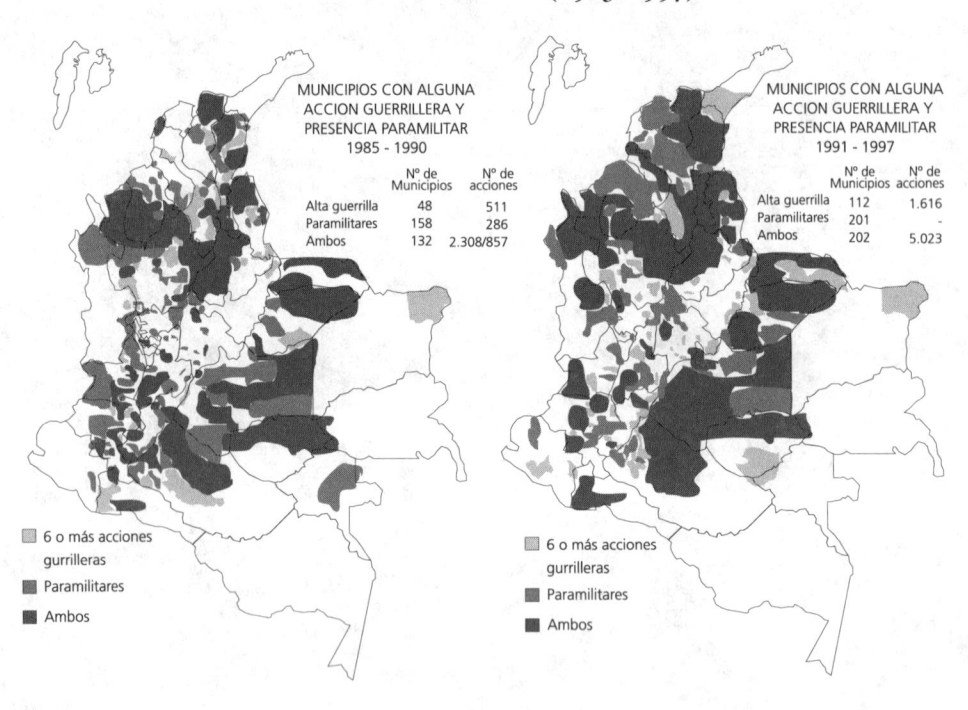

Fuente: Alejandro Reyes Posada y Ana Lucía Gómez Mejía, IEPRI, Universidad Nacional de Colombia.

---

10 *Ibid.*, p. 30.

contundente sobre las *causas objetivas* por las cuales se matan los colombianos[11]. En 1993 la Presidencia de la República afirmaba oficialmente que "la mayoría de los homicidios (cerca del 80%) hacen parte de una violencia cotidiana entre ciudadanos, no directamente relacionada con organizaciones criminales"[12]. Aún en 1997, en programas locales contra la violencia, como el de *Convivencia Ciudadana*, se percibe la influencia de las mismas ideas: "es indiscutible que el mayor problema que enfrenta Bogotá es el alto nivel de violencia con que muchos habitantes resuelven sus conflictos cotidianos, ante la absoluta indiferencia por parte del resto de la sociedad"[13].

La percepción de la guerrilla que prevaleció hasta no hace mucho en los grandes centros urbanos del país era la de un enemigo débil, que sólo representaba una amenaza distante en el espacio y en el tiempo y que, por tanto, carecía de importancia significativa. Esta imagen del problema impedía que el fenómeno de inseguridad y violencia generalizadas, en cuanto mostraba dimensiones estructurales, se pudiera vincular en forma directa a un aspecto de la vida nacional considerado en últimas marginal, como el de la subversión. Por ello se subestimó su poder para poner en peligro tanto la estabilidad del Estado en su conjunto como el aparato productivo nacional. En el marco de la visión urbana el conflicto con la guerrilla, al no ser apremiante, no exigía la toma de decisiones de fondo ni la realización de acciones positivas para modificar las condiciones de confrontación. Para Bejarano[14] esta percepción del problema se origina en gran parte en que los centros de decisión (las grandes ciudades) estuvieron hasta tiempos recientes al margen de la confrontación, lo que favoreció la subestimación de las dimensiones del fenómeno subversivo. Esto le permitió a la guerrilla escalar en la lucha por el poder hasta llegar a amenazar seriamente con afectar el desempeño global de la economía. A nivel regional, por el contrario, de tiempo atrás se ha percibido la guerrilla como

---

11 Mauricio Rubio (1996).
12 Presidencia de la República, 1993, p. 15.
13 Alcaldía Mayor de Bogotá. *Seguridad y convivencia - Dos años y tres meses de desarrollo de una política integral*, Bogotá, 1997, p. 7.
14 Jesús Antonio Bejarano (dir). *Colombia: Inseguridad, violencia y desempeño económico en las áreas rurales*, Bogotá, Fonade y Universidad Externado de Colombia, 1997, p. 251.

un enemigo fuerte, próximo, que representa una amenaza efectiva y que tiene enorme importancia por su incidencia en la vida social, en el desempeño económico y en la credibilidad del Estado. Allí se siente que la guerrilla tiene una efectiva y creciente capacidad de realizar acciones que afectan la vida de los ciudadanos en todos los órdenes y que esa capacidad irá en aumento si no se actúa para controlarla y reducir su poder.

En años más recientes la percepción de las élites civiles ha cambiado significativamente: "al país le está ocurriendo con la guerrilla lo mismo que le sucedió con el narcotráfico: no quiso ver durante largo tiempo la magnitud de la amenaza, hasta que el costo de la convivencia se tornó demasiado alto y el sacrificio para erradicarlo muy grande"[15].

Contrasta con esta dificultad para adecuar a la realidad la apreciación del problema, el que ya para 1995 el Ejército Nacional y la Dirección Antinarcóticos de la Policía Nacional identificaban que el 93% de los homicidios registrados en Colombia ocurría entonces en municipios donde se había detectado la presencia de alguno de los principales grupos armados y que más de las tres cuartas partes de las muertes intencionales tuvieran lugar en localidades donde confluían dos o tres de estos agentes y, en contraste, que sólo el 12% de las muertes violentas ocurrieran en localidades exentas de la influencia guerrillera.

El panorama descrito despierta grandes interrogantes. Varios de ellos surgen por cuenta de los resultados obtenidos en el capítulo de justicia, que permiten concluir que los diagnósticos no han servido de marco de referencia para la toma de decisiones por parte del Estado, ni para orientar en forma coherente la política de seguridad, justicia e inversión social. En ese capítulo se concluye, en primer lugar, que la efectividad de la justicia en Colombia es, por decir lo menos, precaria, lo que abrió el espacio al surgimiento de grupos de justicia privada; en segundo lugar, que el Estado, al poner mayor énfasis en el enfrentamiento de la criminalidad —además con pobres resultados—, desatendió los problemas de índole civil, que son los más frecuentes y donde menos se espera una respuesta oportuna y eficaz del Estado; en tercer lugar,

---

15 Rangel. *Colombia: guerra en el fin de siglo*, cit.

que el Estado, por protegerse a sí mismo, orientó el aparato judicial y la fuerza pública a combatir a las organizaciones que le disputan el poder, dejando a la población inerme y abandonada a su propia suerte.

Parte de estas ambivalencias se origina en la dificultad de entender el conflicto y sus causas, y parte en la negación sistemática del estamento político a aceptar que existen grupos con suficiente poder para disputarle el control del Estado. En el estamento militar estos grupos siempre han merecido el calificativo de "delincuentes" o "bandoleros"; las élites políticas y los voceros de los gobiernos, en el mejor de los casos, tan solo en la primera mitad de la década del 90 cambiaron esos calificativos por el de "los violentos". Rangel sintetiza la situación como "incomprensión por parte del Estado y de la sociedad acerca de la naturaleza y la dinámica del problema, incomprensión que se ha ocultado apelando a la vía fácil de la descalificación y la subestimación del adversario". Así mismo, añade que en Colombia las relaciones entre civiles y militares toman la forma de una especie de transacción permanente entre una élite en la cual, a cambio de la no intervención en política de los militares, los civiles les otorgan la más completa autonomía a aquellos en el manejo del conflicto interno y en la planeación de la defensa externa[16]. Estas apreciaciones contribuyen a despejar los interrogantes que surgen del capítulo sobre justicia. Después del enorme costo pagado en términos de vidas, capital y malestar social, recientemente y dentro de las negociaciones de paz ha comenzado a abrirse el espacio para el reconocimiento del papel que juegan los grupos armados en el malestar de la población y para que la población sin excepciones ni exclusiones participe en el diseño de una política que conduzca a la recuperación de la tranquilidad social.

Aún así, hasta la fecha ni el Estado ni la sociedad colombiana ni las élites parecen haber encontrado vías que conduzcan a la solución del problema. Este es más complejo de lo que usualmente se cree y, por ende, no admite soluciones facilistas ni inmediatas. Las dificultades de plantear una salida al conflicto no depende solo de la voluntad política o de los costos que implicaría, sino que éstos y aquella, para su definición, requieren de una comprensión

---

16 *Ibid.*

del problema que en muchos sentidos –por miopía política, pero también por la escasa disponibilidad de modelos interpretativos adecuados– aparece gravemente insuficiente. La búsqueda de una salida al conflicto armado se torna particularmente compleja si, además, el rechazo por el cambio es amplio, en especial entre los grupos más cívicos de la sociedad –entendidos como los que más se organizan– que curiosamente quieren a toda costa mantener las cosas como están y perciben a la vez que están perdiendo el control del Estado[17].

Caracterizar la violencia en Colombia no es tarea fácil. Parece evidente que no tiene sus orígenes en problemas étnicos, religiosos o raciales, pero no se sabe a ciencia cierta cuáles son las causas por las cuales los colombianos se matan, así aparezca la ausencia de la justicia como un elemento destacable. Esta, a su vez, puede considerarse causa y efecto del problema, y genera un círculo vicioso difícil de romper. Si mañana se negociara la paz habría que preguntarse cuánto tiempo y esfuerzo tomaría sanar heridas y construir un auténtico espíritu de conciliación entre los colombianos que han sufrido horrores en este cruel enfrentamiento[18].

Evidencia reciente, y en particular módulos de inseguridad y victimización como el incluido en la encuesta de valores realizada para efectos de esta investigación –que incluye algunos de los municipios afectados por la presencia de grupos armados al margen de la ley (Apartadó, Chigorodó, Tierralta, La Plata, Tesalia, Bolívar, Mercaderes, Arauca, El Doncello y La Montaña)–, aportan elementos de juicio para la búsqueda de diagnósticos alternativos de la violencia en Colombia. Así mismo, en el cuestionario se incluyeron otros módulos para indagar las percepciones de jueces y militares, con el propósito de efectuar comparaciones. La confrontación de los valores prevalecientes en estos grupos con los del resto de la sociedad arroja elementos de juicio que deben tenerse en cuenta para la recuperación del orden y la tranquilidad en el territorio nacional.

---

17 Ver capítulo sobre capital social.
18 Enrique Santos. "Contraescape", en *El Tiempo*, 29 de noviembre de 1998.

Este capítulo en una primera parte recoge y analiza las percepciones relacionadas con la inseguridad y la violencia, en particular con la violencia homicida, y establece quiénes considera la población como los principales agentes generadores de violencia. La existencia de grupos armados que le disputan el poder al Estado pueden ser en gran parte responsable del caos. Pero ello no significa que este haya surgido y prosperado con base en elementos que en realidad son consecuencia y no causa de su existencia. De ahí que, en una segunda parte, se exploran diversas alternativas de causalidad de la violencia: las características demográficas de la población afectada por la misma y su relación con la presencia de agentes armados al margen de la ley; la intensidad del poder de cohesión; los sentimientos de vergüenza, poder e impotencia, alienación o enemistad, y el porte de armas. Por último se esquematizan las manifestaciones de poder y las organizaciones que contribuyen a reducir la inseguridad. Estos, junto con la tolerancia, son elementos decisivos para el logro de una paz negociada. Cualquier acuerdo requiere de garantías que merezcan la confianza de las partes en conflicto.

I. EL CRIMEN Y LA INSEGURIDAD RONDAN A LA POBLACIÓN

El colombiano promedio vive en un mundo incierto donde el riesgo frente al futuro prevalece en su vida cotidiana. No sólo se siente inseguro desde el punto de vista económico, sino que también teme por su integridad personal. El desempleo (60%) y la violencia e inseguridad (27%) son los dos principales problemas que menoscaban el bienestar de la población (gráfica 1).

A pesar de que el desempleo preocupa a más de la mitad de la población y la violencia a uno de cada tres colombianos, por grupos específicos o zonas del país surgen diferencias de consideración. Para los jueces (60%) y la fuerza pública (36%) (gráfica 2), la violencia tiene mayores efectos negativos sobre su tranquilidad que el desempleo (38 y 35%, respectivamente).

Gráfica 1
Problemas que afectan el bienestar de los colombianos

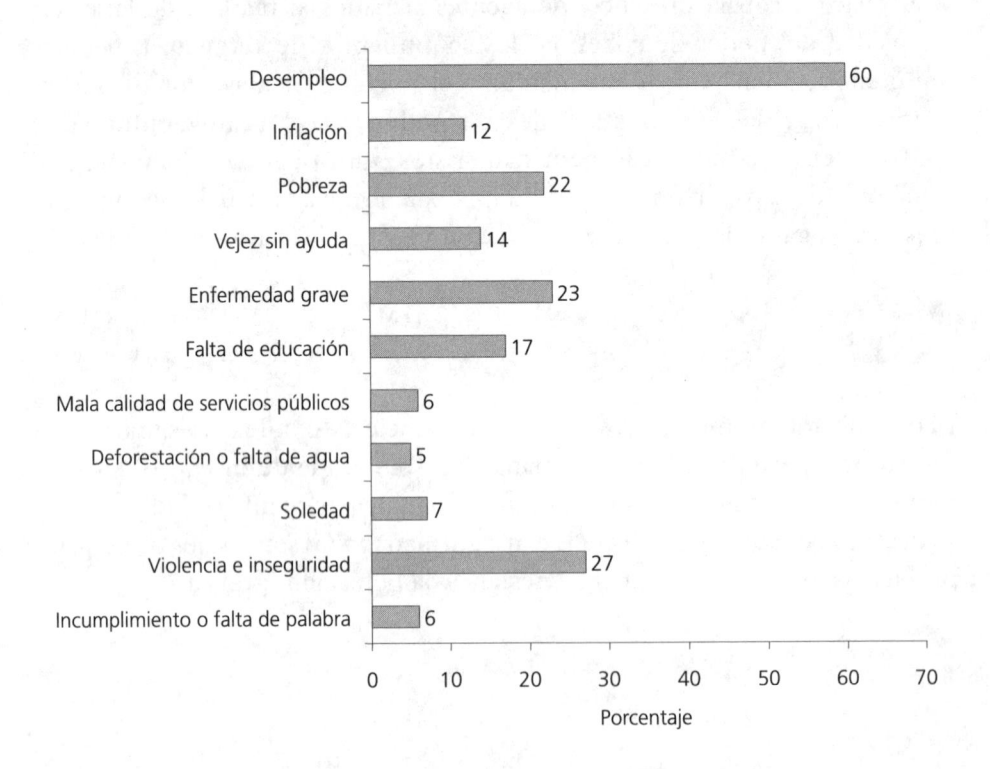

Problema	Porcentaje
Desempleo	60
Inflación	12
Pobreza	22
Vejez sin ayuda	14
Enfermedad grave	23
Falta de educación	17
Mala calidad de servicios públicos	6
Deforestación o falta de agua	5
Soledad	7
Violencia e inseguridad	27
Incumplimiento o falta de palabra	6

Pregunta 132: Entre los siguientes problemas ¿cuáles son los dos que usted siente que tienen un mayor efecto negativo sobre el bienestar suyo y el de su familia?

GRÁFICA 2
PROBLEMAS QUE AFECTAN EL BIENESTAR, SEGÚN ESTAMENTO

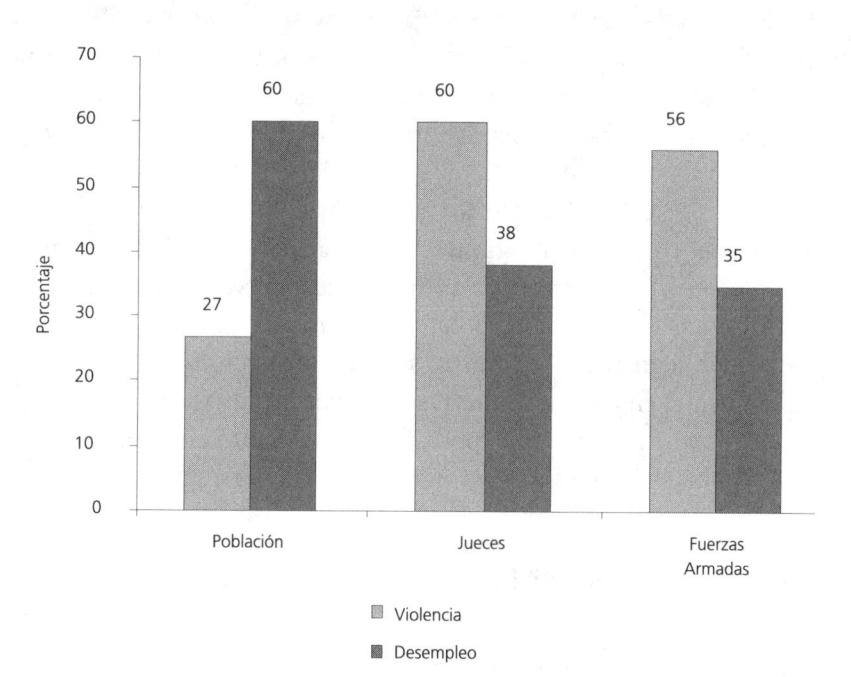

Estamento	Violencia	Desempleo
Población	27	60
Jueces	60	38
Fuerzas Armadas	56	35

Pregunta 132: Entre los siguientes problemas, diga cuáles son los dos que usted siente que tienen un mayor efecto negativo sobre el bienestar suyo y de su familia.

La inseguridad en Colombia se manifiesta a través de los más diversos actos de violencia: asesinatos, secuestros, extorsión, boleteo, asaltos y atracos afectan la vida cotidiana de la gran mayoría de la población y no distingue entre ricos y pobres. Cerca del 30% de los hogares fue víctima de uno o varios incidentes penales[19], siendo éstos particularmente altos en los hogares de mayores ingresos y entre residentes urbanos, sin que pueda decirse que sea un problema exclusivamente urbano o de los ricos. Uno de cada cinco hogares rurales y una

---

19 En el caso del hurto el número promedio de ataques fue cercano a cinco 4.7; en el fraude o estafa 2.7 y en el atraco 1.5.

de cada cinco personas de menores ingresos fue víctima de algún delito en el último año (cuadro 1). Es claro que los hogares de jueces (34%) y miembros de las Fuerzas Armadas (43%) son los que más se ven afectados por delitos contra la propiedad y contra la integridad personal, si bien la frecuencia de estos últimos no supera la que se registra entre los hogares más ricos.

Los incidentes más frecuentes son aquellos dirigidos contra la *propiedad* –hurto, atraco o estafa–: su incidencia es similar en el sector rural y entre los más pobres, y se duplica entre los ricos, en el sector urbano y entre los empleados públicos. En una segunda categoría aparecen los ataques contra la *integridad personal* –violencia en el hogar, lesiones personales, secuestro, amenaza de muerte, extorsión, boleteo y homicidio (cuadro 1)–, donde las diferencias por segmentos y estratos, si bien subsisten, son menores. Vale la pena resaltar que, en contra de ciertas opiniones tradicionales, los *delitos con autoridades involucradas* parecen poco frecuentes tanto en el campo como en la ciudad, y afectan más a los hogares de mayores ingresos.

CUADRO 1
HOGARES AFECTADOS POR DELITOS

Incidentes	Población	Ingreso Bajo	Ingreso Alto	Sector Rural	Sector Urbano	Fuerzas Armadas	Jueces
Contra la propiedad							
Hurto	11	8	20	7	14	17	24
Atraco	7	4	4	3	9	5	9
Fraude o estafa	5	3	5	3	6	5	6
Subtotal	23	15	29	13	29	27	39
Contra la integridad personal							
Violencia en el hogar	3	3	4	3	3	3	4
Lesiones personales	3	2	8	2	4	5	2
Amenaza de muerte	3	3	5	2	3	3	4
Homicidio	2	1	1	1	2	3	2
Extorsión, boleteo	1	1	2	1	1	2	3
Abuso sexual	–	–	–	–	–	–	–
Secuestro	1	–	1	–	1	–	2
Subtotal	13	10	21	9	14	16	17
Delitos de las autoridades	1	–	2	1	1	1	1
Ninguno	71	78	58	80	67	66	57

Preguntas 143 a 154: ¿En el último año, usted o alguien de su hogar se vio afectado por alguno de los siguientes hechos?

La *sensación de inseguridad* (porcentaje de hogares que reporta algún delito como el que lo hace sentir más inseguro) que vive la sociedad colombiana no está enteramente asociada con la frecuencia relativa del delito, sino con su gravedad. El hurto, el incidente más frecuente, preocupa menos que conductas tales como el atraco, la amenaza de muerte, el asesinato o secuestro, que son relativamente menos frecuentes. Independientemente del nivel de ingreso o el lugar de habitación, la preocupación por el atraco es la más elevada. En un segundo lugar, en los estratos más pobres y entre los habitantes del campo aparece la violencia en el hogar; y entre los ricos y en el sector urbano, el homicidio (cuadro 2).

Cuadro 2
Sensación de inseguridad, según delito

Delito	Población	Sector		Ingreso	
		Rural	Urbano	Bajo	Alto
Hurto	7	8	7	9	4
Atraco	20	18	21	20	15
Fraude o estafa	2	2	2	1	3
Violencia en el hogar	14	15	13	16	9
Lesiones personales	3	2	3	3	5
Amenaza de muerte	10	12	9	9	14
Homicidio	13	11	13	10	14
Extorsión, boleteo	2	1	2	1	2
Delitos de las autoridades	4	2	6	3	8
Secuestro	10	9	10	11	14
Abuso sexual	6	6	6	5	8
Ninguno	9	12	7	12	4

Pregunta 159: De los siguientes delitos, ¿cuál es el que lo hace sentir más inseguro?

No debe pasar desapercibido que la sensación de inseguridad originada en *amenazas de muerte* y ante la eventualidad de incidentes como el *secuestro o el homicidio* es elevada en toda la población y que éstos nunca son fortuitos. Es difícil encontrar actuaciones que, como éstas, reflejen mejor el propósito de acción y el cálculo de beneficios. La noción relativamente difundida de que el *secuestro* –las *retenciones*, en la jerga colombiana– es simplemente una especie de *penalización a la evasión tributaria* impuesta por grupos rebeldes a los miembros de la oligarquía, que no ceden a la extorsión, no concuerda con los resultados de la encuesta, o por lo menos su efecto de inseguridad no está delimitado por esta explicación. En efecto, si bien el secuestro es un delito al cual le temen ante todo los estratos altos, la inseguridad que produce tal conducta en toda la población, aún en la población rural y la de bajos ingresos, no es despreciable. La sensación de inseguridad atribuible a actos criminales cometidos por *funcionarios del Estado*, que abusan de su autoridad y violan los derechos de los pobres y en particular de los habitantes del campo, no encuentra asidero en los resultados de la encuesta. Por el contrario, el temor hacia este tipo de delitos es sustancialmente mayor en las ciudades que en el campo y entre los grupos de ingresos más elevados. Los resultados de la encuesta parecerían corresponder más a rumores acerca de autoridades involucradas en delitos tales como el robo de automóviles o el secuestro, que a atentados contra los derechos humanos.

Llama la atención que, en términos relativos, sea tan elevado el temor por la *violencia intrafamiliar*, en particular en las clases de menores ingresos (16 vs. 9% entre los más ricos), si se tiene en cuenta que quienes reportaron (3%) haberse visto afectados por este delito pertenecen mayoritariamente a los estratos altos (cuadro 2). Nótese cómo el temor que despiertan las *lesiones personales* –el incidente que sería más acorde con la noción común de una violencia accidental– es bajo, inclusive inferior al temor de ser víctima de un delito con autoridades involucradas.

Los jueces manifiestan, por su parte, que el delito que *lo hace sentir más inseguro* es el secuestro (23%), seguido por el homicidio (21%) (gráfica 3), siendo el temor que despierta este último inferior al que perciben los militares (27%).

A. EL HOMICIDIO AFECTA A MÁS DE LA MITAD DE LA POBLACIÓN

Que la muerte ronda a los colombianos no es un simple decir. Frente a una pregunta que plantea *si alguien que usted conocía personalmente fue asesinado en los últimos cinco años*, el 44% de los hogares respondió afirmativamente. La violencia homicida es algo que afecta de manera particularmente pronunciada a los agentes del orden y de la justicia. Los jueces son quienes reportan haber conocido una mayor proporción de personas que fueron asesinadas en los últimos cinco años (68%). Esta situación justifica la opinión generalizada de que jueces y militares no son indiferentes frente a la situación de inseguridad y violencia que vive el país (gráfica 4) y que llevó a la adopción de la justicia sin rostro en 1989, la cual buscaba recuperar la efectividad de la justicia y proteger la integridad de los jueces.

GRÁFICA 3
SENSACIÓN DE INSEGURIDAD

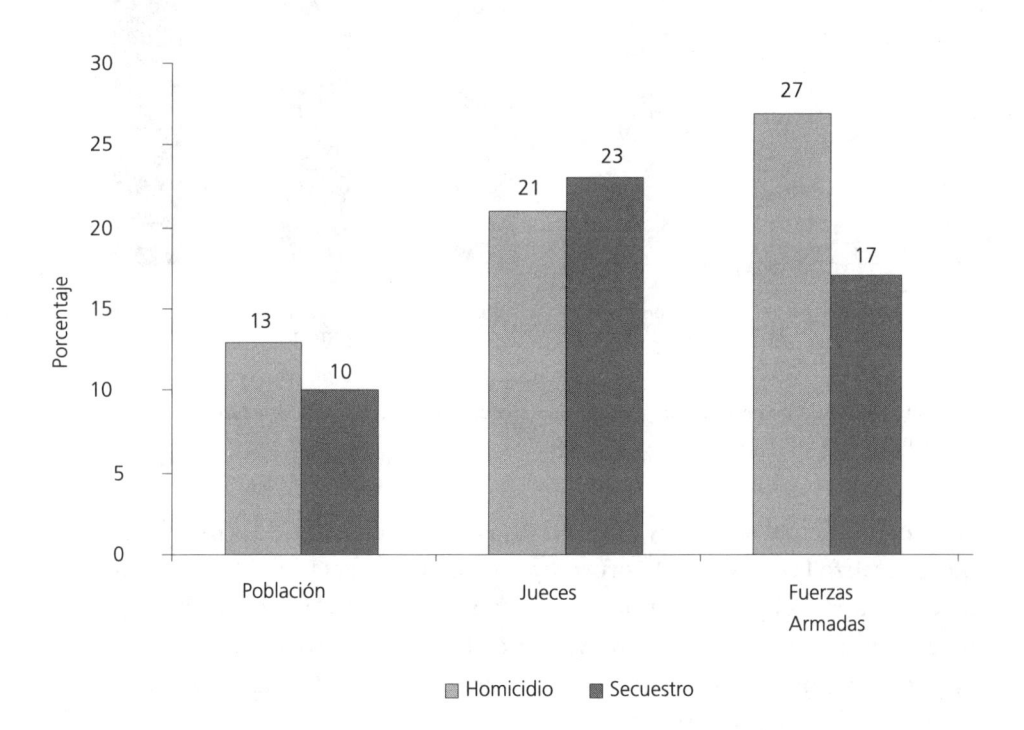

	Homicidio	Secuestro
Población	13	10
Jueces	21	23
Fuerzas Armadas	27	17

Pregunta 159: De los siguientes delitos, ¿cuál es el que lo hace sentir más inseguro? (En la gráfica se considera "homicidio y "secuestro").

Gráfica 4
Homicidio cercano, en los últimos cinco años

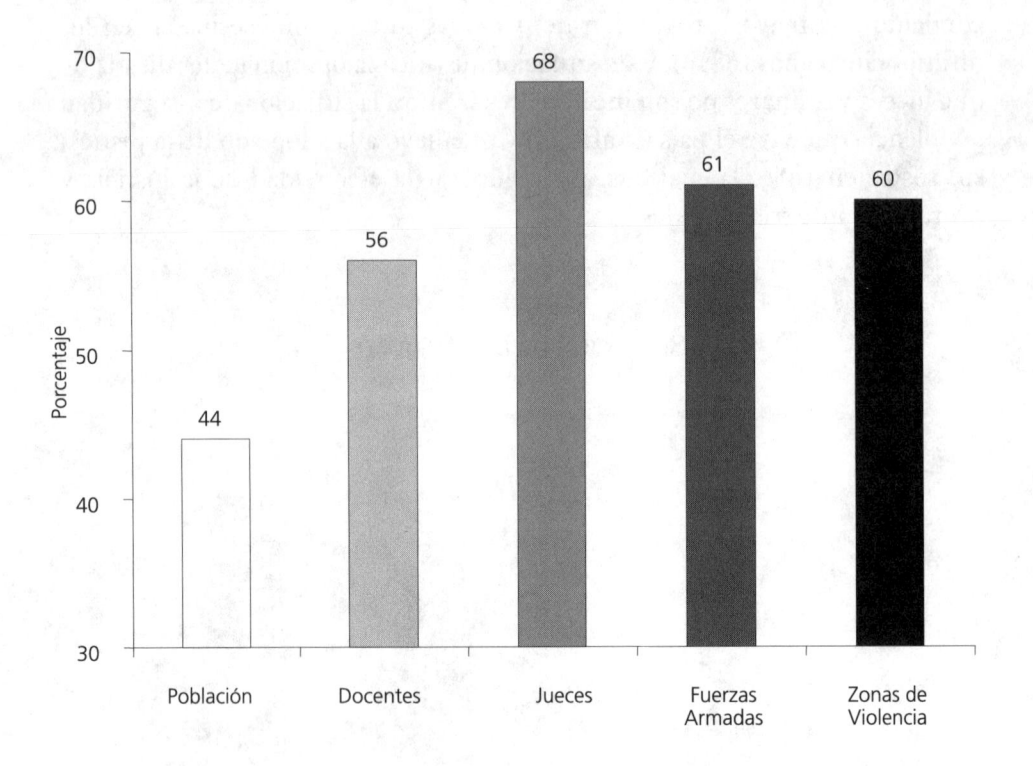

	Población	Docentes	Jueces	Fuerzas Armadas	Zonas de Violencia
Porcentaje	44	56	68	61	60

Pregunta 182: ¿Alguna persona que usted o alguien de su hogar conocía personalmente fue asesinada en los últimos 5 años?

A nivel municipal se observa que en uno de cada cuatro de los municipios en que se realizó la encuesta el porcentaje de hogares afectados por un homicidio cercano supera el 60%. En municipios como Apartadó la cifra alcanza el 88%, o sea que perjudica a casi nueve de cada diez hogares. Aun en aquellos municipios considerados pacíficos la violencia homicida recayó sobre uno de cada cinco hogares (gráfica 5).

Gráfica 5
Homicidio cercano, según municipio

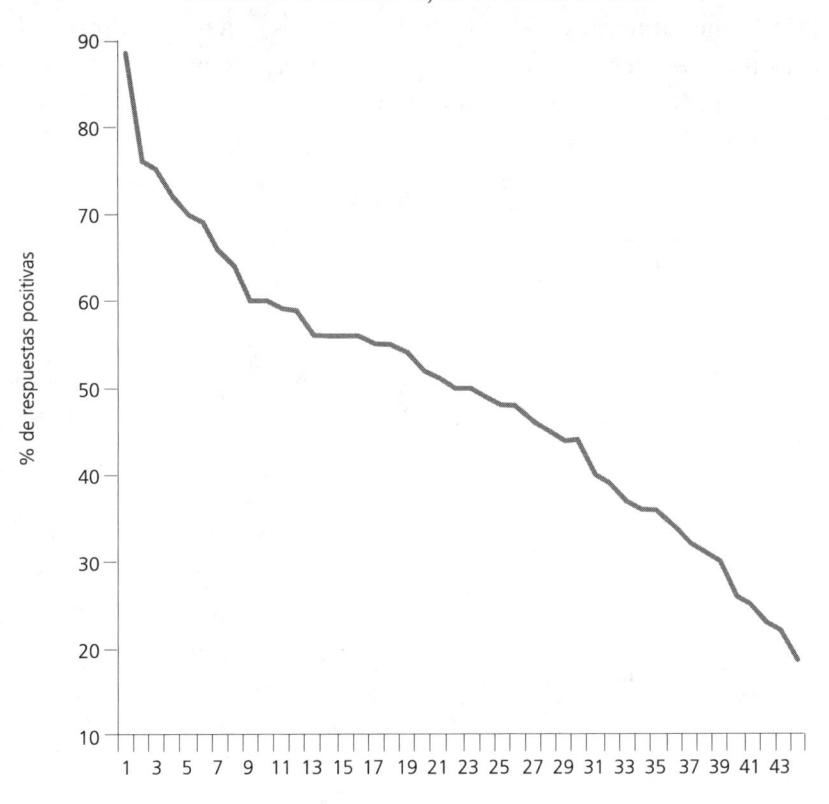

	MUNICIPIOS		MUNICIPIOS		MUNICIPIOS		MUNICIPIOS
1	Apartadó	12	Quibdó	23	Bucaramanga	34	Chaparral
2	Chigorodó	13	El Doncello	24	Florencia	35	Tunja
3	Medellín	14	La Montañita	25	La Plata	36	Plato
4	Mercaderes	15	Calarcá	26	Bolívar	37	Yarumal
5	Buenaventura	16	Tesalia	27	Arauca	38	Cereté
6	Aracataca	17	Popayán	28	Pasto	39	Corozal
7	Valledupar	18	Cali	29	Barranquilla	40	Funes
8	Pradera	19	Santafé de Bogotá	30	Manizalez	41	Fusagasugá
9	Tierralta	20	Ocaña	31	Neiva	42	Cartagena
10	Maicao	21	Villeta	32	Quinchía	43	Duitama
11	Timbío	22	Cúcuta	33	Villavicencio	44	Puerto López

Pregunta 182: ¿Alguna persona que usted o alguien de su hogar conocía personalmente fue asesinada en los últimos 5 años?

La incidencia del homicidio sobre el bienestar de la población se evidencia al confrontar la existencia de una relación estrecha entre el porcentaje que conoce a alguien que fue asesinado en los últimos cinco años (gráfica 6) y la proporción de hogares que considera que *la violencia es uno de los dos problemas más graves* que afecta negativamente el bienestar.

GRÁFICA 6
HOMICIDIO CERCANO E INSEGURIDAD, SEGÚN MUNICIPIO

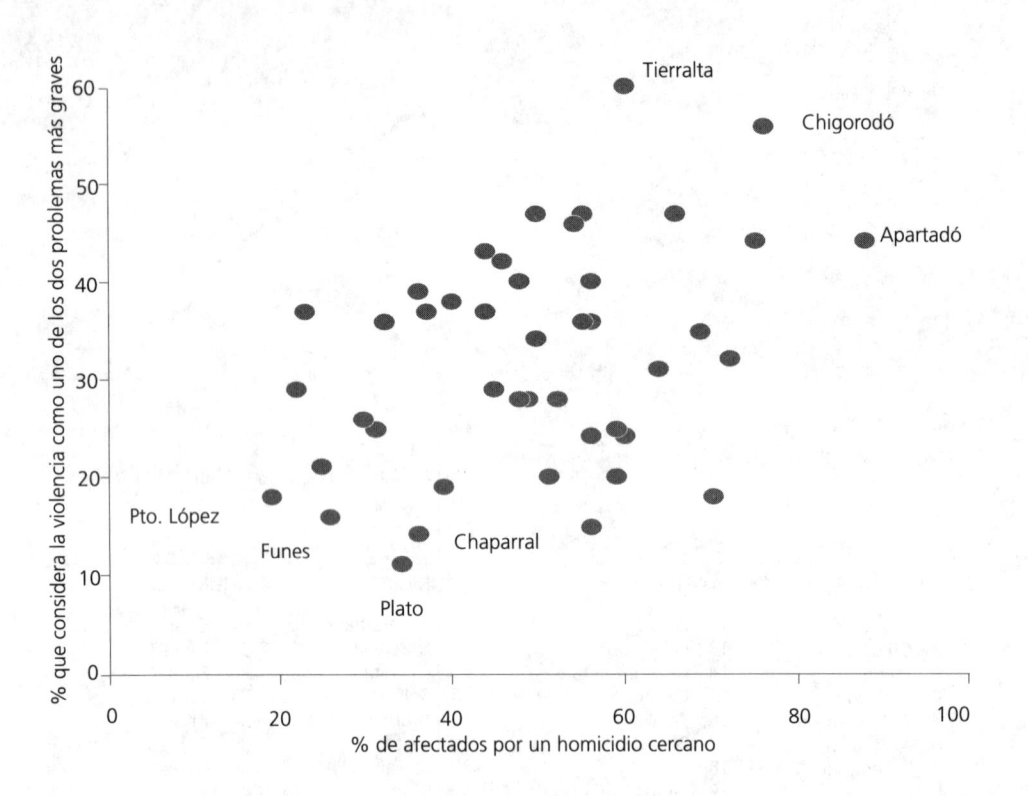

Pregunta 182: ¿Alguna persona que usted o alguien de su hogar conocía personalmente fue asesinada en los últimos 5 años?
Pregunta 132: Entre los siguientes problemas diga cuáles son los dos que usted siente que tienen mayor efecto negativo sobre el bienestar suyo y el de su familia. (En la gráfica se considera "la violencia").

Como se observa en la gráfica 6, en municipios como Tierralta, Chigorodó o Apartadó el porcentaje de hogares que se ha visto afectado por un homicidio cercano supera el promedio nacional, al igual que la proporción de hogares que considera que la violencia es uno de los dos factores con mayores efectos negativos sobre su bienestar. En el otro extremo, en municipios donde la proporción de hogares afectados por un homicidio es relativamente baja, como Plato, Puerto López o Funes, también es relativamente baja la preocupación por la inseguridad y la violencia. Se insinúa entonces una asociación positiva entre los homicidios que han afectado a los hogares y el lugar que ocupa la violencia dentro de las preocupaciones corrientes de los colombianos.

Del análisis de las causas de los homicidios (cuadro 3) se desprende una evidencia que contraría algunos mitos acerca de la inseguridad en Colombia. En primer término el de las llamadas "condiciones objetivas" de la violencia, y en segundo término el de la supuesta baja contribución de las organizaciones armadas al número de muertes intencionales en el país. En Colombia, el diagnóstico recurrente es que la violencia es fortuita y accidental, originada en conflictos interpersonales, con frecuencia asociados con riñas o problemas de alcohol. Como se desprende del cuadro 3, si bien éstas aparecen como causa de homicidio, en particular entre los pobres y en el sector rural, su incidencia, al igual que la del atraco, pierde significancia frente a la aplicación de justicia privada (ajuste de cuentas, ajusticiamiento, limpieza social). De otra parte, es claro que el 80% de los encuestados considera que los homicidios fueron ejecutados con algún propósito, opinión particularmente alta entre los ricos. Se sugiere, en consecuencia, que la violencia homicida, lejos de ser casual o fortuita, responde a una lógica. Sus actores esgrimen algún tipo de justificación. La estrecha asociación entre la existencia de propósitos de la acción y el cálculo de costos y beneficios de quienes realizan la acción señala que alguien se beneficia con la violencia. Ese planteamiento es consistente con la proliferación de organizaciones armadas que, con distintos objetivos –económicos, políticos, de autodefensa–, actúan en el territorio nacional y tienen como denominador común la utilización de la violencia.

Cuadro 3
Percepción de causas de homicidio

Causa	Población	Ingreso Bajo	Ingreso Alto	Sector Rural	Sector Urbano	Jueces	Militares
Atraco	21	15	30	16	22	28	24
Conflictos interpersonales	19	22	16	26	18	14	15
Justicia privada	32	31	37	30	33	24	27
Enfrentamiento armado	8	6	4	5	8	2	27
No sabe	20	26	12	23	19	31	7

Justicia privada: ajuste de cuentas; ajusticiamiento; limpieza social.
Conflictos interpersonales: riña; maltrato familiar; intervención legal; equivocación.
Pregunta 185: ¿Cuál fue la principal razón para que ocurriera ese homicidio?

Gráfica 7
Miedo a montar en bus

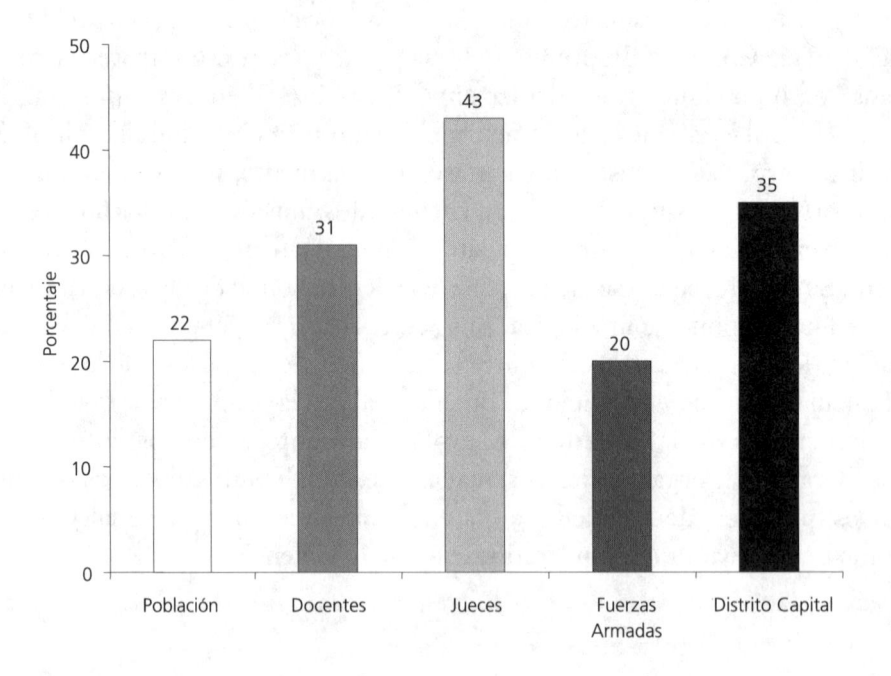

	Porcentaje
Población	22
Docentes	31
Jueces	43
Fuerzas Armadas	20
Distrito Capital	35

Pregunta 186: ¿Le da miedo montar en bus?

La relación del homicidio con el atraco, aunque es mayor en las ciudades que en el campo, está lejos de ser un problema inexistente en el área rural. Dada la importancia relativa de esta conducta como causal de homicidio, es válido pensar que los colombianos se sienten inseguros frente a la posibilidad de morir en un atraco. Es significativo el que más de una quinta parte de los colombianos tema montar en bus. Es decir que tema andar por espacios públicos necesarios para ir al trabajo y para su desempeño cotidiano. En la capital de la República esta proporción es mayor: corresponde a más de uno de cada tres habitantes (gráfica 7). Los jueces son los más temerosos.

La sensación de inseguridad –la inseguridad efectivamente reportada– es causa y consecuencia de la violencia crónica que vive el país. Causa, por el estado de "paranoia" en que viven los colombianos, que los lleva a tomar medidas desesperadas para proteger su seguridad y la de sus familias, medidas que en muchas ocasiones adquieren características violentas: así por ejemplo, en algunos casos las autodefensas degeneran en grupos de justicia privada. Consecuencia, porque la violencia no puede generar nada diferente de temor y desasosiego y –en el mejor de los casos– sensación de inseguridad o, lo que es peor aún, más violencia.

De lo enunciado hasta aquí se deduce que la violencia afecta toda la población así su intensidad y la sensación de inseguridad que produce difiera entre los distintos estamentos sociales. La incidencia de la violencia contra la *propiedad* es particularmente elevada entre los ricos, en las zonas urbanas y entre los jueces, siendo bastante menos frecuente entre los pobres y los habitantes del campo. Por su parte la violencia contra la *integridad personal* afecta particularmente a los ricos, a los habitantes urbanos, a jueces y militares, sin que las diferencias por sectores y estratos sean particularmente marcadas. Recapitulando, la sensación de inseguridad parece estar más vinculada con la gravedad del delito que con su frecuencia. De ahí que quienes se sienten más inseguros sean quienes se han visto afectados por delitos tales como homicidios, secuestros, amenazas de muerte, atracos o violencia en el hogar. La estrecha relación entre la existencia de propósitos de acción y cálculos de costos y beneficios por parte de los actores violentos indica que alguien obtiene un beneficio del ejercicio de la violencia.

II. ¿QUIÉNES SON LOS QUE MÁS PERTURBAN EL ORDEN SOCIAL?

Para uno de cada tres colombianos y miembros del estamento militar la erradicación de la violencia y la guerrilla constituye el principal desafío que enfrenta el país en los próximos diez años (cuadro 4). Para los jueces (20%) y docentes (14%) esta prioridad es menor. En contraste, solo para el 5% es prioritario combatir el narcotráfico y para nadie el paramilitarismo (cuadro 4). Paradójicamente frente a la ineficiencia detectada en la justicia[20] pocos consideran importante la lucha contra la impunidad. ¿Es porque están resignados a su suerte? ¿O es que no creen en el Estado y por eso buscan medios sustitutivos de protección y prefieren arreglárselas por su cuenta?

CUADRO 4
PRIORIDADES PARA LOS PRÓXIMOS 10 AÑOS

	Población	Docentes	Jueces	Fuerzas Armadas	Zonas de Violencia
Construir carreteras	1	0	0	0	0
Luchar contra los paramilitares	2	1	0	0	1
Luchar contra la impunidad	2	3	3	5	3
Mejorar la salud de la gente	4	1	0	0	3
Luchar contra el narcotráfico	6	5	6	7	3
Ampliar/mejorar la educación	9	23	12	11	11
Luchar contra la pobreza	12	8	12	10	11
Luchar contra la violencia	13	9	13	10	17
Luchar contra la guerrilla	15	5	7	20	9
Luchar contra la corrupción	16	22	30	20	19
Disminuir el desempleo	17	22	16	16	16

Pregunta 188: ¿Cuál sería para usted la prioridad más importante de este país durante los próximos 10 años?

---

20 Ver capítulo sobre justicia.

¿A quiénes identifica la población colombiana como los agentes generadores de violencia? La pregunta *seleccione de la lista el grupo que está amenazando el orden social y político de esta sociedad* permite responder el interrogante, así la formulación adolezca de fallas al ser excluyente, por incluir entre los responsables sólo cuatro categorías: guerrilla, narcotráfico, paramilitares y homosexuales. En primer término, cabe destacar que los colombianos establecen diferencias entre estos grupos, aunque no es claro en qué consiste esa diferenciación. ¿Qué tan involucrado está el narcotráfico con la guerrilla o con el paramilitarismo? Con frecuencia se dice que el tráfico de estupefacientes se constituye en la principal fuente de recursos para el financiamiento de los grupos alzados en armas, llámense guerrilleros o paramilitares; también es fuente de lucro personal. ¿Dentro de la lógica de los grupos armados el fin justifica los medios? ¿Se justifica utilizar el narcotráfico para financiar la guerra? En ese confuso panorama lo único cierto es que existe un enfrentamiento armado entre la guerrilla y el paramilitarismo: aquella arguye estar en contra del Estado y éste acudir en su defensa, en vista de que el Estado mismo no ha podido hacer efectivo el cumplimiento de las normas. En realidad es difícil que el paramilitarismo, en cuanto expresión de los intereses del latifundio tradicional, del narcotráfico terrateniente y de la agricultura industrial, pero especialmente en los dos primeros casos, pueda alegar que cumple una simple función de sustitución provisional del Estado, pues a la vez que como defensa contra la guerrilla opera como instrumento de coacción en la concentración de la propiedad de la tierra, en el control de la mano de obra y en la intimidación sindical. En otras palabras, no se puede ver simplemente como autodefensa de los derechos de propiedad, sino que se tiene que entender, a la vez, como mecanismo de transferencia de esos mismos derechos por vías ajenas a las legales y de mercado.

La legitimidad tanto de la guerrilla como del paramilitarismo es cuestionable y sus seguidores o financiadores con frecuencia no tienen inconveniente en trabajar para favorecer a uno u otro bando. Entre la población muchos se vinculan con los grupos armados no por razones ideológicas, que no son claras, sino por necesidades de supervivencia: bien sea por cuenta de la amenaza o por ser el único empleo disponible. Lo que es claro en esta guerra es que el narcotráfico es una fuente importante de financiamiento para los dos bandos, y a la vez encuentra en los grupos armados protección frente a las autoridades.

Teniendo en mente estas limitaciones, se identifica que la mitad de la población considera a la guerrilla como la principal causa de perturbación del orden social y político del país. En segundo y tercer lugar aparecen los paramilitares (21%) y el narcotráfico (23%) (cuadro 5).

Al agrupar guerrilla y paramilitares, por identificarse de alguna forma con agentes que tienen en común la búsqueda de objetivos políticos, se obtienen resultados de gran interés (cuadro 5). Por una parte, el 80% de los militares y de la población responsabiliza de la violencia a estos agentes, así al interior de esa categoría surja un sesgo particularmente marcado por parte de los militares contra la guerrilla (75%), sesgo que aunque existe es mucho menor entre la población (52%). Frente a esas posiciones extremas se ubican los habitantes de las zonas con grupos armados, que son quienes menos responsabilizan de la violencia a la guerrilla (43%) y en su lugar le atribuyen en términos relativos enorme responsabilidad en la perturbación del orden a los homosexuales (13%). De otra parte, si bien para más de la mitad de los jueces y los docentes la guerrilla y el paramilitarismo son los mayores responsables de la perturbación del orden social y político en el país, le atribuyen mayor responsabilidad al narcotráfico (40% en promedio). Para los docentes no existen mayores diferencias entre guerrilla y paramilitarismo. Por su parte, los jueces están sesgados en contra de la guerrilla.

Por niveles de ingreso y entre la ciudad y el campo existen también matices. Si bien hay mayor consenso alrededor de la gravedad del narcotráfico entre uno de cada cuatro o cinco colombianos, para la población urbana y los ricos es menos preocupante el paramilitarismo que para los habitantes del campo, los pobres y los docentes. En el sector rural y entre los pobres el temor a los paramilitares ha calado aceleradamente.

CUADRO 5
GRUPOS QUE AMENAZAN EL ORDEN SOCIAL

	Guerrilla	Paramilitares	Narcotraficantes	Homosexuales
SALARIOS MÍNIMOS				
Menos de 1	50	25	17	7
De 1 a 3	51	24	19	6
De 4 a 6	55	20	22	3
Más de 7	55	18	24	3
POBLACIÓN	52	23	19	6
Docentes	32	25	41	2
Jueces	42	15	39	4
Fuerzas Armadas	75	4	20	1
Zonas de Violencia	43	23	21	13

Pregunta 103: Seleccione de la lista el grupo que piensa que está amenazando el orden social y político de esta sociedad.

Estas diferencias evidencian las dificultades que se tienen para llegar a un consenso en torno al camino a seguir en la búsqueda del restablecimiento de la paz y el orden en Colombia. En particular, es claro que en lo que toca con el enfrentamiento armado el criterio de las Fuerzas Armadas determinará la política a seguir mientras las élites civiles persistan en delegar en sus manos la solución del conflicto. Claramente para aquellas el enemigo es la guerrilla y en segundo lugar el narcotrafico, prioridades que comparten con los jueces. Ahí podría encontrarse, como se anotó en el capítulo sobre justicia, la explicación de la orientación que se le ha dado al manejo judicial, que responde más a esos factores generadores de violencia que a lo que los diagnósticos sugieren que ocurre con la población.

III. CAUSAS DE LA VIOLENCIA

Douglas Bwy examinó la inestabilidad política en América Latina y concluyó que no había una relación obvia entre la legitimidad de las instituciones y la frecuencia de la violencia. Algunos autores perciben que la explicación está en la ruptura de la sociedad tradicional[21]; otros se concentran en la inequitativa

---

21 Eric J. Hobsbawm, citado en Rangel. *Colombia: guerra en el fin de siglo, cit.*, p. 149.

distribución de la propiedad, y en especial de la tierra, y un tercer grupo se basa en las consecuencias sociales del desarrollo económico[22]. Otras hipótesis sugieren que el conflicto interno surge cuando la injusticia y la inequidad persisten y cuando las normas se basan en restricciones en lugar de consensos. Este modelo incorpora la discriminación económica y política. También se afirma que la protesta escala a guerra civil como resultado de sanciones negativas de parte de los gobiernos. Las protestas producen represión, lo que a su vez contribuye a producir una más fresca e intensa ola de protestas. En tal caso el aumento en la cohesión no garantiza el orden público; al contrario, tiende a minarlo.

Más recientemente se habla de la dificultad de resolver conflictos que surgen entre grupos de interés con poderes asimétricos: entre grupos dominantes y grupos subordinados. El grupo dominante tiene gran poder y por tanto no ve la necesidad de cambiar de status y se opone al cambio. El grupo subordinado, por su parte, goza de pocas prerrogativas y de escasa capacidad de convencer al grupo dominante de la necesidad del cambio[23]. La violencia política aparece cuando el grupo subordinado concluye que la única estrategia para lograr el cambio es forzándolo mediante la confrontación. Esta genera más violencia y la espiral escala rápidamente hasta un punto en que la violación de los derechos fundamentales puede llegar a superar con creces la motivación que originó el enfrentamiento. Es precisamente en esos casos que el sistema judicial deja de ser efectivo y la negociación improbable, pues negociación significa que los grupos dominantes están dispuestos a aceptar una reducción de su poder o su riqueza[24]. De hecho, al paso que la sociedad –incluido el estamento político– vive en la zozobra y trabaja más o menos conscientemente en la desestimación del aproximarse de una ruptura en el tiempo corriente de la historia, la subversión lucha con claridad de miras y con eficacia en la producción de un salto cualitativo en el curso de los acontecimientos: diferencia que sería suficiente para invalidar la apreciación facilista de la subversión como movimiento marginal y "subordinado". Esta

---

22 Walter Laqueur. *Terrorism*, Boston, Toronto, Little, Brown and Company, 1977, p. 138.
23 Boulding. "Paz, justicia y caras del poder", *cit*.
24 *Ibid*.

situación bien podría verse como una venganza de la filosofía de la historia sobre la postmodernidad, recusando de hecho la adscripción automática de todas las realidades planetarias al fenómeno de la globalización (entendida, así, como irresistible homologación): y esto en la medida en que la subversión lograría "verificar" su lógica de acumulación e intensificación de las contradicciones sociales, si no en la dirección de un resultado revolucionario, por lo menos sí de un jaque permanente del establecimiento.

En este sentido la subversión se haría cada vez más fuerte al aprovechar las inconsistencias de las políticas que creen poder estar al paso con los tiempos (con Occidente, con el neoliberalismo, con la postmodernidad, etc.) desconociendo la complejidad de la historia nacional. Esto le permitiría explotar en su favor incluso las contradicciones derivadas de la participación del país en la corriente de la globalización (así por ejemplo, el efecto de la universalización de los derechos fundamentales sobre las reivindicaciones sociales).

Esto no quiere decir que siempre sea fácil identificar cuál es el grupo dominante y cuál el subordinado. Sería por lo menos simplista decir que en Colombia el Estado es un mero apéndice del poder económico, como sería ingenuo considerar a los grupos alzados en armas como subordinados, cuando son calculadores, pacientes y eficaces acumuladores de poder[25]. En la lógica de la guerra irregular, una vez las guerrillas han adquirido una masa crítica de poder –en términos de influencia sobre la población y de disponibilidad de medios económicos– así como de capacidad de enfrentamiento militar que les garanticen su permanencia y crecimiento, su voluntad de paz –valga decir, la decisión de darle salida política al conflicto– no se construye en la mesa de negociaciones sino que depende de la dinámica de la confrontación política y militar[26].

Las "causas" de la violencia son generalmente oscuras en razón de su complejidad; de ahí que sea imposible prever cuándo ésta va a presentarse. Pero su intensidad no es ajena al sistema social, ni a las instituciones informales

---

25 Rangel. *Colombia: guerra en el fin de siglo*, cit., pp. 7 a 13; Bejarano. *Colombia: inseguridad, violencia y desempeño económico*, cit., pp. 37 a 40.
26 Rangel. *Colombia: guerra en el fin de siglo*, cit., p. 156.

y su interacción con las organizaciones. La clave para desentrañar el origen de la violencia está en identificar sus características. Esto significa diferenciar entre la gente que sabe qué quiere y lo que busca y piensa, y la que simplemente se aparta de lo que no quiere y sólo sabe lo que no es o lo que no quiere. Hay quienes hablan de maximizar utilidades; otros utilizan un lenguaje semejante pero en sentido inverso y hablan de minimizar pérdidas. Los estudiosos de la violencia hablan de identificación positiva o negativa: quienes buscan la conciliación saben lo que quieren, los que la evitan saben lo que no quieren[27]. La violencia personal también resulta de la interacción entre culturas difíciles de armonizar y de experiencias que resulta arduo desmitificar. El proceso de aprendizaje puede llegar a suprimir tendencias negativas o a estimular atrocidades; puede premiar la violencia y el sadismo o la convivencia; puede incentivar o desincentivar el odio y el miedo.

Entre los parámetros a los que se atribuye el origen de la violencia y que se analizan a continuación se destacan las *características demográficas* de la población, y su vinculación con el surgimiento de grupos armados. En segundo lugar, se profundiza en *la intensidad del poder de cohesión del Estado y la respuesta de la justicia frente a la presencia armada*. Dentro de ese mismo marco, se analiza el papel que juega el porte de armas. Como un cuarto elemento se incluyen otro tipo de características, que más que explorar sus manifestaciones ahondan en las posibles causas del surgimiento de la violencia: la sensación de *alienación o enemistad*, *la vergüenza* y los *sentimientos de poder o impotencia*.

A. CARACTERÍSTICAS DEMOGRÁFICAS

1. GÉNERO Y ESTRUCTURA DE EDADES

Identificar las características de las poblaciones en las que florece la violencia contribuye a despejar interrogantes. Uno de los elementos que los estudios más frecuentemente asocian con la violencia son las características demográficas de los agresores. Se reconoce ampliamente en todos los trabajos,

---

27 Radbruch y Gwinner, 1955, p. 129.

en particular en lo relacionado con las lesiones intencionales, fatales y no fatales, que el asunto es entre hombres, y más específicamente entre jóvenes. Para Colombia, diversas investigaciones basadas en información sobre las víctimas, tanto de homicidios como de lesiones personales[28], tienden a corroborar estos resultados. Se sabe que el impacto de la violencia se concentra en los hombres entre 15 y 44 años, grupo para el cual el homicidio constituye en más del 60% la causa de muerte. De ahí surge esencialmente la enorme sobre-mortalidad masculina[29]. En promedio, los hombres en Colombia tienen una expectativa de vida al nacer inferior en 4 años al de las mujeres por cuenta del riesgo de morir asesinados. Lamentablemente, no se dispone de una buena base de datos sobre los agresores, en particular en el caso de la violencia homicida, ya que en su mayoría tales incidentes quedan sin aclarar por parte de las autoridades.

La información disponible en la encuesta realizada para esta investigación contribuye a evaluar algunas de estas apreciaciones.

En primer lugar, se tiene que una mayor proporción de hombres (47%) que de mujeres (41%) conocía a alguien que fue asesinado en los últimos cinco años (gráfica 8), confirmándose con ello lo mencionado en el párrafo anterior.

---

28 Ver, por ejemplo, los estudios realizados en la Red de Centros de Investigación del BID, y en particular Oscar Echeverri, Gustavo de Roux, Henry Gallardo, Jesús Rodríguez, Harold Banguero y William Rotavisky. *La Violencia en Colombia: Dimensiones y políticas de prevención y control. Homicidios y sus costos*, Cali, Universidad del Valle, Cisalva; Concha y Espinosa. *La Violencia en Colombia: Dimensiones y políticas de prevención y control. Lesiones personales no fatales*, Cali, Universidad del Valle, Cisalva, 1997.

29 En Colombia, en 1988, un hombre que se encontrara entre los 20 y los 24 años enfrentaba un riesgo de morir 4.5 veces mayor que una mujer. Para 1994, un hombre en este rango de edad tenía 6 veces más probabilidades de morir. Durante la década de los años 50 la sobremortalidad masculina era tan sólo de 1.4. Las diferencias por género son aún mayores en cuanto al riesgo de morir por causas externas. Para 1994 la sobremortalidad masculina se eleva vertiginosamente a partir del grupo de edad de 10 a 15 años, desde un riesgo tres veces mayor de morir, a doce veces mayor entre el grupo de 20 a 24 años.

Gráfica 8
Homicidio cercano, según género

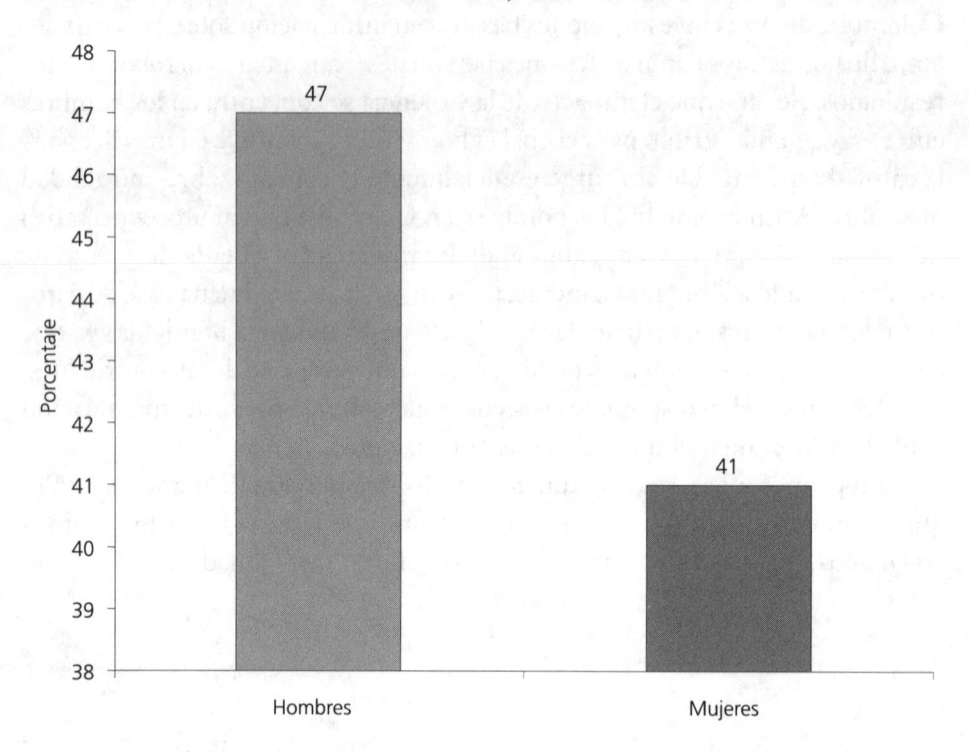

Pregunta 182: ¿Alguna persona que usted o alguien de su hogar conocía personalmente fue asesinada en los últimos 5 años?

En segundo lugar, al confrontar la *edad promedio de la población* de cada municipio, según los datos del censo de 1993, con la incidencia del homicidio de alguien cercano se encuentra una relación significativa, aunque débil (gráfica 9) y negativa ($r = -.26$). Es decir, a menor edad promedio de la población, mayor frecuencia de los homicidios. Esta apreciación se reafirma a nivel individual (gráfica 10): los menores de 45 años son quienes más se ven afectados por homicidios.

GRÁFICA 9
HOMICIDIO CERCANO, SEGÚN EDAD PROMEDIO DE LA POBLACIÓN

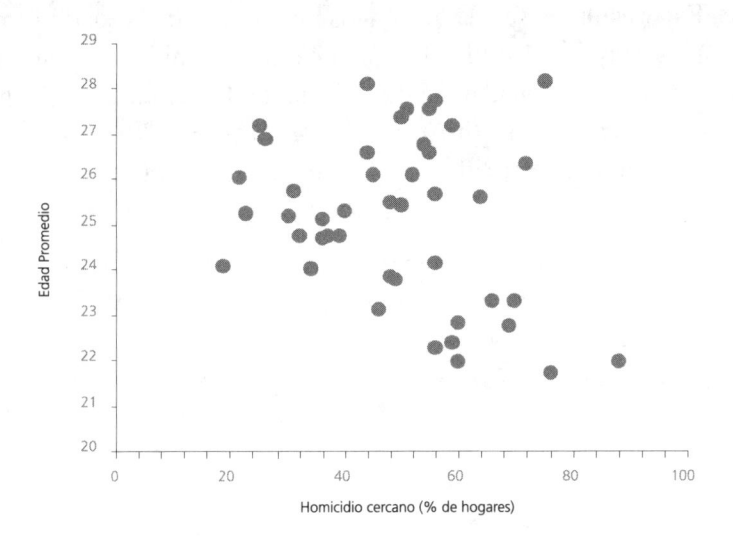

Pregunta 182: ¿Alguna persona que usted o alguien de su hogar conocía personalmente fue asesinada en los últimos 5 años?

GRÁFICA 10
HOMICIDIO CERCANO, SEGÚN EDAD

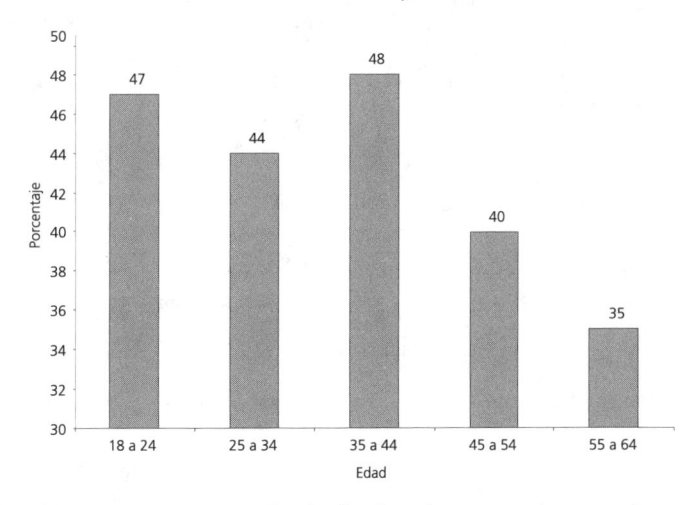

Edad	Porcentaje
18 a 24	47
25 a 34	44
35 a 44	48
45 a 54	40
55 a 64	35

Pregunta 182: ¿Alguna persona que usted o alguien de su hogar conocía personalmente fue asesinada en los últimos 5 años?

En tercer lugar, se observa que la correlación entre la edad promedio de la población y el indicador utilizado de presencia de actores armados es negativo ($r = -.23$). Este resultado señala que en los lugares donde la edad promedio de la población es mayor, se reduce la presencia de organizaciones armadas, así dicha relación no sea particularmente elevada. Podría decirse que la juventud relativa de la población se constituye en *factor de riesgo* para la violencia homicida y la presencia de agentes armados en el municipio (gráfica 11).

GRÁFICA 11
ORGANIZACIONES ARMADAS, IMPUNIDAD Y EDAD

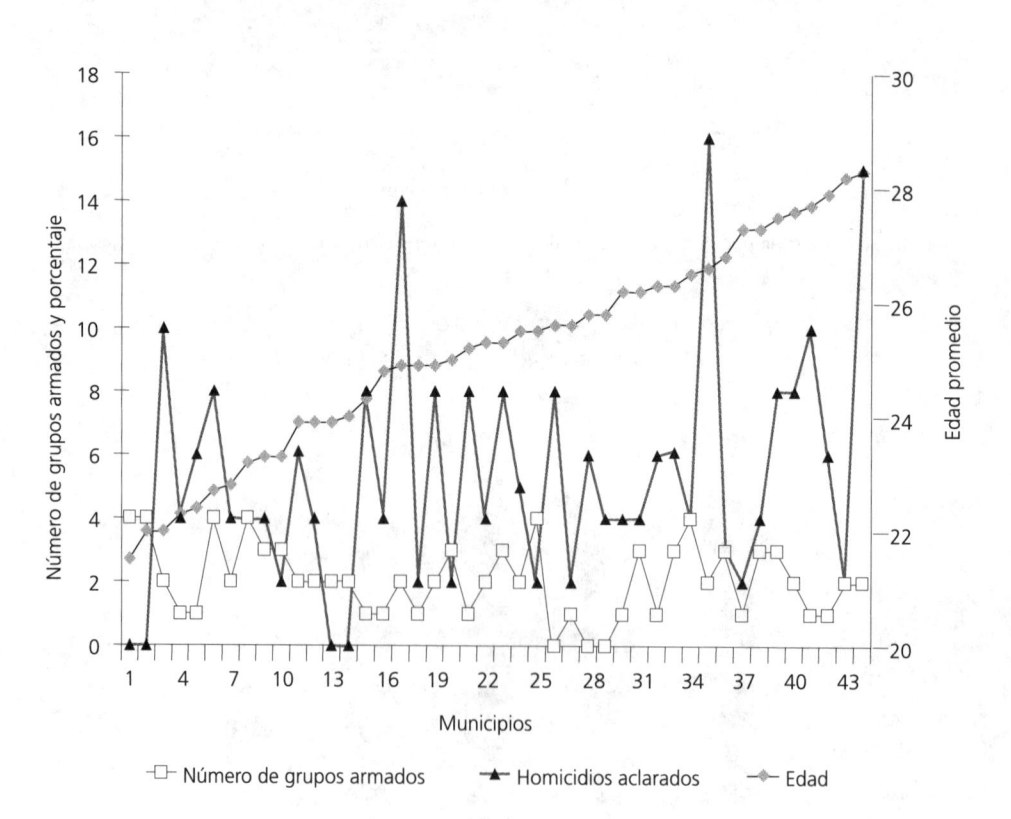

No.	MUNICIPIOS	No.	MUNICIPIOS	No.	MUNICIPIOS	No.	MUNICIPIOS
1	Chigorodó	12	La Plata	23	Neiva	34	Mercaderes
2	Maicao	13	Puerto López	24	Barrancabermeja	35	Popayán
3	Apartadó	14	Plato	25	Cúcuta	36	Santafé de Bogotá
4	La Montañita	15	El Doncello	26	Bolívar	37	Fusagasugá
5	Quibdó	16	Tunja	27	Pradera	38	Timbío
6	Aracataca	17	Villavicencio	28	Cereté	39	Bucaramanga
7	Tierralta	18	Yarumal	29	Tesalia	40	Cali
8	Valledupar	19	Quinchía	30	Duitama	41	Villeta
9	Buenaventura	20	Chaparral	31	Ocaña	42	Calarcá
10	Arauca	21	Corozal	32	Funes	43	Manizales
11	Florencia	22	Cartagena	33	Pasto	44	Medellín

Pregunta 183: ¿Sabe usted si el homicidio fue aclarado por las autoridades?
Fuentes: Censo 1993, Ejército Nacional y Dirección Antinarcóticos de la Policía Nacional.

2. ORDENAMIENTO RURAL-URBANO

La idea recurrente de que la violencia en Colombia es un fenómeno fundamentalmente *urbano* tampoco se corrobora con los resultados de la encuesta. Sin lugar a dudas las tres grandes urbes –Bogotá, Medellín y Cali– contribuyen con una gran proporción de las muertes intencionales que tienen lugar en el país. Esto no significa, sin embargo, que pueda considerarse que el problema es exclusivo de los grandes centros urbanos. Al ordenar los 44 municipios incluidos en la muestra en función de la proporción de hogares afectados por un homicidio cercano, se encuentra que Bogotá ocupa el puesto 19 en tal ordenamiento, Cali el 18 y Medellín el 3 –siendo la única gran ciudad que se sitúa entre los diez municipios más violentos–. Sólo tres de los 15 municipios más afectados por la violencia cuentan con una población superior a los cien mil habitantes (gráfica 12). La asociación entre el *tamaño de un municipio* y la *violencia homicida*, aunque positiva, es bastante baja: apenas llega al 5%.

Gráfica 12
Homicidio cercano, según tamaño del municipio

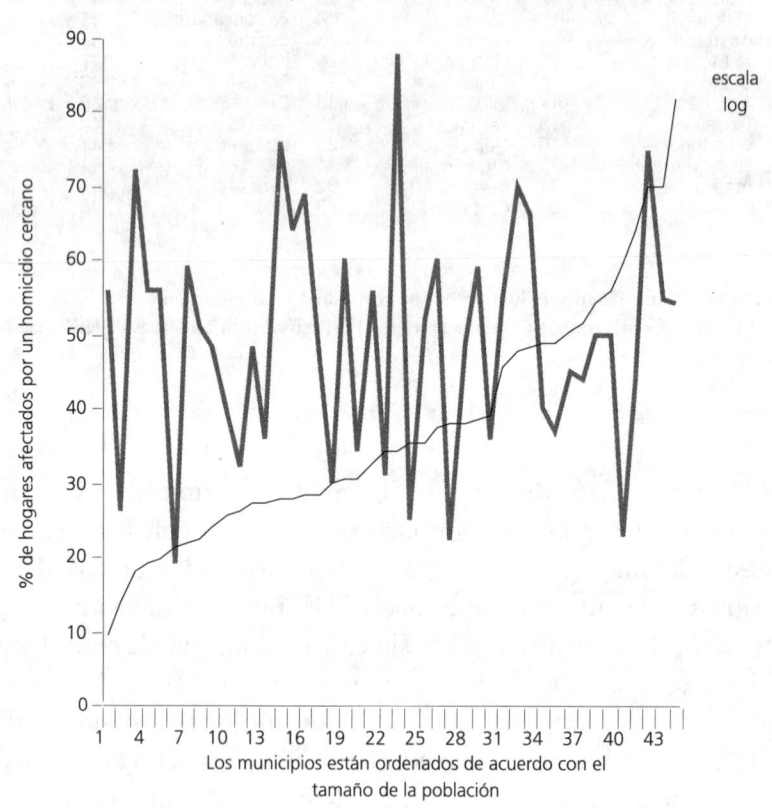

escala log

% de hogares afectados por un homicidio cercano

Los municipios están ordenados de acuerdo con el tamaño de la población

MUNICIPIOS	MUNICIPIOS	MUNICIPIOS	MUNICIPIOS
1 Tesalia	12 La Plata	23 Apartadó	34 Neiva
2 Funes	13 Chaparral	24 Fusagasugá	35 Villavicencio
3 Mercaderes	14 Chigorodó	25 Ocaña	36 Pasto
4 El Doncello	15 Pradera	26 Maicao	37 Manizales
5 La Montañita	16 Aracataca	27 Duitama	38 Bucaramanga
6 Puerto López	17 Arauca	28 Florencia	39 Cúcuta
7 Timbío	18 Corozal	29 Quibdó	40 Cartagena
8 Villeta	19 Tierralta	30 Tunja	41 Barranquilla
9 Bolívar	20 Plato	31 Popayán	42 Medellín
10 Quinchía	21 Calarcá	32 Buenaventura	43 Cali
11 Yarumal	22 Cereté	33 Valledupar	44 Santafé de Bogotá

Pregunta 182: ¿Alguna persona que usted o alguien de su hogar conocía personalmente fue asesinada en los últimos 5 años?

En contraste, se destaca que la relación entre el tamaño del municipio y los ataques *contra la propiedad* es más estrecha (gráfica 13). En los municipios pequeños la incidencia de este tipo de delitos es reducida, en tanto que en los grandes centros urbanos, y particularmente en Bogotá, los atentados criminales contra el patrimonio económico afectan una porción significativamente mayor de hogares. El atraco parecería ser un problema típico de concentraciones urbanas de más de 300 mil habitantes. La correlación entre los niveles de urbanización y la incidencia de los delitos económicos es positiva: supera el 50% y, sobre todo, es mayor a la que se observa frente a la incidencia de la violencia homicida[30]. Aquí se confirman de nuevo las evaluaciones realizadas en el cuadro 1, en donde el hurto urbano duplica el observado en el sector rural.

3. ESTRUCTURA DE INGRESOS

Otra opinión arraigada es que existe una relación estrecha entre *la violencia y la pobreza*, que según muchos se constituye en su "caldo de cultivo". Se sostiene que los colombianos son "esencialmente las víctimas de una violencia originada en las desigualdades sociales, muchas veces en situaciones de pobreza absoluta, que se expresa en formas extremas de resolver conflictos que en otras circunstancias tomarían vías diferentes"[31]. Los datos de la encuesta, agregados a nivel municipal y combinados con los indicadores más aceptados de pobreza –la información del último censo sobre el porcentaje de hogares con NBI en cada uno de esos municipios– no corrobora esta afirmación. La relación entre violencia y pobreza, aunque positiva, es muy reducida (gráfica 14). Esta es tan sólo de 0.15 y no es significativamente diferente de cero. Así, las condiciones de pobreza de las localidades no parecen estar asociadas con la incidencia de *la violencia homicida*. Los municipios más pobres –como Quibdó, Tierralta, La Montañita o El Plato– no son precisamente los que registran las tasas más

---

30 En realidad es difícil, con base en los datos de la encuesta, separar el efecto de la urbanización del impacto que sobre la criminalidad contra el patrimonio tienen los indicadores económicos de los municipios. En la muestra es bastante alta la correlación entre el tamaño de la población y los índices de pobreza, o el ingreso promedio de los hogares.
31 Comisión de Estudios sobre la Violencia. *Estudio sobre la violencia en Colombia, cit.*, p. 18.

Gráfica 13
Urbanización y criminalidad

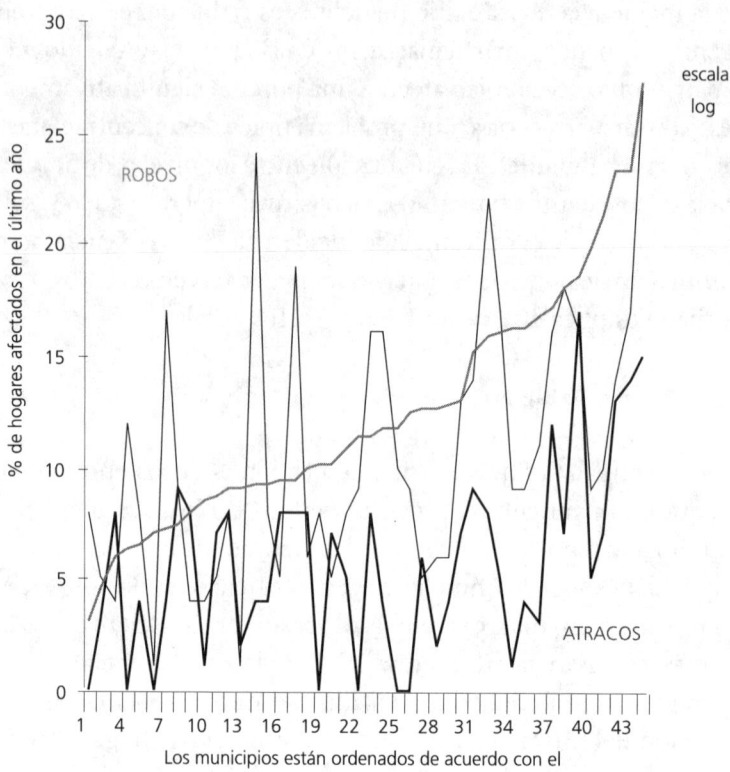

% de hogares afectados en el último año

ROBOS
ATRACOS
escala log

Los municipios están ordenados de acuerdo con el tamaño de la población

MUNICIPIOS	MUNICIPIOS	MUNICIPIOS	MUNICIPIOS
1 Tesalia	12 La Plata	23 Apartadó	34 Neiva
2 Funes	13 Chaparral	24 Fusagasugá	35 Villavicencio
3 Mercaderes	14 Chigorodó	25 Ocaña	36 Pasto
4 El Doncello	15 Pradera	26 Maicao	37 Manizales
5 La Montañita	16 Aracataca	27 Duitama	38 Bucaramanga
6 Puerto López	17 Arauca	28 Florencia	39 Cúcuta
7 Timbío	18 Corozal	29 Quibdó	40 Cartagena
8 Villeta	19 Tierralta	30 Tunja	41 Barranquilla
9 Bolívar	20 Plato	31 Popayán	42 Medellín
10 Quinchía	21 Calarcá	32 Buenaventura	43 Cali
11 Yarumal	22 Cereté	33 Valledupar	44 Santafé de Bogotá

Preguntas 143 a 154: ¿En el último año, usted o alguien de su hogar se vio afectado por alguno de los siguientes hechos? (En la gráfica se consideran "robo" y "atraco").

GRÁFICA 14
HOMICIDIO CERCANO, SEGÚN INGRESO

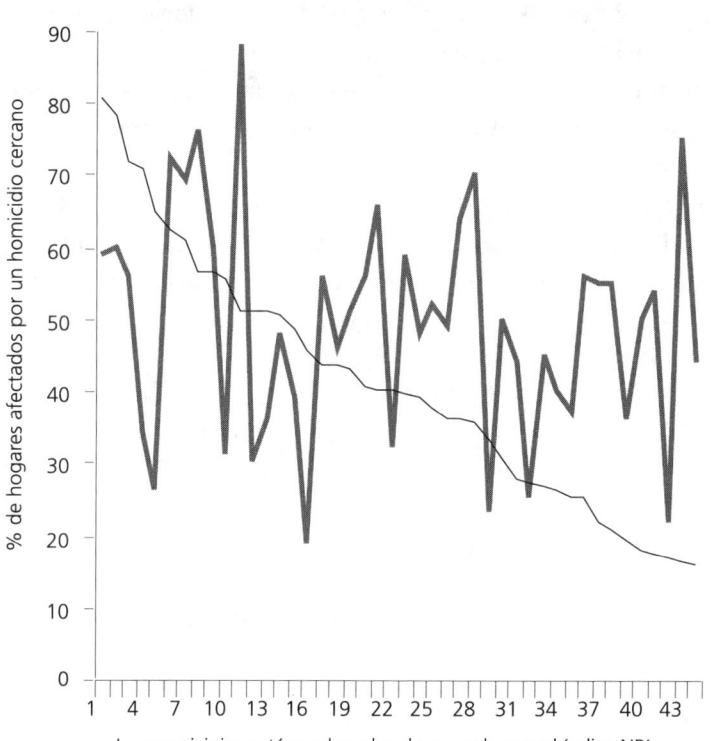

Los municipios están ordenados de acuerdo con el índice NBI

MUNICIPIOS	MUNICIPIOS	MUNICIPIOS	MUNICIPIOS
1 Quibdó	12 Corozal	23 Timbío	34 Neiva
2 Tierralta	13 Chaparral	24 Bolívar	35 Villavicencio
3 La montañita	14 La Plata	25 Ocaña	36 Calarcá
4 Plato	15 Quinchía	26 Florencia	37 Popayán
5 Funes	16 Puerto López	27 Pradera	38 Cali
6 Mercaderes	17 Tesalia	28 Buenaventura	39 Tunja
7 Aracataca	18 Arauca	29 Cartagena	40 Bucaramanga
8 Chigorodó	18 Villeta	30 Cúcuta	41 Santafé de Bogotá
9 Maicao	20 El Doncello	31 Barranquilla	42 Duitama
10 Cereté	21 Valledupar	32 Fusagasugá	43 Medellín
11 Apartadó	22 Yarumal	33 Pasto	44 Manizalez

Pregunta 182: ¿Alguna persona que usted o alguien de su hogar conocía personalmente fue asesinada en los últimos 5 años?

elevadas de homicidios. Por el contrario, en algunas localidades con menores índices de pobreza, como es el caso de Medellín o Bucaramanga, es más elevado el porcentaje de hogares que se han visto afectados por una muerte intencional.

Por el contrario, al asociar los homicidios con el *nivel de ingreso familiar*, se observan resultados diferentes. La violencia homicida tiende a incidir más sobre los hogares con ingresos superiores a 4 salarios mínimos, en particular entre 4 y 6 salarios (gráfica 15).

De otra parte, se tiene que la relación entre los indicadores de pobreza a nivel municipal y los *delitos contra la propiedad* (robo) es mayor a la observada frente a la violencia homicida, así el signo resulte negativo. Esto significa que a *mayores* niveles de pobreza municipal son *menores* los ataques contra la

Gráfica 15
Homicidio cercano, según ingreso

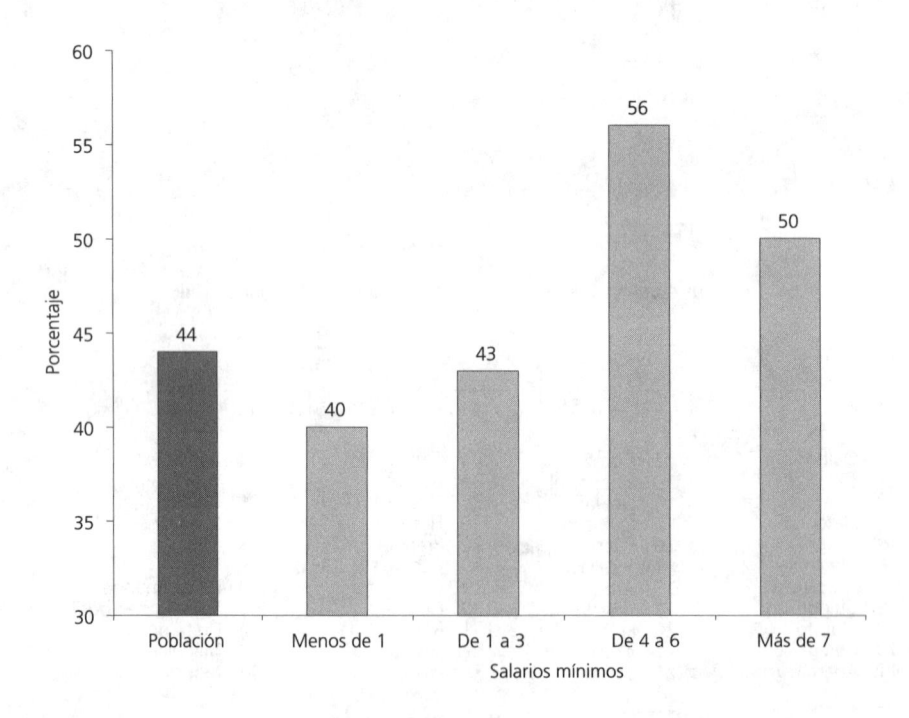

Población	Menos de 1	De 1 a 3	De 4 a 6	Más de 7
44	40	43	56	50

Salarios mínimos

Pregunta 182: ¿Alguna persona que usted o alguien de su hogar conocía personalmente fue asesinada en los últimos 5 años?

propiedad (gráfica 16). En tanto que en aquellas poblaciones con menores problemas de pobreza, o sea aquellas que tienen mayor riqueza, la ocurrencia

GRÁFICA 16
RELACIÓN ROBO - NBI

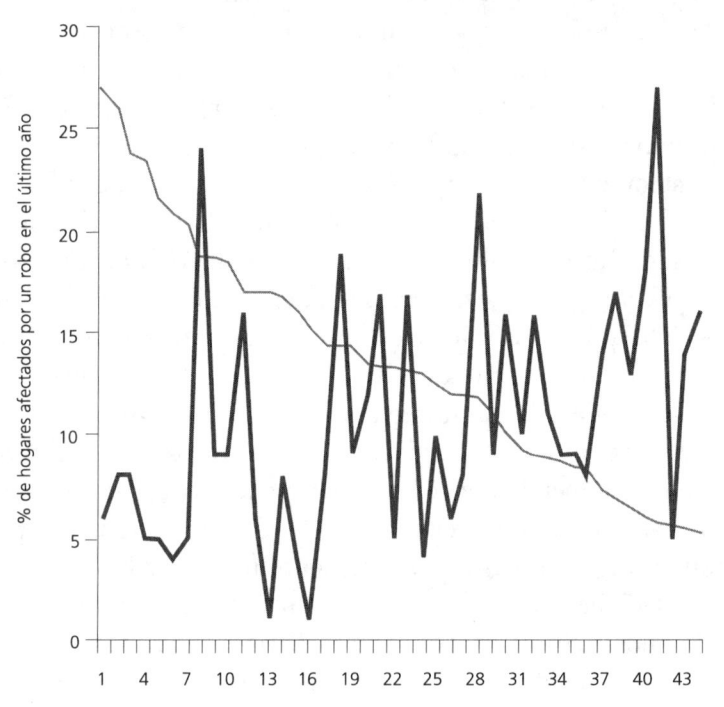

Los municipios están ordenados de acuerdo con el NBI

MUNICIPIOS	MUNICIPIOS	MUNICIPIOS	MUNICIPIOS
1 Quibdó	12 Corozal	23 Timbío	34 Neiva
2 Tierralta	13 Chaparral	24 Bolívar	35 Villavicencio
3 La Montañita	14 La Plata	25 Ocaña	36 Calarcá
4 Plato	15 Quinchía	26 Florencia	37 Popayán
5 Funes	16 Puerto López	27 Pradera	38 Cali
6 Mercaderes	17 Tesalia	28 Buenaventura	39 Tunja
7 Aracataca	18 Arauca	29 Cartagena	40 Bucaramanga
8 Chigorodó	18 Villeta	30 Cúcuta	41 Santafé de Bogotá
9 Maicao	20 El Doncello	31 Barranquilla	42 Duitama
10 Cereté	21 Valledupar	32 Fusagasugá	43 Medellín
11 Apartadó	22 Yarumal	33 Pasto	44 Manizalez

Preguntas 143 a 154: ¿En el último año, usted o alguien de su hogar se vio afectado por alguno de los siguientes hechos? (En la gráfica se considera "robo").

de este tipo de conductas es mayor. La correlación entre estas dos variables es de $r = -.42$. Estas apreciaciones se confirman a nivel de los hogares de los encuestados: los más ricos son objeto del doble o más ataques contra la propiedad que los más pobres. No parecería que valga la pena robar o atracar a los pobres, ni en las localidades más pobres (cuadro 1).

En esta dirección se expresa también Gaitán Daza[32], quien se ve forzado por los resultados de su estudio a hipotizar, contraintuitivamente, que más bien "la riqueza genera violencia". Por lo que se refiere a la relación entre riqueza y criminalidad, Bejarano[33] cita a Montenegro y Posada en el sentido de que la relación entre crecimiento económico y criminalidad es no lineal: aquel le sirve de arrastre a ésta hasta un umbral más allá del cual la criminalidad afecta el desarrollo e involuciona. Se podría decir que, puesto que la criminalidad explota la riqueza parasitariamente, llega un punto en que el beneficio de delinquir se torna irrisorio ante la escasez de recursos, desestimulando la gran empresa criminal. De ahí que la relación entre crimen y crecimiento sea tendencialmente negativa en el largo plazo.

En resumen: es posible concluir que si bien la frecuencia de *los homicidios* no es totalmente independiente de la estructura de edades y que su ocurrencia es mayor entre los jóvenes, su relación con la edad promedio de la población local, aunque positiva, no es particularmente marcada. En segundo lugar, que no está relacionada con los niveles de pobreza de los municipios, así se asocie positivamente con el nivel de ingreso de las familias afectadas. En tercer lugar, que la mayor incidencia del homicidio se da en las poblaciones de más de 100 mil habitantes y que en contraste, *otros delitos contra la propiedad* parecen más propios de concentraciones urbanas de más de 300 mil habitantes, donde es más elevada la riqueza de los municipios y de las personas.

---

32 Gaitán Daza. *Dos ensayos interpretativos*, cit., pp. 398 a 401. Y véase más adelante la hipótesis de Boulding, bajo el título "Poder o impotencia".
33 Bejarano. *Colombia: Inseguridad, violencia y desempeño económico*, cit.

4. ORGANIZACIONES ARMADAS

Si se agrupan los municipios en función del número de organizaciones armadas que operan en cada uno de ellos se obtienen resultados de gran interés, a pesar de que la muestra de la encuesta es pequeña en términos del número de municipios cubiertos. Para tal efecto se tuvieron en cuenta cinco organizaciones armadas, tres grupos guerrilleros –Farc, ELN y EPL–, paramilitares y narcotraficantes, catalogadas durante el primer semestre de 1997 por el Ejército Nacional y la Dirección Antinarcóticos de la Policía Nacional[34]. De los resultados obtenidos con base en la información disponible de la encuesta en cada municipio[35] se concluye que existe una asociación positiva entre el número de organizaciones armadas y la violencia local. En los municipios donde operan tres o más organizaciones armadas es mayor la incidencia de la violencia homicida. La relación entre las dos variables es positiva y relativamente alta ($r = .47$) (gráfica 17). Por el contrario, en las localidades donde no hay presencia guerrillera ni de otros grupos armados, la violencia homicida es relativamente reducida.

En la gráfica 18 se presenta la información reagrupada, lo que permite comparar el impacto de la *violencia homicida*, medida en términos de un homicidio cercano, y la incidencia de *otros ataques criminales contra los hogares* en localidades con presencia de grupos armados. En los municipios sin su presencia, menos del 15% de los hogares reporta haber sido víctima de algún ataque criminal, diferente del homicidio, en el último año; por el contrario, con el aumento de la presencia de grupos armados aumenta así mismo la proporción de población afectada por delitos. En los municipios donde operan tres y cuatro organizaciones violentas esta incidencia ronda el 35%. Podría afirmarse que los delitos aumentan con la presencia de los grupos armados (gráfica 18).

---

34 Mauricio Rubio. "Costos económicos de la impunidad", en *Inseguridad e impunidad en Colombia*, Bogotá, Partido Conservador Colombiano, 1997.

35 Esa agrupación difiere a la planteada como Zonas de Violencia, en razón de que agrupa un mayor número de municipios y en particular los cataloga a todos según presencia de grupos armados.

GRÁFICA 17
ORGANIZACIONES ARMADAS Y HOMICIDIO CERCANO

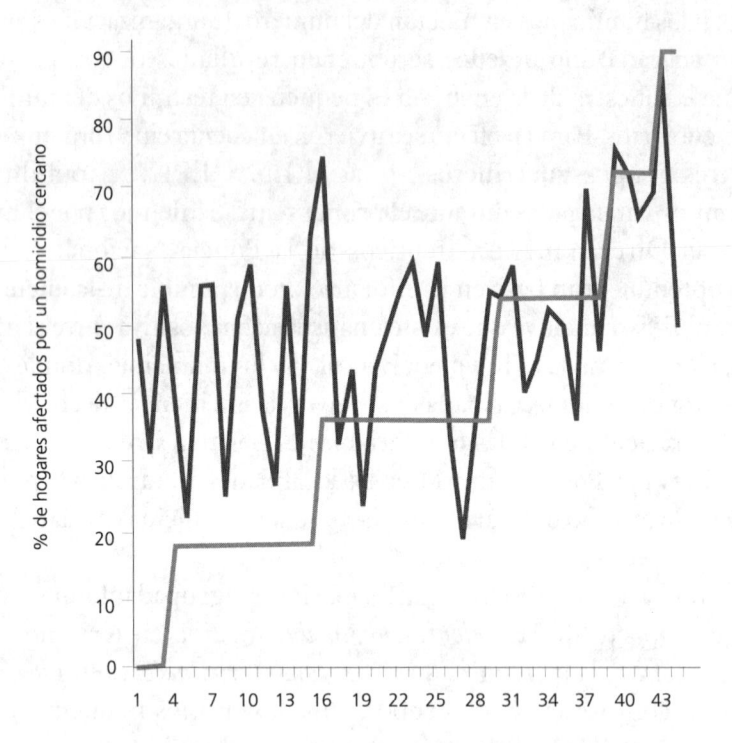

Los municipios están ordenados de acuerdo con el número de organizaciones armadas que operan en cada municipio

MUNICIPIOS	MUNICIPIOS	MUNICIPIOS	MUNICIPIOS
1 Bolívar	12 Funes	23 Tierralta	34 Ocaña
2 Cereté	13 Calarcá	24 La Plata	35 Bucaramanga
3 Tesalia	14 Corozal	25 Maicao	36 Chaparral
4 Tunja	15 Pradera	26 Plato	37 Buenaventura
5 Duitama	16 Medellín	27 Puerto López	38 Arauca
6 El Doncello	17 Yarumal	28 Quinchia	39 Chigorodó
7 La Montañita	18 Barranquilla	29 Cali	40 Mercaderes
8 Fusagasugá	18 Cartagena	30 Santafé de Bogotá	41 Valledupar
9 Villeta	20 Manizales	31 Timbio	42 Aracataca
10 Quibdó	21 Florencia	32 Neiva	43 Apartadó
11 Villavicencio	22 Popayán	33 Pasto	44 Cúcuta

Pregunta 182: ¿Alguna persona que usted o alguien de su hogar conocía personalmente fue asesinada en los últimos 5 años?

Así, los datos de la encuesta al parecer no corroboran la idea, generalizada en algunos medios, de unos agentes armados que entran a "poner orden" en las localidades. Es probable que ésta, que presumiblemente es su intención por estar en función del reconocimiento a que aspiran y del provecho que de ello pueden derivar, se vea entorpecida con gran frecuencia por la complejidad del conflicto (la presencia de grupos armados antagónicos o en competencia por el control del municipio), de manera que lo que se observa, por el contrario, es que su presencia no sólo estimula la criminalidad, sino que además cambia su naturaleza (gráfica 19), la cual se torna más violenta. Los homicidios relacionados con la intolerancia o problemas de convivencia le ceden el paso a la aplicación de mecanismos de justicia privada. Esto se podría explicar

Gráfica 18
Organizaciones armadas e incidencia del delito

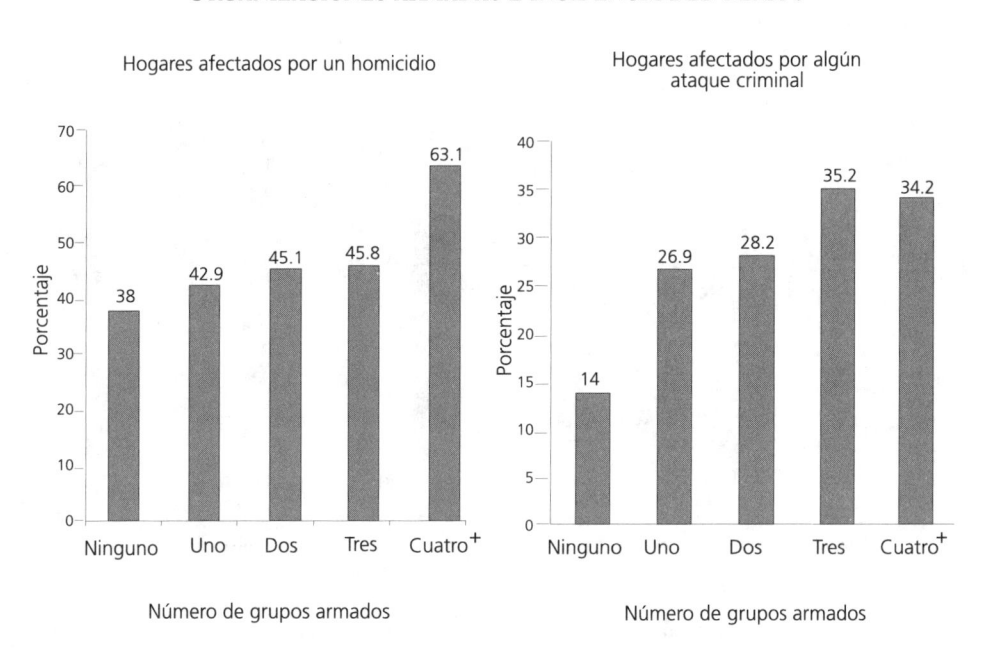

Hogares afectados por un homicidio

Número de grupos armados	Porcentaje
Ninguno	38
Uno	42.9
Dos	45.1
Tres	45.8
Cuatro+	63.1

Hogares afectados por algún ataque criminal

Número de grupos armados	Porcentaje
Ninguno	14
Uno	26.9
Dos	28.2
Tres	35.2
Cuatro+	34.2

Preguntas 182: ¿Alguna persona que usted o alguien de su hogar conocía personalmente fue asesinada en los últimos 5 años?

Preguntas 143 a 154: ¿En el último año, usted o alguien de su hogar se vio afectado por alguno de los siguientes hechos? (En la gráfica se considera "hurto, fraude, violencia en el hogar, atraco, lesiones personales, homicidio, secuestro, amenaza de muerte, abuso sexual, extorsión, delitos con autoridades involucradas").

mediante la polarización de la población entre quienes apoyan a la policía, si la hay, o a los actores armados, que pueden ser uno o varios, generando un permanente conflicto entre facciones. En general se puede pensar que con el aumento en el número de grupos armados crece el conflicto por el control del municipio y la población ve incrementarse los códigos de conducta y a la vez disminuir la validez relativa de cada uno de ellos, lo que multiplica inevitablemente las violaciones a las normas imperantes y fomenta la dificultad de encontrar soluciones no violentas.

GRÁFICA 19
ORGANIZACIONES ARMADAS Y HOMICIDIO

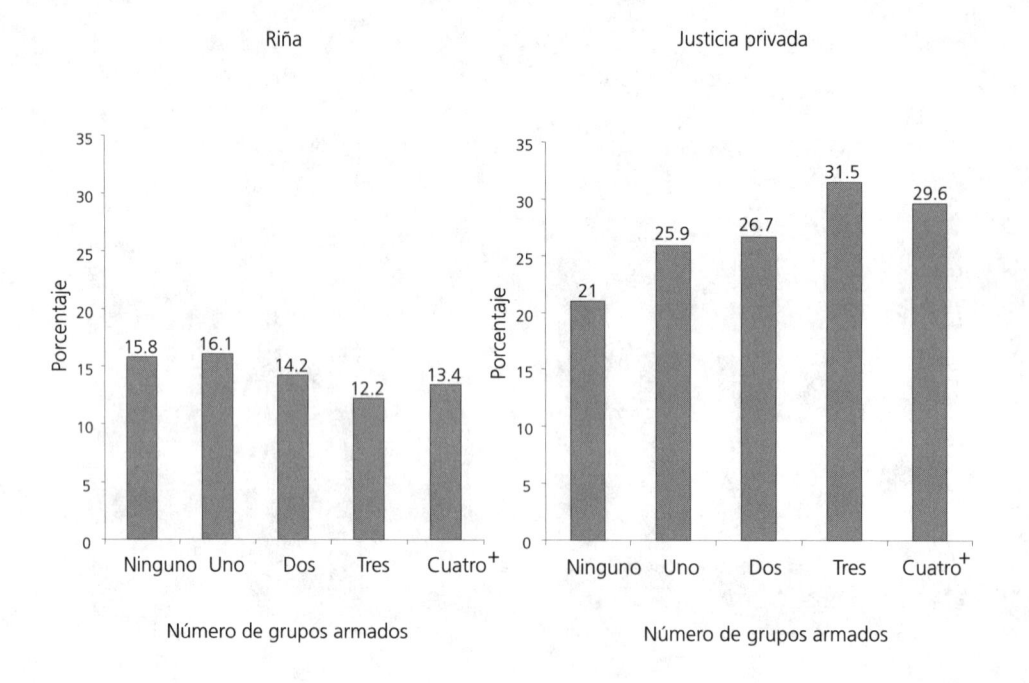

Riña

Número de grupos armados	Porcentaje
Ninguno	15.8
Uno	16.1
Dos	14.2
Tres	12.2
Cuatro+	13.4

Justicia privada

Número de grupos armados	Porcentaje
Ninguno	21
Uno	25.9
Dos	26.7
Tres	31.5
Cuatro+	29.6

Pregunta 185: ¿Cuál fue la razón para que ocurriera ese homicidio? (En la gráfica se consideran "riña" y "justicia privada: ajuste de cuentas y ajusticiamiento").

En efecto, en las localidades donde no operan ni guerrilla, ni narcotraficantes, ni paramilitares, uno de cada siete homicidios, de acuerdo con la opinión de los hogares afectados, se originó en una *riña*, en tanto que esa causalidad se reduce a uno de cada ocho donde hay cuatro grupos armados. Las cifras correspondientes por cuenta de la actuación de la justicia privada como causa de homicidio son uno de cada cinco y uno de cada tres, con un aumento considerable con la presencia de organizaciones armadas, así en todos los municipios su actuación sea más importante que las riñas como causa de los homicidios. Dentro de la categoría de justicia privada se cuentan el ajusticiamiento, el ajuste de cuentas y la limpieza social. El ajusticiamiento puede entenderse como el asesinato resultante de un juicio realizado por fuera del orden legal; el ajuste de cuentas, como venganza o cobro de cuentas, y la limpieza social como el asesinato de personas pertenecientes a grupos considerados indeseables por quien comete el acto (gráfica 20).

GRÁFICA 20
ORGANIZACIONES ARMADAS Y JUSTICIA PRIVADA

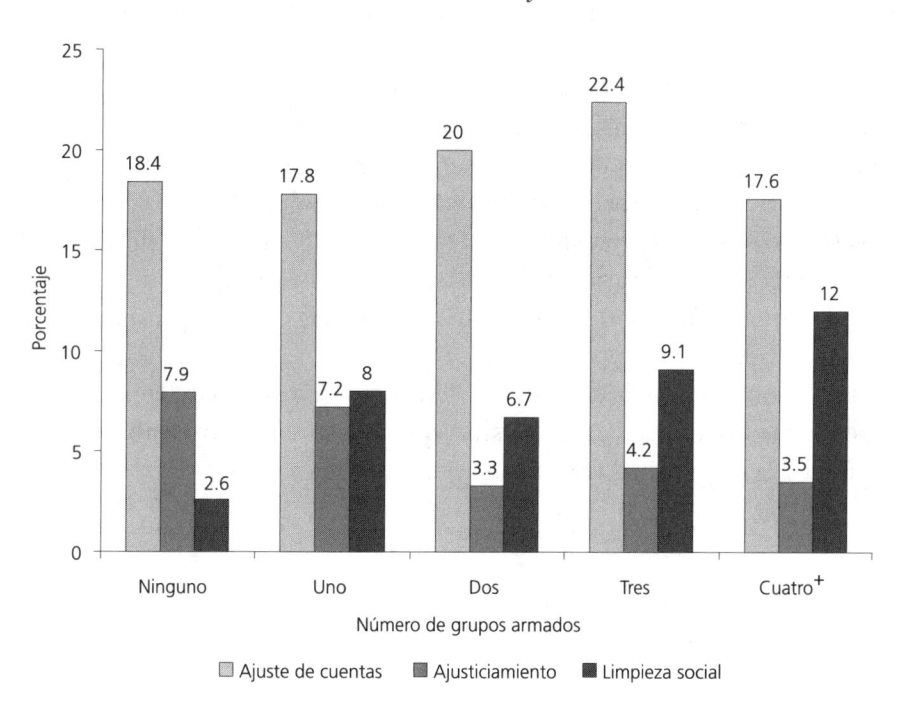

Número de grupos armados	Ajuste de cuentas	Ajusticiamiento	Limpieza social
Ninguno	18.4	7.9	2.6
Uno	17.8	7.2	8
Dos	20	3.3	6.7
Tres	22.4	4.2	9.1
Cuatro+	17.6	3.5	12

Pregunta 185: ¿Cuál fue la razón para que ocurriera ese homicidio? (En la gráfica se considera "justicia privada").

Entre las tres causas del homicidio la más frecuente es el ajuste de cuentas y su ocurrencia como causa de homicidio aumenta con el incremento en la presencia de hasta tres grupos armados, con la aparición de uno o más adicionales, esta se reduce. Sin embargo, frente a las otras dos causas las tendencias son especialmente marcadas. Mientras que con la presencia de grupos armados aumenta la limpieza social como causa de homicidio –del 2.6 pasa al 12%–, simultáneamente disminuye el ajusticiamiento –cae del 7.9 al 3.5%–.

B. INTENSIDAD DEL PODER DE COHESIÓN Y PORTE DE ARMAS

1. PODER DE COHESIÓN

Para Laqueur la violencia se origina en la protesta e inconformidad que surge como resultado de sanciones negativas de parte de los gobernantes. Las protestas producen represión, la que a su vez contribuye a producir una más intensa ola de protestas. "La probabilidad de que la inestabilidad política sea elevada aumenta cuando los niveles de cohesión son insuficientes para erradicar la agresión pero son suficientes para aumentar el nivel de frustración"[36]. La represión reducida aumenta la inestabilidad. Gaitán Daza es del mismo parecer[37]: las prácticas represivas pueden tener éxito si obtienen sus resultados rápidamente; de lo contrario producen un incremento en el apoyo a los grupos armados, "motivado por el sentimiento de injusticia que la represión produce si se prolonga en el tiempo".

En Colombia la incidencia de los delitos no sólo crece con la presencia de grupos armados en la localidad, sino que aumenta, y apreciablemente, la pasividad y la impunidad frente al crimen (gráfica 21).

---

36 Laqueur. *Terrorism, cit.*, p. 138.
37 Gaitán Daza. *Dos ensayos interpretativos, cit.*, p. 374.

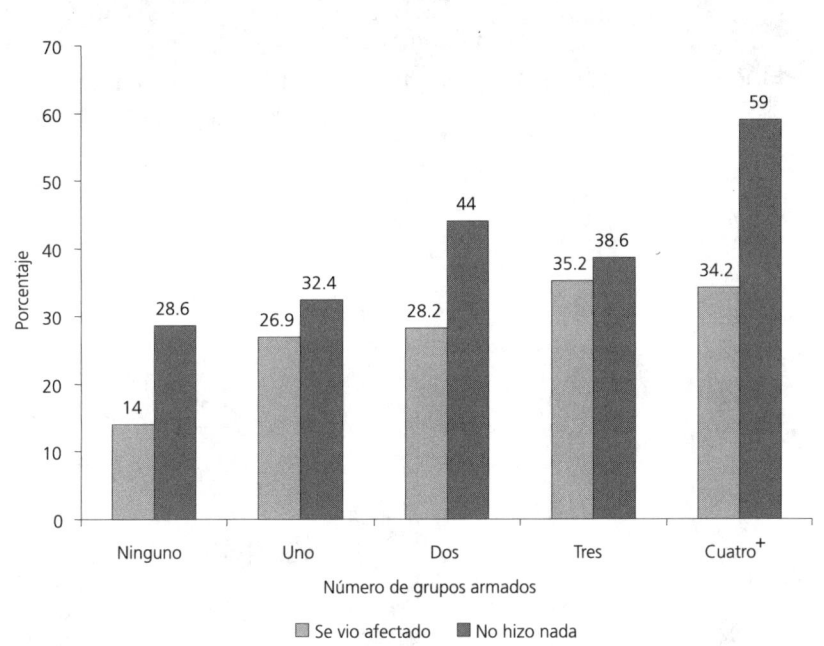

GRÁFICA 21
ORGANIZACIONES ARMADAS, DELITOS Y REACCIÓN

Número de grupos armados	Se vio afectado	No hizo nada
Ninguno	14	28.6
Uno	26.9	32.4
Dos	28.2	44
Tres	35.2	38.6
Cuatro+	34.2	59

Preguntas 143 a 154: ¿En el último año, usted o alguien de su hogar se vio afectado por alguno de los siguientes hechos?
Pregunta 157: Para el caso que usted considera más grave, ¿usted a quién recurrió? (En la gráfica se considera "no hizo nada").

Frente al delito la proporción de población (59%) que "no hace nada" en las zonas con presencia de más de cuatro grupos armados duplica la de aquellas donde no hay ninguno (29%) (gráfica 21). A nivel del tipo de autoridad que la población busca para denunciar los delitos se observa que en las localidades libres de organizaciones armadas el 43% de los delitos que tuvieron lugar en el último año fueron denunciados ante la Policía; la presencia de un solo grupo armado reduce esta cifra al 32% y la de cuatro al 17% (gráfica 22).

Las razones por las cuales no se acude a las autoridades también cambian significativamente. En el país la principal causa de ello (35%) es la inoperancia de la justicia. En las zonas de mayor violencia esta causa se reduce en 10 puntos

(25%) y en su lugar surge la presencia de la justicia privada –temor a las represalias y solución privada como más efectiva– (41 vs. 30%) (gráfica 23).

GRÁFICA 22
HOGARES QUE ACUDEN A LA POLICÍA ANTE UN ATAQUE CRIMINAL

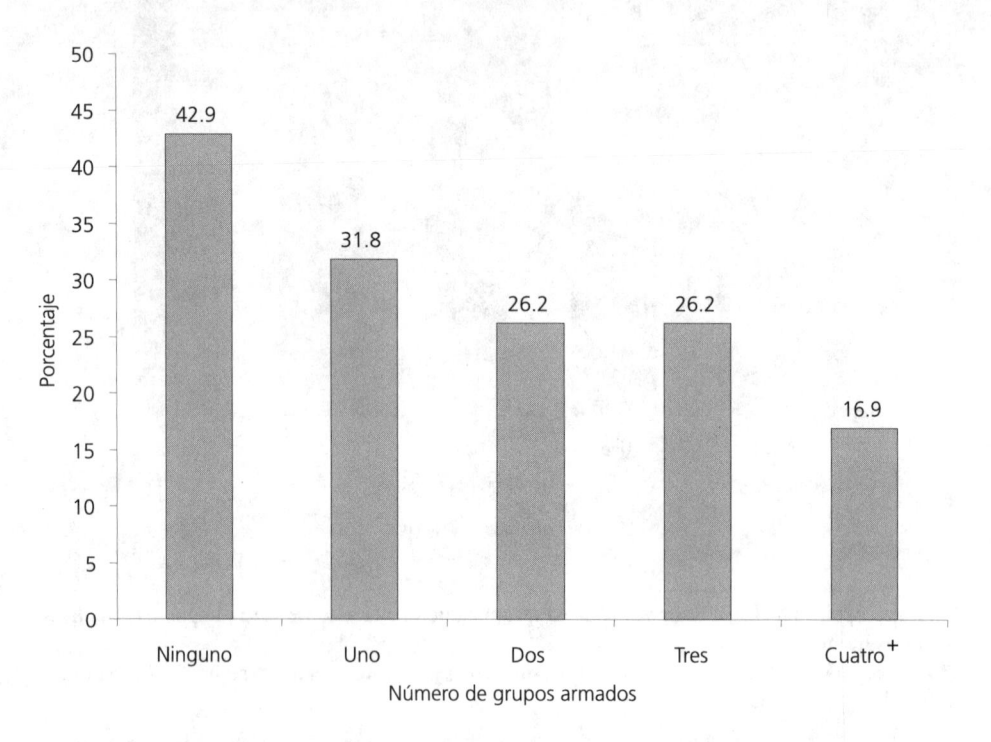

Número de grupos armados	Porcentaje
Ninguno	42.9
Uno	31.8
Dos	26.2
Tres	26.2
Cuatro+	16.9

Pregunta 157: Para el caso que usted considera grave, ¿a quién recurrió? (En la gráfica se considera "Policía").

Tanto el temor a las represalias como la percepción de que la justicia privada funciona mejor aumenta con la presencia de grupos armados. Sin embargo, al desagregar estos factores de violencia se obtienen resultados del mayor interés. La presencia de uno o dos grupos armados lleva a que el temor a las represalias en términos relativos sea mayor. En contraste, la inexistencia de grupos armados o la presencia de tres o más parecería constituirse en estímulo para la creación de organizaciones de justicia privada, con mayor poder de reacción para hacerle frente a quienes tienen poder de intimidar (gráfica 24).

GRÁFICA 23

RAZONES PARA NO RECURRIR A LA AUTORIDAD ESTATAL FRENTE A UN DELITO

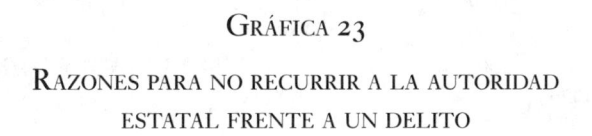

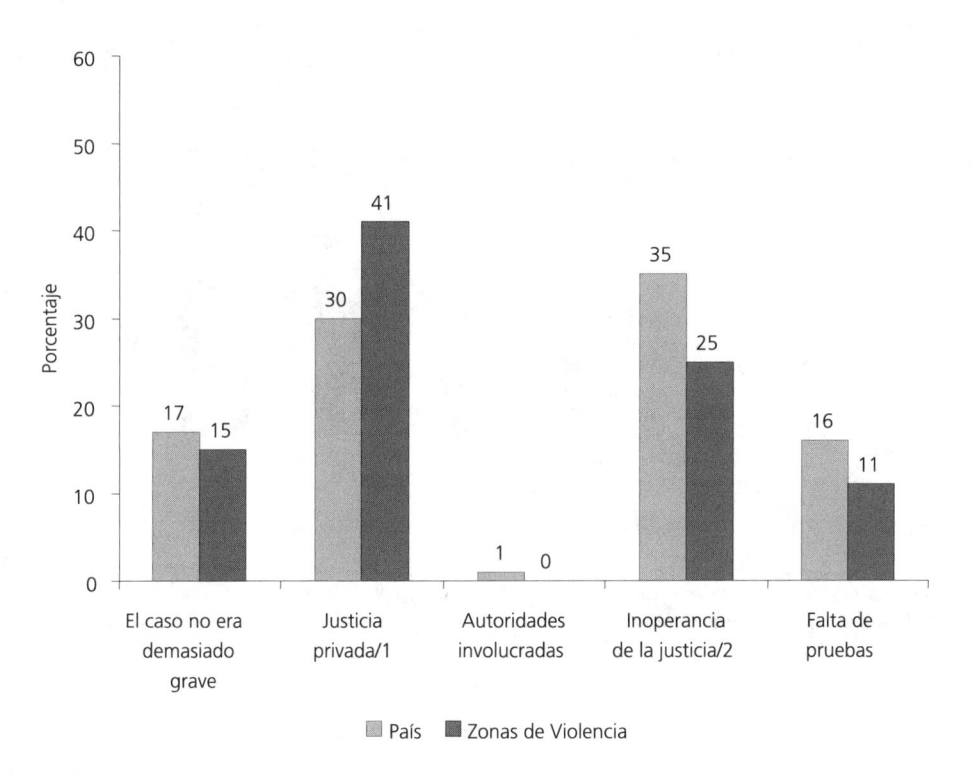

Razón	País	Zonas de Violencia
El caso no era demasiado grave	17	15
Justicia privada/1	30	41
Autoridades involucradas	1	0
Inoperancia de la justicia/2	35	25
Falta de pruebas	16	11

1/ Temor a las represalias y la solución privada funciona mejor.
2/ Inoperancia de la justicia, ausencia de la autoridad y trámites complicados.
Pregunta 158: Si no recurrió a ninguna autoridad estatal, ¿cuál fue la principal razón para no hacerlo?

La precariedad de la investigación judicial es sorprendente. Desconcierta encontrar que de cada tres hogares afectados por un homicidio, uno manifiesta tener idea de quién es el responsable (cuadro 6), y que sólo uno de cada ocho responde que el hecho fue aclarado. Esta situación empeora con el aumento en el nivel de ingresos. En los estratos más altos sólo se aclara uno de cada 20 casos, frente a uno de cada siete en los más bajos. Es posible concluir que no sólo los hogares de más altos ingresos se ven más afectados por homicidios, sino que la

Gráfica 24
Razones para no recurrir a la autoridad estatal frente a un delito, según grupos armados

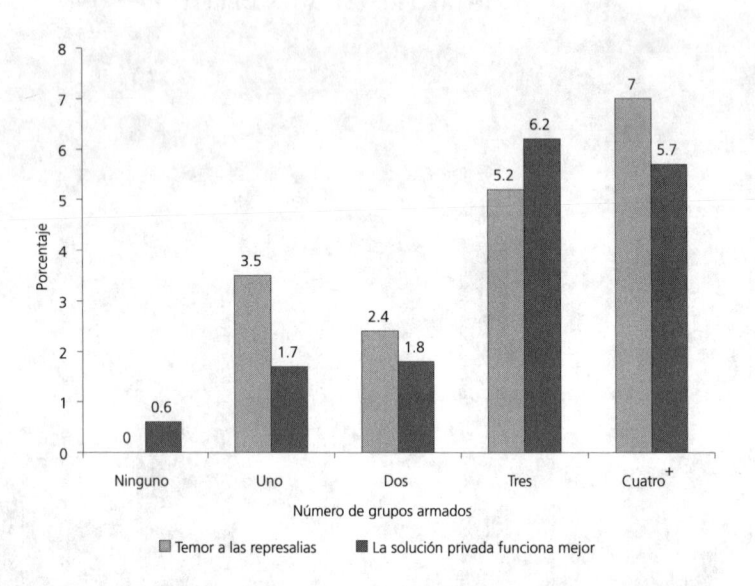

Número de grupos armados	Temor a las represalias	La solución privada funciona mejor
Ninguno	0	0.6
Uno	3.5	1.7
Dos	2.4	1.8
Tres	5.2	6.2
Cuatro+	7	5.7

Pregunta 158: Si no recurrió a ninguna autoridad estatal, ¿cuál fue la principal razón para no hacerlo? (En la gráfica se considera "temor a las represalias" y "la solución privada funciona mejor").

Cuadro 6
Homicidio cercano e impunidad

	Población	Salarios mínimos				Zonas de Violencia
		Menos de 1	De 1 a 3	De 4 a 6	Más de 7	
Conoce a una víctima de homicidio	44	40	43	56	50	60
El hecho fue aclarado	13	14	13	13	5	6
Sabe quiénes fueron los autores	28	24	28	32	33	19

Pregunta 182: ¿Alguna persona que usted o alguien de su hogar conocía personalmente fue asesinada en los últimos 5 años?
Pregunta 183: ¿Sabe usted si ese homicidio fue aclarado por las autoridades?
Pregunta 184: ¿Tiene usted alguna idea de quiénes fueron los responsables?

justicia ha sido aún menos efectiva en esos estratos, a pesar de que los ricos son quienes afirman tener mayores conocimientos sobre el autor del homicidio.

Se destaca que quienes dicen saber menos de las causas del homicidio son los habitantes de las Zonas de Violencia, excepto en aquellas con presencia de más de cuatro grupos armados (gráfica 25). En esas zonas, al igual que en el caso de los estratos más ricos, es donde menos se aclaran los homicidios, evidenciándose así la impunidad reinante.

Se destaca además que la presencia de más de tres grupos armados lleva a que aumente considerablemente la responsabilidad que se le atribuye a la justicia privada en el homicidio (gráfica 26).

Estadísticamente, a nivel municipal se evidencia la asociación negativa entre la incidencia de los homicidios cercanos a los hogares encuestados y el éxito que, según esos mismos hogares, tuvieron las autoridades en su tarea de aclararlos (gráfica 27). En municipios como Popayán, Quinchía, Cartagena o Duitama, donde se aclara más de uno de cada cuatro homicidios, se detectan bajos niveles de criminalidad. En el otro extremo, en las localidades donde se aclaró una baja proporción de los homicidios, como Cúcuta, Apartadó, Chigorodó o Buenaventura, los niveles de violencia superan el promedio. Así, la relación entre efectividad de la investigación judicial y violencia homicida es negativa y no despreciable. La correlación es de –.44.

Agrupando de otra forma la información se encuentra que en los municipios sin presencia de grupos armados se aclara, en promedio, el 16% de los homicidios, en tanto que en aquellas localidades donde operan más de cuatro grupos esta cifra es inferior al 6%. No es difícil imaginar que esta situación pueda, a su vez, incentivar la violencia y la criminalidad (gráfica 28).

Una hipótesis explicativa del incremento de los homicidios en presencia de un grupo armado –el autor no contempla la relación entre situaciones con un solo grupo armado y situaciones con varios– la ofrece Gaitán Daza[38] sobre la base de la presencia policial: si la hay, ésta debe descuidar la delincuencia común para atender el peligro que se cierne sobre ella misma. Si no la hay, como en la colonización de frontera, el homicidio sí disminuiría sensiblemente.

---

38 Gaitán Daza. *Dos ensayos interpretativos*, cit., pp. 362 y 363. Véase así mismo Bejarano. *Colombia: Inseguridad, violencia y desempeño económico*, cit., pp. 21 y 242.

GRÁFICA 25
CONOCIMIENTO DE LA CAUSA DEL HOMICIDIO,
SEGÚN PRESENCIA DE GRUPOS ARMADOS

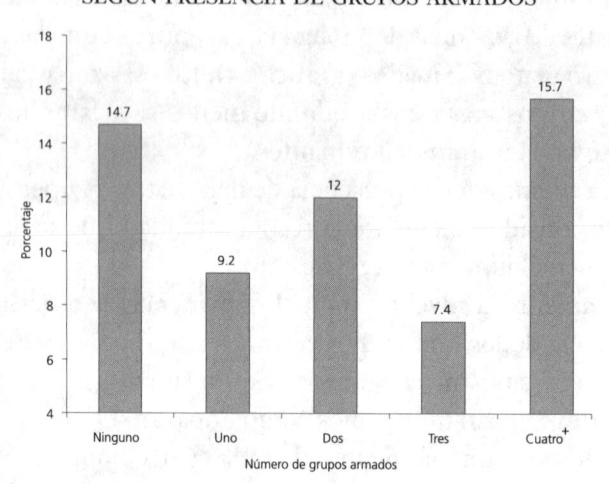

Número de grupos armados	Porcentaje
Ninguno	14.7
Uno	9.2
Dos	12
Tres	7.4
Cuatro+	15.7

Pregunta 185: ¿Cuál fue la principal razón para que ocurriera ese homicidio? (En la gráfica se considera "no sabe").

GRÁFICA 26
RAZÓN POR LA QUE OCURRIÓ EL HOMICIDIO

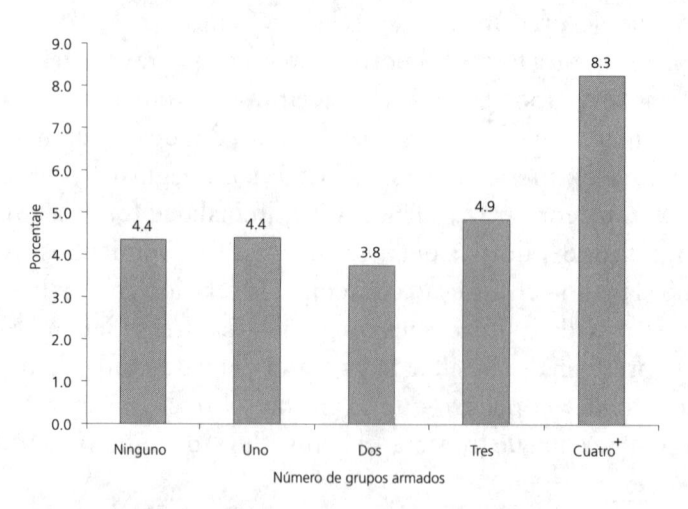

Número de grupos armados	Porcentaje
Ninguno	4.4
Uno	4.4
Dos	3.8
Tres	4.9
Cuatro+	8.3

Pregunta 185: ¿Podría usted dar su opinión acerca de cuál fue la principal razón para que ocurriera ese homicidio? (En la gráfica se consideran justicia privada = ajuste de cuentas, ajusticiamiento y limpieza social; y conflictos en el ámbito público = intervención legal y enfrentamiento armado).

GRÁFICA 27
HOMICIDIO CERCANO E IMPUNIDAD, SEGÚN MUNICIPIO

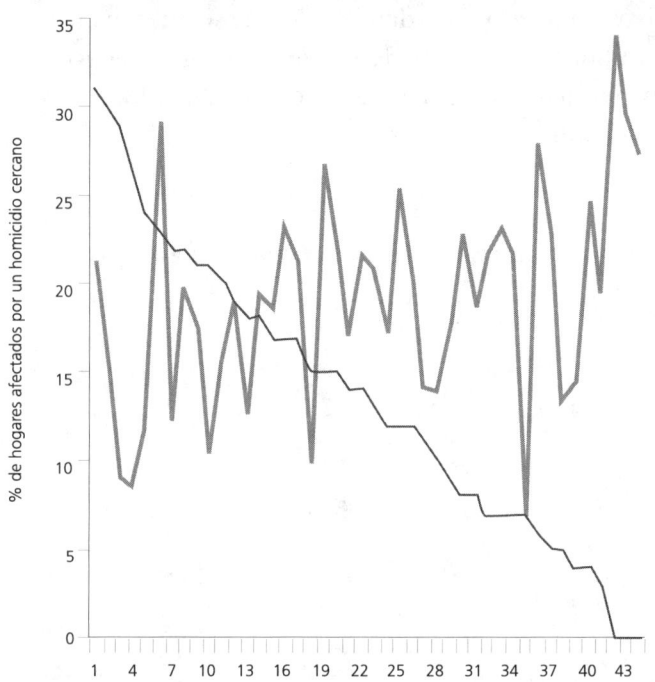

Los municipios están ordenados de acuerdo con la proporción de hogares que consideran que el homicidio fue aclarado por las autoridades

	MUNICIPIOS		MUNICIPIOS		MUNICIPIOS		MUNICIPIOS
1	Popayán	12	Florencia	23	Santafé de Bogotá	34	Tesalia
2	Quinchía	13	Yarumal	24	Manizales	35	Puerto López
3	Cartagena	14	Bucaramanga	25	Valledupar	36	Mercaderes
4	Duitama	15	Bolívar	26	Ocaña	37	Quibdó
5	Corozal	16	Maicao	27	Tunja	38	Plato
6	Medellín	17	Cali	28	Chaparral	39	Villavicencio
7	Cereté	18	Fusagasugá	29	Arauca	40	Pradera
8	Villeta	19	Aracataca	30	Timbío	41	Cúcuta
9	Pasto	20	Calarcá	31	La Plata	42	Apartadó
10	Funes	21	Barranquilla	32	La Montañita	43	Chigorodó
11	Neiva	22	El Doncello	33	Tierralta	44	Buenaventura

Pregunta 182: ¿Alguna persona que usted o alguien de su hogar conocía personalmente fue asesinada en los últimos 5 años?

Pregunta 183: ¿Sabe usted si el homicidio fue aclarado por las autoridades?

De ser esto último así, lo es, presumiblemente, donde hay un solo grupo armado que puede "dictar ley" a sus anchas. En general lo que persigue el grupo armado es establecer su orden, por lo que se dificulta hacer un análisis más preciso sin poder considerar la presencia policial, el estadio en que se encuentra la penetración por el actor armado del poder local y la competencia de otras organizaciones armadas.

GRÁFICA 28
HOMICIDIOS ACLARADOS, SEGÚN PRESENCIA DE GRUPOS ARMADOS

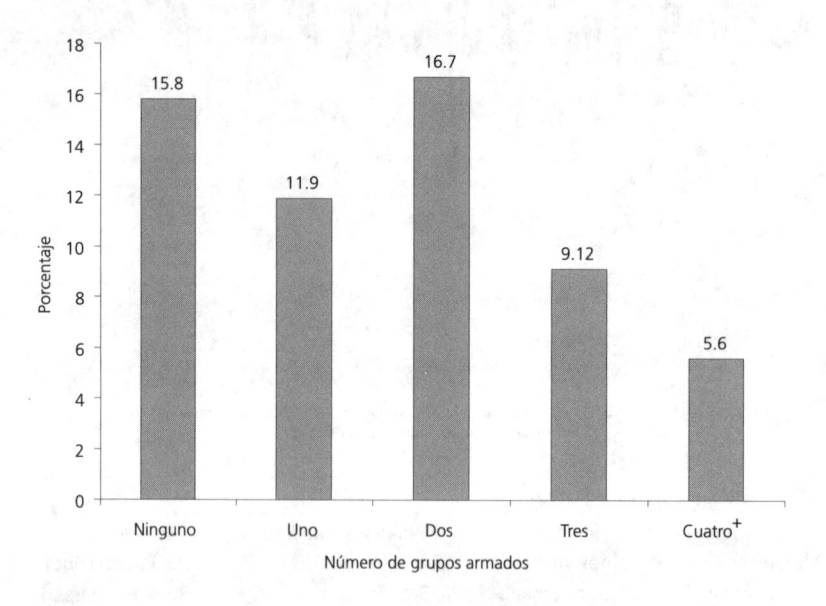

Número de grupos armados	Porcentaje
Ninguno	15.8
Uno	11.9
Dos	16.7
Tres	9.12
Cuatro+	5.6

Pregunta 183: ¿Sabe usted si ese homicidio fue aclarado por las autoridades?

En situación de conflicto armado, la justicia es siempre un asunto secundario frente a la importancia de preservar el orden y la presencia del Estado tiende a ser eminentemente militar. Esto puede ser cierto también para los grupos armados, que, de estar en peligro su hegemonía, aplican toda su fuerza en mantener el control en sus zonas de influencia y le dan prioridad al orden respecto de la justicia entre y respecto de los habitantes, lo que reduce aún más los espacios de la justicia estatal en el nivel local; así, los funcionarios judiciales son incapaces o están inhibidos para contrarrestar las acciones de los alzados en armas: no tramitan los casos relacionados con el conflicto armado; "judicializan" ciertas condenas proferidas por esos actores; además son objeto de atentados y amenazas, o son obligados a marcharse, en especial tras el abandono de la localidad por la policía.

En otros casos, el aparato judicial opera como una especie de sustituto de la guerra y su fortalecimiento se percibe como el instrumento necesario para resolver pacíficamente los conflictos sociales. Se considera que con ello se reducen las motivaciones de los agentes para prolongar el conflicto. Sin embargo, también puede ocurrir que los estamentos judiciales se perciban como instrumentos de prolongación de conflictos, que protegen a quienes detentan el poder de enemigos potenciales, para consolidar judicialmente sus privilegios. En Colombia no es claro el papel que juega la justicia. Como consecuencia de los procesos de negociación se han adoptado toda suerte de normas para controlar y sancionar eventuales desafueros de los agentes estatales en el desarrollo del conflicto armado, así como de herramientas para buscarle salidas jurídicas a la reconciliación –amnistías, indultos y otros beneficios– que faciliten la reincorporación de los alzados en armas a la vida civil[39]. Ambivalencias de esta naturaleza no sólo son costosas, sino que la mayoría de las veces resultan poco exitosas.

En sociedades con presencia de grupos armados al margen de la ley, que le disputan al Estado el monopolio de la fuerza, surgen grandes interrogantes sobre a quién corresponde preservar el orden y a quién hacer respetar las leyes. ¿Son los jueces los responsables? ¿O son las Fuerzas Armadas? ¿Cuál debe ser la relación entre aparato judicial y poder coercitivo y entre orden jurídico y orden público? En un escenario de paz y de normalidad institucional los jueces están llamados a dirimir conflictos e imponer sanciones y las Fuerzas Armadas a velar por la preservación del orden constitucional, para lo que cuentan con el monopolio del poder coercitivo. En Colombia la justicia en las zonas de conflicto parecería haberse concentrado en penalizar a los alzados en armas, controlar los desafueros de los militares e indemnizar a las víctimas,

---

[39] Mauricio García, Catalina Botero, Rodrigo Uprimy, Hernando Valencia e Iván Orozco. *La paz es rentable*, Bogotá, Universidad de los Andes, 1997.

con descuido de la administración ordinaria de justicia y del ejercicio regular de las funciones del Estado. Es preciso no olvidar que las regiones con presencia subversiva pueden ser aseguradas para el Estado constitucional solo si los mecanismos judiciales obtienen la confianza de la población, y que la sujeción total a un sistema de emergencia contribuye a agudizar el conflicto, polarizando las fuerzas.

En consecuencia, la correspondencia a nivel local entre la violencia y la influencia de grupos armados puede explicarse, bien sea que se trate de municipios donde la ausencia del Estado permite la consolidación de conductas ilegales, o que las estructuras estatales (policía y juzgados en primer lugar: seguridad y justicia) se hayan visto desplazadas por los alzados en armas. En cualquiera de los dos casos es posible pensar en la gran debilidad de las instituciones encargadas de administrar justicia. El argumento presentado no debe interpretarse en el sentido de que la totalidad de los homicidios deba adjudicarse a los grupos armados. Lo que se pretende es resaltar la importancia que tienen los grupos armados como catalizadores y promotores de cierto tipo de violencia. En particular se quiere destacar el debilitamiento creciente de los organismos de seguridad y del sistema judicial, que corre parejo con el fortalecimiento de los grupos armados al margen de la ley.

2. PORTE DE ARMAS

El que la mayoría de los homicidios se cometan con un arma de fuego ha llevado a la conclusión, un tanto apresurada, de que controlando el porte de armas se contribuye a reducir los niveles de violencia. Los datos de la encuesta agregados por municipios no apoyan esta visión. La posesión de armas reportada no parece positivamente asociada con el porcentaje de hogares afectados por un homicidio. Por el contrario, los municipios donde más del 30% de los hogares reporta tener un arma de fuego, como Manizales, Tunja y Ocaña, no son precisamente aquellos donde la incidencia de los homicidios es la más elevada. A su vez, en municipios violentos, como Apartadó, Mercaderes y Chigorodó, menos del 5% de los hogares respondió que tenía un arma de fuego (gráfica 29). La correlación entre posesión de armas y violencia homicida es negativa, aunque baja ($r = -.15$).

Inseguridad, violencia y guerra 711

GRÁFICA 29
HOMICIDIO CERCANO Y POSESIÓN DE ARMAS, SEGÚN MUNICIPIO

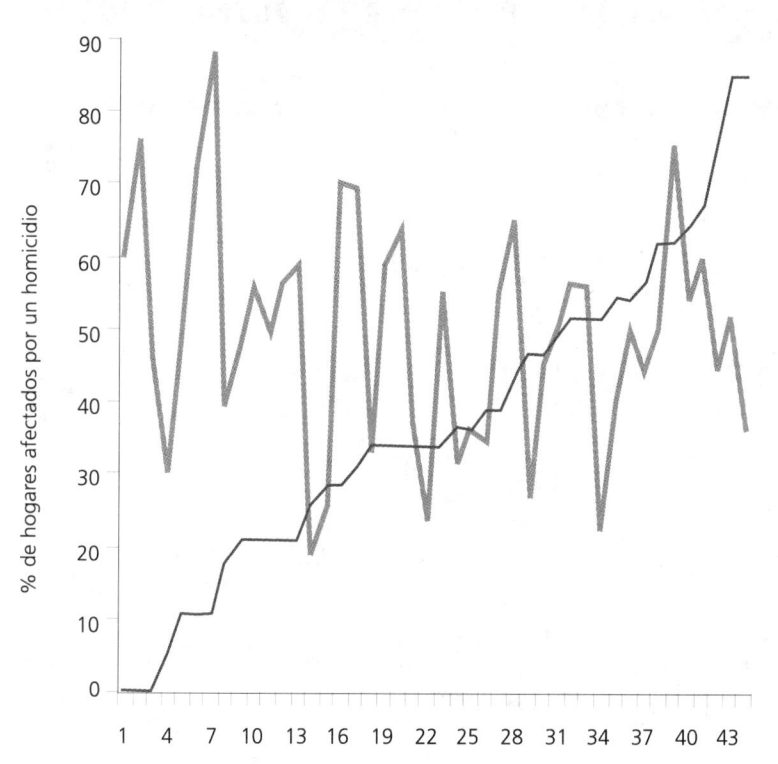

Los municipios están ordenados de acuerdo con la proporción de hogares

MUNICIPIOS	MUNICIPIOS	MUNICIPIOS	MUNICIPIOS
1 Tierralta	12 El Doncello	23 Popayán	34 Duitama
2 Chigorodó	13 Quibdó	24 Cereté	35 Neiva
3 Arauca	14 Puerto López	25 Chaparral	36 Cúcuta
4 Corozal	15 Fusagasugá	26 Plato	37 Barranquilla
5 La Plata	16 Buenaventura	27 Cali	38 Bucaramanga
6 Mercaderes	17 Aracataca	28 Valledupar	39 Medellín
7 Apartadó	18 Yarumal	29 Funes	40 Santafé de Bogotá
8 Quinchía	19 Timbío	30 Pasto	41 Maicao
9 Bolívar	20 Pradera	31 Villeta	42 Manizales

Pregunta 187: ¿Usted o alguien de su hogar tiene un arma de fuego?
Pregunta 182: ¿Alguna persona que usted o alguien de su hogar conocía personalmente fue asesinada en los últimos 5 años?

Por otra parte, la relación entre la posesión de armas y el nivel de pobreza de las localidades es estrecha y negativa. Es decir, los municipios donde se poseen más armas son aquellos donde son menores las NBI (gráfica 30).

GRÁFICA 30
POSESIÓN DE ARMAS DE FUEGO Y NBI, SEGÚN DEPARTAMENTO

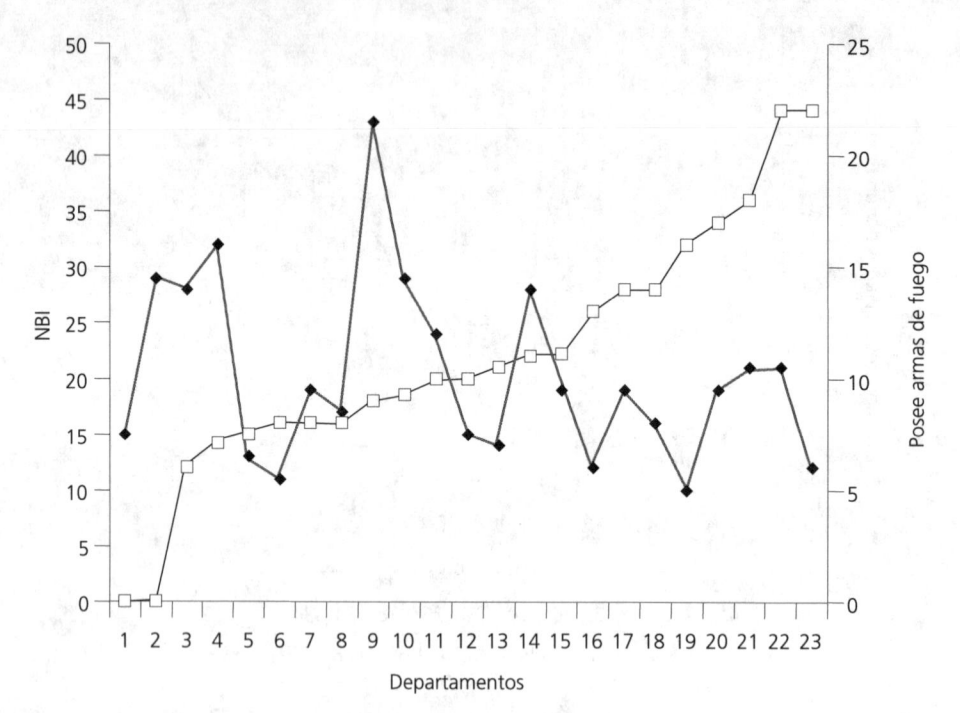

No.	DEPTO.	No.	DEPTO.	No.	DEPTO.	No.	DEPTO.
1	RIS	7	MET	13	ANT	19	SAN
2	SUC	8	TOL	14	MAG	20	N. SANT
3	BOL	9	HUI	15	NAR	21	QUI
4	CAQ	10	COR	16	BOG	22	BOY
5	VAL	11	CES	17	ATL	23	GUA
6	CAU	12	CUND	18	CAL		

Pregunta 187: ¿Usted o alguien de su hogar tiene un arma de fuego?

Inseguridad, violencia y guerra 713

Los resultados a nivel individual sugieren que la posesión de armas podría verse más como un elemento disuasivo que agresivo, del cual sacan provecho quienes tienen recursos para hacerlo (gráfica 30). No son los pobres (7%), ni los que habitan en Zonas de Violencia (5%), quienes tienen más armas de fuego, sino los más ricos (20%), los más jóvenes (13%), los habitantes del Distrito Capital (13%) y la Zona Oriental (15%) (gráfica 31), sin que ello coincida con quienes declaran ser los mayores blancos de ataques contra su propiedad o quienes se sienten más amenazados por la violencia homicida. El caso de los jueces se destaca por la marcada diferencia frente al resto del país. Uno de cada tres jueces porta armas, frente a una de cada diez personas en el promedio nacional.

GRÁFICA 31
DELITOS, HOMICIDIOS Y PORTE DE ARMAS, SEGÚN INGRESO Y ZONA

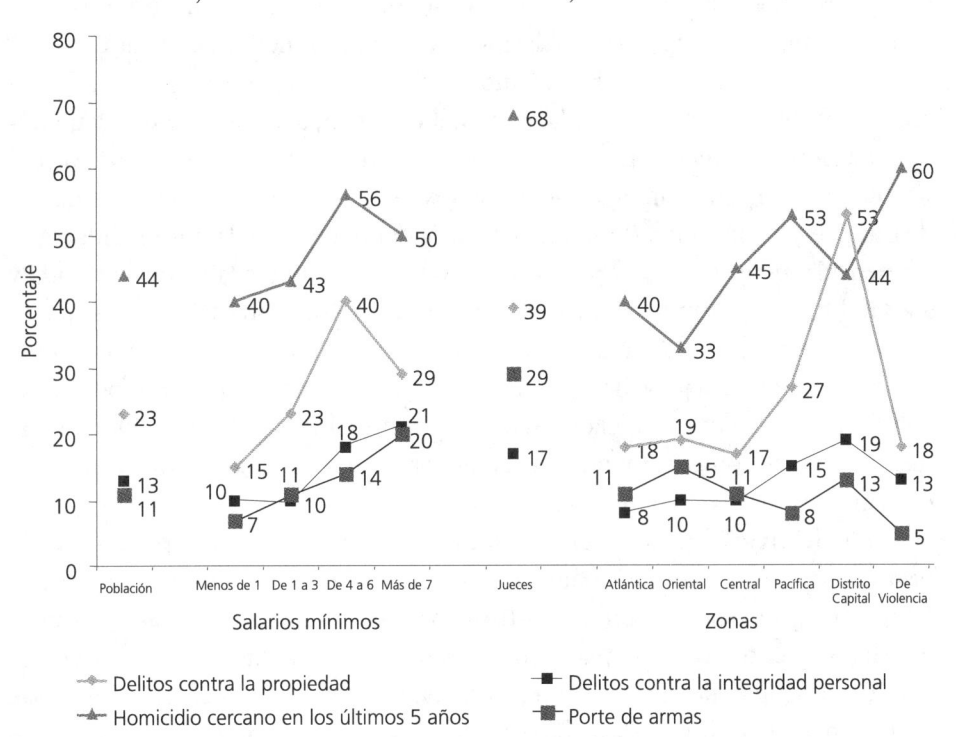

─◆─ Delitos contra la propiedad   ─■─ Delitos contra la integridad personal
─▲─ Homicidio cercano en los últimos 5 años   ─■─ Porte de armas

Preguntas 143 a 154: ¿En el último año, usted o alguien de su hogar se vio afectado por alguno de los siguientes hechos? (En la gráfica se considera "hurto, fraude, violencia en el hogar, atraco, lesiones personales, homicidio, secuestro, amenaza de muerte, abuso sexual, extorsión, delitos con autoridades involucradas").

Pregunta 182: ¿Alguna persona que usted o alguien de su hogar conocía personalmente fue asesinada en los últimos 5 años?

Pregunta 187: ¿Usted o alguien de su hogar tiene un arma de fuego?

La relación es más clara y positiva entre porte de armas, riqueza de los hogares y frecuencia de los delitos contra la integridad personal que frente a niveles de riqueza o violencia homicida de las localidades. Las zonas de mayor violencia se encuentran desarmadas.

Del análisis presentado hasta aquí pueden extraerse conclusiones de gran trascendencia. La primera y quizás más importante es que la frecuencia de la violencia homicida, y de otras actuaciones criminales como la amenaza de muerte, la extorsión y el boleteo, es mayor en las zonas con presencia armada, así no pueda desconocerse que además están presentes otros factores de inseguridad y violencia que afectan a toda la población, incluyendo aquella que reside en zonas libres de presencia armada. La segunda, que la presencia de grupos alzados en armas cambia la naturaleza de la actividad delictiva, al aumentar la frecuencia de actuaciones propias de la justicia privada (ajustes de cuentas y limpieza social). En tercer lugar, que con el aumento de los grupos armados en las localidades disminuye la proporción de afectados por la delincuencia o la criminalidad que acuden a la justicia estatal y más se atribuye el homicidio a la justicia privada y a los delitos en el ámbito político. En cuarto lugar, que entre las razones que se esgrimen para no acudir a las autoridades surge como algo preponderante la presencia de justicia privada, bien sea por el temor a las represalias o porque se considera más efectiva que la estatal. En quinto lugar, que la efectividad de la justicia en esas zonas es menor que en el resto del país: una menor proporción de crímenes se aclara y aumenta la impunidad.

La efectividad de la investigación judicial –medida por el porcentaje de homicidios que, según los hogares, fueron aclarados– y el número de grupos armados que operan en un municipio son factores que, en forma estadísticamente significativa, contribuyen a explicar las diferencias en los niveles de violencia. En conjunto, estos dos factores explican el 31% de las variaciones en la incidencia de la violencia a nivel de los municipios. Los coeficientes, estadísticamente significativos al 95%, señalan que: 1. la presencia de un grupo armado adicional en un municipio aumenta la incidencia de la violencia en un 5%; y 2. cada 10% de mayor efectividad de la investigación la reduce en un 5%[40]. Cuando se incluyen estos dos factores, otras variables analizadas aportan menos elementos de juicio a la explicación de la violencia homicida: niveles de urbanización (medidos por tamaño de la población), condiciones de pobreza (NBI o índices de miseria), edad (tomada como la promedio de la población del municipio), posesión de armas, etc.

Por otra parte, da la impresión de la existencia de una clase rica armada, que requiere de las armas para protegerse y proteger su riqueza y que, probablemente, con ellas también ejerce violencia para preservarla. Esta apreciación reafirma resultados encontrados en el capítulo sobre justicia, donde se destaca cómo los estratos más altos, frente a disputas de índole civil o penal, recurren más a la amenaza y le atribuyen mayor efectividad a la justicia privada. Estos resultados sugieren la existencia de una riqueza que requiere de protección para preservarse, protección que se asocia así mismo con la utilización de la justicia privada con ese mismo propósito.

Con estos planteamientos se confirma la hipótesis de Laqueur en el sentido de que la inestabilidad política es más elevada cuando los niveles de cohesión son insuficientes para erradicar la agresión pero son suficientes para aumentar el nivel de frustración. En este contexto el interrogante a despejar es si a la violencia debe hacérsele frente con enfoques preventivos o punitivos, o sin en su lugar se debe buscar un ordenamiento institucional que refleje más de cerca los sentimientos y necesidades de la población.

C. LA MANIFESTACIÓN DE LA VIOLENCIA Y LA ORGANIZACIÓN SOCIAL

1. MANIFESTACIÓN DE VIOLENCIA

Para Boulding la violencia se manifiesta a través de tres poderes: el de la *amenaza*, el *económico* y el integrativo o *legitimidad*. En Colombia estas manifestaciones están latentes en mayor o menor grado y se entremezclan.

---

40 Se debe anotar que estos dos factores no son del todo independientes (r = −.32).

El *poder de la amenaza* se manifiesta en expresiones tales como: "usted hace algo que yo quiero o yo hago algo que usted no quiere"[41]. Esta característica está latente en los más diversos ámbitos en Colombia. La amenaza de muerte, el secuestro y el boleteo o extorsión figuran como causal de inseguridad para el 22% de la población (cuadro 2). Adicionalmente, entre las razones argüidas para no acudir a la justicia, para el 15% está la efectividad de las organizaciones de justicia privada. También cabe destacar que frente al delito, y en particular en los estratos altos y entre los jueces, se recurre a la amenaza como medio de enfrentar el problema[42]. Estas conductas no responden a nada diferente de la búsqueda de resultados por la vía de la fuerza.

El poder de la amenaza va de la mano del *poder económico*[43] que conduce a la negociación y se nutre de él. Ahí puede estar buena parte de la explicación de la posición ambivalente que ocupa el narcotráfico dentro del conflicto armado y como factor generador de violencia. Es posible que guerrilleros y paramilitares –al menos aquella parte que expresa los intereses del latifundio tradicional y de la agricultura industrial– no estén de acuerdo con el narcotráfico, pero también es claro que éste se constituye en una fuente

---

[41] El poder de la amenaza puede ser de:
  – Sumisión.
  – Desafío. El éxito de A depende, entre otras cosas, del costo de cumplir con la amenaza.
  – Pelea. Esta situación depende de la rapidez y del poder de A, el cual disminuye con la distancia.
  – Contraataque: "Usted me hace algo malo a mí y yo le hago algo malo a usted". Puede tener resultados en un corto plazo pero es inestable en el largo.
  – Posición de desarme: "¿Todos estamos en esto o no?". Este planteamiento está relacionado con la cortesía y las buenas maneras y puede llevar a que la respuesta sea: "Usted debería hacer esto por el bien de los dos".
[42] Ver el capítulo sobre justicia.
[43] La riqueza, incluyendo el valor del capital humano, que depende de los conocimientos y habilidades individuales, tiene más poder que la pobreza. El valor del poder económico puede llegar a ser muy alto por dos razones: una, porque la producción supera el consumo y lleva a la acumulación; dos, porque los activos pueden aumentar de precio. El valor del poder económico disminuye cuando se pierde su fuente de generación. En su lugar, también puede crecer por robo o explotación, entendiéndose por explotación el resultado de intercambios que benefician injustificadamente a una de las partes.

importante de recursos para financiar sus propósitos. A su vez para el narcotráfico es útil la presencia de guerrilleros y paramilitares pues sirven de ejército protector de cultivos y laboratorios frente a los organismos de seguridad del Estado. Esto no significa que estas organizaciones armadas sean las únicas responsables de la violencia y de utilizar el poder de la amenaza y el económico para el logro de sus propósitos. Al lado de ellas y cubiertas con el mismo manto de impunidad surge la delincuencia común, la cual inclusive se organiza en grandes bandas de sicarios y secuestradores que se alquilan al mejor postor. La moralidad que rige sus actuaciones se ampara en el "derecho al trabajo": en su opinión ellos venden su trabajo como cualquier proveedor, obrero o empleado vende el suyo.

Como en cualquier otro frente, lo que genera más poder es lo que se percibe como *legítimo*: el respeto, la lealtad, el amor, etc. La amenaza ilegítima y la riqueza ilegítima son menos exitosas que la amenaza legítima y la riqueza legítima. Si la mayoría percibiera las instituciones como legítimas, no existirían razones para que la violencia se desarrollara. En Colombia, instituciones políticas y estatales, como son los partidos políticos y el Congreso, despiertan la misma desconfianza que los grupos armados al margen de la ley. El reto de unos y otros está en lograr mayor legitimidad, y parecería que hay conciencia de ello, en particular en la guerrilla. Esta a pesar de producir desconfianza y temor goza de alguna legitimidad entre la población, bien sea por su larga permanencia en el tiempo, por su poder de intimidación o por aportar alguna seguridad o representar reivindicaciones populares. Al respecto Rangel anota: "independientemente de la intención subjetiva de los guerrilleros y del marco político en que inscriban sus acciones, lo que les define el carácter de bandoleros 'especiales' o 'sociales', según Hobsbawm, es su comportamiento y la función que ejecutan. Y es esto mismo lo que determina el apoyo activo o pasivo que les brindan los campesinos y lo que impide que sean vistos por éstos como simples criminales"[44].

---

44 Rangel. *Colombia: guerra en el fin de siglo*, cit., pp. 150 y 151.

2. LA ORGANIZACIÓN SOCIAL

a. ¿PODER O IMPOTENCIA?

Otro elemento generador de violencia es el sentimiento de *poder o impotencia*, sentimiento que puede asociarse con el poder que tiene una persona frente al resto. En el caso de la pobreza, que podría asociarse con este sentimiento como factor generador de violencia, Boulding[45] sostiene que los pobres, que tienen poco poder, pueden sentir que el que tienen es inadecuado pero tienden a percibir a los ricos y poderosos tan remotos que no se preocupan por tenerles envidia: viven su propia vida, tan dura como ésta sea, sin buscar alternativas. En su opinión no es probable que el aumento del poder, que resulta del crecimiento económico, derive en incremento del sentimiento de impotencia y conduzca a la violencia, a menos que los pobres logren identificar fuentes de poder que puedan llegar a estar a su alcance.

Al confrontar las respuestas a la pregunta: *¿tener patrimonio produce envidia?*, con los indicadores de NBI se observa que la relación no es estrecha ($r = .14$) (gráfica 32), lo que señala resultados similares a los obtenidos en la relación entre la frecuencia de los homicidios y el ingreso, analizada en párrafos anteriores (gráfica 14). De aquí se corrobora que por lo menos hasta la fecha la pobreza o la sensación de impotencia que de ella deriva no es la causa primaria de la violencia en Colombia.

Así mismo, frente a la pregunta sobre *cuál es la razón para que este delito sea tan común en su vecindad*, ni la mala distribución del ingreso ni la falta de autoridad figuran como causa (gráfica 33). En su lugar, surge preponderantemente el desempleo. En segundo lugar, y con una importancia significativamente menor, aparece la pobreza. Sin embargo, al agrupar la información con base en la presencia de grupos armados se observa que las diferencias en la distribución del ingreso surgen como causa del delito con el aumento de la presencia de grupos armados. Este resultado sugiere que, si bien hasta ahora

---

45 Boulding. "Paz, justicia y caras del poder", *cit.*

no puede atribuírsele a la pobreza el surgimiento de la violencia, el accionar de los grupos insurgentes sí puede estar incidiendo en que en las poblaciones donde es mayor la presencia armada se estén empezando a identificar fuentes de poder que podrían llegar a estar al alcance de la población pobre para buscarle salida a su precaria situación.

GRÁFICA 32
RELACIÓN PATRIMONIO – ENVIDIA, SEGÚN DEPARTAMENTO

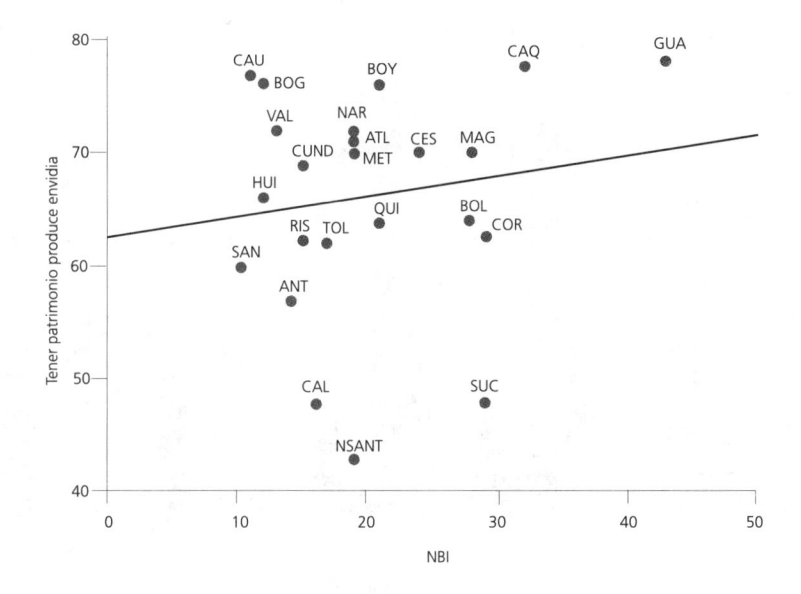

Pregunta 234: ¿En su comunidad tener un patrimonio importante produce: respeto, admiración, envidia, problemas? (En la gráfica se considera "envidia").

Gaitán Daza afirma que "el desarrollo social o económico determina el apoyo (a la subversión), no por su nivel preexistente, sino por la expectativa de mejora que provoca la guerrilla"[46]. Así, la subversión aprovecharía los momentos de caos en que todos los precios corrientes saltan y se abre la posibilidad de un nuevo equilibrio en los costos relativos para plegar a su conveniencia tanto las

---

46 Gaitán Daza. *Dos ensayos interpretativos*, cit., p. 370. Y véase pp. 399 y 400.

necesidades sociales como las concesiones institucionales. En general la guerrilla explota, así, necesidades latentes pero carentes de vocería o reivindicaciones aparentemente posibles en situaciones de súbito crecimiento económico.

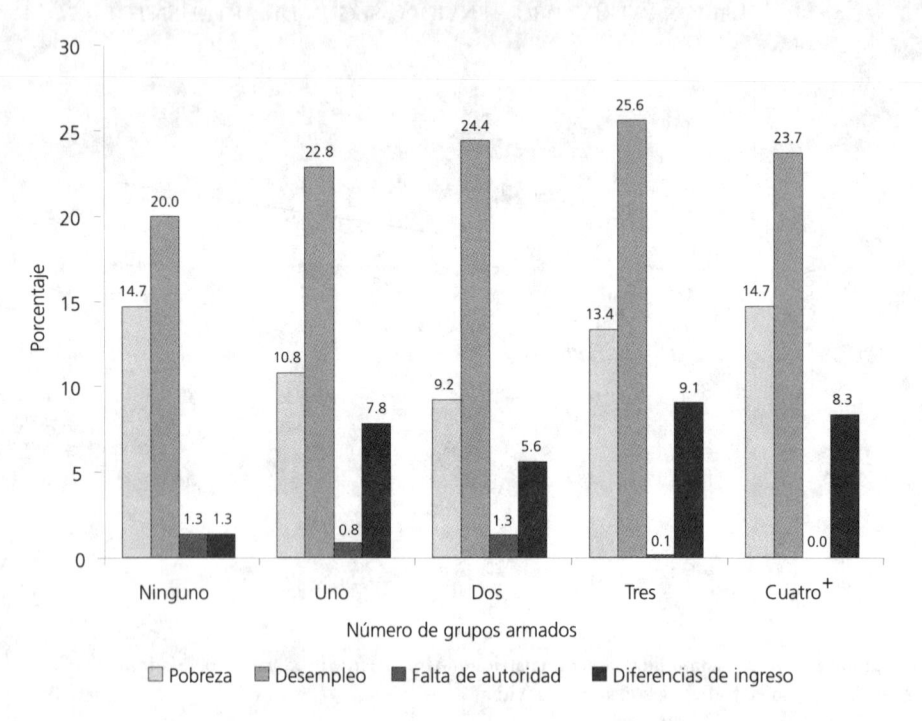

GRÁFICA 33
CAUSA DEL DELITO SEGÚN NÚMERO DE GRUPOS ARMADOS

Número de grupos armados	Pobreza	Desempleo	Falta de autoridad	Diferencias de ingreso
Ninguno	14.7	20.0	1.3	1.3
Uno	10.8	22.8	0.8	7.8
Dos	9.2	24.4	1.3	5.6
Tres	13.4	25.6	0.1	9.1
Cuatro+	14.7	23.7	0.0	8.3

Pregunta 169: ¿Cuál cree usted que es la razón más importante para que ocurran delitos en su vecindad?

Boulding considera que las personas que se sienten *desplazadas* identifican más fácilmente quién las está desplazando[47] y por ende que, más que la riqueza, el cambio en los *costos relativos* es el mayor potenciador de conflictos sociales. Los trabajadores del mundo no se unen. Quienes se inscriben en sindicatos

---

47 *Ibid.*

suelen descubrir que tienen más vínculos con sus empleadores que con los trabajadores de otras industrias o sectores. La guerra de clases no se gana con la masacre de los empleadores: los empleados están conscientes de que ello sólo conduce a acabar con la producción y las fuentes de trabajo[48]. En su lugar, el aumento en el precio del cobre, que beneficia a los trabajadores del cobre a costa de los demás sectores, sí induce a que los que no se vean beneficiados con ello se sientan desplazados. La Gran Depresión de 1929 afectó la distribución del ingreso entre el 75% empleado y el 25% desempleado; también benefició a quienes recibían intereses, a costa de quienes recibían dividendos. Este tipo de situaciones, más que la pobreza, induce sentimientos de inconformidad, que pueden degenerar en violencia.

Esa situación presenta similitudes con las que se presentan con frecuencia en Colombia; una de las más recientes es la que surgió en 1998 y 1999 por el crédito hipotecario. Las elevadas tasas de interés, el aumento del desempleo y la caída en el precio de la finca raíz se tradujeron en enormes desequilibrios económicos y en fuente de frustración, generando una movilización social que presionó por la reducción de las deudas. Esto para no hablar del problema que de dos o tres años para acá constituye el fenómeno de los desplazados por la violencia –quienes se han visto obligados a dejar todos sus haberes y a buscar refugio en los perímetros urbanos de los municipios de mayor tamaño–. ¿Cuántos son? ¿Quiénes son? Se habla de cifras que alcanzan hasta los dos millones, integrados en buena parte por mujeres y niños.

La variación en los costos relativos se produce como consecuencia de normas o cambios institucionales, económicos y culturales. Fenómenos de esta naturaleza están presentes de tiempo atrás en los más diversos ámbitos en la sociedad colombiana y surgen con gran fuerza por ejemplo en razón de la ineficiencia de la justicia y de las bonanzas. Cuando la justicia no opera, tanto el derecho a la propiedad como los derechos fundamentales se ven seriamente en peligro. ¿Qué afecta más el sentido de impotencia de una sociedad y de los individuos que la componen que el verse permanentemente expuestos al robo, al asesinato, al secuestro, y todo esto por el hecho de no

---

48 *Ibid.*, p. 3.

tener ninguna autoridad a la cual acudir, porque de hacerlo no obtienen respuesta o porque recurrir al Estado puede ser incluso contraproducente en términos de costos y beneficios? ¿Y qué decir del cambio permanente de reglas de juego, con sus implicaciones en la transferencia de propiedad y riqueza? No porque estos fenómenos estén presentes se puede subestimar la importancia de las bonanzas, como en el caso de los hallazgos de petróleo, que cambian radicalmente la situación socioeconómica de las zonas de influencia e inducen el movimiento de los grupos armados hacia esas zonas por identificar en ellas fuentes importantes para su financiamiento.

De acuerdo con Rangel[49], la guerrilla suele aprovechar las bonanzas (cafeteras o mineras) para apoderarse de la representación de los necesitados y aparecer ante ellos, a la vez, como causa y garantía de la distribución de la riqueza. También Bejarano[50] encuentra una relación positiva entre la velocidad de las transformaciones económicas y la violencia, cuya explosión atribuye no a la transformación en sí, sino al rezago de las instituciones para mantener el equilibrio en las relaciones sociales y en los costos relativos. También cabe recordar que el país en los últimos 40 años ha atravesado profundas transformaciones. No sólo está la transición demográfica, el paso del campo a la ciudad y el ingreso acelerado de la mujer al ámbito laboral sino, en particular en la última década, el abandono progresivo del Estado intervencionista y el paso hacia la adopción de reglas de mercado[51], política que ciertamente ha producido redistribución de riqueza, pero sobre cuya conveniencia no hay consenso en la población.

En cualquier caso, quienes resultan perjudicados con los cambios se movilizan en el campo político y gastan recursos y energías para contrarrestar sus efectos. Por su parte, quienes se sienten favorecidos actúan en sentido contrario, creándose con ello una confrontación de potencias y resistencias, en la que los grupos perdedores pueden recurrir a la violencia, de no encontrar otros medios para el logro de sus objetivos.

---

49 Rangel. *Colombia: guerra en el fin de siglo*, cit.
50 Bejarano. *Colombia: Inseguridad, violencia y desempeño económico*, cit., pp. 20 a 23, 250 y 251.
51 Ver capítulo sobre el Estado que queremos.

Para profundizar sobre el sentimiento de poder o impotencia cabe analizar lo que piensa la población de sus instituciones y hasta dónde la política se traduce en acciones que eviten o induzcan esa sensación de impotencia.

La desconfianza manifiesta en las instituciones, en particular en el Congreso y en la clase política, se asemeja a la que se le tiene a los grupos alzados en armas. Sin embargo, respecto del resto de la población los habitantes de las Zonas de Violencia no sólo desconfían menos de las instituciones, excepto de la fuerza pública (Ejército y Policía), sino que también desconfían menos de la guerrilla y los paramilitares. De otra parte, creen más que el resto de la sociedad en la Iglesia y en los grandes empresarios. Un dato, que no sorprende pero sí preocupa, es que la quinta parte de los habitantes de las Zonas de Violencia, frente a la pregunta en referencia, responde "no sabe, no responde". Prefieren no expresarse, probablemente por temor. Frente a ninguna otra pregunta los entrevistados recurrieron a esta posibilidad en forma tan masiva (gráfica 34).

GRÁFICA 34
CONFIANZA EN LAS INSTITUCIONES (SALDO)

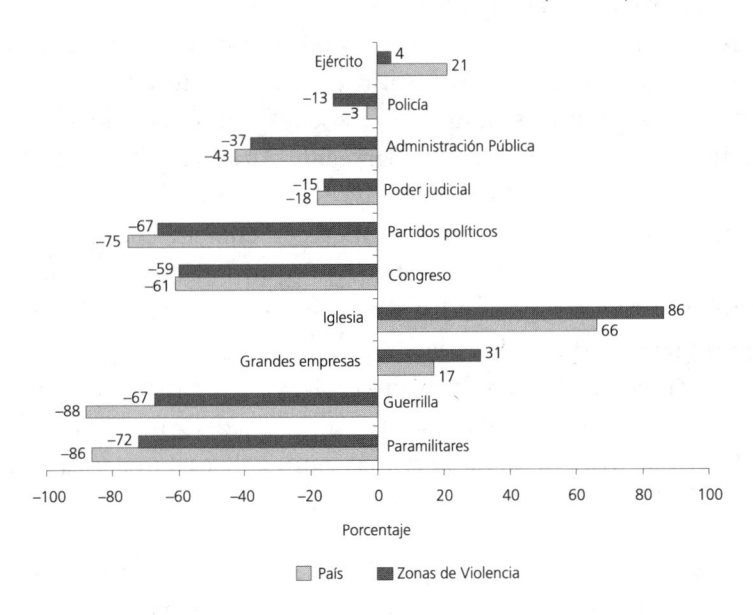

Institución	País	Zonas de Violencia
Ejército	4	21
Policía	−13	−3
Administración Pública	−37	−43
Poder judicial	−15	−18
Partidos políticos	−75	−67
Congreso	−61	−59
Iglesia	66	86
Grandes empresas	17	31
Guerrilla	−88	−67
Paramilitares	−86	−72

Preguntas 243 a 257: ¿Cuánta confianza tiene en las siguientes organizaciones?

La enorme desconfianza en las principales instituciones del Estado es algo que ya se había identificado en el capítulo sobre valoración de la política; lo que resulta sorprendente frente a ese resultado[52] es que los habitantes de las Zonas de Violencia desconfíen menos de las instituciones del Estado.

En razón de la desconfianza en las instituciones que soportan el régimen democrático, podría pensarse que éste se está resquebrajando. Sin embargo, hay suficiente evidencia para pensar que ello no ha ocurrido, así no pueda ignorarse que existen amenazas latentes. La democracia cuenta con gran apoyo de la población (80%), incluso en las Zonas de Violencia, así una proporción de la población, que no deja de ser elevada, apoye regímenes totalitarios (el 41% líderes fuertes, el 29% gobierno militar), aunque ello es menos pronunciado en las Zonas de Violencia (25 y 18%, respectivamente). La contradicción aparente de estas apreciaciones puede dilucidarse al hacer un balance de las distintas preferencias tomando el neto de aquellos que apoyan el Estado de derecho y de aquellos que apoyan regímenes autoritarios[53] (gráfica 35). De ese balance se desprende nuevamente que el apoyo a la democracia es sólido en el país (54%) y más sólido aún en las zonas perturbadas por grandes problemas de orden público (61%).

En resumen: es claro que en las Zonas de Violencia se valoran más el régimen democrático y las libertades individuales y se desconfía menos de las instituciones democráticas; también se rechaza más la violencia con fines políticos. De otra parte, sin ser particularmente críticos del Ejército y la Policía, sus habitantes confían en ellos menos que el resto de la sociedad. En su lugar, la Iglesia y los grandes empresarios les merecen enorme confianza, lo que en términos relativos correspondería al mayor apoyo relativo que manifiestan tener por el partido conservador. En resumen, podría decirse que están menos polarizados que el resto de la sociedad.

En las Zonas de Violencia, a pesar de vivir en situación de enorme incertidumbre, la población manifiesta estar más satisfecha con la vida (8.6 en una escala de 1 a 10) y con lo que tiene su familia (8.1 en una escala de 1 a 10)

---

52 Ver capítulo sobre instituciones democráticas y valoración de la política.
53 Tomando el líder fuerte sumado a la dictadura y confrontándolo contra la democracia.

y, adicionalmente el 86% se siente feliz (gráficas 36 y 37). En todos estos índices la percepción de satisfacción de los habitantes de las Zonas de Violencia supera la de la población.

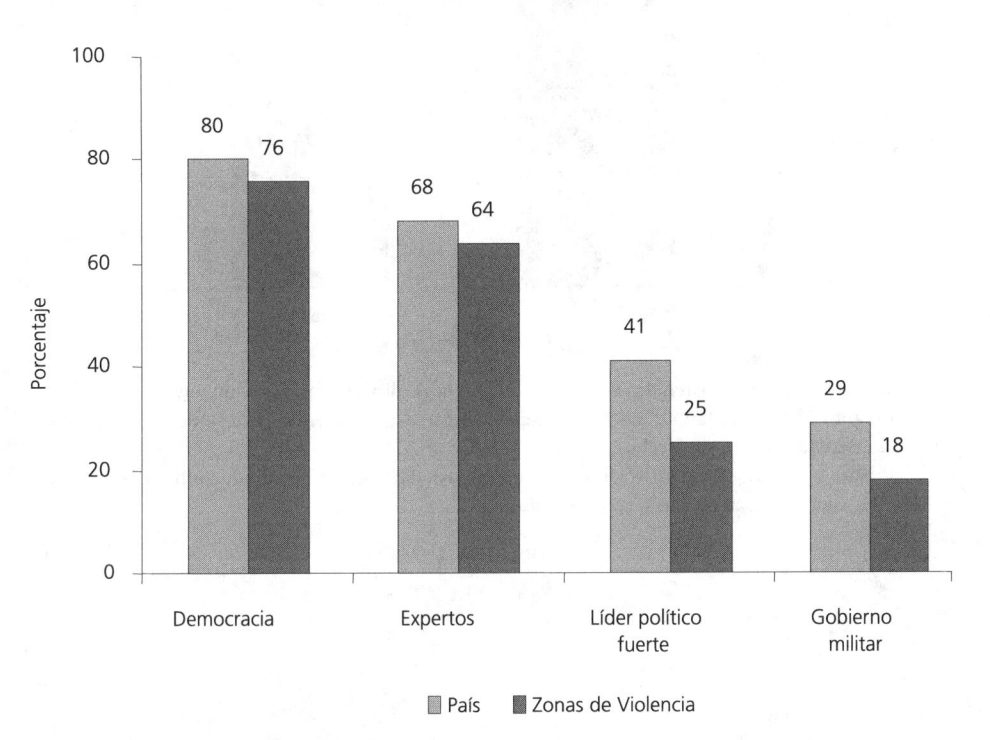

GRÁFICA 35
RESPALDO A SISTEMAS POLÍTICOS

	Democracia	Expertos	Líder político fuerte	Gobierno militar
País	80	68	41	29
Zonas de Violencia	76	64	25	18

Preguntas 211 a 214: Dentro de estos sistemas políticos, diga si sería muy bueno, bueno, malo o muy malo para el gobierno de este país: tener a un líder político fuerte el cual no se preocupe por el Congreso y las elecciones; tener expertos, para que tomen decisiones de acuerdo con lo que ellos creen que es mejor para el país; tener un gobierno militar; tener un sistema político democrático. (En la gráfica se consideran "muy bueno" y "bueno").

Estos resultados señalan que, a pesar de las circunstancias de violencia manifiesta, estas poblaciones perciben como menos negativo el entorno que las rodea y el que resulta de sus instituciones y régimen político.

Es evidente que la situación actual del país no es satisfactoria para la mayoría. Lo que está en entredicho no es si se desea o no el cambio, sino la

Gráfica 36
Satisfacción con la vida y con lo que tiene su familia

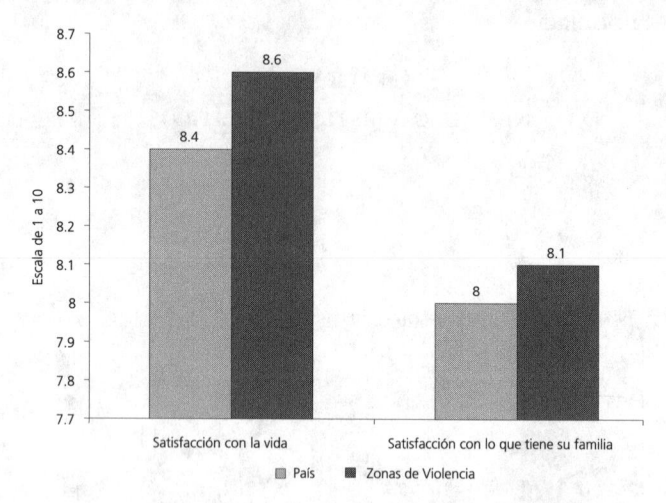

[Gráfica de barras, Escala de 1 a 10:
- Satisfacción con la vida: País 8.4, Zonas de Violencia 8.6
- Satisfacción con lo que tiene su familia: País 8, Zonas de Violencia 8.1]

Pregunta 12: ¿En general, usted diría que es feliz? (En la gráfica se considera "muy feliz" y "feliz").

Pregunta 14: ¿Qué tan satisfecho se encuentra usted con su vida? (Escala de 1 a 10 donde 1 significa insatisfecho y 10 satisfecho).

Pregunta 109: ¿Qué tan satisfecho se encuentra usted con lo que tiene su familia? (Escala de 1 a 10 donde 1 significa insatisfecho y 10 satisfecho).

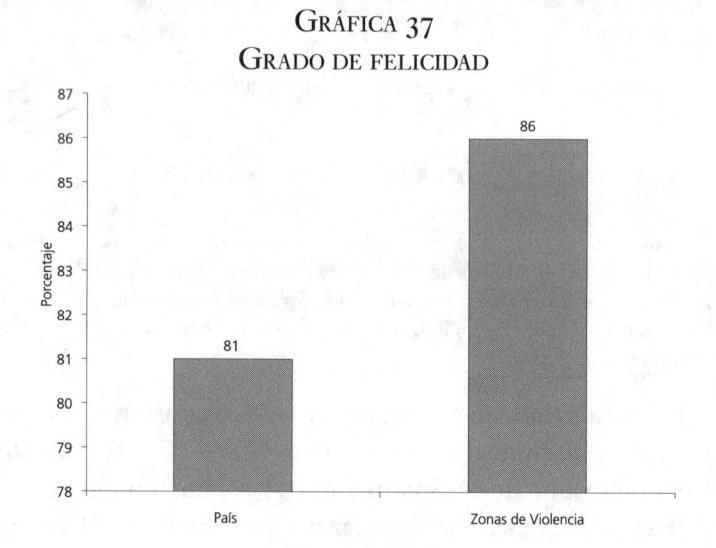

Gráfica 37
Grado de felicidad

[Gráfica de barras, Porcentaje:
- País: 81
- Zonas de Violencia: 86]

Pregunta 12: ¿En general, usted diría que es feliz? (En la gráfica se considera "muy feliz" y "feliz").

forma de lograrlo, y en particular, qué tipo de cambio es el que se desea. La población prefiere mayoritariamente que el proceso sea gradual y sólo una reducida minoría apoya la vía revolucionaria. Estas percepciones son aún más pronunciadas en las Zonas de Violencia, en las que se percibe también menos predisposición por la defensa del *statu quo* (gráfica 38). Estos resultados evidencian que el espacio para el cambio gradual es más amplio en las zonas con presencia armada, donde los segmentos de la población polarizados en su contra son más reducidos.

GRÁFICA 38
STATU QUO Y CAMBIO

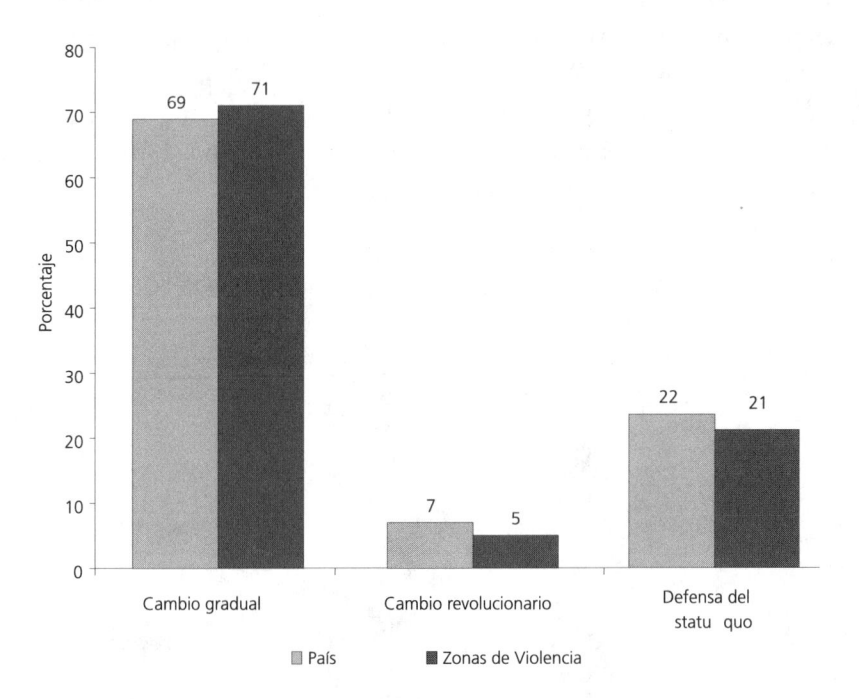

	País	Zonas de Violencia
Cambio gradual	69	71
Cambio revolucionario	7	5
Defensa del statu quo	22	21

Pregunta 210: Escoja entre las siguientes opciones: la forma en que está organizada nuestra sociedad debe ser cambiada a fondo con acciones revolucionarias; nuestra sociedad debe ser gradualmente mejorada por reformas; nuestra sociedad debe ser valientemente defendida de cualquier fuerza que quiera cambiarla.
Pregunta 216: ¿Está usted totalmente de acuerdo, de acuerdo, en desacuerdo o totalmente en desacuerdo con la siguiente afirmación: el uso de la violencia para conseguir metas políticas nunca es justificable? (En la gráfica se considera "totalmente de acuerdo" y "de acuerdo").

Además de estas consideraciones cabe subrayar que en las zonas con grupos armados la utilización de la violencia con fines políticos se rechaza más que en el promedio nacional (74 vs. 65%). Es notorio, sin embargo, que un 26% sí la justifica, así ese porcentaje sea inferior en 15 puntos al de quienes apoyan regímenes totalitarios (gráfica 39). Entre la población los porcentajes respectivos son superiores (35 y 35%). Estos resultados, si bien evidencian el enorme apoyo al régimen democrático y el rechazo hacia el cambio revolucionario, dejan inquietudes e interrogantes abiertos en razón del apoyo a la violencia con fines políticos. Aún así, se destaca que esas sombras de perturbación son menos pronunciadas en las zonas con presencia armada. Este resultado permite afirmar que la resistencia frente al cambio que buscan los grupos armados es grande entre la población, y mayor que la presión de los grupos armados para lograrlo.

Se percibe además que para los habitantes de municipios con presencia armada es más relevante que para el resto de la población la búsqueda de una sociedad menos insolidaria y más humana (gráfica 39).

GRÁFICA 39
APOYO A LA DEMOCRACIA Y RECHAZO A LA VIOLENCIA POLÍTICA

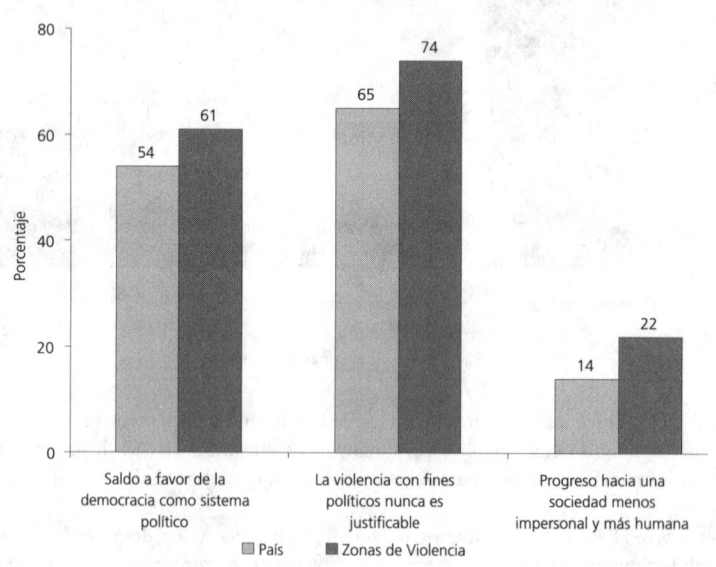

	País	Zonas de Violencia
Saldo a favor de la democracia como sistema político	54	61
La violencia con fines políticos nunca es justificable	65	74
Progreso hacia una sociedad menos impersonal y más humana	14	22

Preguntas 211 a 214: Dentro de estos sistemas políticos, diga si sería muy bueno, bueno, malo o muy malo para el gobierno de este país: tener a un líder político fuerte el cual no se preocupe por el Congreso y las elecciones; tener expertos para que tomen decisiones de acuerdo con lo que ellos creen que es mejor para el país; tener un gobierno militar; tener un sistema político democrático. (En la gráfica se considera "muy bueno" y "bueno").

Pregunta 216: ¿Está usted totalmente de acuerdo, de acuerdo, en desacuerdo o totalmente en desacuerdo con la siguiente afirmación: el uso de la violencia para conseguir metas políticas nunca es justificable? (En la gráfica se considera "totalmente de acuerdo" y "de acuerdo").

Pregunta 192: ¿En su opinión cuál es la prioridad más importante del país en los próximos 10 años? (En la gráfica se considera "progreso hacia una sociedad menos impersonal y más humana").

En los aspectos que se vienen señalando si algo se puede concluir es que los habitantes de las zonas con presencia armada se sienten menos afectados por la sensación de impotencia que el resto de la sociedad, así dentro de esos grupos esté calando cada vez más la posibilidad que tienen de mejorar su situación relativa y, a la vez, que ello no lo pueden lograr mediante la participación electoral en el marco de los partidos políticos tradicionales.

En efecto, los habitantes de las zonas más afectadas por el conflicto armado si bien le tienen menos desconfianza a los partidos políticos, manifiestan mayor interés en la política (30%) y discuten más frecuentemente sobre el tema (57%); no solo votan menos (36 vs. 29%) sino que en términos relativos lo hacen menos por los partidos tradicionales (gráfica 40). Aún así, estas poblaciones dicen ser mayoritariamente liberales, a pesar de registrar menor apoyo por el partido liberal. En contraste la proporción de conservadores y de simpatizantes de movimientos cívicos supera la que surge en el país. Los movimientos originados al amparo de las negociaciones de paz no cuentan con ningún apoyo político, lo que evidencia de nuevo que estos grupos no gozan de legitimidad entre la población (gráfica 40). Al parecer las Zonas de Violencia niegan su apoyo a los grupos armados apenas éstos pasan a ser parte de la política formal, luego el consenso más o menos amplio de que gozan en el conflicto se debe o a la coacción que ejercen o al apoyo pragmático que reciben por ser los detentores (reales) del poder. Aunque también puede significar que sus simpatizantes auténticos creen en la vía de las armas y ven como una traición a la causa la participación en la contienda electoral. De otra parte, los grupos guerrilleros parecen reacios a ejercer directamente el poder a nivel local, aunque tengan ya una influencia decisiva en el municipio (al cual atraen inversión estatal para contrarrestrarlos, inversión que a la vez coadministran y explotan), o acaso por ello: evitan el desgaste político y siguen siendo jueces que condenan la mala administración y atribuyen la escasez de recursos a la falta de voluntad política del gobierno central[54] o a la corrupción de la clase política. Cabe recordar que es precisamente en esas zonas donde más preocupa el comportamiento de los funcionarios públicos, a pesar de ser donde más se recurre a ellos en busca de favores personales.

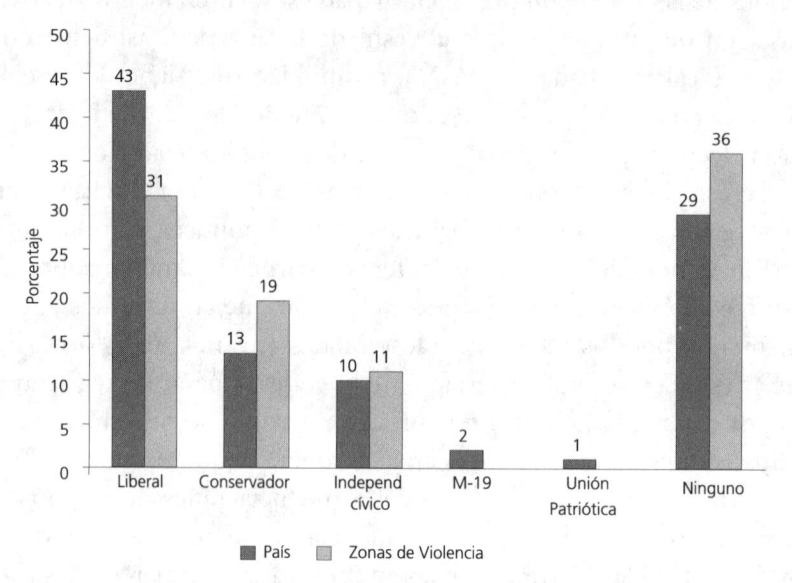

GRÁFICA 40
PARTIDO POR EL QUE VOTARÍA (1997)

Partido	País	Zonas de Violencia
Liberal	43	31
Conservador	13	19
Independ cívico	10	11
M-19	2	
Unión Patriótica	1	
Ninguno	29	36

Pregunta 293: Si mañana fueran las elecciones, ¿por qué partido votaría?

Los habitantes de las zonas con presencia armada, además, son más dados que el resto de la población a participar en acciones públicas directas, en especial a unirse a paros cívicos o asistir a manifestaciones legales (cuadro 7), abriendo por esa esta vía la posibilidad de un cambio, lo que reduce el sentimiento de

---

54 Gaitán Daza. *Dos ensayos interpretativos, cit.*, pp. 381 y 382, Bejarano. *Colombia: Inseguridad, violencia y desempeño económico, cit.*, p. 255.

impotencia que prevalece en estas comunidades. Presumiblemente esta participación es en alguna medida inducida por los actores armados. En las zonas de amplia influencia guerrillera los cultivadores de coca protestan al unísono contra el gobierno y en las zonas de paramilitares los campesinos se movilizan en masa contra la creación de un área de despeje para la guerrilla.

CUADRO 7
ACCIONES POLÍTICAS REALIZADAS Y QUE SE REALIZARÍAN

	Población	Zonas de Violencia	Saldo
Firmar un pliego de peticiones	58	60	2
Unirse a un paro cívico	46	55	9
Asistir a manifestaciones legales	53	57	4
Unirse a huelgas no oficiales	22	25	3
Bloquear una carretera	18	18	0

Preguntas 203 a 208: Dentro de estas acciones políticas, diga si ha realizado alguna, si las podría realizar o nunca lo haría. (En el cuadro se considera "ha realizado" y "podría hacer").

b. ALIENACIÓN O ENEMISTAD

La alienación o enemistad tiene diversos orígenes y deriva en los más distintos tipos de violencia; inclusive degenera en la negación del tratamiento humanitario para el contrincante. En un extremo surge por la *pérdida de confianza*, que siente el que está defraudado, lo que se convierte en fuente de enemistad. Nada deslegitima más que la *mentira*. La deficiente transmisión de información de los gobernantes lleva, cuando ésta se percibe como obvia, a que la población pierda la confianza en ellos. En el otro extremo del espectro surge con lo que se denomina *magnanimidad*. Esta puede llegar a ser costosa cuando colapsa, como sucedió con los imperios europeos y con la misma Unión Soviética. El extraordinario colapso de la legitimidad del comunismo está estrechamente relacionado con promesas incumplidas que generaron desconfianza.

En Colombia son diversas las manifestaciones de desconfianza. De una parte, sólo el 9% de la población confía en los demás, siendo uno de los países del mundo donde la confianza en los otros es tan reducida[55]. La trascendencia de este parámetro, como se observa en el capítulo sobre la familia y en el de capital social, no sólo afecta su estructura sino también la del aparato productivo y el comportamiento político. Los individuos tienden a asociarse alrededor de la familia y desconfían de quienes no forman parte de ella. Esa desconfianza también sustenta la colaboración en densas redes de asociaciones horizontales.

GRÁFICA 41

PERCEPCIÓN RESPECTO DEL GOBIERNO Y LA LUCHA CONTRA LA CORRUPCIÓN

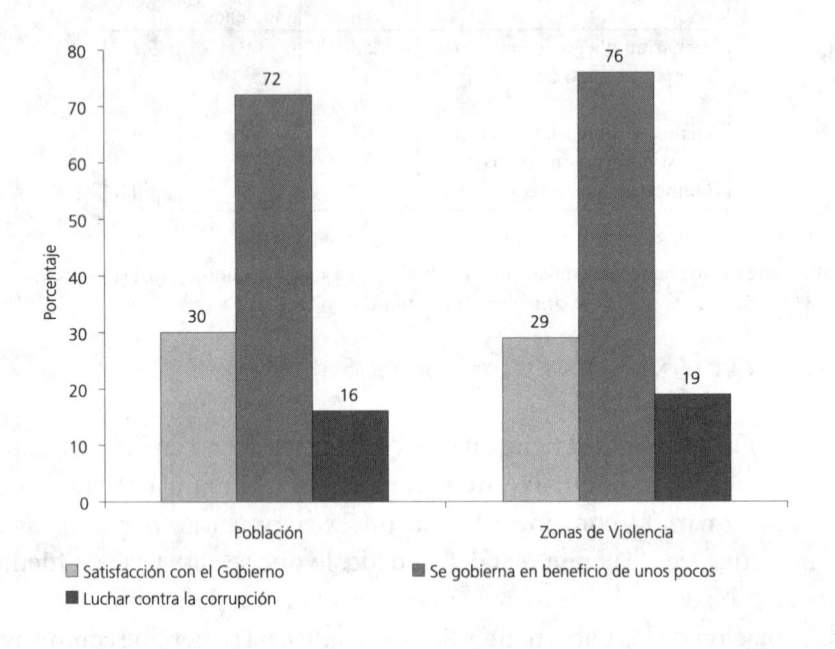

	Población	Zonas de Violencia
Satisfacción con el Gobierno	30	29
Se gobierna en beneficio de unos pocos	72	76
Luchar contra la corrupción	16	19

Pregunta 188: Cuál es la prioridad del país para los próximos 10 años? (En la gráfica se considera "luchar contra la corrupción").

Pregunta 217-1 y 2: ¿Está usted muy satisfecho, algo satisfecho, algo insatisfecho o muy insatisfecho con la forma en que el gobierno central maneja los asuntos del país? (En la gráfica se considera "muy satisfecho" y "algo satisfecho").

Pregunta 218-1: ¿El país es gobernado por unos cuantos intereses poderosos en su propio beneficio?

---

55 Ver capítulo sobre capital social.

La insatisfacción con el gobierno es grande y ésta aparece mayor, aunque no en mucho, en las zonas con presencia armada. También en esas zonas hay una percepción de mayor corrupción, y es mayor el sentimiento de que se gobierna para unos pocos (gráfica 41). Sin embargo, a nivel municipal se observa que la relación entre número de grupos armados y satisfacción con el gobierno es prácticamente inexistente ($r = -.10$), así como entre aquella y el que la lucha contra la corrupción sea una prioridad para los próximos 10 años ($r = -.03$) y entre aquella y la sensación de que se gobierna para unos pocos ($r = -.06$). De ahí que pueda concluirse que la frustración con la forma como se gobierna el país es independiente de la presencia armada y que afecta indiscriminadamente a toda la población (gráfica 42), existiendo en consecuencia un sentimiento de frustración generalizado.

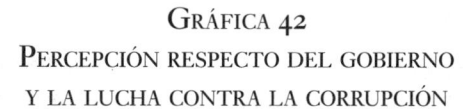

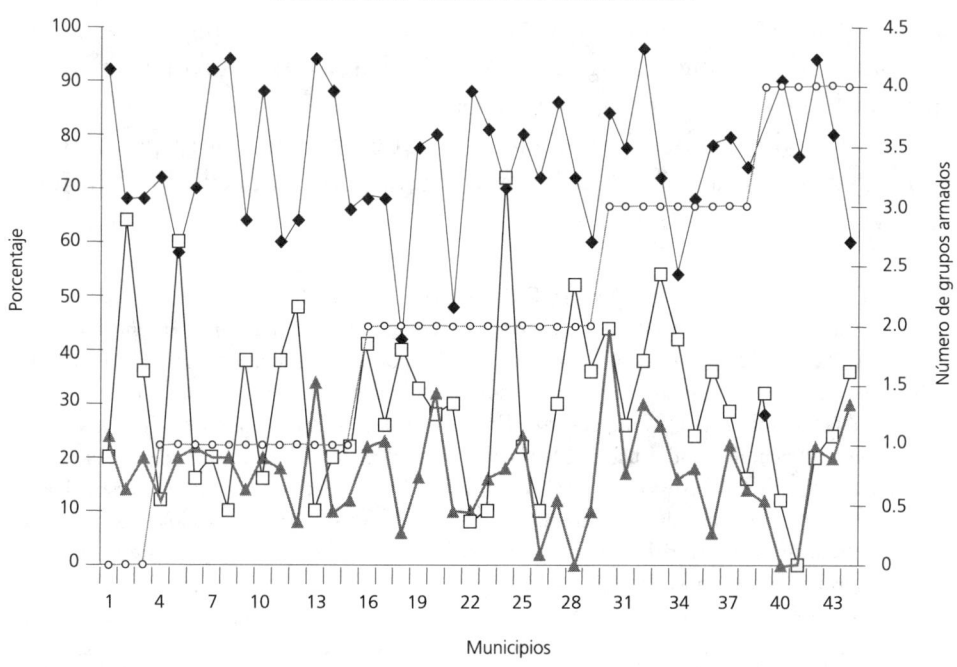

GRÁFICA 42
PERCEPCIÓN RESPECTO DEL GOBIERNO
Y LA LUCHA CONTRA LA CORRUPCIÓN

- Satisfacción con el Gobierno
- Luchar contra la corrupción
- Se gobierna en beneficio de unos pocos
- Número de grupos armados

No.	Municipio	No.	Municipio	No.	Municipio	No.	Municipio
1	Bolívar	12	Quibdó	23	Medellín	34	Chaparral
2	Cereté	13	Tunja	24	Plato	35	Neiva
3	Tesalia	14	Villavicencio	25	Popayán	36	Ocaña
4	Calarcá	15	Villeta	26	Puerto López	37	Pasto
5	Corozal	16	Barrancabermeja	27	Quinchía	38	Timbío
6	Duitama	17	Cali	28	Tierralta	39	Apartadó
7	El Doncello	18	Cartagena	29	Yarumal	40	Aracataca
8	Funes	19	Florencia	30	Arauca	41	Chigorodó
9	Fusagasugá	20	La Plata	31	Bogotá	42	Cúcuta
10	La Montañita	21	Maicao	32	Bucaramanga	43	Mercaderes
11	Pradera	22	Manizales	33	Buenaventura	44	Valledupar

Pregunta 188: Cuál es la prioridad del país para los próximos 10 años? (En la gráfica se considera "luchar contra la corrupción").

Pregunta 217-1 y 2: ¿Está usted muy satisfecho, algo satisfecho, algo insatisfecho o muy insatisfecho con la forma en que el gobierno central maneja los asuntos del país? (En la gráfica se considera "muy satisfecho" y "algo satisfecho").

Pregunta 218-1: ¿El país es gobernado por unos cuantos intereses poderosos en su propio beneficio?

C. VERGÜENZA

Otro factor que con frecuencia causa la violencia es la vergüenza. Norbert Elias sostiene que un aspecto clave de la modernidad es el surgimiento *no reconocido* de vergüenza[56]. El idioma español distingue entre conceptos tales como deshonra, pudor, timidez, dignidad, pena, embarazo, respeto, que van de la mano de la ira o cólera, principal impulsor de la violencia. Si una persona no es respetada, ello implica humillación, lo que abre amplio espacio para comportamientos violentos. Elias[57] argumenta que históricamente los alemanes,

---

56 Nobert Elias. *The Civilizing Process*, Oxford, Basil Blackwell, 1994.

57 En las sociedades tradicionales las razones para sentir vergüenza generalmente estaban vinculadas con temas tales como los relacionados con las funciones corporales. Es decir, con la apariencia personal y la manifestación de emociones (especialmente ira), las cuales no debían manifestarse ni expresarse. En los escritos de Erasmo, en el siglo XVI, no existen restricciones en el uso del lenguaje cuando se describen los detalles personales más íntimos. Se habla sin rubor de sexo, urbanidad en las comidas e higiene personal. En los tiempos modernos esos temas resultan vetados. Se supone que todos saben. En la medida que se desarrolla el auto-control, la intensidad de la vergüenza crece desapercibidamente y su existencia no sólo se refleja en el lenguaje diario (junto con su aspecto negativo –sinvergüenza– y el positivo –pudor–), sino que también afecta los sentimientos personales. La vergüenza involucra el extremo dolor emocional y la desgracia social. Es una emoción tan fuerte que es mejor evitarla o, si es posible, ignorarla. En la medida en que se ignora su existencia, su expresión verbal tiende a minimizarse en el

como individuos y como Nación, frente a la humillación han respondido con la confrontación violenta. La ira y la humillación alemana estuvieron en el corazón de las tres guerras franco-alemanas (1870-1945). El reconocimiento de la vergüenza de los franceses (su derrota en 1871) llevó a la Primera Guerra Mundial y el de la alemana a la Segunda. Se puede concluir que las culturas donde no se valora el respeto, donde el auto-control no está consolidado, donde el Estado es débil o inexistente y, por lo tanto, incapaz de ejercer el monopolio de la fuerza, la vergüenza se reprime e ignora. Pero su sentimiento gemelo –la ira, la cólera– crece secretamente hasta explotar como violencia.

Aquello que produce vergüenza ni siquiera se discute en la intimidad familiar, y se asocia con otros fenómenos que producen gran sensación de inseguridad y que, sin ser la principal causa, pueden llevar a la violencia. Benedict[58] considera que los individuos en las sociedades industriales están educados para sentir culpabilidad –una evaluación individual– en lugar de vergüenza –una evaluación con fuertes componentes sociales–. Su tesis es que el control social en las comunidades tradicionales se externaliza –las personas se conforman con evitar la vergüenza pública–. En las sociedades modernas el control social es interiorizado –las personas se atienen a evitar la culpabilidad privada–. Las señales de vergüenza sirven no sólo para guardar la distancia de los demás, sino para establecer la dirección moral del comportamiento. Elias sugiere algunos de los efectos negativos, en realidad destructivos, del secreto. La dinámica del entendimiento y el reconocimiento de la vergüenza induce la represión y la creación de modelos rígidos de entendimiento y de comportamiento, cuya motivación no es racionalizable y por lo tanto genera grandes conflictos íntimos.

En Colombia son múltiples los ámbitos donde este fenómeno se presenta. Quizás el más diciente es aquel relacionado con la familia, donde predominan prejuicios o ambivalencias, en su mayoría asociados con creencias religiosas, que llevan a que la población actúe en el marco de reglas informales, que no acepta reconocer y que se apartan sustancialmente de las formales. Así, el

---

vocabulario. En inglés se conoce únicamente la palabra *shame*, que apunta a una extrema emoción de crisis. *Ibid.*

58 Benedict (1946).

país se precia de ser católico y de creer en el pecado, adoptando las normas en buena parte atendiendo a esta mentalidad; no obstante, al mismo tiempo se incumplen casi todos sus preceptos. El aborto no se acepta ni se apoya políticamente, pero uno de cada tres embarazos termina en aborto, y no precisamente de jóvenes, sino de mujeres en edad adulta; además, por su prohibición legal, es realizado en clínicas clandestinas, con frecuencia en condiciones de insalubridad en las que se pone en peligro la vida de la madre[59].

GRÁFICA 43
ORGANIZACIONES SOCIALES, ACEPTACIÓN DEL
ABORTO, DEL DIVORCIO Y UNIÓN LIBRE

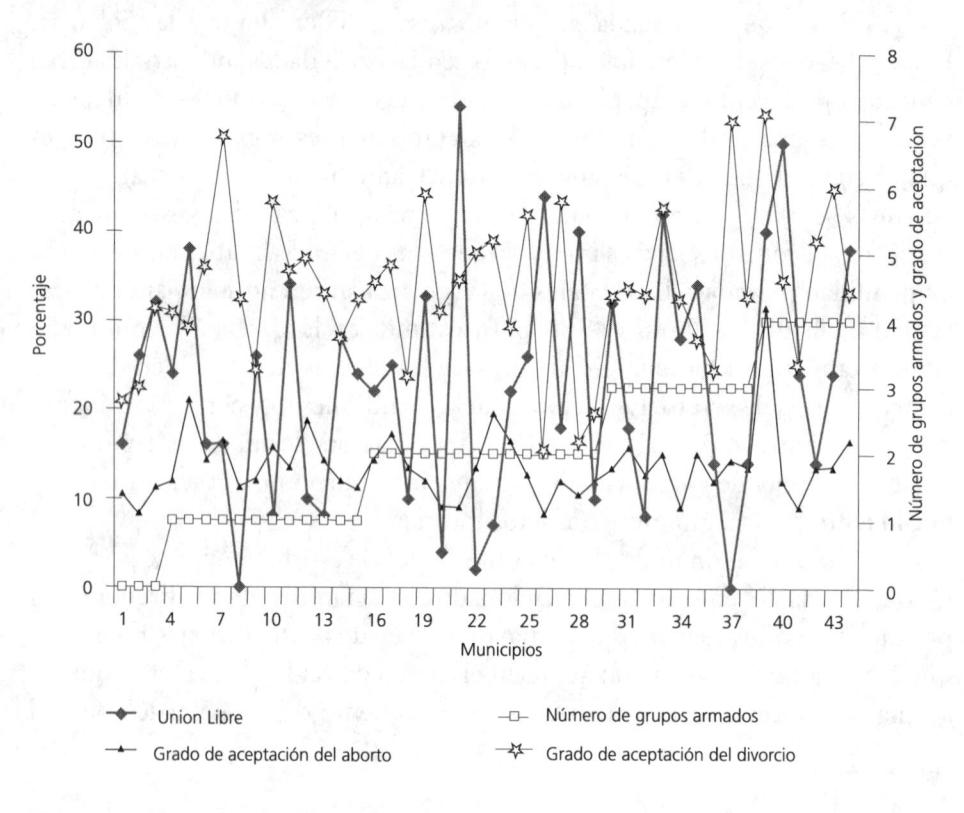

---

59 Ver capítulo sobre familia.

No.	Municipio	No.	Municipio	No.	Municipio	No.	Municipio
1	Bolívar	12	Quibdó	23	Medellín	34	Chaparral
2	Cereté	13	Tunja	24	Plato	35	Neiva
3	Tesalia	14	Villavicencio	25	Popayán	36	Ocaña
4	Calarcá	15	Villeta	26	Puerto López	37	Pasto
5	Corozal	16	Barrancabermeja	27	Quinchía	38	Timbío
6	Duitama	17	Cali	28	Tierralta	39	Apartadó
7	El Doncello	18	Cartagena	29	Yarumal	40	Aracataca
8	Funes	19	Florencia	30	Arauca	41	Chigorodó
9	Fusagasugá	20	La Plata	31	Bogotá	42	Cúcuta
10	La Montañita	21	Maicao	32	Bucaramanga	43	Mercaderes
11	Pradera	22	Manizales	33	Buenaventura	44	Valledupar

Pregunta 35: Actualmente su estado civil es: casado, unión libre, divorciado, separado, viudo, soltero. (En la gráfica se considera "unión libre").

Pregunta 285: En una escala de 1 a 10 donde 1 significa que nunca se justifica y 10 significa que siempre se justifica, diga en qué lugar sitúa el aborto.

Pregunta 286: En una escala de 1 a 10 donde 1 significa que nunca se justifica y 10 significa que siempre se justifica, diga en qué lugar sitúa el divorcio.

La proporción de uniones libres supera la de cualquier país del mundo, siendo particularmente acentuada en las localidades donde es mayor la presencia de grupos armados ($r = .18$) (gráfica 43); aún así se rechaza el divorcio, y todavía en muchos colegios no aceptan la inscripción de niños nacidos de uniones informales. La relación entre el número de grupos armados y el grado de aceptación del divorcio es positiva. Es decir, a mayor número de grupos se acepta más el divorcio ($r = .24$). De la misma forma la aceptación del aborto y la presencia de grupos armados es positiva pero más débil ($r = .19$).

Sentimientos de esta naturaleza se traducen en una enorme violencia en el hogar. Esta aparece entre las causas relevantes de los homicidios y despierta enormes sentimientos de inseguridad en la población. De cada 100 personas tres señalan que el delito más grave que han enfrentado es la violencia en el hogar y 16 manifiestan que es el delito que las hace sentir más inseguras. La frecuencia de esta conducta se acentúa con el aumento del nivel de ingreso, así la sensación de inseguridad sea particularmente elevada entre los pobres y sea precisamente en estos estratos de ingreso en las zonas con presencia armada en los que se denuncia mayormente su frecuencia en la vecindad y en donde más se le atribuye la responsabilidad de los homicidios (gráfica 44)[60].

---

60 *Ibid.*

Gráfica 44
Delincuencia e inseguridad

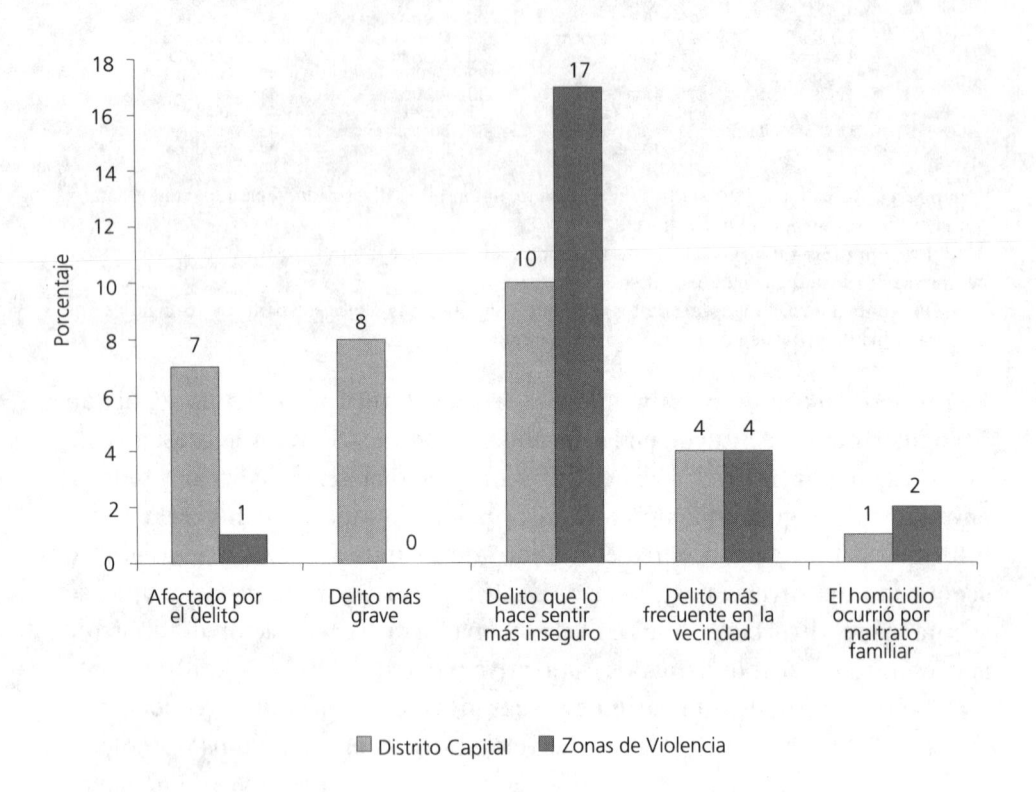

Categoría	Distrito Capital	Zonas de Violencia
Afectado por el delito	7	1
Delito más grave	8	0
Delito que lo hace sentir más inseguro	10	17
Delito más frecuente en la vecindad	4	4
El homicidio ocurrió por maltrato familiar	1	2

Pregunta 145: ¿En el último año, usted o alguien de su hogar se vio afectado por alguno de los siguientes hechos?

Pregunta 155: ¿De los delitos de que ha sido víctima, cuál considera más grave? (En la gráfica se considera "hurto, fraude, violencia en el hogar, atraco, lesiones personales, homicidio, secuestro, amenaza de muerte, abuso sexual, extorsión y delitos con autoridades involucradas").

Pregunta 159: ¿De los siguientes delitos, cuál es el que lo hace sentir más inseguro? (En la gráfica se considera "hurto, fraude, violencia en el hogar, atraco, lesiones personales, homicidio, secuestro, amenaza de muerte, abuso sexual, extorsión y delitos con autoridades involucradas").

Pregunta 168: ¿De los siguientes delitos, cuál es el más común y frecuente en su vecindad? (En la gráfica se considera "hurto, fraude, violencia en el hogar, atraco, lesiones personales, homicidio, secuestro, amenaza de muerte, abuso sexual, extorsión y delitos con autoridades involucradas").

Pregunta 185: ¿Cuál fue la principal razón para que ocurriera ese homicidio? (En la gráfica se considera "riña, atraco, ajuste de cuentas, limpieza social, maltrato familiar, intervención legal, enfrentamiento armado, ajusticiamiento u otro").

En resumen, puede afirmarse que están presentes sentimientos de impotencia en la sociedad. Paradójicamente aquellos que surgen de la pobreza, por lo menos hasta la fecha, no parecen haber alcanzado una dimensión suficiente para constituirse en factor de violencia, no obstante que surjan indicios de que puedan estarse incubando. Sin embargo, el sentimiento de impotencia sí parece presente, y quizás con mayor fuerza, en el país que en las zonas con presencia armada, que parecen haber logrado identificar caminos para el logro de sus propósitos, situación que es menos evidente entre el resto de la población. Adicionalmente, se ha dado un acelerado proceso de cambio en los costos relativos, que ha implicado el desplazamiento de enormes segmentos sociales. Cada día crece la tendencia a la formación de grupos que acuden a la violencia y a la intimidación como medio para lograr sus propósitos: desafían a las autoridades estatales y erosionan progresivamente la efectividad de la justicia, en particular en las zonas con presencia armada. De ahí que pueda afirmarse que esos sentimientos de impotencia son más pronunciados en el resto del país, donde no se han identificado mecanismos adecuados para acceder al cambio o métodos alternativos de reacción a lo que se considera injusto. Es posible que la población con el tiempo deje de ser pasiva frente a la elevada incertidumbre en que vive. En estas circunstancias, casi resulta irónico pensar que quienes persiguen la paz insistan –hoy como ayer– en buscar las causas de la violencia en sus efectos.

Por otra parte, existe evidencia sobre la presencia de sentimientos de alienación o enemistad y amplias dosis de vergüenza reprimida que, si bien en el caso de esta última es mayor en las zonas con presencia armada, afectan indiscriminadamente a toda la población.

Tanto la legitimidad del Estado como la de los grupos armados está seriamente cuestionada. Ninguna de las instituciones básicas para el funcionamiento del Estado cuenta con un saldo de confianza positivo. Si a ello se añade la alta ineficiencia de la justicia, cuyas normas son así mismo producto de la desconfianza, no resulta sorprendente el surgimiento de violencia en Colombia. La población parece percibir que las instituciones no atienden adecuadamente sus funciones básicas –ofrecer seguridad económica y física–; los partidos políticos, en lugar de constituirse en organizaciones que cumplen con su función de canalizar las inquietudes, expectativas y reivindicaciones de la población, se perciben como organizaciones que se lucran por cuenta del ejercicio de su actividad y merecen aún menos respeto que los mismos narcotraficantes[61], o que en el mejor de los casos son autorreferenciales, en el sentido de perseguir sus propios fines de aparatos de poder. En ese marco no es posible hablar de eficiencia en el ámbito político, ni de competencia en sus mercados. De hecho los costos de transacción en ese mercado son muy elevados. De ahí que no se pueda hablar de libertades políticas, ni de protección de los derechos de propiedad.

Por último las afrentas no resueltas llevan a que se incube una gran dosis de ira, cólera, alienación y enemistad que muchas veces tan sólo se manifiesta como vergüenza reprimida dentro de ciertos grupos.

IV. SENSACIÓN DE INSEGURIDAD Y BÚSQUEDA DE LA PAZ NEGOCIADA

Para llegar a acuerdos y diseñar políticas que contribuyan a la solución del malestar social, cuando las partes en conflicto alegan legitimidad, así la sociedad no perciba que la tienen, es indispensable la mediación de terceros con credibilidad, que sirvan de garantes en la negociación. La falta de credibilidad del contrincante se convierte en uno de los peores obstáculos para cualquier acuerdo.

¿Qué agentes inspiran *tranquilidad*, o se considera que *contribuyen a reducir los delitos*? En este frente, al Ejército y la Policía se les asigna el papel preponderante como agentes que contribuyen a reducir la criminalidad. Esta percepción es alta en especial en el sector rural y entre los pobres, contrariando así opiniones ampliamente difundidas respecto de organismos de seguridad que actúan como aparatos represivos generadores de violencia. Por el contrario, el juez o fiscal u otras autoridades locales no son particularmente valorados. En contraste, se destaca la importancia que la población, incluyendo la que habita en las zonas más afectadas por el conflicto armado, le asigna al enfoque preventivo –celadores privados– aun a costa de tener que sufragar enormes

---

61 Ver capítulo sobre instituciones democráticas y valoración de la política.

costos, que en sana lógica debería asumir el Estado (gráfica 45), y a los maestros y los representantes de la Cruz Roja. Más aún, en las zonas con presencia armada se considera que los docentes y funcionarios de la Cruz Roja contribuyen a reducir los delitos incluso más que los celadores, el Ejército o la Policía.

En concordancia con lo señalado en relación con los agentes que amenazan el orden político y social de la población, los guerrilleros y, en particular, los paramilitares son los únicos agentes, dentro de las alternativas presentadas a los encuestados, que más de la mitad de la población considera que a lo que ayudan es a aumentar los delitos. Ninguno de los dos es visto con buenos ojos, a pesar de que los habitantes de las Zonas de Violencia consideran que contribuyen relativamente menos al delito de lo que percibe el resto de la población (gráfica 45).

Gráfica 45
Personajes que ayudan a disminuir los delitos

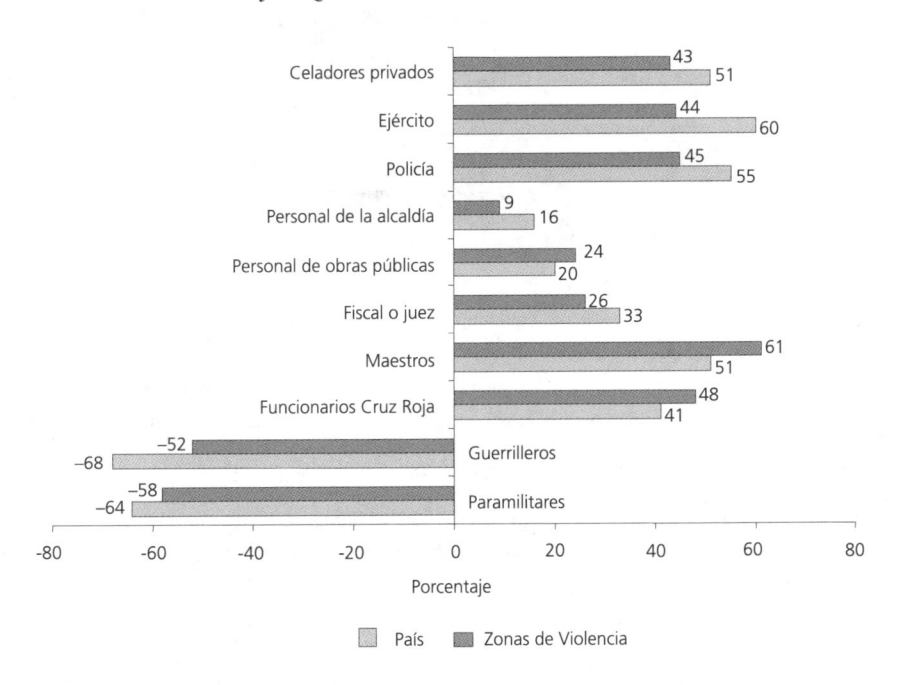

Personaje	País	Zonas de Violencia
Celadores privados	43	51
Ejército	44	60
Policía	45	55
Personal de la alcaldía	9	16
Personal de obras públicas	24	20
Fiscal o juez	26	33
Maestros	61	51
Funcionarios Cruz Roja	48	41
Guerrilleros	−52	−68
Paramilitares	−58	−64

Pregunta 170: De los siguientes personajes, ¿cuáles ayudan a disminuir los delitos?

Frente a la pregunta: *para cada uno de los siguientes personajes diga si tenerlo a su alcance lo hace sentir más seguro, inseguro o no lo afecta* (gráfica 46), resulta interesante constatar que quien produce mayor *sensación de seguridad* no es ni el policía, ni el militar, ni el fiscal o juez, ni ninguna otra autoridad estatal, sino un *funcionario de la Cruz Roja*. Vale la pena mencionar algunas de las características de este personaje[62] que podrían ayudar a entender su marcada relevancia para los colombianos. Se puede pensar, por ejemplo, en su naturaleza de *tercero neutral*, totalmente ajeno a los conflictos, que juega un papel importante en el diálogo y la resolución de conflictos. Cabría también mencionar su objetividad, su dimensión internacional y su eventual interés por

GRÁFICA 46
PERSONAJES QUE INCIDEN EN LA SEGURIDAD*

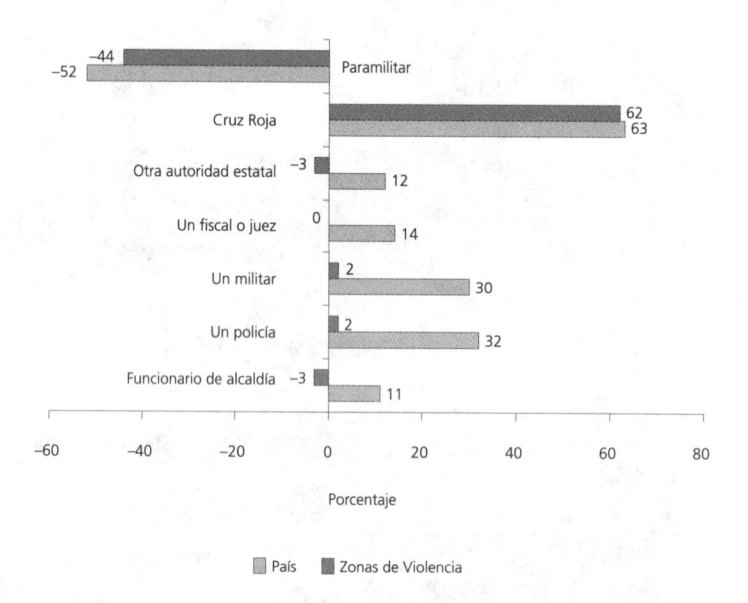

Personaje	País	Zonas de Violencia
Paramilitar	−52	−44
Cruz Roja	63	62
Otra autoridad estatal	−3	12
Un fiscal o juez	0	14
Un militar	2	30
Un policía	2	32
Funcionario de alcaldía	−3	11

* Balance entre quienes se sienten más seguros y quienes se sienten más inseguros.
Preguntas 161 a 167: Para cada uno de los siguientes personajes diga si tenerlo a su alcance lo hace sentir más seguro, más inseguro o no lo afecta.

---

62 El personaje de la Cruz Roja se introdujo en la encuesta como el representante más conocido y universal de todas las ONG que actúan en el país.

sacar a la luz pública todo lo que ocurre en medio de una sociedad convulsionada. Se puede, por último, señalar su naturaleza incorruptible. De todas maneras, se debe destacar que esta extraña autoridad no sólo es totalmente ajena a la teoría de la modernización, o a la economía política, sino que su importancia como factor de seguridad refleja una situación bastante precaria en materia de *orden social*. Después de la Cruz Roja, para la población es importante tener cerca funcionarios estatales, en particular de las Fuerzas Armadas y en segundo lugar jueces y otras autoridades. Dentro de la fuerza pública cabe destacar las diferencias que se establecen entre la policía y los militares, siendo mayor la confianza en la primera (gráfica 47). Los habitantes de las Zonas de Violencia en este aspecto son más desconfiados y después del funcionario de la Cruz Roja, y por una distancia enorme, ven con buenos ojos solo a un militar o policía (gráfica 46). En contraste, los paramilitares son

GRÁFICA 47
FUERZA PÚBLICA Y SENSACIÓN DE INSEGURIDAD*

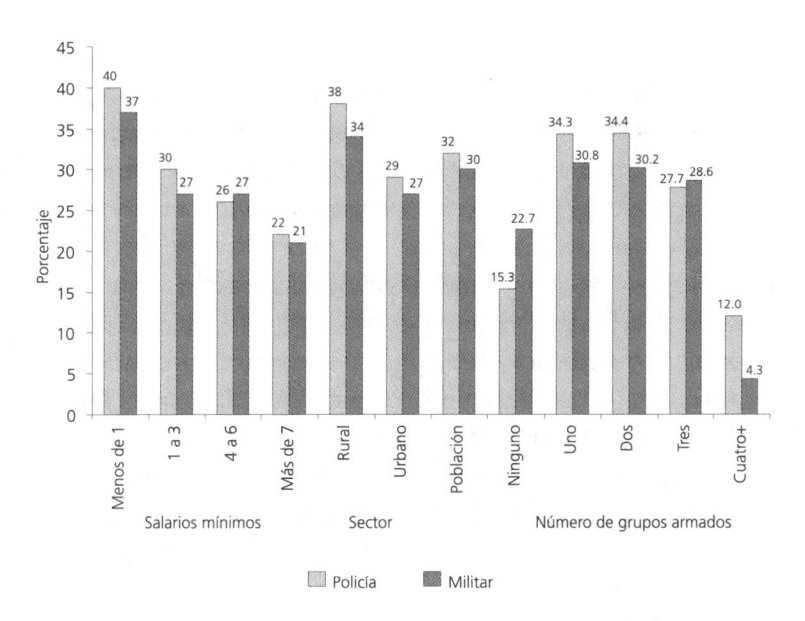

Categoría	Policía	Militar
Menos de 1	40	37
1 a 3	30	27
4 a 6	26	27
Más de 7	22	21
Rural	38	34
Urbano	29	27
Población	32	30
Ninguno	15.3	22.7
Uno	34.3	30.8
Dos	34.4	30.2
Tres	27.7	28.6
Cuatro+	12.0	4.3

Salarios mínimos — Sector — Número de grupos armados

* Balance entre quienes se sienten más seguros y quienes se sienten más inseguros.
Preguntas 162 y 163: Para cada uno de los siguientes personajes diga si tenerlo a su alcance lo hace sentir más seguro, más inseguro o no lo afecta. (En la gráfica se considera "policía" y "militar").

vistos con gran resquemor por parte de toda la población, incluyendo aquella que vive en lugares con presencia armada.

En resumen, en el país y en las Zonas de Violencia se cree que las entidades estatales encargadas del orden, al igual que los maestros y la Cruz Roja, y en menor grado la justicia, contribuyen a la prevención de delitos y que quienes más contribuyen a inducirlos son los guerrilleros y paramilitares. Contrasta con estos resultados el que la Cruz Roja sea el agente que produce más sensación de seguridad. Esta organización, junto con los docentes, está llamada a jugar un papel de gran trascendencia en cualquier negociación si se recuerda que, adicionalmente, se confía más en ella, al igual que en la Iglesia y los grandes empresarios. La importancia de la presencia de las Fuerzas Armadas tampoco debe subestimarse por el papel que se considera desempeñan en la reducción de la criminalidad.

A. LA TOLERANCIA ES ALTA, PERO NO PARA REINCORPORAR A LOS ALZADOS EN ARMAS A EMPLEOS PÚBLICOS Y A LA VIDA CIVIL

El problema originado en la desconfianza concierne a toda la sociedad. El resultado de estos años de violencia y de exacerbación del terror es la desconfianza que impera en la sociedad. Es posible que la intolerancia política y social haya prevalecido de tiempo atrás y no hay evidencia para afirmar que la tolerancia esté mermada[63]. A pesar de que los diversos grupos armados han buscado el apoyo de la población, la confianza en ellos y entre las mismas personas está resquebrajada.

El restablecimiento del orden y la convivencia nacional no es fácil. Además, pese a todo, es claro que la población de las zonas con presencia armada está más dispuesta a buscar la paz que el resto de la sociedad, que está más polarizada. De cualquier forma, en el evento de una negociación es preciso identificar formas que faciliten la reincorporación social de los grupos a los que se responsabiliza de la perturbación del orden y la generación de violencia.

---

63 Daniel Pecaut. "Reconstrucción de la confianza", en *El Tiempo, Lecturas dominicales*, 16 de mayo de 1999.

¿Qué grupos de personas definitivamente no le gustaría tener de vecinos? Por la forma como se formuló la pregunta, en la que se solicitan tres escogencias, puede ser que un mismo personaje sea sujeto de más de una característica. Por ejemplo, una persona que haya matado puede, simultáneamente, ser narcotraficante y extremista político u homosexual. Aún así es posible establecer diferencias, sin que ellas sean en ningún caso significativas entre el país en general y las Zonas de Violencia. A un porcentaje considerable de población no le gustaría tener por vecinos a personas que han matado o robado. Los narcotraficantes, los drogadictos y la gente armada son los más rechazados, inclusive por encima de los exguerrilleros, los desplazados o los activistas políticos. Este resultado sugiere que la población no asocia, o lo hace en menor grado, a quienes de una u otra forma están vinculados a la lucha armada por cuenta de razones ideológicas con aquellos que lo están con el crimen organizado (gráfica 48), así los sindiquen de ser quienes más amenazan el orden social y político del país.

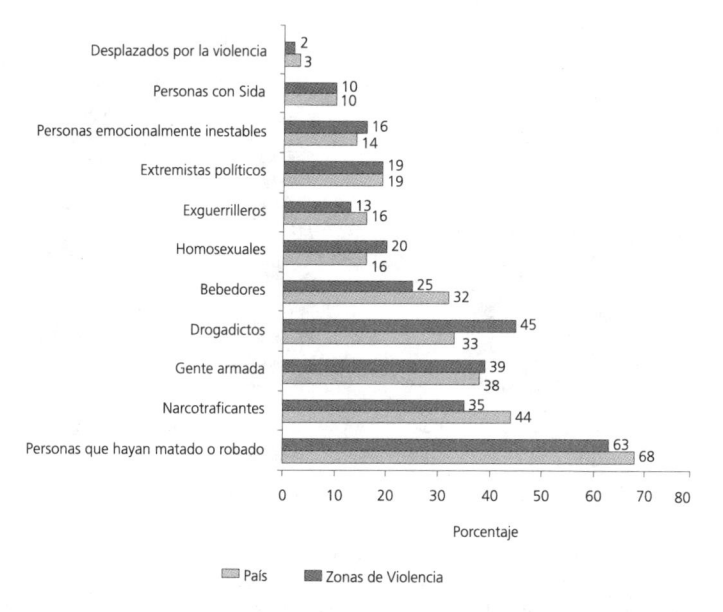

GRÁFICA 48
VECINOS INDESEABLES

Grupo	País	Zonas de Violencia
Desplazados por la violencia	2	3
Personas con Sida	10	10
Personas emocionalmente inestables	16	14
Extremistas políticos	19	19
Exguerrilleros	13	16
Homosexuales	20	16
Bebedores	25	32
Drogadictos	45	33
Gente armada	39	38
Narcotraficantes	35	44
Personas que hayan matado o robado	63	68

Porcentaje

Preguntas 91 a 102: De estos grupos de personas, ¿podría indicar los tres que no le gustaría tener de vecinos?

Estas respuestas abren un espacio grande a la reincorporación social de grupos armados que están al margen de la ley por razones políticas. Esta tolerancia no es extensiva a otro tipo de individuos que de alguna forma estén asociados con el narcotráfico o con la delincuencia común. Se destaca adicionalmente una enorme intolerancia frente a los homosexuales y drogadictos, en particular en las Zonas de Violencia. Sin embargo, la tolerancia hacia quienes se han involucrado en delitos por causas políticas tiene sus límites. Se rechaza mayoritariamente su vinculación al sector público, en especial a la docencia o a la actividad política (gráfica 49). Al contrario de lo que parecería desprenderse del análisis que se viene realizando, los paramilitares y los guerrilleros despiertan mayor rechazo en las Zonas de Violencia que en el resto del país.

GRÁFICA 49
RECHAZO A REINCORPORACIÓN DE MIEMBROS
DE ORGANIZACIONES POR FUERA DE LA LEY*

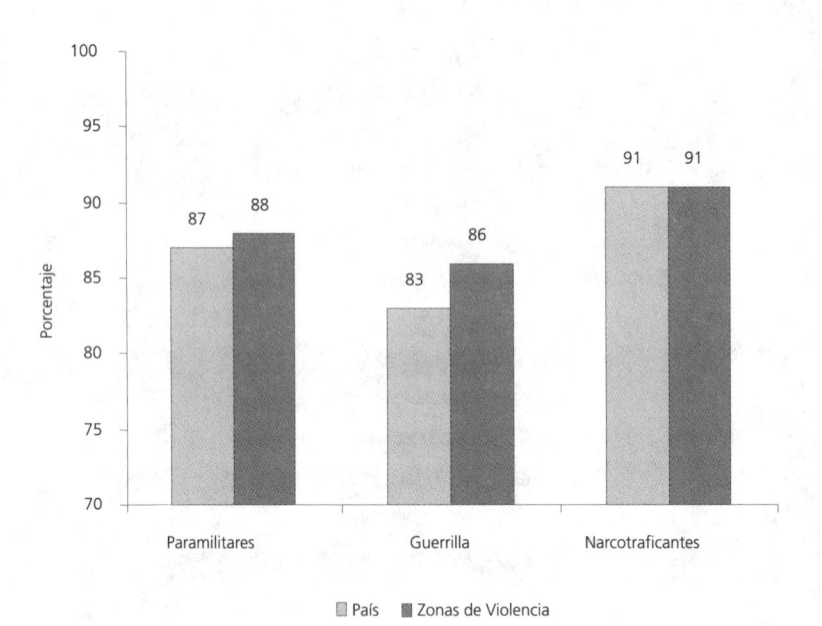

Grupo	País	Zonas de Violencia
Paramilitares	87	88
Guerrilla	83	86
Narcotraficantes	91	91

* Se sumaron las 3 opciones y se promedió para cada uno.
Preguntas 104 a 106: ¿Cree usted que a los miembros de alguno de estos grupos debería permitírsele tener un puesto en el Estado, enseñar en las escuelas y organizar actos públicos? (En la gráfica se considera "no").

De ahí se concluye que, si bien en esas zonas hay mayor disposición a convivir con exguerrilleros o paramilitares, no parece aceptable que su reincorporación a la vida civil se realice a través de su vinculación laboral al sector público. En consecuencia, el sector privado y la gran empresa, la cual por lo demás despierta enorme confianza en las zonas más afectadas por problemas de orden público, están llamados a jugar un papel protagónico en la búsqueda de la paz, en especial en lo que se refiere a la reinserción de los alzados en armas (gráfica 50).

Al igual que en el resto del país, en las zonas con presencia armada el anhelo del colombiano es el de montar su propia empresa. Como se anotó en

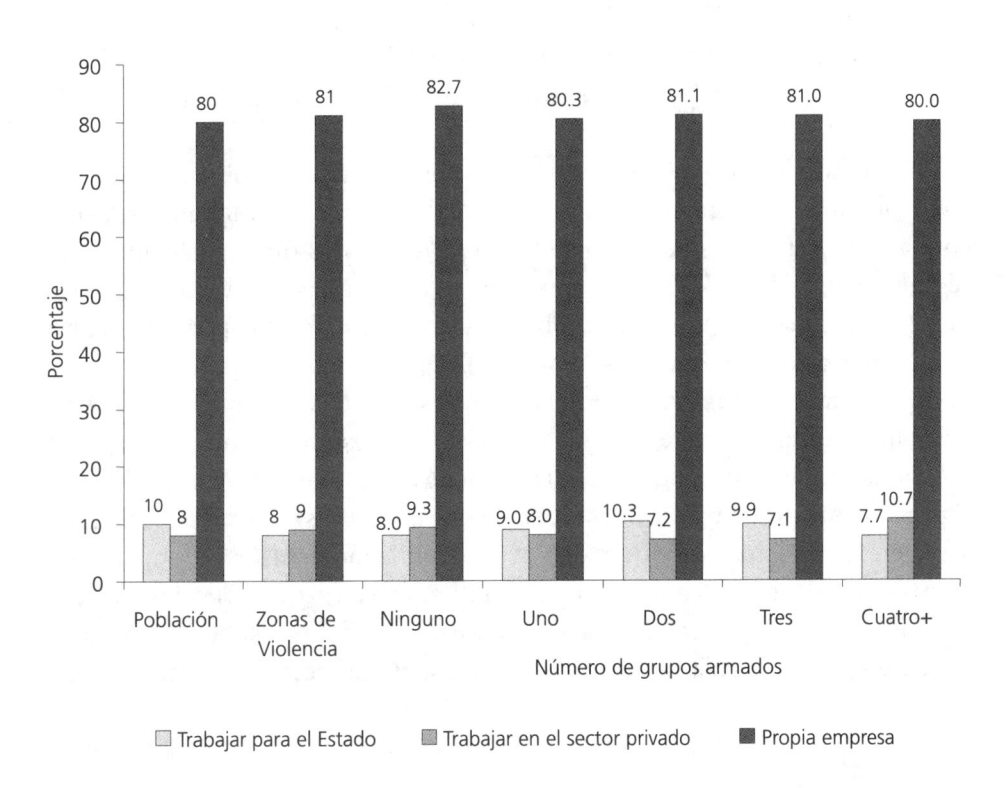

GRÁFICA 50
VINCULACIÓN LABORAL DESEADA

	Trabajar para el Estado	Trabajar en el sector privado	Propia empresa
Población	10	8	80
Zonas de Violencia	8	9	81
Ninguno	8.0	9.3	82.7
Uno	9.0	8.0	80.3
Dos	10.3	7.2	81.1
Tres	9.9	7.1	81.0
Cuatro+	7.7	10.7	80.0

Número de grupos armados

Pregunta 116: Si estuviera buscando empleo, ¿cuál de las siguientes opciones le gustaría más?

el capítulo sobre estructura de incentivos y sanciones y sus consecuencias económicas, esto no es lo ideal para el logro de una sociedad productiva. Sin embargo, puede ser de la mayor trascendencia en un período como el que vive el país pues facilita la desmovilización armada.

V. RESUMEN Y CONCLUSIONES

La violencia en Colombia se presenta como una propuesta legítima. Los violentos son los otros, los demás, porque lo que nosotros hacemos es defender nuestra vida, honra y bienes. Cuando la hegemonía conservadora terminó, los liberales se vengaron de los atropellos cometidos por los "godos": una especie de revancha legítima, según los rojos; una suerte de retaliación criminal, según los azules. Ambos a su modo invocaban la "legítima defensa" cuando los bandos se sacaban los ojos y se machucaban las cabezas en Boyacá y Santander, en los años 30. La guerra es una realidad que merece explicaciones profundas. Para entenderla como para buscar salidas se requiere de un análisis que se aparte del moralismo[64].

El conflicto en Colombia, así tenga vínculos con la pobreza y con las condiciones de miseria que vive gran parte del pueblo colombiano, así como con la ausencia del Estado, no es producto –al menos directo– de ello. Las regiones más pobres del país no son aquellas en las que es mayor la presencia de grupos armados, ni donde la población se ve más afectada por la violencia homicida. La gente pobre no tiene por sí sola posibilidad de organizar la guerra ni de pagarla. El conflicto armado tampoco está vinculado con el sector rural o urbano, aunque sí existe una relación, así no sea estrecha, con el tamaño de los conglomerados urbanos y la estructura de edades de la población. Esto es especialmente preocupante pues significa que las nuevas generaciones tienden a ver en la participación directa en la confrontación armada una opción de vida (no solo de trabajo) que merece ser contemplada. Lo que sí resulta evidente es que la mayor criminalidad, en particular aquella que significa mayores atentados contra la vida, contrario a lo que muchos afirman, tiene lugar en los

---

[64] Alfredo Molano. "La guerra", en *El Espectador*, 19 de marzo de 1998.

municipios donde es mayor la presencia de grupos armados, y es precisamente en estos municipios donde es mayor la ineficiencia de la investigación judicial, es decir la impunidad.

Los habitantes de las zonas con presencia armada, efectivamente, se ven más afectados por toda suerte de delitos, tanto por aquellos contra la integridad personal, como el homicidio, el secuestro o la amenaza de muerte, como por aquellos contra la propiedad. Según se desprende de la encuesta es claro que la frecuencia de los homicidios va de la mano de la impunidad. Entre las causas del homicidio se destacan el ajuste de cuentas, el ajusticiamiento y la limpieza social. Por tanto, es apenas lógico que las poblaciones donde la justicia privada determina los destinos de la comunidad ésta se sienta más amenazada que el resto de la sociedad. Estas poblaciones dejan de acudir a la justicia frente al crimen por temor a las represalias o porque consideran que la justicia estatal funciona en su contra. En las zonas con presencia armada los diferentes grupos han sustituido al Estado, en los más diversos ámbitos, pero en especial en relación con la justicia, lo que ha convertido al país en un verdadero campo de batalla donde la autoridad estatal es del todo inoperante. Ante la ausencia de una autoridad capaz de solucionar conflictos, la mayoría de la población se ha resignado a aceptar la protección de cualquiera, con quien colabora para garantizar su supervivencia.

Lo que resulta paradójico es que, si bien la percepción generalizada es que la violencia en Colombia es fruto de problemas de convivencia, el Estado haya descuidado la efectividad de la justicia civil y el aparato judicial se haya concentrado en un esfuerzo infructuoso por garantizar la seguridad del Estado mismo, combatiendo los grupos que le disputan el control del poder.

Los resultados obtenidos derivan en grandes inquietudes e interrogantes. ¿La justicia es inoperante porque algunos segmentos de la población no la perciben como legítima? ¿O no se percibe como legítima porque es ineficiente? Ahora bien, ¿qué hace que la justicia sea ineficiente? ¿La violencia surgió por su ausencia? ¿O su ausencia es consecuencia de su desplazamiento? Alternativamente, ¿la intensidad del poder de cohesión ha sido insuficiente para contrastar la agresión pero suficiente para aumentar la confrontación? Puede ser que la incomprensión de la realidad nacional haya por lo menos favorecido, induciendo políticas equivocadas, la ineficiencia de la justicia. Los distintos gobiernos han puesto énfasis en combatir a las organizaciones alzadas en armas, no como una política coherente, organizada y dirigida por las élites civiles, que, como lo afirma Rangel y se confirma empíricamente en el capítulo de justicia, han dejado el espacio para que sean las Fuerzas Armadas las que diseñen la política de seguridad, en detrimento de la protección de la sociedad civil. Esta prioridad de la política de seguridad entendida como confrontación (es decir como ataque frontal a los síntomas) ha corrido pareja con la naturaleza "emergencial" de la legislación, con las ya señaladas inconsistencias entre mano dura y conciliación. En el plano ya no de la seguridad sino de la justicia, la lucha contra la criminalidad ha desplazado a la solución de los conflictos civiles[65], haciendo de nuevo de la lucha contra los síntomas el propósito estratégico del Estado. Por supuesto no se trata de desconocer la relevancia de la violencia y la criminalidad, ni de afirmar que se deben dejar en segundo plano para ir directamente a modificar las causas. Esto, si acaso fue relativamente posible en su momento, se ha tornado cada vez más impracticable, por la creciente dificultad de restablecer la convivencia en circunstancias tales de deterioro del orden social. Se trata es de invitar a un juicio sobre los errores estatales en la comprensión de su misión fundamental –garantizar la convivencia pacífica y ordenada– y a distinguir, sin olvidar ninguno, los diferentes aspectos del problema, que requieren una atención simultánea pero también rigurosamente diferenciada según su lugar en la causalidad social. En este sentido es invaluable el aporte que deben poder hacer la investigación y la academia a una política que se ha caracterizado por oscilar entre una

---

[65] Es alarmante el número de personas que se ha visto afectado por disputas *civiles* que no encuentran respuesta en las autoridades. Si bien, su ocurrencia no está relacionada con la presencia de los grupos alzados en armas, la pasividad sí. Con la presencia de un grupo armado el 41% de la población no hace nada frente a las disputas civiles, con la presencia de cuatro o más ese porcentaje aumenta al 54%. Así, la presencia armada lleva a que una mayor proporción se resigne a su situación y no acuda a ningún tipo de autoridad.
Entre las razones que se han encontrado para no acudir a la justicia por problemas contractuales en las Zonas de Violencia se destaca el temor a las represalias (16%) y la inoperancia de la justicia (47%), resultados que contrastan con los observados en el resto de la población, que en su lugar arguye en mayor proporción que acudir al Estado para dirimir el conflicto es demasiado costoso (66%).

desparpajada inconsciencia y un voluntarismo desprovisto de una comprensión suficiente de la realidad nacional.

Cuando los crímenes no se aclaran aumenta la criminalidad, al mismo tiempo que el temor a la justicia privada impide que se acuda a las autoridades, lo que a su vez estimula la violencia. El país cayó así en un círculo vicioso del cual sólo saldrá cuando encuentre soluciones que la población perciba como legítimas y cuando el aparato judicial recupere su eficiencia. Cuando las normas no son plenamente aceptadas por una población, imponer su cumplimiento requiere del uso de la fuerza, lo cual no sólo resulta en extremo costoso, sino que es poco efectivo. La solución del problema guerrillero podría ser la puerta de entrada a la solución de otras violencias que generan diversos problemas de seguridad a cuya sombra o amparo han surgido[66]. Leal Buitrago señala que existe históricamente una relación entre la violencia política y el surgimiento de otras violencias[67].

Frente a la violencia –cuando los niveles de criminalidad e impunidad son elevados– hay quienes sostienen que se requieren soluciones drásticas, elementos que se alimentan y se sostienen mutuamente. Otros consideran que el problema está más relacionado con la estructura institucional, que impone límites a los derechos políticos, las libertades individuales y los derechos de propiedad de algunos estamentos de la sociedad. Hay que tener claro que las innovaciones en el ámbito punitivo pueden ser importantes, pero lo fundamental son los objetivos y la coherencia en la política, así como la aplicación de principios humanitarios. De lo contrario, es posible reducir la delincuencia, pero a costa del surgimiento de poderes radicales que saquen partido de la situación. Es decir, de la aparición de una especie de "régimen del terror", soportado en el abuso del monopolio de la fuerza por parte del Estado. La tensión irreconciliable entre paz y justicia surge a menudo por la presencia de gobiernos tiránicos, que usan el monopolio de la fuerza para violar los derechos políticos, económicos y sociales de la población.

En Colombia el número de jueces asesinados y el temor frente a la violencia lleva a que, después de los militares, los jueces mismos sean el

---

66 Rangel. *Colombia: guerra en el fin de siglo*, cit., pp. 129, 170 y 171.
67 Francisco Leal Buitrago. *El oficio de la guerra*, Bogotá, Tercer Mundo y IEPRI, 1994.

segmento más armado de la población. El ambiente de amenazas alrededor de los procesos penales, la bien documentada influencia de las organizaciones criminales sobre la legislación penal, y en particular la colosal guerra contra la extradición, muestran que las sanciones penales son efectivas contra los violentos. Ello no obsta para que también la enorme impunidad que se viene identificando incentive el aumento de la criminalidad impulsada por la reducida probabilidad de ser sancionado, o para que la inestabilidad política sea elevada porque los niveles de cohesión son insuficientes para erradicar la agresión, pero a la vez son suficientes para aumentar el nivel de frustración sistémica[68].

Estudios sobre violencia realizados en 84 países concluyen que una represión reducida aumenta la inestabilidad, mientras que una gran represión tiene el efecto opuesto. Puesto de otra manera, la inestabilidad política está relacionada de forma curvilínea con el nivel de cohesión del régimen político. Los cambios producen incertidumbre; los países modernos son más estables porque pueden atender fisiológicamente las necesidades de los ciudadanos; en cambio, los países menos avanzados se caracterizan por ser más inestables en razón de sus respuestas agresivas o de emergencia permanente a la frustración sistémica, es decir porque, no disponiendo de canales regulares de reivindicación y cambio, tienen que acudir con frecuencia a la represión o a estados de excepción para evitar el descuadernamiento total del sistema. *Los vínculos entre justicia y violencia son complejos debido a que responden a las más diversas lógicas.* La verdadera respuesta a la guerra no está en la paz, sino en la justicia. "La fuerza sin justicia sólo puede vencerse mediante la justicia con fuerza. La única forma de lograr la paz es mediante el sometimiento a las reglas de la política democrática y al arbitraje de la ley"[69].

Estudios interpretativos sobre la realidad colombiana como el realizado por Gaitán Daza[70] identifican el derrumbe del sistema de justicia y el desbordamiento de la delincuencia como factores esenciales para explicar la

---

68 Laqueur. *Terrorism, cit.*, p. 138.
69 Guy y Heidi Burgess. *Justicia sin violencia, formulación teórica.*
70 Gaitán Daza. *Dos ensayos interpretativos, cit.*, pp. 401 y 403.

inseguridad en Colombia, pues "las personas encontraron en la violencia rentabilidad y una forma de sustituir la justicia ineficaz", por lo que "sin un incremento del castigo a las conductas delictivas en general, nuestros planes necesarios para mejorar la calidad de vida de estos grupos humanos (jóvenes de las zonas deprimidas, niños y mujeres) no tendrá el efecto esperado para reducir la violencia". Y Bejarano[71] anota: "sin una mejora definitiva de la justicia, y sin una disminución radical de la impunidad y de la criminalidad, el crecimiento económico no podrá ser exitoso", por lo que considera imprescindible y urgente fortalecer la fuerza pública y la justicia en todo el territorio nacional. Este juicio se deriva del supuesto de que la capacidad de la violencia y la criminalidad de incidir en el desarrollo económico mismo significa que sus costos no son solo directos e indirectos, sino que llegan a determinar negativamente el desempeño del conjunto de las funciones vitales de la sociedad. Para Rangel[72] la necesidad imperiosa de justicia y seguridad es lo que hace que la subversión goce de alguna aceptación, lo que es relevador de la desesperanza de la población frente a la opción del recurso al Estado.

Es por ello que frente a las múltiples posibilidades de intervención del Estado, y sin que signifique desatender ninguno de los frentes, se le debe dar prioridad según numerosos expertos, a la justicia: respecto de la fuerza (que como se vio, de no ser contundente es contraproducente); de la inversión social (pues los grupos armados han sabido explotar en su propio beneficio la descentralización estatal, sumándose a la corrupción tradicional), y de la participación política directa (pues son cada día más los municipios en donde la guerrilla ejerce el poder sin necesidad ni interés de ganar las elecciones). Por supuesto los grupos armados son solo una parte del problema de inseguridad y violencia, pero es probable que si se recupera la capacidad del Estado de asegurar reglas mínimas de convivencia y con ello se debilita el ambiente que favorece a la subversión, se liberarán inmensos recursos para atender otras formas de criminalidad e ingentes energías colectivas para encarar el reto del desarrollo económico y social[73].

---

71 Bejarano. *Colombia: Inseguridad, violencia y desempeño económico*, cit., pp. 33 y 247.
72 Rangel. *Colombia: guerra en el fin de siglo*, cit.
73 *Ibid*., pp. 129 y 170.

No deja de llamar la atención que los estudiosos, incluso los más realistas y desencantados, lleguen con tanta frecuencia a la conclusión de que los desastres de la guerra y la violencia requieren de una intervención decisiva que garantice el buen funcionamiento de la justicia administrada por el Estado. Es decir que, tras detectar la precariedad de la economía nacional, los problemas sociales y las deficiencias del Estado, se concluya que la ineficiencia de la justicia sigue siendo determinante, que la existencia de reglas mínimas de juego y la garantía de su cumplimiento forzoso puede resultar tan importante como los programas faraónicos de redistribución del ingreso. Como sostienen otros analistas, los llamados "factores objetivos" no determinan ni explican por sí solos la explosión de violencia que padece el país. Esta parece obedecer, más bien, a un incremento repentino de la riqueza no sometido a regulaciones efectivas por parte del Estado, con la consecuente quiebra del equilibrio de los costos relativos en los mercados políticos y económicos[74]. Esto conduce de la eficacia de la justicia a la necesidad de una relación orgánica y ordenada entre modificación de los costos y regulación de los mercados, es decir, en últimas, entre cambio social y reforma de la legalidad y la institucionalidad, que garantice la subsistencia del marco normativo como ámbito por todos reconocido de resolución efectiva y eficaz de conflictos y diferencias.

La impunidad reinante, a pesar de ser mayor en las zonas con presencia armada, está generalizada en todo el territorio nacional, sin que se pueda explicar la violencia y la criminalidad nacional como la sumatoria del malestar social de las diversas regiones. El arraigo y la presencia más o menos constante de esos fenómenos en todo el país hacen necesario buscar una explicación también de orden nacional[75], y en ese sentido hay una pizca de verdad cuando se encuentra la explicación de estas patologías sociales en la naturaleza misma del colombiano. En efecto, con ello se reconoce el alcance o la cobertura nacional del fenómeno, aunque se incurra en el sustancialismo de atribuirle a una supuesta constitución natural –perenne o intemporal– del hombre colombiano lo que presenta históricamente explosiones y contracciones[76].

---

74 Bejarano. *Colombia: Inseguridad, violencia y desempeño económico*, cit.
75 Gaitán Daza. *Dos ensayos interpretativos*, cit., p. 398.
76 *Ibid.*, pp. 396 y 403. Bejarano. *Colombia: Inseguridad, violencia y desempeño económico*, cit., p. 24.

De manera que, en presencia de una relativa homogeneidad del fenómeno a lo largo y ancho del territorio, pero a la vez de una amplia variación histórica en su intensidad, parecería necesario buscar la explicación en violentas crisis del sistema institucional, es decir de las formas de convivencia. Lo que se podría traducir en términos de alteraciones imprevistas e imprevisibles en los costos relativos, que hacen incuantificable el riesgo de toda transacción política y económica y rompen ese equilibrio relativo encomendado a las normas.

En la sociedad colombiana están presentes múltiples elementos que incentivan la violencia. La poca aceptación de las reglas y la prevalencia de las normas informales generan ira, cólera y vergüenza reprimida. Además es evidente el sentimiento de alienación y desconfianza. Este surge cuando la gente se siente defraudada: nada deslegitima más que la mentira. También tiene una participación importante el sentimiento de poder o impotencia, y el hecho de que las personas que se sienten desplazadas identifican con gran facilidad quién las está desplazando. Así, más que la riqueza, el cambio en los costos relativos es el mayor potenciador de conflictos sociales. En Colombia existen suficientes elementos de las características descritas que contribuyen a explicar las causas de la violencia y el conflicto social reinantes en el país. Solo atacando el problema desde sus orígenes, abriendo el espacio para el cambio e introduciendo estructuras institucionales que no violenten la sociedad será posible recuperar el equilibrio perdido.

Hasta ahora lo cierto es que los agentes que detentan poder en las diferentes regiones no han logrado capitalizar su situación en términos de legitimidad. De hecho, no son vistos por la población como una alternativa deseable; su poder está cimentado en la capacidad de imponer el terror y de neutralizar la acción estatal. Si el apoyo de la gente es lo que estos actores buscan con su ideología, no lo han logrado; a pesar de que el Estado no ha sido capaz de proteger a la población y de que no se confíe en sus instituciones, todavía se percibe como legítimo, en particular en las zonas afectadas por la presencia de grupos armados al margen de la ley. En esas localidades se apoya más el régimen democrático y se valora más la libertad que en el resto del territorio nacional. Sorprende que frente al caos que viven esas poblaciones éstas tengan menos desconfianza en las instituciones y consideren que la presencia de la fuerza pública contribuye a reducir los delitos. Además, si bien no creen que el cambio se pueda lograr por la vía del sufragio popular, ni confían en los partidos políticos, han identificado mecanismos de participación directa que abren espacios para lograr los cambios deseados. De ahí que estas poblaciones se sientan en términos relativos menos alienadas en este aspecto que el resto de la sociedad.

En concordancia con esos planteamientos los habitantes de estas zonas son más tolerantes que el resto de los colombianos: rechazan menos la reincorporación a la sociedad de los miembros de las organizaciones armadas al margen de la ley, así no consideren conveniente que sea al sector público. El rechazo de la delincuencia común, incluyendo el narcotráfico, es aún mayor en las Zonas de Violencia, lo que explica las distinciones que establecen sus habitantes entre la violencia organizada y común y aquella que tiene vinculaciones políticas.

En consecuencia, a pesar de ser reducida la confianza en las organizaciones del Estado, y teniendo en cuenta la poca legitimidad que tienen los grupos al margen de la ley, todavía existen las condiciones para recuperar la autoridad estatal y por esa vía la paz, a pesar de que no se pueda desconocer que esta predisposición tiene mayor fuerza entre los habitantes de las zonas con presencia armada que en el resto del territorio nacional, donde ciertamente las élites y los grupos más organizados son más intolerantes que el resto de la sociedad.

Aún así, hay suficientes elementos de juicio para afirmar que, en términos de la teoría institucional, los costos de transacción en el ámbito político por cuenta del conflicto armado en Colombia son enormes. Quien está en desacuerdo con los que detentan el poder, que son siempre los mismos agentes, corre el peligro de perder la vida y los derechos económicos. La violencia colombiana surge del conflicto de intereses enfrentados que compiten por la supremacía sin encontrar canales políticos y legales para encauzarse y encontrar arreglos institucionales, es decir mediados por normas que regulen las situaciones a la luz del interés general, o lo que es lo mismo, en función de la producción de riqueza colectiva, fomentando así la rentabilidad del capital social. Las dimensiones relativas de la riqueza involucrada son enormes, de suerte que es difícil esperar, como hasta ahora se ha hecho, que el arreglo del conflicto no tenga costos o exigencias que vayan más allá de lo que la sociedad parece dispuesta o está en capacidad de aceptar.

En el trasfondo del fenómeno insurgente se entrecruzan realidades de orden político, social, económico y militar que no pueden continuar ignorándose. La guerrilla y los paramilitares han logrado consolidar una fuerza militar bien entrenada y armada, con capacidad para sabotear la economía e impedir el normal desarrollo de la vida ciudadana. Esto, por supuesto, se traduce en que la guerrilla es optimista, lo que conduce a que no vea como cosa cierta la conveniencia de una solución política negociada del conflicto.

Alfredo Molano[77] esquematiza las razones por las cuales considera que han fallado los intentos por lograr la paz en Colombia: uno de los grandes obstáculos está en las ilusiones que despliegan el pacifismo y el militarismo. Esta pareja oculta el verdadero carácter y naturaleza de la guerra. En esa trampa se cae una y otra vez cuando se habla de recuperar la paz en Colombia: se parte del supuesto de que la guerra es un fenómeno aleatorio, dependiente de la voluntad de los individuos. Es así como se considera que hacen la guerra fuerzas malignas que habitan en el hombre, y hacen la paz virtudes que, dormidas, se logra despertar con llamados a la conciencia, a la generosidad, a la bondad. Los pacifistas pueden volverse guerreristas radicales, y viceversa, porque tanto unos como otros están hechos de las mismas emociones y del mismo maniqueísmo subjetivo.

Los grupos armados tienen un inmenso poder económico y no parece que su problema sea el de obtener otros modos de vida, sino de apertura política, con el propósito de participar más en la toma de decisiones y en los beneficios que de ello se derivan. Por su parte, lo que la sociedad cuestiona no es al Estado, pues a pesar de las circunstancias éste aún goza de legitimidad. Lo que se cuestiona es la eficiencia en el desempeño de sus funciones. El problema que vive el país no está en quién gana la contienda. En esta guerra, como en cualquier otra, quien gana impone las condiciones; lo que está en juego es el manejo de las reglas. No hay muchas alternativas. Si la guerra la pierden quienes tienen a cargo el manejo y el ordenamiento institucional vigente, el país acabará teniendo un Estado diferente.

---

[77] Molano. "La guerra", *cit.*

Lo que está en juego en esta guerra no declarada es la esencia misma de la Nación colombiana. De continuar este proceso, se perderá toda capacidad de brindar un esquema creíble de justicia y seguridad. La magnitud de la crisis dependería entonces de la capacidad de uno de los grupos en contienda de instaurar un sistema viable. El país debería entender a cabalidad lo que está en juego para decidirse entre luchar por una reforma democrática que garantice la justicia y maximice la producción de riqueza social, o abandonarse a la incógnita –tanto para las libertades como para el desarrollo– de un crecimiento desbordado de los intereses de la guerrilla y de los paramilitares (pero también, en tiempos recientes, del narcotráfico).

Es cada día más claro que, sin excluir los intereses económicos, el conflicto es resultado de la exclusión permanente y sistemática de la oposición política, exclusión que significa silenciar, desconocer, ignorar, estigmatizar, perseguir, asesinar a un sector de colombianos. Todo bajo el manto de la más cínica impunidad[78]. En este sentido parecen reductivas las interpretaciones de la violencia como consecuencia de la simple ausencia de una justicia estatal eficiente. Este último problema es innegable, pero antes aún lo es que las normas no son fruto de un verdadero consenso, y por ende no pueden tener la debida aceptación y respeto por parte de toda la población. En este punto el de la justicia legal se torna un solo problema con el de la "justicia política", es decir con el de un sistema de participación que permita la solución pacífica de los conflictos derivados de la injusticia social, así como superar ordenadamente las crisis generadas por graves alteraciones en el equilibrio de los costos relativos en los mercados políticos y económicos.

Es incuestionable que la inseguridad generada por la criminalidad y el conflicto armado han alcanzado niveles que ya no permiten contabilizar sus efectos sobre la productividad como parte del gasto corriente[79] y empiezan a tener un efecto perverso no solo en los costos directos sino en los indirectos y en la perspectiva misma de desarrollo económico en su conjunto[80]. De hecho,

---

[78] Burgess. *Justicia sin violencia*, cit., p. 44.
[79] Cosa que aún en 1988 era posible, según Gaitán Daza. *Dos ensayos interpretativos*, cit., p. 373.
[80] Bejarano. *Colombia: Inseguridad, violencia y desempeño económico*, cit.

estos fenómenos ya no afectan solo la riqueza material sino que conducen a la pérdida de capital social, hasta llegar a ser la causa del signo negativo del crecimiento económico[81]. Esta contracción productiva tiene efectos sobre el progreso social que sería inútil enumerar. Y es que, como señala North[82], "las libertades civiles y políticas y los derechos de propiedad no son separables y aditivos; las deficiencias en las unas implican deficiencias en las otras, lo que crea a su vez un ambiente de inseguridad, riesgo e inestabilidad que casi axiomáticamente incide sobre la posibilidad de crear y acumular riqueza en una sociedad". De esta manera se crea una estrecha interacción entre inseguridad y perspectivas de desarrollo y progreso social. La explotación parasitaria de la economía por la criminalidad y la subversión, como forma de expropiación, es un mismo fenómeno con la afectación de las libertades y los derechos de todos, ya solo por el hecho macroscópico que la reducción en la productividad afecta directamente la redistribución de la riqueza disponible, que es a la vez redistribución de derechos y libertades civiles, pues representa esa aproximación a la igualdad efectiva de las condiciones de partida de todos los individuos que es la característica más eminente de la democracia.

---

[81] Londoño, citado por Bejarano, *ibid*., pp. 31 y 32.
[82] Douglass North y Barry Weingast. "Constitutions and Commitment: The Evolution of Institutions Governing Public Choice in Seventeenth Century in England", en *The Journal of Economic History*, 1989, Vol. XLIX, N° 4.

CAPÍTULO NOVENO
Capital social

Hasta hace algunos años, por desarrollo sostenible se entendía el proceso mediante el cual se garantizaba que las futuras generaciones tuvieran acceso, como mínimo, a tantas oportunidades como las generaciones presentes. En ese marco, capital era tanto el natural y el físico como el humano. Más recientemente, se amplió el concepto para incluir el "capital social", reconociendo así la existencia de múltiples y complejos mecanismos de compromiso cívico (*civic engagement*), que generan niveles más elevados de educación, reducción de la criminalidad, mayor eficiencia del gobierno y acelerado crecimiento económico.

Si bien es propio del capital físico ser perfectamente tangible y materializarse en formas así mismo tangibles, y el humano también se materializa, en cierto modo, en conocimientos y capacitación de los individuos, el capital social es difuso; en efecto, su existencia deriva de las relaciones que se desarrollan entre los individuos que conviven en una comunidad. Ahora bien, si el capital físico y el humano facilitan la actividad económica, también lo hace el social. Una comunidad en la que están ampliamente desarrolladas la confianza y la credibilidad logra mejores resultados que otra donde tanto la una como la otra están ausentes[1].

¿Qué es, entonces, capital social? Este concepto reúne diversos aspectos de la vida cotidiana –redes sociales, normas y confianza entre las personas– que facilitan la acción cooperativa en busca de objetivos compartidos.

Adam Smith condicionó la prosperidad de las naciones a la igualdad política. Y Maquiavelo, por su parte, estableció una estrecha relación entre la ciencia política y la prosperidad económica, haciendo énfasis en la incidencia de la virtud cívica en la preservación de los derechos individuales y el buen gobierno[2]. En contraste, para Locke y Hobbes lo importante eran los derechos individuales, base del liberalismo político moderno. Montesquieu se inspiró

---

[1] Coleman. "Social capital in the creation of human capital", en *American Journal of Sociology*, 1994.

[2] "Es muy fácil el manejo en los Estados donde las masas no son corruptas; donde existe igualdad es imposible iniciar un Principado; y donde no existe es imposible iniciar una República", Nicoló Machiavelli. *The Discourses*, London, Penguin Books, 1970, Libro I, cap. 55, p. 243.

en este principio y, para evitar que los individuos carentes de espíritu cívico se constituyeran en amenaza para los regímenes democráticos y proteger la causa pública, estableció la separación de los poderes públicos y su delimitación respecto de los poderes privados y territoriales. La Constitución norteamericana, y posteriormente la francesa, adoptó principios en los que está ausente el civismo como pauta del ordenamiento de los poderes públicos. A pesar de ello fue precisamente en Estados Unidos donde Alexis de Toqueville encontró más desarrollada a la virtud cívica: "No solo hay asociaciones comerciales y empresariales en las que todos participan, sino también otras de mil tipos –religiosas, morales, serias, fútiles, muy generales o particulares, inmensamente grandes o pequeñas–. Así el país más democrático del mundo es aquel en el que los hombres manejan a la perfección el arte de buscar mancomunadamente objetivos colectivos y donde han aplicado esta técnica al mayor número de propósitos"[3]. En el siglo XX ha renacido la importancia del espíritu cívico, que había sido relegado en los idearios liberales, pues en el marco de esa concepción, los individuos no solo actúan con espíritu público e igualitario, sino que también son más respetuosos y confían en los demás.

En efecto, la confianza en los demás permite sobreponerse a lo que la ciencia económica define como oportunismo, que consiste en que los individuos tienen incentivos para atentar contra la acción colectiva. Hirschmann denomina esa confianza "recurso moral", y la define como el recurso cuya oferta se incrementa con el uso, al contrario de lo que ocurre con el capital físico, que disminuye cuando se usa[4]. Almond y Verba[5], con base en el análisis realizado en cinco países, concluyen que los miembros de organizaciones voluntarias actúan y son *sofisticados políticamente, confían en los demás, y entre ellos la "competencia cívica"* –entendida como disposición o

---

3   Alexis de Toqueville. *Democracy in America*, Garden City, New York, Anchor Books, 1969, p. 513.
4   Citado en Robert Putnam. "The Prosperous Community: Social Capital and Public Life", en *The American Prospect*, No 13, Spring 1993 (http://epn.org/prospect/13/13putn.html).
5   Gabriel A. Almond y Sidney Verba. *The Civic Culture*, Princeton, Princeton University Press, 1963.

aptitud para el comportamiento cívico– *es elevada*. Es decir, están más habilitados para la construcción de una sociedad democrática.

Banfield, en su estudio *The Moral Basis of a Backward Society*[6], comparó dos situaciones extremas en relación con el capital social. En un polo ubicó un pequeño pueblo de Estados Unidos, en el que identificó la existencia de una vibrante vida social y un sinnúmero de organizaciones voluntarias: grupos de teatro, bomberos voluntarios y periódicos locales, entre otros. En el otro polo analizó un pueblo en el sur de Italia de igual tamaño –Montegrano–, en el que estaban del todo ausentes ese tipo de organizaciones. Banfield definió la sociedad montegranesa como de *familiarismo amoral*, término que utilizó para identificar esta realidad en donde los habitantes no cuentan con lazos de solidaridad diferentes de los desarrollados al interior de la familia nuclear y consideran al resto de los miembros de la sociedad como enemigos potenciales. Parecería que el lema de este tipo de sociedades fuese: "maximice en el corto plazo la ventaja material de la familia nuclear y presuma que todos los demás actúan de igual manera". Esas percepciones le sirven a Banfield para atribuir la extrema pobreza y el atraso de esa comunidad a la incapacidad de los habitantes de Montegrano (y de otras comunidades de características similares) para buscar objetivos diferentes del logro del bienestar material inmediato de la familia nuclear.

Putnam[7] establece que el capital social surge de asociaciones horizontales entre individuos y de su capacidad de desarrollar densas redes de interdependencia, las cuales se reflejan en normas culturales y de confianza interpersonal, que facilitan la coordinación y cooperación para el beneficio mutuo. Estos resultados derivan de la evaluación de las relaciones entre las normas y las redes cívicas, y entre éstas y el *desempeño de los gobiernos regionales, el funcionamiento de la democracia y el desarrollo económico en Italia*. Desde una perspectiva histórica, Putnam sugiere que las redes cívicas, lejos de ser consecuencia de la modernización socioeconómica, son precondiciones para

---

6   Edward Banfield. *The Moral Basis of a Backward Society*, Chicago, The Free Press, 1958.
7   Robert Putnam. *Making Democracy Work. Civic Traditions in Modern Italy*, Princeton, Princeton University Press, 1992, p. 167.

ésta y están asociadas con variables culturales tales como *la valoración de la igualdad política, la religiosidad* (correlación negativa), *la satisfacción con la vida, el clientelismo político* (correlación negativa), *la sensación de impotencia* (correlación negativa), *la honestidad, la confianza y la credibilidad en las normas*, entre otras. Concluye que la interacción horizontal facilita la eficiencia del sector público: el monitoreo de la provisión de servicios públicos adquiere categoría de bien público, los funcionarios participan en las redes sociales y la acción cooperativa contribuye a la solución de problemas colectivos.

Una segunda lectura de la definición de capital social es la de Coleman[8]. Esta abarca no sólo las asociaciones horizontales sino también las verticales, incluyendo las empresas. Una tercera, aún más amplia, incorpora el ambiente social y político dentro del cual se desarrollan las normas y se moldean las estructuras. Así, además de las relaciones mayoritariamente informales, este último concepto abarca las relaciones y estructuras institucionales formales: gobierno, sistema judicial, régimen político, regulación legal y libertades civiles y políticas. El impacto del concepto de capital social ha sido investigado por North[9] y Olson[10], quienes argumentan que las diferencias en el ingreso per

---

8 James Coleman. *Foundations of Social Theory*, Cambridge, Mass., Harvard University Press, 1990.
9 Douglass North. *Institutions, Institutional Change and Economic Performance*, New York, Cambridge University Press, 1990.
10 Mancur Olson. *The Rise and Decline of Nations: Economic Growth, Stagflation, and Social Rigidities*, New Haven, Yale University Press, 1982. Olson llama la atención sobre otro aspecto relacionado con el capital social. Para él, existen dos tipos de capital humano: el comercializable y el no comercializable. El primero se manifiesta en la predisposición por el trabajo, el ahorro y el espíritu empresarial; el segundo, en el conocimiento de las consecuencias de las políticas públicas. Si los electores entienden los efectos de las decisiones que se adoptan, los resultados serán más adecuados, entre otras, porque se escogen con más cuidado los funcionarios en los que se delega la facultad de establecer las reglas. *La ineficiencia de las instituciones no deriva de la carencia de racionalidad individual, sino de la falta de racionalidad social*. La carencia de capital social redunda en un gran despilfarro de recursos.
Al respecto analiza empíricamente el desempeño económico de migrantes de países pobres a países ricos cuyos ingresos se incrementan por encima de lo que resultaría del mayor acceso al capital y a otros recursos. En los países pobres no se utilizan las capacidades

cápita entre países no se explica con base en la distribución de recursos productivos (tierra, capital humano, etc.), sino en las instituciones y otras formas de capital social, las cuales, junto con las políticas públicas, determinan los rendimientos que un país puede obtener de las otras formas de capital. Para North[11] la principal fuente del crecimiento económico deriva de la estructura institucional-organizativa de una sociedad. Esta estructura tiene sus orígenes y se configura con base en la interacción entre las normas formales y las informales y los mecanismos para garantizar su cumplimiento. A diferencia de lo que sostiene Putnam, North considera que existen normas formales que incentivan la cooperación y otras que la desincentivan. Olson, por su parte, sostiene que los países de bajos ingresos, incluyendo aquellos que están bien dotados de recursos, no pueden obtener grandes ganancias de la inversión, especialización y comercio en ausencia de instituciones que hagan cumplir así sea de manera parcial los contratos, de manera que aseguren los derechos de propiedad en el largo plazo.

El papel de la cooperación o capital social no siempre es positivo: es más, puede ser abiertamente destructivo. Ya Adam Smith[12] anota que cuando "gente del mismo oficio" se reúne, "aun por razones de placer y de diversión", en muchas ocasiones termina en "una conspiración contra lo público" o "algún plan para subir precios". De igual manera, Olson[13] observa que las organizaciones horizontales pueden obstaculizar el crecimiento económico si actúan como grupos de interés en busca de políticas preferenciales, que imponen costos desproporcionados a la sociedad. Portes y Landolt también sugieren que el capital social tiene consecuencias negativas cuando surge alrededor de la solidaridad interpersonal para conspirar contra el bien público o para

---

derivadas del origen racial de las personas. Mancur Olson. "Big Bills on the Sidewalk: Why Some Nations are Rich, and Others Poor", en *Journal of Economic Perspectives*, Vol. 10, N° 2, 1996.

11 Douglass North. "Some Fundamental Puzzles in Economic History Development", s.f., publicado en internet.
12 Citado en Mark Granovetter. "Economic Action and Social Structure: The Problem of Embeddedness", en *American Journal of Sociology*, XCI, 1985, pp. 481 a 510.
13 Olson. *The Rise and Decline of Nations*, cit.

restringir la libertad individual o la iniciativa empresarial[14]. De ahí que sea necesario distinguir entre *capital social productivo* y *capital social perverso*.

Serageldin señala que las tres concepciones de capital social que se acaban de analizar tienen elementos comunes[15]:

1. Todas establecen una relación entre las esferas económicas, políticas y sociales, y comparten la posición según la cual las relaciones sociales afectan y a la vez son afectadas por los resultados económicos.

2. Todas se centran en las relaciones entre los agentes económicos y la forma como las organizaciones formales e informales contribuyen a mejorar la eficiencia de las actividades económicas.

3. Todas consideran que las relaciones sociales e institucionales convenientes son aquellas que tienen externalidades positivas.

4. Todas reconocen que las relaciones sociales que se crean para mejorar los resultados económicos tienen la posibilidad de producir efectos negativos.

El punto hasta donde las asociaciones informales pueden remplazar las reglas, leyes y tribunales es limitado. No se puede subestimar la importancia del papel macroeconómico del capital social para los negocios, y en especial el papel del gobierno de proveer un entorno compresible, transparente y coherente. La complementariedad entre el nivel micro y el macro no solo tiene influencia sobre los resultados económicos sino que tiene un efecto multiplicador. Las instituciones macro proveen un entorno para que las instituciones micro se desarrollen y florezcan. A su turno, las asociaciones locales ayudan a soportar las instituciones regionales y nacionales y les proporcionan estabilidad. La clave del éxito en la interacción entre los dos niveles es que se compartan valores y normas y la confianza sea mutua. En ocasiones las instituciones micro y las macro no desarrollan normas que sean compartidas, ni eliminan la desconfianza. Las situaciones de esta naturaleza son inestables y se deterioran hasta que los lazos se rompen. Si la norma clave en cuestión se

---

14 Alejandro Portes y Patricia Landolt. "The Downside of Social Capital", en *The American Prospect*, 1996, N° 26.

15 Ismael Serageldin y Christiaan Grootaert. *Defining Social Capital: An Integrating View*, World Bank, 1997, p. 6.

refiere al respeto, el resultado es el relajamiento del vínculo social o la guerra. Si la desconfianza es económica, el resultado es el inverso[16].

Para Rose[17] la relación entre las redes de capital social informal y las organizaciones formales es contingente. Las redes informales pueden tener efectos positivos sobre las organizaciones formales, pero éstos también pueden ser negativos. Tal es el caso de la sociedad soviética, que Rose califica de antimoderna porque en ella las redes formales y las informales no son compatibles. La incertidumbre surge cuando las organizaciones formales estimulan la formación de redes horizontales informales que se utilizan para aislarse de aquellas. Los individuos en determinados contextos se basan en conjuntos heterogéneos de redes de capital social para hacer frente a las fallas organizacionales y "desburocratizar" el intercambio con una organización. Esto es, para lograr el bien o el servicio que se demanda. Las redes informales, que sustituyen las organizaciones burocráticas, varían con la situación y se basan en la personalización de las relaciones con los burócratas, la utilización de conexiones y el otorgamiento de propinas a cambio de bienes de propiedad pública. El fracaso de las organizaciones no significa que todo funcione mal. Lo que indica es que la cooperación no está presente.

El Banco Mundial[18] concluye, con base en información de 192 países, que el valor del capital humano (incluyendo el capital social) supera el del capital natural y los bienes producidos (gráfica 1). Este último –el capital construido por el hombre– tan solo representa entre el 12 y el 23% de la riqueza de los países. En los países desarrollados la importancia relativa del capital natural es extremadamente baja, en tanto que la del capital humano, incluido el capital social, es 25 veces mayor. En los países pobres esta relación se reduce a algo más de tres. El estudio pone de relieve que las ciencias económicas concentran sus esfuerzos en el manejo de una tercera parte de la riqueza –el capital natural y los bienes producidos–, dejando de lado la parte

---

16 Ismael Serageldin y Christiaan Grootaert. *Defining Social Capital*, cit.
17 Richard Rose. "Getting Things Done in an Antimodern Society: Social Capital Networks in Russia", en *Social Capital: A Multifaceted Perspective*, Washington, The World Bank, 1999.
18 *Ibid.*

más significativa de la riqueza de las naciones: el capital humano y el social. Se concluye así que las normas de reciprocidad y las redes de compromiso afectan en forma decisiva la eficiencia y productividad de las sociedades.

GRÁFICA 1
DISTRIBUCIÓN DE TIPOS DE CAPITAL EN TRES GRUPOS DE PAÍSES

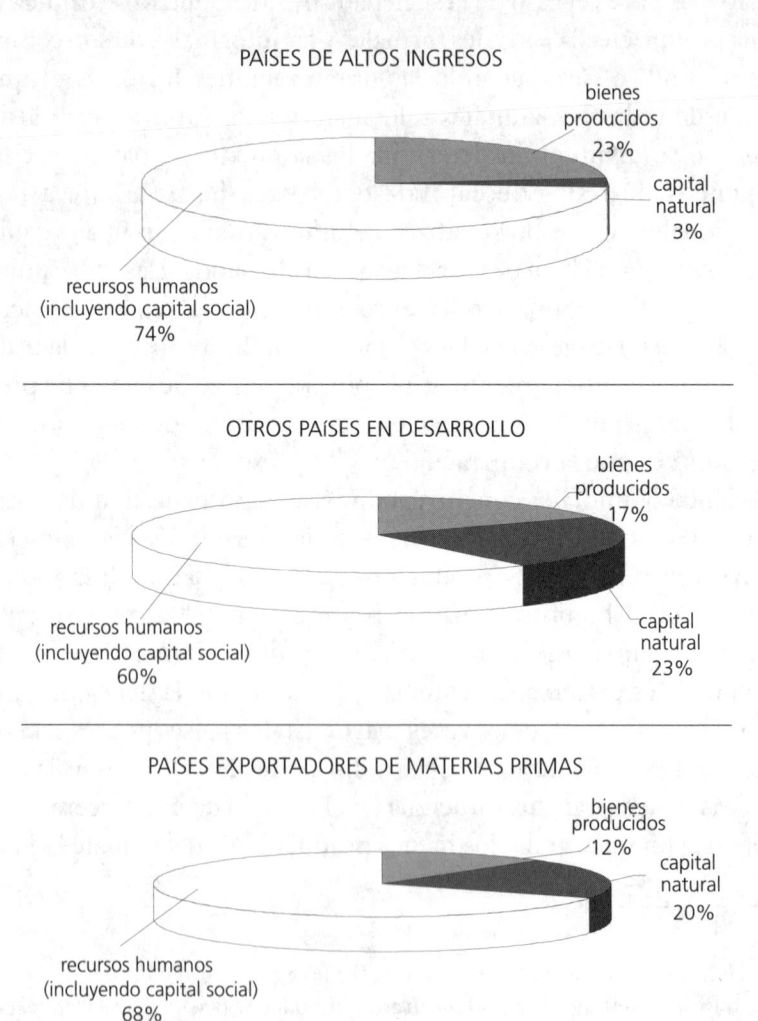

PAÍSES DE ALTOS INGRESOS
bienes producidos 23%
capital natural 3%
recursos humanos (incluyendo capital social) 74%

OTROS PAÍSES EN DESARROLLO
bienes producidos 17%
capital natural 23%
recursos humanos (incluyendo capital social) 60%

PAÍSES EXPORTADORES DE MATERIAS PRIMAS
bienes producidos 12%
capital natural 20%
recursos humanos (incluyendo capital social) 68%

Fuente: Serageldin y Grootaert. *Defining Social Capital: An Integrating View*, The World Bank, 1997.

Los resultados obtenidos en los capítulos anteriores plantean serios interrogantes sobre la existencia y calidad de capital social en Colombia y su impacto tanto sobre el desarrollo como sobre la sostenibilidad del régimen democrático. En el país la eficiencia de la estructura institucional, en particular la garantía de cumplimiento de los contratos, que es lo que facilita la interacción entre los individuos, es muy escasa. Es evidente que los mercados no son eficientes y los costos de transacción son elevados: hacer cumplir las normas resulta demasiado costoso[19]. De ahí que frente al delito, la población no sólo no recurre a la justicia sino que con enorme frecuencia busca apoyo de organizaciones privadas para hacer respetar los derechos que en su opinión le fueron violados. Este comportamiento es extensivo a jueces y miembros de las Fuerzas Armadas, lo que evidencia la precariedad de las garantías de que dispone la sociedad.

Este capítulo se divide en cuarto partes. La primera identifica el capital social, medido esencialmente en términos de la participación en organizaciones voluntarias, y se relaciona con la confianza interpersonal, la eficiencia de las instituciones formales y el desarrollo económico. La segunda establece la relación de este capital con las tendencias políticas, y la tercera con la operatividad de la justicia. Por último, se ahonda en las relaciones existentes entre la población que se vincula a organizaciones horizontales y su desempeño productivo.

I. ¿QUÉ TAN CÍVICA ES COLOMBIA?

La virtud cívica ocupa un lugar central en la teoría política y está especialmente relacionada con la formación de los Estados europeos y del mundo anglosajón. Los países latinoamericanos heredaron creencias y valores basados en intercambios personalizados, en relaciones de parentesco y status, en ambientes clientelistas en los que la toma de decisiones, autoritaria y centralizada, no facilitaba el desarrollo de instituciones impersonales, ni de relaciones horizontales de reciprocidad y cooperación. Coatsworth[20] caracteriza el am-

---

19 Ver capítulo sobre justicia.
20 John Coatsworth. *Growth Against Development: The Economic Impact of Railroads in Porfirian Mexico.* Northern Illinois University Press, 1981, p. 94.

biente institucional de México en el siglo XIX como sigue: "La naturaleza institucional intervencionista y persuasivamente arbitraria obligó a que cualquier empresa –urbana o rural– fuese altamente politizada, utilizando las redes de parentesco, la influencia política y el prestigio familiar como medio para tener acceso privilegiado al crédito subsidiado, para el reclutamiento de mano de obra, para cobrar deudas o hacer cumplir contratos, evadir impuestos o evitar los tribunales y defender o reclamar títulos de tierras. El éxito o fracaso económico siempre dependía de las relaciones con las autoridades políticas"[21]. La pregunta que cabe al respecto es si en Colombia existe capital social y cuáles son sus características, dada su tradición, semejante a la de los demás países latinoamericanos.

Es más fácil citar ejemplos de capital social que ofrecer una definición específica que permita su medición. El término se utiliza en función del contexto. En la literatura de la ciencia política, la sociología y la antropología el capital social generalmente se refiere a un conjunto de normas, redes y organizaciones a través de las cuales la gente tiene acceso al poder y a recursos que sirven para la toma de decisiones y para la formulación de políticas. Los economistas añaden a este enfoque su contribución al crecimiento económico. En el nivel micro el capital social se percibe en términos de su capacidad para mejorar el funcionamiento de los mercados; en el nivel macro, como el conjunto de las instituciones, el marco legal y el papel del gobierno en la organización de la producción, que afecta los resultados económicos.

No existe una fórmula que permita consolidar todas las formas de capital social en un solo índice. Además, se considera que un solo indicador ignora la

---

[21] Para Enrique Krauze la política mexicana se caracteriza por su legado dual azteca-español y por una actitud premoderna hacia la autoridad. En México se combinan dos tradiciones de poder absoluto, una emanada de los dioses y otra de Dios, y la política mexicana se ha convertido en una especie de teatro, en el cual surgen las antiguas leyendas de medias verdades. Así mismo, revela que un porcentaje asombroso de héroes y líderes mexicanos han sido asesinados en la flor de su vida (*Biography of Power: A History of Modern Mexico, 1810-1996*, New York, Harper Collins Publishers, 1997). Estos valores frente a la autoridad y la política no son propicios para el desarrollo de la comunidad cívica, en la cual priman la igualdad y la razón.

posibilidad de que se utilice, por ejemplo, la confianza para estimular el surgimiento de redes informales que sustituyan o aíslen las organizaciones represivas o ineficientes del Estado o del mercado. También se arguye que la participación en organizaciones voluntarias tampoco se puede utilizar como aproximación al capital social porque no siempre puede tenerse confianza en que sus líderes representan a todos sus miembros. Se sostiene inclusive que, paradójicamente, puede resultar más fácil medir el capital social en términos de exclusión social o de los no participantes en redes asociativas. También se arguye que los individuos no pueden categorizarse en excluidos o incluidos con base en un solo indicador, y que tampoco se puede presumir que la exclusión es acumulativa[22].

Ante el amplio debate que surge en torno a su medición y frente a la falta de mayores alternativas, dada la información disponible para identificar las características del capital social colombiano el análisis se basa principalmente en la participación en organizaciones voluntarias y se utilizan las metodologías desarrolladas por Putnam en su obra *Cómo opera la Democracia* y por Inglehart en *Modernization and Posmodernization*.

Putnam entiende el capital social como un conjunto de "organizaciones horizontales entre personas" con efectos en la producción de la comunidad. Dos supuestos están en el trasfondo de este concepto. El primero es que las redes y las normas están empíricamente asociadas; el segundo, que tienen importantes consecuencias económicas. En esta definición la clave es que el capital social facilita la coordinación y la cooperación para el beneficio mutuo de los miembros de la asociación.

Inglehart, por su parte, identifica el capital social como el conjunto de las creencias sociales, psicológicas y culturales y de las normas, y señala que "es la cultura de la confianza y la tolerancia la que da pie para que emerjan extensas redes de organizaciones voluntarias". En su opinión las redes de organizaciones surgen porque las personas creen en los demás. No considera que la confianza surja como un subproducto de la asociación. En su opinión el capital social (es decir la confianza) juega un rol crucial para la cooperación

---

22 Rose. "Getting Things Done", *cit.*

económica y política, y se puede medir conociendo la disposición individual a confiar en los demás y en las instituciones sociales o sumando la participación individual en asociaciones voluntarias.

A. PARTICIPACIÓN EN ACTIVIDADES ASOCIATIVAS

En 1997 Colombia contaba con 42 mil juntas de acción comunal, 13 mil cooperativas, 2.700 clubes deportivos registrados, 5.346 organizaciones no gubernamentales y 400 cooperativas de seguridad, para mencionar tan solo unas categorías[23]. De ahí que se pueda hablar de la existencia de capital social en Colombia. Las respuestas a la pregunta: *¿De la siguiente lista de organizaciones voluntarias, podría usted decirme si pertenece o si no pertenece a ellas? Si pertenece, ¿podría decirme si es miembro activo o es miembro inactivo y si además asiste usted a reuniones?* (se dio una lista de 22), sirven para categorizar el comportamiento de la sociedad colombiana, medido en términos de la participación en actividades asociativas.

Entre ser miembro y asistir a reuniones se consideró más acertado utilizar la respuesta más activa, es decir, la asistencia. Cabe destacar, sin embargo, que la sumatoria de quienes asisten a actividades asociativas y quienes no asisten no es igual a la unidad, en razón de que la pregunta formulada para realizar la clasificación incluye, además de la asistencia, la participación y el ser miembro: la sumatoria de estas respuestas sí es igual a la unidad. En el marco de las 22 organizaciones, la que tiene mayor relevancia es la Iglesia. En segundo lugar están las juntas de acción comunal y en tercero las asociaciones de padres de familia. En promedio la población mayor de 18 años participa en 3.2 asociaciones[24]. Las diferencias regionales son marcadas: en Bogotá la participación alcanza 4.3, en tanto que en la Zona Atlántica se reduce a la mitad: 2.1 (cuadro 1).

---

23 Juan Fernando Londoño y otros. *Sociedad civil, control social y democracia participativa*, Bogotá, Fescol, 1997, p. 74.
24 El promedio se obtiene sumando todos los porcentajes de asistencia a reuniones y dividiéndolo por el número total de organizaciones.

Cuadro 1
Asistencia a reuniones de asociaciones voluntarias, según zona

	Zona Atlántica	Zona Oriental	Zona Central	Zona Pacífica	Distrito Capital	Zonas de Violencia	País
Acción comunal	5	10	11	10	4	3	8
Padres de familia	4	7	6	7	8	7	6
Iglesia	10	11	13	14	21	23	15
Recreación/deporte	7	7	8	11	11	9	9
Ex-alumnos	1	3	2	3	4	2	3
Arte/música/cultura	3	3	2	3	6	3	3
Sindicato	2	2	1	3	3	2	2
Partido político	3	2	2	7	2	5	4
Cafeteros	-	1	2	1	-	-	1
Agrícola/ganadera	2	2	3	1	2	2	2
Cooperativa	1	3	3	4	7	3	4
Profesional	1	2	2	1	6	1	2
Ambientalista	-	1	2	2	3	2	2
Entidad étnica	-	-	-	1	-	-	-
Madres comunitarias	3	2	2	2	1	1	2
Desarrollo rural	1	2	1	2	-	2	1
Caritativa	2	1	1	3	5	1	2
Administración edificio	-	-	1	1	3	1	1
Seguridad ciudadana	-	1	-	1	2	-	1
Coop de seguridad	-	1	-	1	1	-	-
Reservistas	-	-	-	-	1	-	-
Otras	1	2	1	2	4	2	2
Total	46	73	63	80	94	69	70
Promedio	2.1	3.3	2.9	3.6	4.3	3.1	3.2
NBI	32.5	23.4	17.6	22	17.2	——	22.5

Preguntas 54 a 75: ¿Asiste usted a reuniones de estas organizaciones?

En términos del promedio de asociaciones a las que pertenece la sociedad colombiana, el país no está mal ubicado. Su posición es semejante a la de Italia, que tiene un ingreso per cápita que supera en cerca de 15 veces el de Colombia, y está por encima de España y Portugal (gráfica 2). Frente al promedio de los países evaluados en el *World Values Survey* la participación en Colombia supera la de 21 países y está por debajo de 8, lo que indica que no está mal posicionada.

1. ASOCIACIONES NO JERARQUIZADAS

Cabe destacar, sin embargo, que es importante diferenciar entre la participación en organizaciones que son implantadas desde arriba, como por ejemplo sindicatos, partidos políticos y organizaciones religiosas[25], que son jerarquizadas y no están soportadas necesariamente en la voluntad de cooperación para el bien común, y la participación en organizaciones horizontales, orientadas a la búsqueda del bienestar colectivo (por ejemplo, juntas de acción comunal), siendo en estas últimas mayor el espíritu cívico. Se argumenta que la adhesión a organizaciones verticales refleja tradiciones autoritarias en las que se acepta la imposición de reglas[26].

Al tomar aquellas organizaciones en las que predomina la búsqueda del bien común (acción comunal, medio ambiente) o la formación cultural individual (organizaciones deportivas, artísticas, de padres de familia) y excluir las organizaciones económicas, políticas y religiosas se identifican 7 que reúnen las características requeridas para constituirse en motor de capital social. Al introducir ese ajuste el número promedio de organizaciones a las que pertenecen los colombianos se eleva a 4.7 (cuadro 2).

---

25 En su estudio en Italia, Putnam las excluyó por ser implantadas desde afuera. Sin embargo, Foley y Edwards critican esta manipulación ("The Paradox of Civil Society", en *Journal of Democracy*, 1996, p. 42). En su opinión, casi todas las organizaciones voluntarias estudiadas por Putnam en Italia fueron iniciadas por los partidos políticos más representativos. Adicionalmente, cuestionan la exclusión de las organizaciones políticas por considerar que son el instrumento por excelencia de conciliación de los grupos de poder.

26 En algunos países se ha impulsado el desarrollo económico de los pobres por la vía del cooperativismo. Las cooperativas ofrecen alternativas al familiarismo amoral de Banfield, señalado anteriormente. En esas sociedades no existen instituciones que permitan superar los niveles de supervivencia. Para sus habitantes es más seguro no cooperar y mantener el precario equilibrio que ofrecen los sistemas políticos clientelistas y autoritarios. El impulso de las cooperativas, además de tener un objetivo económico, alberga orientaciones secundarias de tipo social. Es el caso de la creación de fondos de educación y capacitación. Además, las cooperativas posibilitan superar las relaciones políticas jerarquizadas, en la medida en que la base de su organización empresarial es democrática: cada socio tiene un voto. Este no es el caso de Colombia. Las personas de más de siete salarios mínimos están ocho veces más organizadas en cooperativas que las que ganan menos de un salario mínimo.

A nivel internacional la relación entre el desarrollo económico y la participación en actividades asociativas es estrecha (r = .49, gráfica 2). Si se limita el número de organizaciones a aquellas en las que predomina la búsqueda del bien común (medio ambiente, acción comunal) o la formación cultural individual (organizaciones de padres de familia, deporte, arte) esta relación es aún más estrecha (r = .56).

GRÁFICA 2

INDICE DE ACTIVIDAD ASOCIATIVA E INGRESO, A NIVEL INTERNACIONAL

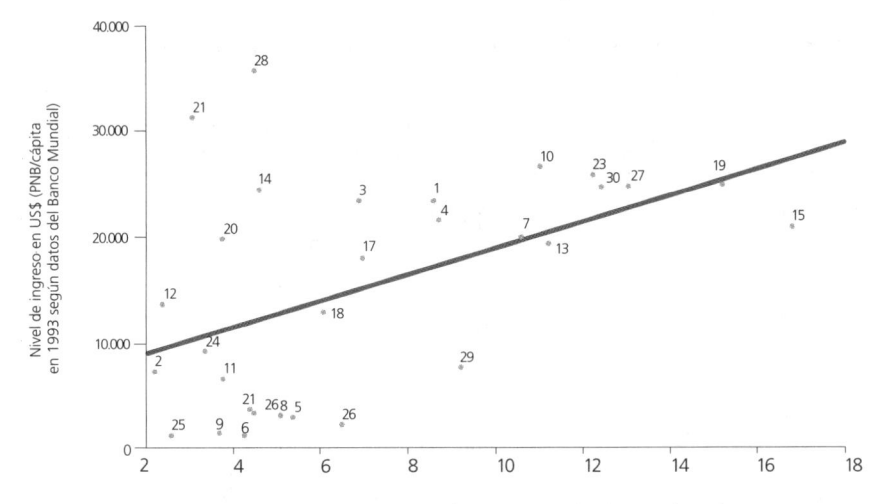

Participación promedio en 16 organizaciones voluntarias*

No.	País	No.	País	No.	País	No.	País	No.	País	No.	País
1	Alemania	6	Bulgaria	11	Eslovenia	16	Hungría	21	Japón	26	Rusia
2	Argentina	7	Canadá	12	España	17	Inglaterra	22	México	27	Suecia
3	Austria	8	Chile	13	Finlandia	18	Irlanda	23	Noruega	28	Suiza
4	Bélgica	9	Colombia	14	Francia	19	Islandia	24	Portugal	29	Corea del S.
5	Brasil	10	Dinamarca	15	Holanda	20	Italia	25	Rumania	30	USA

* Este promedio es la homologación del índice de actividad asociativa a nivel mundial.
 Fuente: *World Values Survey*.

En Colombia por zonas, exceptuando el Distrito Capital y la Zona Atlántica, que se ubican en los extremos opuestos en términos de NBI, la participación en actividades asociativas no está relacionada con el desarrollo: no siempre las regiones con mayores niveles de desarrollo corresponden a las que tienen mayor actividad asociativa (cuadro 2). Los habitantes de la Zona Central (que incluye los pobladores de Antioquia y el Viejo Caldas, es decir la zona cafetera), tradicionalmente considerados por su aporte a la construcción de una sociedad relativamente próspera, igualitaria y autónoma, con gobiernos más eficientes[27], participan menos en agremiaciones voluntarias. Cabe pensar que en el pasado el desarrollo de la Zona Central se pudo basar en la existencia del compromiso cívico y que éste ha disminuido, como ha ocurrido en otros países. Tal es, en efecto, el caso de Estados Unidos.

CUADRO 2
ASISTENCIA REUNIONES DE ASOCIACIONES VOLUNTARIAS, SEGÚN ZONA

	Zona Atlántica	Zona Oriental	Zona Central	Zona Pacífica	Distrito Capital	Zonas de Violencia	Promedio
Acción comunal	5	10	11	10	4	3	8
Padres de familia	4	7	6	7	8	7	6
Recreación/deporte	7	7	8	11	11	9	9
Ex-alumnos	1	3	2	3	4	2	3
Arte/música/cultura	3	3	2	3	6	3	3
Ambientalista	-	1	2	2	3	2	2
Caritativa	2	1	1	3	5	1	2
TOTAL	22	32	33	39	41	27	33
PROMEDIO	3.1	4.6	4.7	5.6	5.8	3.8	4.7
NBI	32.5	23.4	17.6	22	17.2		22.5

Preguntas 54, 55, 57 a 59, 66 y 70: ¿Asiste usted a reuniones de estas organizaciones?

El hecho de que no exista ninguna relación entre los niveles de ingreso de las zonas y el desarrollo de actividades asociativas puede deberse a la extensa y diversificada cobertura geográfico-cultural del área incorporada en las zonas. Al limitar la extensión territorial al área departamental se valida la hipótesis. La relación entre participación en organizaciones horizontales y NBI ($r = -.56$)

---

[27] James Parsons. *La colonización antioqueña en el Occidente de Colombia*, 4ª ed., Bogotá, Banco de la República y El Ancora Editores, 1997.

es estrecha y negativa. Es decir, a mayor participación en asociaciones horizontales menores niveles de pobreza. En el mapa 1 se destaca que los mayores índices de actividad asociativa se encuentran en su orden en los departamentos de Cauca, Risaralda, Cundinamarca, Distrito Capital, Santander y Boyacá. En contraste, donde ésta es menor es en La Guajira, Sucre, Quindío, Meta, Bolívar, Tolima, Caldas y Atlántico.

MAPA 1
INDICE DE ACTIVIDAD ASOCIATIVA Y NBI

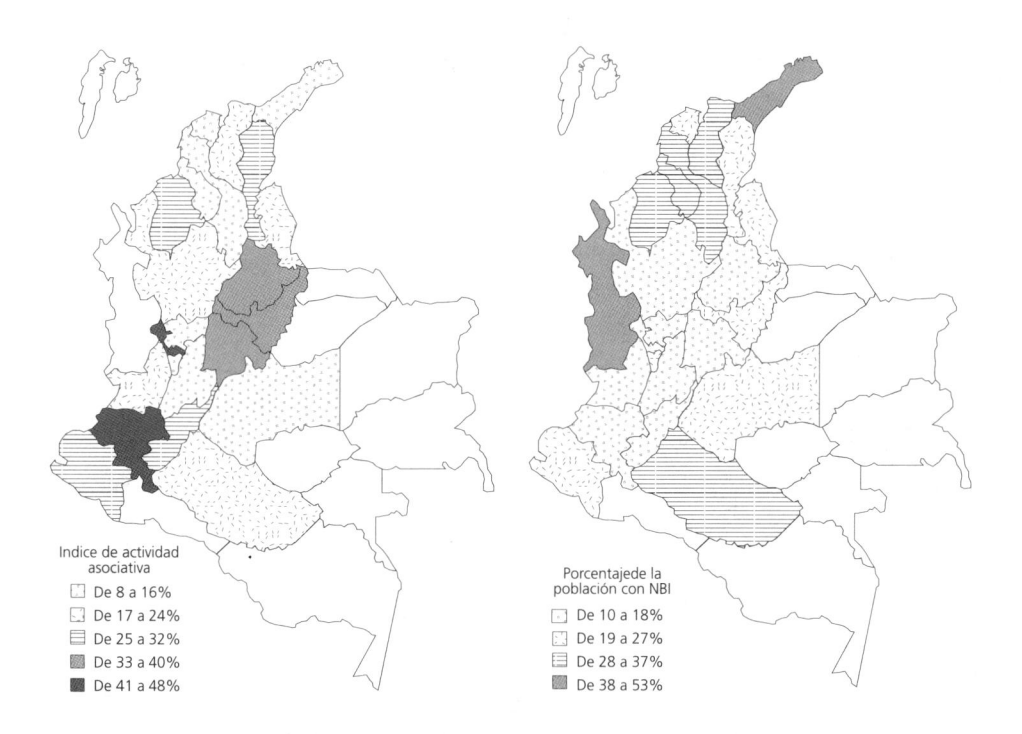

Indice de actividad asociativa
☐ De 8 a 16%
☐ De 17 a 24%
☰ De 25 a 32%
▨ De 33 a 40%
■ De 41 a 48%

Porcentaje de la población con NBI
☐ De 10 a 18%
☐ De 19 a 27%
☰ De 28 a 37%
▨ De 38 a 53%

Antes de analizar las características demográficas y económicas de quienes participan en las organizaciones horizontales, se indaga brevemente su relación con los rasgos étnicos de la población y el año de formación legal del municipio, por la importancia que esto tiene para el desarrollo de comportamientos cooperativos. Putnam encuentra que en las comunidades étnicamente heterogéneas el manejo del bienestar común se dificulta más que en las homogéneas[28]. En Colombia, si bien el 80% de la población es mestiza o blanca, no se puede ignorar que un 20% es negra e indígena. Con el fin de verificar la hipótesis, se ordenaron los 25 departamentos de la encuesta según homogeneidad étnica, con independencia del grupo representativo. Su relación con la participación en actividades asociativas (r = .06) es inexistente, por lo que se concluye que en Colombia el factor étnico no es determinante de la formación de capital social (gráfica 3).

GRÁFICA 3
HOMOGENEIDAD ÉTNICA Y ACTIVIDAD ASOCIATIVA, SEGÚN DEPARTAMENTO

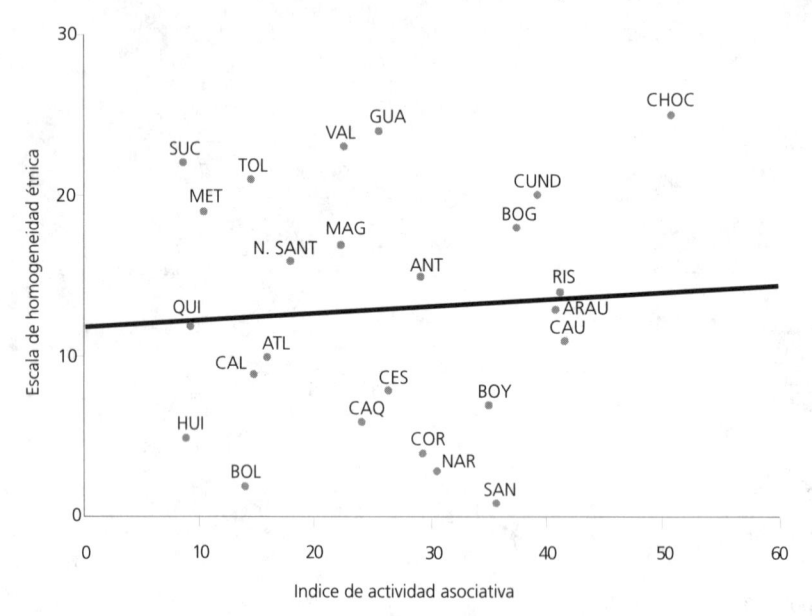

Pregunta 292: ¿Con cuál de los siguientes grupos se siente más identificado? (se tomaron los porcentajes más altos de cada departamento sin importar cuál fuera el grupo). (En la gráfica se considera "negro", "blanco", "indígena" y "mestizo").

---

28 En su análisis del capital social en 29 países, Knack y Keefer encontraron una estrecha correlación entre capital social y homogeneidad étnica.

Capital social 781

Por otra parte, de una comparación entre la actividad asociativa y la edad de las comunidades colombianas (medida en términos del año en que se constituyó el municipio a que pertenecen) se obtienen resultados de interés. Los municipios de más vieja data tienden a tener más capital social que los de reciente fundación (r = .39, gráfica 4), así la relación sea menos estrecha que frente al NBI.

GRÁFICA 4
ACTIVIDAD ASOCIATIVA Y EDAD DE MUNICIPIOS

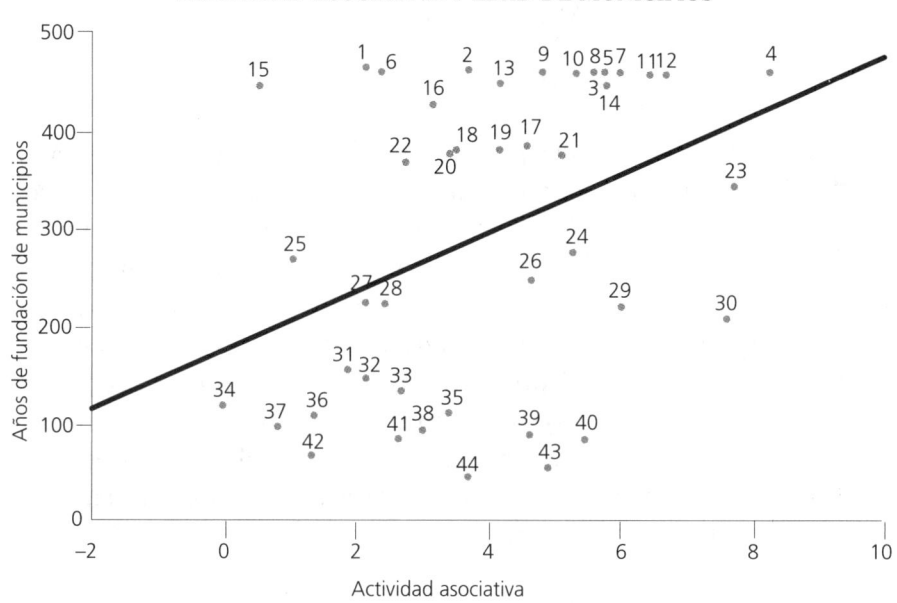

No.	MUNICIPIO	No.	MUNICIPIO	No.	MUNICIPIO	No.	MUNICIPIO
1	Cartagena	12	Quinchía	23	Quibdó	34	Chigorodó
2	Mercaderes	13	Valledupar	24	Cereté	35	Aracataca
3	Duitama	14	Villeta	25	Corozal	36	Calarcá
4	Timbío	15	La Plata	26	Bolívar	37	Puerto López
5	Fusagasugá	16	Ocaña	27	Chaparral	38	Florencia
6	Cali	17	Neiva	28	Cúcuta	39	Apartadó
7	Popayán	18	Medellín	29	Tesalia	40	Arauca
8	Bogotá	19	Funes	30	Yarumal	41	Tierralta
9	Pasto	20	Plato	31	Villavicencio	42	Maicao
10	Tunja	21	Bucaramanga	32	Manizales	43	La Montañita
11	Buenaventura	22	Barranquilla	33	Pradera	44	El Doncello

Fuente: *Municipios de Colombia*, Bogotá, Publicaciones de El Espectador, 1995.

El que esto ocurra sirve de soporte a la importancia de la predisposición para el desarrollo de labores cooperativas en el mismo desarrollo económico. No es mera coincidencia que los 12 municipios ubicados en las áreas con presencia de grupos alzados en armas donde se realizó la encuesta sean en su gran mayoría (Chigorodó, Puerto López, Tierralta, Florencia, El Doncello, Apartadó, La Montañita y Arauca) comunidades relativamente nuevas, de frontera agrícola o colonización, en donde el manejo administrativo e institucional es aún precario. Sólo dos de estos municipios se fundaron antes del siglo XVII (La Plata y Mercaderes).

a. LOS MÁS RICOS SE ASOCIAN MÁS

A nivel individual, la relación entre la participación en actividades asociativas y el ingreso es estrecha y se mueve en el sentido previsible: los más ricos se asocian significativamente más[29] que los pobres. Mientras que los primeros participan en promedio en 8.8 asociaciones, quienes devengan hasta tres salarios mínimos lo hacen tan sólo en 4. Las únicas asociaciones a las que pertenecen mayoritariamente los estratos de bajos ingresos son las juntas de acción comunal (cuadro 3). Entre las otras actividades asociativas, la importancia relativa de las deportivas predomina en los estratos altos y se reduce a una tercera parte en los bajos. Cabe recordar que en Colombia solo el 20% de la población tiene ingresos superiores a 7 salarios mínimos y que el 60% de la población tiene ingresos inferiores a tres.

---

29 El mismo fenómeno se encontró en otros países. Según Putnam ("The Strange Disappearance of Civic America", en *The American Prospect*, 1996, N° 24), en Estados Unidos las personas con bajos ingresos participan algo menos en la vida comunitaria.

CUADRO 3
ASISTENCIA A REUNIONES DE ORGANIZACIONES
VOLUNTARIAS, SEGÚN INGRESO (PORCENTAJE)

	Salarios mínimos			
	menos de 1	1 a 3	4 a 6	más de 7
Acción comunal	11	7	6	6
Padres de familia	5	6	8	11
Recreación/deporte	7	7	12	19
Ex-alumnos	1	2	6	9
Arte/música/cultura	2	3	6	7
Ambientalista	1	1	5	4
Caritativa	1	2	3	6
TOTAL	28	28	45	62
PROMEDIO	4	4	6.4	8.8

Preguntas 54, 55, 57 a 59, 66 y 70: ¿Asiste usted a reuniones de estas organizaciones?

Platón sostenía que la remuneración individual más elevada de una organización nunca debería superar en más de cinco veces la del trabajador de menor ingreso. Para él la desigualdad excesiva impide "la relación armónica entre las partes bajo el cuidado de la razón", que es la esencia de la justicia. En países como Inglaterra, la legislación tributaria contribuye a reducir esas diferencias. Allí el 20% más rico tiene –antes de impuestos– 25 veces más ingresos que el 20% más pobre. Sin embargo, después de impuestos la diferencia es de 7 a 1[30]. En Colombia esta relación es de 13 a 1[31].

Formulaciones de esta naturaleza sugieren que la participación en actividades asociativas es menor donde es mayor la desigualdad en la distribución del ingreso. Esta hipótesis, sin embargo, no es verificable en Colombia. En el eje vertical de la gráfica 6 se mide la desigualdad en términos de la relación entre el ingreso del 20% de la población más rica y el del 20%

---

30 Central Statistical Office de Inglaterra (datos para 1992), citado en "For Richer, for Poorer", en *The Economist*, 5 de noviembre de 1994.
31 Juan Luis Londoño. "Brechas sociales en Colombia", en *Revista de la Cepal*, N° 61, abril de 1997.

más pobre[32]. Su conexión con la actividad asociativa es positiva (r = .28), lo que significa que la actividad asociativa predomina en los departamentos donde es más inequitativa la distribución del ingreso.

GRÁFICA 5
ACTIVIDAD ASOCIATIVA Y DESIGUALDAD*, SEGÚN DEPARTAMENTO

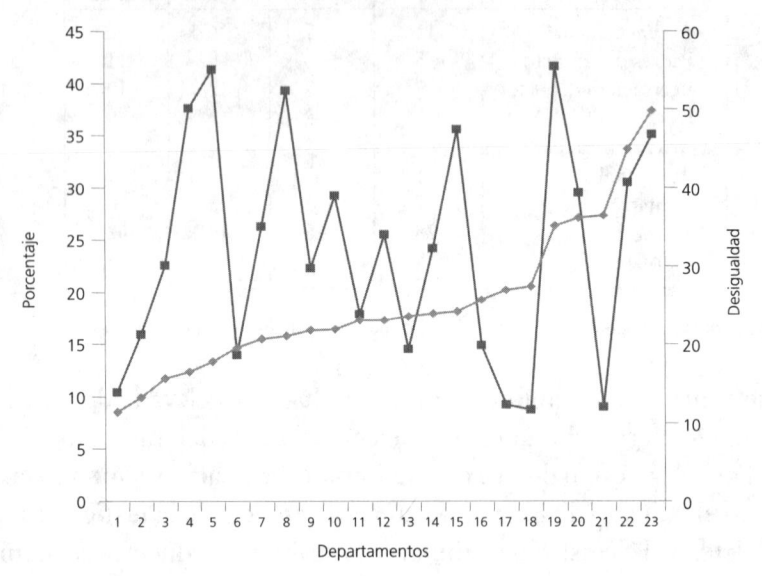

No.	DEPTO	No.	DEPTO	No.	DEPTO	No.	DEPTO
1	MET	7	CES	13	TOL	19	CAU
2	ATL	8	CUND	14	CAQ	20	COR
3	VAL	9	MAG	15	SAN	21	HUI
4	BOG	10	ANT	16	CAL	22	NAR
5	RIS	11	N. SANT	17	QUI	23	BOY
6	BOL	12	GUA	18	SUC		

* Relación entre el quintil más rico sobre el quintil más pobre.
Fuente: Distribución del ingreso y pobreza en Colombia: 1987-1997, Bogotá, Misión Social y DNP.

---

32 Esteban Nina Baltasar. *Distribución del ingreso y pobreza en Colombia: 1987-1997*, Bogotá, Misión Social y DNP, s.f.

b. EDUCACIÓN

Otro elemento que facilita el desarrollo de trabajos cooperativos y por ende el crecimiento es la educación de la población. En el pasado ésta era relevante, pero nunca como en la actualidad, cuando el progreso tecnológico se ha convertido en el pilar del desarrollo y por ese camino la instrucción resulta esencial para el crecimiento y logro de mayor eficiencia en la producción. De otra parte, la misma educación impulsa el cambio de las relaciones de los individuos con el Estado, al hacer que sean menos dependientes de las relaciones verticales y jerarquizadas y estén más en función de las horizontales, lo que incentiva el que la población participe e influya en la toma de decisiones.

A nivel departamental, la conexión entre la participación en actividades asociativas y el nivel educativo es positiva (r = .30) (gráfica 6), e indica que la población más educada es la más cívica.

GRÁFICA 6
ACTIVIDAD ASOCIATIVA Y NIVEL EDUCATIVO PROMEDIO*, SEGÚN DEPARTAMENTO

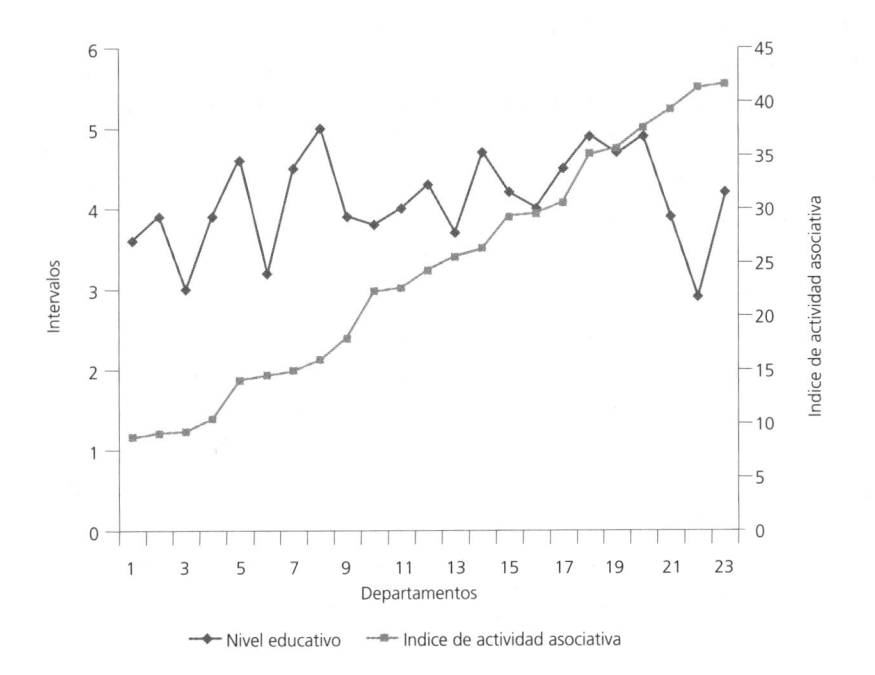

No.	DEPTO.	No.	DEPTO.	No.	DEPTO.	No.	DEPTO.
1	SUC	7	CAL	13	HUI	19	SAN
2	GUA	8	ATL	14	CES	20	BOG
3	QUI	9	N. SANT	15	ANT	21	CUND
4	MET	10	MAG	16	COR	22	RIS
5	BOL	11	VAL	17	NAR	23	CAU
6	TOL	12	CAQ	18	BOY		

* El nivel educativo es el promedio de los intervalos de 1 a 7.
Pregunta 298: ¿Hasta qué grado de educación recibió?

C. LOS MÁS JÓVENES Y LOS MÁS VIEJOS SE ASOCIAN MENOS

Por grupos de edad, a nivel internacional la menor participación de los jóvenes no constituye un fenómeno que desaparezca con los años. En Estados Unidos esto viene ocurriendo de tiempo atrás. Putnam sugiere que la televisión y los cambios en la estructura familiar se constituyen en una de las principales razones de la desaparición de la América cívica. En los años 60 más de 12 millones de personas en ese país pertenecían a juntas escolares de padres de familia; para 1990 esta cifra se había reducido a menos de siete millones. Diversos analistas consideran que la caída en una sexta parte en el capital social en las dos últimas décadas ha afectado negativamente la calidad de vida en Estados Unidos. Por otro lado, se ha identificado que, por tipo de organizaciones, la adhesión a aquellas de carácter social crece con los años, en tanto que la deportiva muestra la tendencia contraria.

En Colombia no es clara la relación entre la asistencia a reuniones de organizaciones voluntarias y la edad. La mayor participación en organizaciones voluntarias se da entre quienes tienen de 35 a 54 años o nacieron entre mediados de los años 40 y mediados de los 60. Entre los viejos y los jóvenes la participación es menor, en particular para los nacidos entre la segunda mitad de los años 60 y la segunda mitad de los 70. Con la información disponible no se puede establecer si el comportamiento de los jóvenes responde a características propias del ciclo de vida o involucra cambios en los valores de las nuevas generaciones. Para ello se requeriría de otro punto de referencia en el tiempo que permitiera efectuar comparaciones. Como una alternativa y aproximación para dilucidar ese interrogante se utilizan los resultados rural-urbano, así no sea lo más adecuado.

De la base teórica que sustenta el análisis correspondería esperar que la organización comunitaria sea mayor en la ciudad que en el campo, en razón de la mayor densidad poblacional y del mayor nivel de desarrollo de la primera. En teoría la participación comunitaria se sustenta en el mismo desarrollo con el cual se relaciona. Sorprende por ello que los resultados de la encuesta para Colombia no sirvan para verificar esta hipótesis (cuadro 5). En el país la actividad asociativa en el campo es mayor que en la ciudad. La participación en juntas de acción comunal, que juega un papel preponderante en las comunidades rurales, es fundamental para explicar el que el capital social del sector rural supere el de las ciudades. Este resultado, unido a que la población nacida entre mediados de la década del 40 y mediados de la del 60 participa más en actividades asociativas (cuadro 4), lleva a inferir que no existe una dinámica en el país que señale que se está avanzando en la formación de capital

CUADRO 4

ASISTENCIA A REUNIONES DE ORGANIZACIONES VOLUNTARIAS, SEGÚN EDAD (PORCENTAJE)

	Años				
	18 a 24	25 a 34	35 a 44	45 a 54	55 a 64
Acción comunal	3	5	9	15	14
Padres de familia	2	5	11	8	6
Recreación/ deporte	13	8	7	5	3
Ex-alumnos	3	3	2	1	1
Arte/música/ cultura	5	3	3	3	2
Ambientalista	2	1	2	2	3
Caritativa	2	2	2	2	1
TOTAL	30	27	36	36	29
PROMEDIO	4.3	3.8	5.1	5.1	4.1

Preguntas 54, 55, 57 a 59, 66 y 70: ¿Asiste usted a reuniones de estas organizaciones?

social. Por el contrario, si algo se puede afirmar es que éste enfrenta un proceso de acelerado deterioro.

CUADRO 5
ASISTENCIA A REUNIONES DE ORGANIZACIONES VOLUNTARIAS, SEGÚN SECTOR (PORCENTAJE)

	Rural	Urbano
Acción comunal	15	4
Padres de familia	8	6
Recreación/deporte	7	9
Ex-alumnos	2	3
Arte/música/cultura	2	4
Ambientalista	1	2
Caritativa	2	2
Total	37	30
Promedio	5.3	4.3

Preguntas 54, 55, 57 a 59, 66 y 70: ¿Asiste usted a reuniones de estas organizaciones?

Para explicar la reducción de la participación de los jóvenes en actividades asociativas Putnam analiza su relación negativa con "ver televisión" y la positiva con "leer la prensa". En el primer caso el capital social disminuye, mientras que en el segundo aumenta. Es decir, los que leen más prensa que el promedio y ven menos televisión que el promedio participan más en organizaciones horizontales. Putnam sostiene que la televisión "privatiza el tiempo libre de las personas", inhibiendo la tendencia natural de los individuos a relacionarse y asociarse comunitariamente, por cuanto condiciona la forma de actuar y el comportamiento social. Esto último redunda en cierto mutismo frente a la política, ciertamente nocivo para la democracia"[33]. Los resultados en Colombia en relación con la televisión no difieren de los que se esperarían con base en la hipótesis planteada por Putnam. La relación entre ver televisión y participar en actividades asociativas, así no sea particularmente estrecha, es de signo

---

[33] Putnam. "The Strange Disappearance of Civic America", *cit.*

negativo (r = −.20). Vale decir que quienes más ven televisión son quienes menos participan en organizaciones horizontales. Respecto de la lectura de la prensa no es posible establecer su relación puesto que en la encuesta no se formuló la pregunta.

d. LAS MUJERES SE ASOCIAN MENOS

Es significativo observar las diferencias de género, en lo que se refiere a actividades asociativas. La proporción de mujeres que participa en este tipo de actividades es reducida (3.3), casi la mitad de la que se registra en el caso de los hombres (5.7). Este resultado es particularmente llamativo si se tiene en cuenta que las diferencias de opinión frente a los más diversos temas entre hombres y mujeres en Colombia son reducidas a lo largo y ancho del territorio nacional[34].

CUADRO 6

ASISTENCIA A REUNIONES DE ORGANIZACIONES VOLUNTARIAS, SEGÚN SECTOR (PORCENTAJE)

	Hombre	Mujer
Acción comunal	9	6
Padres de familia	6	6
Recreación/deporte	13	4
Ex-alumnos	3	2
Arte/música/cultura	5	2
Ambientalista	3	1
Caritativa	1	3
TOTAL	40	23
PROMEDIO	5.7	3.3

Preguntas 54, 55, 57 a 59, 66 y 70: ¿Asiste usted a reuniones de estas organizaciones?

---

34 Ver capítulo sobre familia.

e. LOS EMPLEADOS PÚBLICOS SE ASOCIAN MÁS

Entre empleados públicos surge mayor capital social. La predisposición a participar en actividades asociativas de los docentes, los jueces y el estamento militar en todos los casos supera ampliamente la de la población, inclusive la de los estratos más ricos de la sociedad. Esta tendencia es especialmente elevada en el caso de los docentes (14).

De los resultados obtenidos hasta aquí se concluye que en Colombia el "capital social", medido en términos de la participación en actividades asociativas no jerarquizadas, es elevado para su nivel de ingreso, frente al de otros países en el mundo. Adicionalmente, dicho capital social aumenta con el ingreso, tanto a nivel individual como departamental y florece, al contrario de lo que sería de esperar, donde es más inequitativa la distribución del ingreso. Sin embargo, no existe evidencia para afirmar que su formación esté en proceso de consolidación: los jóvenes participan menos en actividades asociativas y, a su vez, los habitantes del campo participan más. De otra parte, según género surge como algo excepcional que, frente a muchos otros tópicos en donde las diferencias son menos marcadas, que las mujeres participen tan sólo en la mitad de las actividades asociativas respecto de los hombres. En contraste, docentes, jueces y miembros de las fuerzas armadas tienen una enorme predisposición a agruparse alrededor de organizaciones horizontales.

CUADRO 7
ASISTENCIA A REUNIONES DE ORGANIZACIONES
VOLUNTARIAS, SEGÚN ESTAMENTO (PORCENTAJE)

	Docentes	Jueces	Fuerzas Armadas
Acción comunal	7	5	7
Padres de familia	16	17	12
Recreación/deporte	25	20	28
Ex-alumnos	13	12	7
Arte/música/cultura	16	6	5
Ambientalista	15	5	8
Caritativa	5	6	2
TOTAL	97	71	69
PROMEDIO	13.8	10.1	9.8

Preguntas 54, 55, 57 a 59, 66 y 70: ¿Asiste usted a reuniones de estas organizaciones?

2. ASOCIACIONES JERARQUIZADAS

Algunas actividades asociativas son jerarquizadas e involucran la búsqueda de retornos a nivel individual. Estas actividades se caracterizan por las relaciones patrón-cliente, que no siempre derivan en el bienestar común. Esto no significa que una comunidad cívica deba renunciar al interés propio de sus miembros. La dicotomía entre el interés propio y el altruismo se resuelve en las economías exitosas al no esperar que los individuos renuncien a sus motivaciones personales: no se requiere que éstas sean altruistas. En una comunidad cívica la población busca lo que Tocqueville llamó "el interés propio debidamente entendido", que impulsa la igualdad de derechos y obligaciones y está atado por relaciones horizontales de reciprocidad y cooperación, en lugar de verticales de autoridad y dependencia.

Como un indicador de las relaciones de dependencia Inglehart utiliza el vínculo entre padres e hijos. Al respecto, sirve en especial la pregunta: *¿sin importar las virtudes y defectos que puedan tener el padre y la madre, siempre debemos amarlos y respetarlos?* Como se anotó en el capítulo sobre familia, la respuesta afirmativa a esta pregunta (91%) es particularmente elevada en Colombia. Al establecer la relación de esa variable con el índice de actividad asociativa se encuentra que es positiva (r = .29) (gráfica 7). Así mismo, en Colombia la importancia de la obediencia en la educación de los hijos, valor preponderante en sociedades que desarrollan elevados niveles de dependencia, está positivamente correlacionada con la presencia de la sociedad cívica (r = .26) (gráfica 7). Esto significa que donde son mayores las relaciones de dependencia –donde las jerarquías están consolidadas– es mayor la participación en actividades asociativas, al contrario de lo que sería de esperar del marco teórico. Este resultado, junto al hallado respecto de la predisposición a participar en actividades asociativas donde es más inequitativa la distribución del ingreso, señala la existencia de tendencias inconvenientes en las características del capital social del país. Aún así, cabe analizar qué ocurre frente a la participación en sindicatos, la Iglesia y los partidos políticos, por sus características eminentemente verticales y jerarquizadas.

Gráfica 7
Actividad asociativa, respeto y amor por los padres y obediencia como cualidad, según departamento

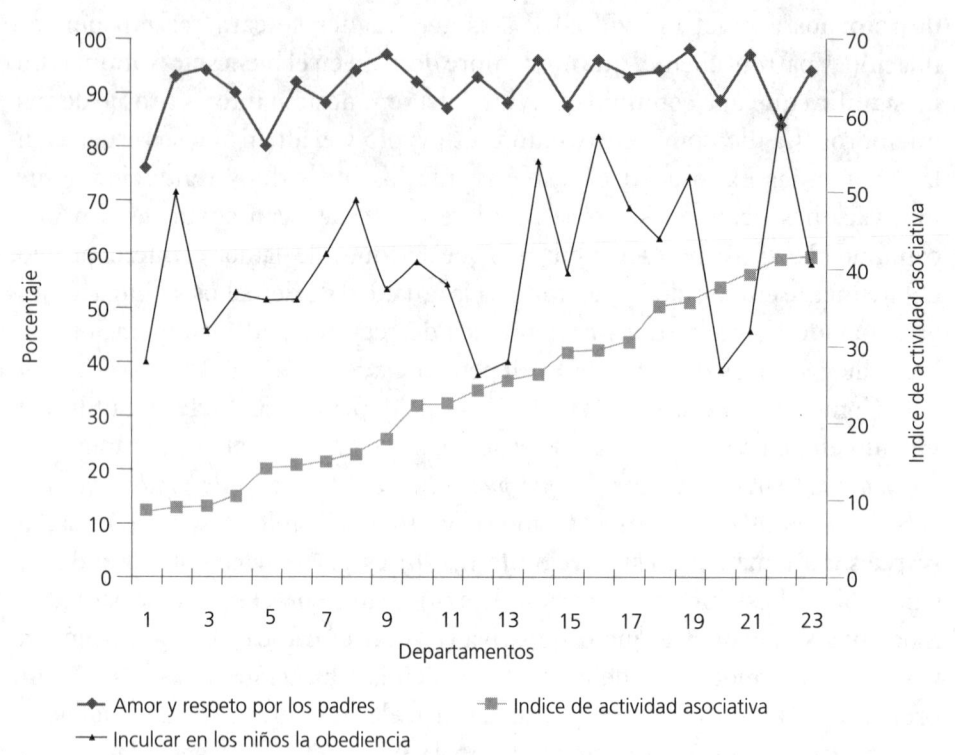

→ Amor y respeto por los padres
■ Indice de actividad asociativa
▲ Inculcar en los niños la obediencia

No.	DEPTO.	No.	DEPTO.	No.	DEPTO.	No.	DEPTO.
1	SUC	7	CAL	13	HUI	19	SAN
2	GUA	8	ATL	14	CES	20	BOG
3	QUI	9	N. SANT	15	ANT	21	CUND
4	MET	10	MAG	16	COR	22	RIS
5	BOL	11	VAL	17	NAR	23	CAU
6	TOL	12	CAQ	18	BOY		

Pregunta 16.1: ¿Sin importar las virtudes y defectos que puedan tener el padre y la madre, siempre debemos amarlos y respetarlos?
Pregunta 29: Cualidades que deben inculcarse a un niño en el hogar.

a. SINDICATOS

En los países desarrollados, con la revolución industrial surgieron las uniones laborales para buscar la protección de sus afiliados. Estas llegaron a ser muy fuertes y bajo su presión se abrió espacio al surgimiento del Estado benefactor, que le extendió protección a la población en los más diversos ámbitos. En Colombia los movimientos sindicales nunca han tenido la fortaleza alcanzada en otros países del mundo.

En algunos países la vinculación de la población a las agremiaciones sindicales ha sido obligatoria. De ahí que en ellos el comportamiento de la afiliación a éstos tenga menos relevancia desde el punto de vista de su contribución a la dotación de capital social de la comunidad[35]. En Colombia la asociación sindical es voluntaria y tiene mayor significado que el de preservar un puesto u ocupación. En el país los sindicatos más fuertes son los de empleados públicos (docentes, jueces y sector de la salud), así legalmente su actuación no esté plenamente aceptada, y los de las grandes empresas estatales, en las que existe por lo general más de una unión sindical, cuyos afiliados pertenecen a distintas ideologías políticas. Estas uniones van desde las de extrema izquierda hasta las de extrema derecha. En el sector privado los sindicatos, si bien existen y con frecuencia han buscado la unión a nivel sectorial (por ejemplo, en el sector financiero), son más débiles y tampoco los favorece la normatividad vigente, que es restrictiva, en particular en lo que se refiere a la prestación de servicios y producción de bienes de interés público. El debilitamiento de los sindicatos se refleja en el número de afiliados. Este, en lugar de crecer con los años, ha venido cayendo y en la actualidad está entre los más bajos de los últimos 50 años.

La relación entre la asistencia a reuniones de grupos sindicales y la participación en actividades asociativas es positiva y elevada ($r = .38$) (gráfica 8), lo que indica la estrecha vinculación que existe entre ellas, a semejanza de lo encontrado por Putnam en Italia.

---

35 Putnam. "The Strange Disappearance", *cit.*

Gráfica 8
Asistencia a reuniones sindicales y actividad asociativa, según departamento

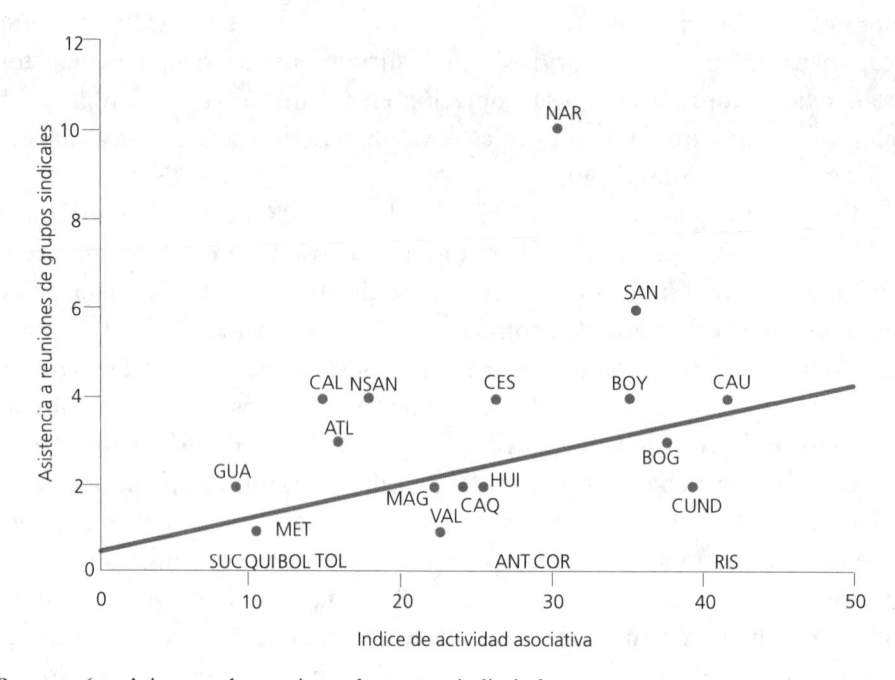

[Gráfica de dispersión con eje Y "Asistencia a reuniones de grupos sindicales" de 0 a 12, y eje X "Indice de actividad asociativa" de 0 a 50. Puntos: NAR (~30, 10), SAN (~35, 6), CAL (~15, 4), NSAN (~18, 4), CES (~26, 4), BOY (~35, 4), CAU (~42, 4), ATL (~18, 3), BOG (~38, 3), GUA (~10, 2), MAG (~22, 2), HUI (~26, 2), CUND (~38, 1.5), CAQ (~25, 1), VAL (~23, 1), MET (~12, 1), SUC, QUI, BOL, TOL (~10-20, 0), ANT, COR (~28, 0), RIS (~40, 0).]

Pregunta 60: ¿Asiste usted a reuniones de grupos sindicales?

b. CIVISMO Y RELIGIOSIDAD

Los países más desarrollados, de acuerdo con la tesis weberiana, son aquellos donde predomina el protestantismo. Esta visión rechaza la concepción que considera la economía como un juego de suma cero, en donde el mejoramiento económico de una persona siempre es a costa del de otra, el status de una persona deriva de la familia o del grupo social a que pertenece, mas no de los logros personales y las aspiraciones de movilización son suprimidas, en particular en lo relacionado con el comportamiento empresarial que busca la acumulación de la riqueza. Las relaciones horizontales de la sociedad cívica se contraponen y prevalecen sobre las verticales y jerárquicas de la Iglesia. Las libertades políticas ancladas en la sociedad cívica, no son congruentes con una sociedad religiosa cuya normatividad formal e informal deriva del "derecho divino", mas no del contrato social, que es la base de los regímenes democráticos. La Porta y coautores concluyen que la confianza entre individuos es reducida en los países en donde predominan las religiones basadas en estructuras jerárquicas[36], medidas en términos de la proporción de población que es católica, cristiana ortodoxa o musulmana. Knack y Keefer encuentran una relación estrecha y positiva entre el protestantismo y los niveles de confianza[37]. Es obvio que el civismo, el capital social y la prosperidad económica no son exclusivos de países históricamente protestantes. De ahí que no pueda afirmarse que el rechazo de los valores religiosos sea precondición para que surja el compromiso comunitario. Simplemente señala que en las sociedades con mayores niveles de civismo los habitantes le asignan menor importancia relativa a los aspectos religiosos. La secularización de una sociedad, la menor confianza en las iglesias, la menor asistencia a servicios religiosos y la menor importancia atribuida a la religión[38] han ido de la mano de la modernización económica en muchas partes del mundo.

En una escala de 1 a 10, donde 10 significa que se le asigna la mayor importancia a los factores religiosos y 1 que éstos no son importantes, el país se ubica en promedio por encima de 7, lo que señala la preponderancia de los valores clericales. En concordancia con la hipótesis planteada en el ámbito internacional, en Colombia los resultados señalan que quienes participan en actividades asociativas no son particularmente religiosos (r = −.46) (gráfica 9). Resultados similares surgen frente al respeto por el cura (gráfica 46) (r = −.49). Los departamentos que menos respetan al cura son precisamente los que muestran los niveles más altos de capital social. En Italia, la correlación negativa entre clericalismo y civismo es más aguda (r = −.76)[39].

---

36 "Dominant Hierarchical Religions". Rafael La Porta, Florencio López de Silanes, Andrei Shleifer y Robert W. Viskny. "Trust in Large Organizations", en *American Economic Review*, LXXXVII (1997), pp. 333 a 338.
37 Knack y Keefer, 1997, p. 1283.
38 Ronald Inglehart. *Modernization and Postmodernization. Cultural, Economic and Social Change in 43 Societes*, Princeton, Princeton University Press, 1997.
39 Putnam. *Making Democracy Work, cit.*, p. 108.

GRÁFICA 9
CLERICALISMO, RESPETO POR EL CURA Y ACTIVIDAD ASOCIATIVA, SEGÚN DEPARTAMENTO

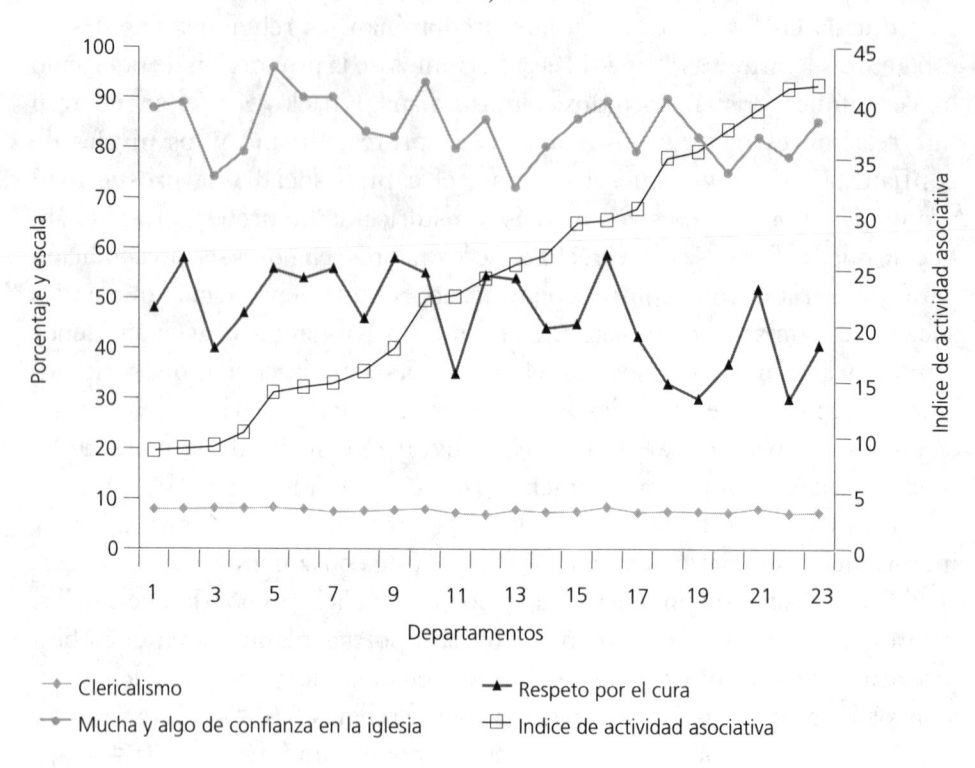

- ◆ Clericalismo
- ● Mucha y algo de confianza en la iglesia
- ▲ Respeto por el cura
- ☐ Indice de actividad asociativa

No.	DEPTO.	No.	DEPTO.	No.	DEPTO.	No.	DEPTO.
1	SUC	7	CAL	13	HUI	19	SAN
2	GUA	8	ATL	14	CES	20	BOG
3	QUI	9	N. SANT	15	ANT	21	CUND
4	MET	10	MAG	16	COR	22	RIS
5	BOL	11	VAL	17	NAR	23	CAU
6	TOL	12	CAQ	18	BOY		

Pregunta 240.1: Indique por cuál de estas actividades siente usted más respeto. (En la gráfica se considera la del cura).

En el mundo premoderno, caracterizado por bajos niveles de ingreso, las personas tienden a buscar refugio en las verdades absolutas de la Iglesia. Cuando las necesidades básicas están aseguradas el énfasis en lo espiritual como trascendencia de la propia individualidad cambia y adquiere mayor relevancia la búsqueda de significado de la vida personal[40]. La relación entre la pertenencia a asociaciones y la respuesta a la pregunta sobre si *encuentra usted consuelo y tranquilidad en su religión*, es negativa ($r = -.37$) en Colombia (gráfica 12). Estos resultados llevarían en principio a pensar que quienes participan en actividades asociativas ven su futuro más asegurado que el resto de la población. Sin embargo, paradójicamente, esto no es así en Colombia.

La relación entre la actividad asociativa y la certidumbre de que se tendrán recursos suficientes para atender los *gastos de salud y en la vejez* es elevada y negativa ($r = -.41$) en Colombia. Es decir que los departamentos en los que es mayor el espíritu cívico son precisamente aquellos donde se advierte más incierto el futuro: son los que más consideran que tendrán problemas con sus gastos de salud y seguridad social (gráfica 10). Es evidente que donde las garantías son elevadas y el riesgo reducido los individuos tienden a organizar su vida en torno a la búsqueda de mayor calidad de vida y no de la simple supervivencia.

Sin embargo, frente al resto de la población, éstos no son precisamente quienes menos cuentan con protección social ($r = .14$) (gráfica 11).

Resultados obtenidos a nivel internacional no permiten concluir que en las sociedades donde predomina el espíritu cívico el interés por los asuntos espirituales se desvanezca. Al contrario, Inglehart encuentra que cuando las sociedades progresan las personas dedican más tiempo a pensar en el significado y propósito de la vida. En Colombia los resultados de la encuesta validan estos comportamientos. La correlación entre la sociedad cívica y la frecuencia con que los encuestados piensan en el significado y propósito de la vida es positiva y elevada ($r = .54$) (gráfica 12).

---

40 Inglehart. *Modernization and Postmodernization*, cit.

Gráfica 10
Actividad asociativa e incertidumbre frente a la salud y gastos en la vejez*, según departamento

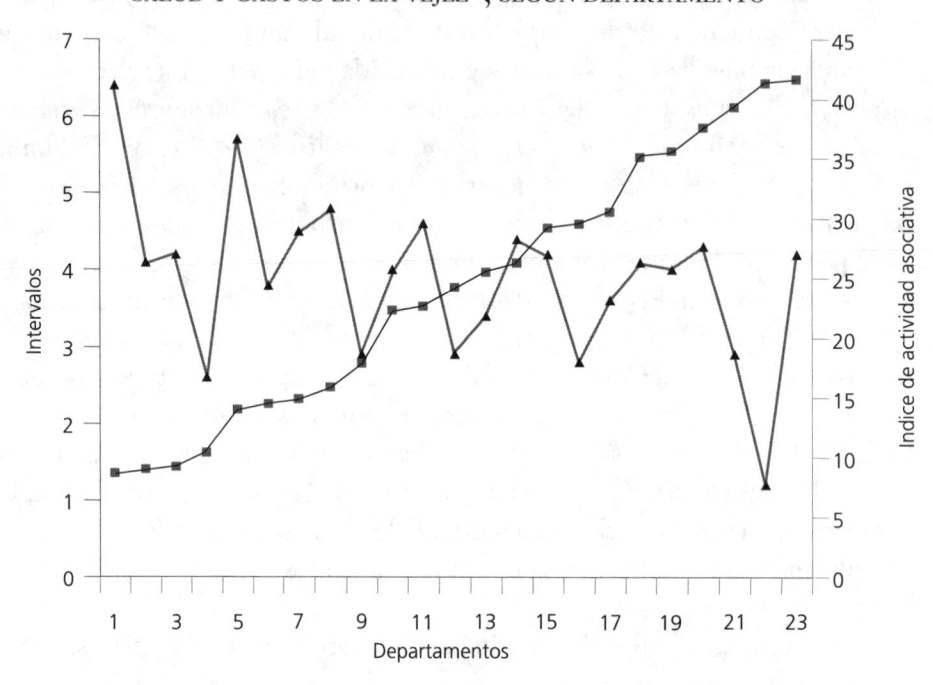

▲ Están garantizados el seguro de salud y los gastos en la vejez
■ Indice de actividad asociativa

No.	DEPTO.	No.	DEPTO.	No.	DEPTO.	No.	DEPTO.
1	SUC	7	CAL	13	HUI	19	SAN
2	GUA	8	ATL	14	CES	20	BOG
3	QUI	9	N. SANT	15	ANT	21	CUND
4	MET	10	MAG	16	COR	22	RIS
5	BOL	11	VAL	17	NAR	23	CAU
6	TOL	12	CAQ	18	BOY		

* El seguro de salud y los gastos en la vejez son el promedio en una escala de 1 a 10.
 Pregunta 226: ¿Cómo colocaría sus puntos de vista en esta escala, donde 1 significa que lo preocupa cómo va atender sus gastos en la vejez y 10 que según usted está totalmente garantizado que el seguro de salud y la pensión se encargarán de ese problema?

Gráfica 11
Actividad asociativa y gastos en la vejez y de salud, según departamento

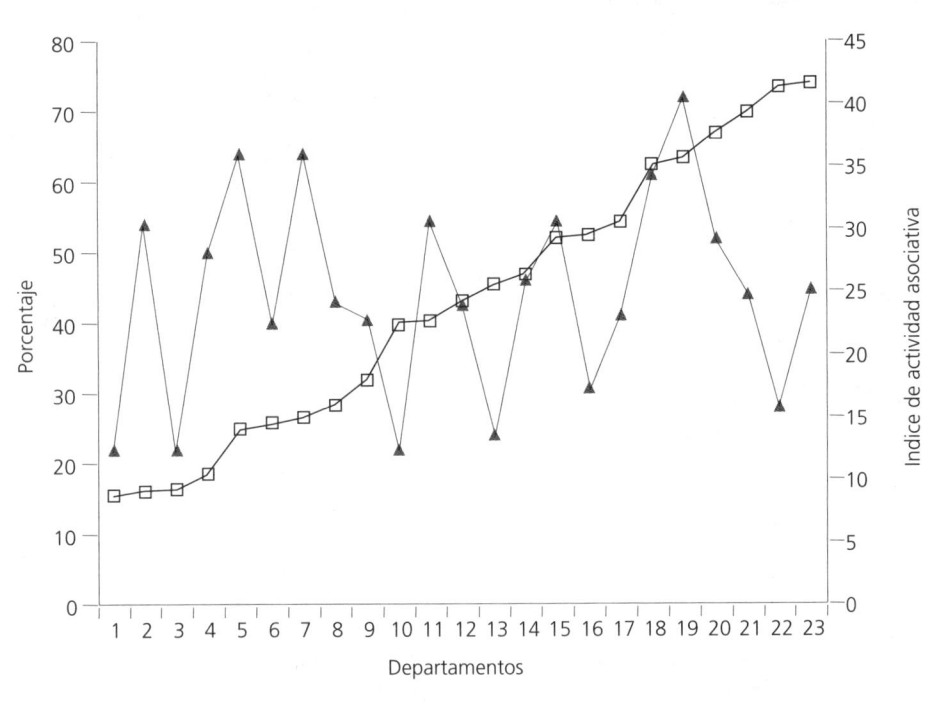

▲ Tiene seguro de salud   ⊟ Indice de actividad asociativa

No.	DEPTO.	No.	DEPTO.	No.	DEPTO.	No.	DEPTO.
1	SUC	7	CAL	13	HUI	19	SAN
2	GUA	8	ATL	14	CES	20	BOG
3	QUI	9	N. SANT	15	ANT	21	CUND
4	MET	10	MAG	16	COR	22	RIS
5	BOL	11	VAL	17	NAR	23	CAU
6	TOL	12	CAQ	18	BOY		

Pregunta 226: En una escala de 1 a 10, donde 1 significa que a usted le preocupa cómo va a atender sus gastos en la vejez y 10 que está totalmente garantizado que el seguro de salud y la pensión se encargarán de ese problema, ¿dónde se ubica?

Pregunta 227: ¿Tiene seguro de salud?

Gráfica 12
Significado de la vida, valor de la religión y actividad asociativa, según departamento

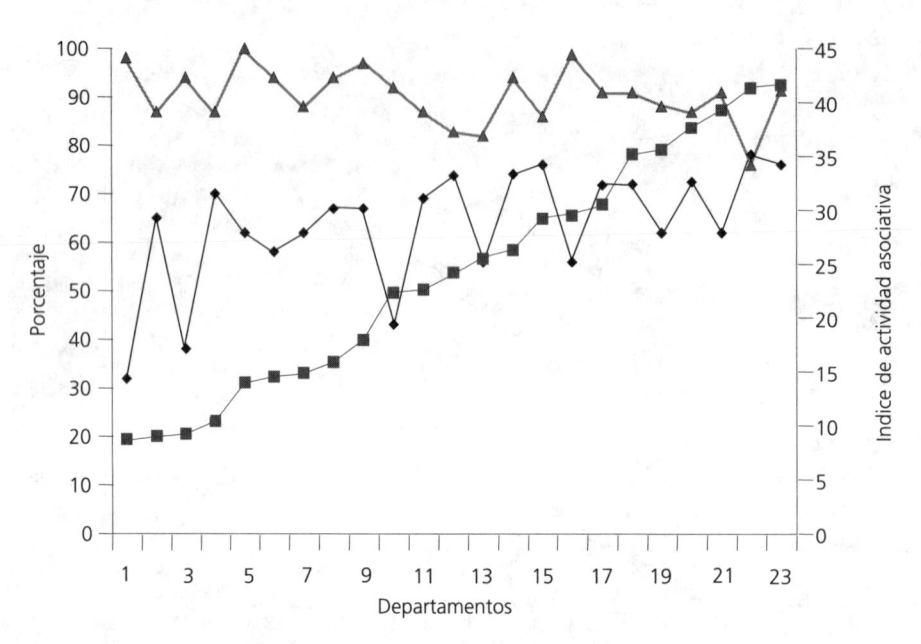

- ◆ Piensa frecuentemente en el significado de la vida
- ▲ Encuentra consuelo y tranquilidad en su religión
- ■ Indice de actividad asociativa

No.	DEPTO.	No.	DEPTO.	No.	DEPTO.	No.	DEPTO.
1	SUC	7	CAL	13	HUI	19	SAN
2	GUA	8	ATL	14	CES	20	BOG
3	QUI	9	N. SANT	15	ANT	21	CUND
4	MET	10	MAG	16	COR	22	RIS
5	BOL	11	VAL	17	NAR	23	CAU
6	TOL	12	CAQ	18	BOY		

Pregunta 263: ¿Qué tan frecuentemente piensa usted en el significado y propósito de la vida? (En la gráfica se considera "frecuentemente").

Pregunta 277: ¿Encuentra usted consuelo y tranquilidad en su religión?

En resumen, en el país no sólo quienes participan en actividades asociativas son los menos católicos y quienes menos consuelo encuentran en la religión, sino que a pesar de ser quienes perciben más incierto el futuro son quienes más piensan en el significado de la vida.

C. PARTIDOS POLÍTICOS

En las sociedades donde el capital social está consolidado no sólo se facilita el crecimiento económico, sino que funcionan más eficientemente los mercados políticos y, por ende, los regímenes democráticos.

Para Putnam[41] la comunidad cívica se distingue por su participación activa en asuntos públicos. Esto no significa, sin embargo, que todas las actividades políticas se merezcan el título "virtuoso" de ser cívicas, porque contribuyen al bienestar común. Es importante establecer diferencias. Quienes ejercen los derechos políticos, por ejemplo quienes participan en referendos, pueden estar motivados por el interés en los asuntos públicos, lo que se constituye en expresión de capital social. La calidad de la participación importa, y aquella que no responde a una motivación estrictamente personal difiere en razón de su naturaleza y presupone la deliberación colectiva sobre asuntos públicos. Esta motivación contrasta con la participación política en general, que se focaliza más en la búsqueda de ventajas personales limitadas[42].

En las regiones donde la gente vota pero no se involucra en asuntos comunitarios tampoco participa en asociaciones cívicas, pero frecuenta más a los políticos. Más aún, este contacto obedece a asuntos personales en lugar de públicos (políticas o normas). De ahí que las regiones menos cívicas se caracterizan por tener relaciones patrón-cliente, relaciones verticales de autoridad y dependencia, y sus representantes provienen de los segmentos más favorecidos de la población. En las sociedades cívicas no se aceptan automáticamente ni la autoridad ni las relaciones jerarquizadas; se firman más pliegos de peticiones, se participa más fácilmente en paros cívicos y en

---

41 Putnam. *Making Democracy Work*, cit.
42 *Ibid*.

manifestaciones legales y un número significativo de líderes políticos es de extracción social más modesta.

GRÁFICA 13
ASISTENCIA A REUNIONES DE PARTIDOS POLÍTICOS
Y ACTIVIDAD ASOCIATIVA, SEGÚN DEPARTAMENTO

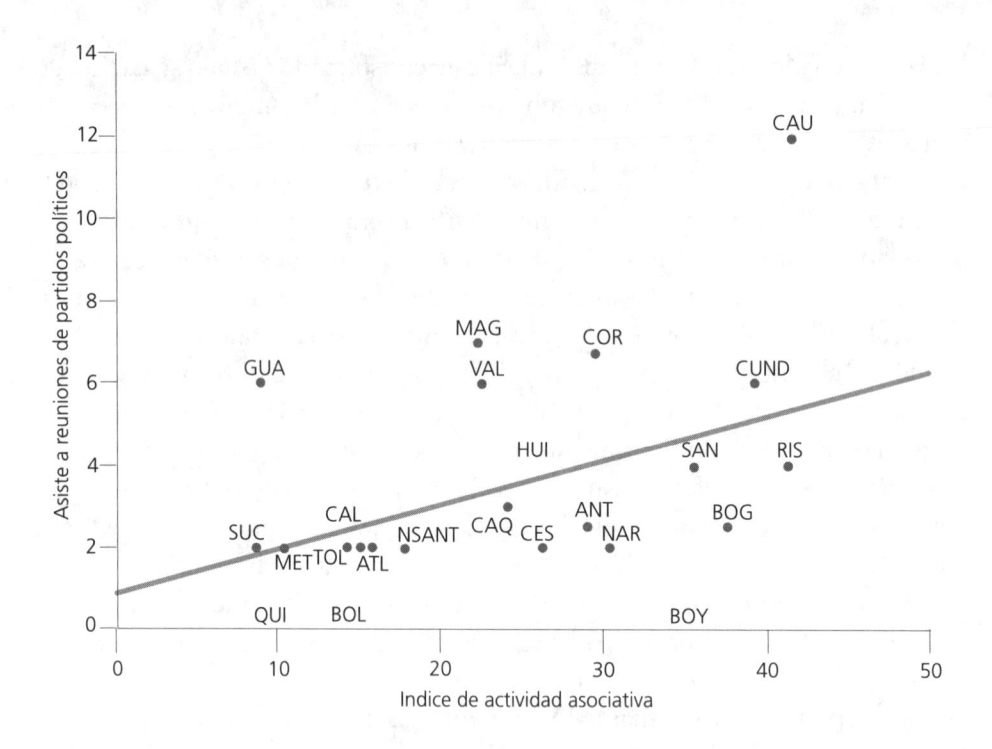

Pregunta 61: ¿Asiste usted a reuniones de partidos políticos?

En Colombia la relación entre la asistencia a reuniones de partidos políticos y el índice de actividad asociativa es positiva y fuerte (r = .44).

Sin embargo, quienes manifiestan tener interés por la política, como una actitud general –¿*está usted muy interesado en la política?*–, no son quienes más participan en actividades asociativas (r = –.14), ni tampoco quienes votan para Presidente (r = .11) o para Alcalde (r = .12).

Gráfica 14
Actividad asociativa y votación para Presidente y Alcalde, según departamento

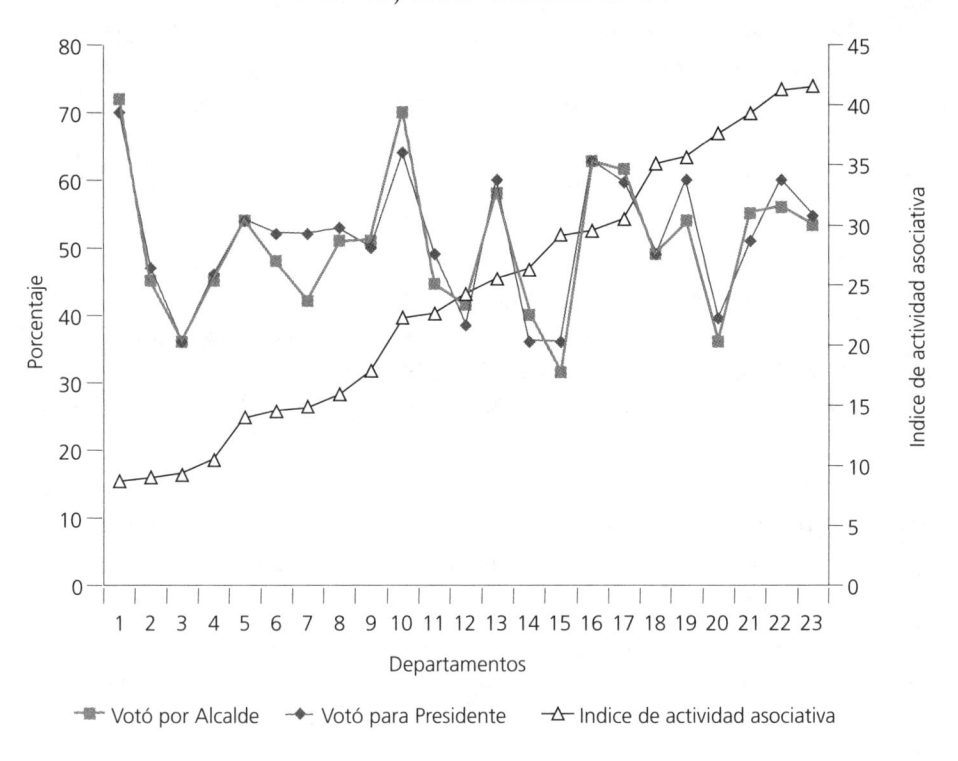

— Votó por Alcalde   — Votó para Presidente   — Indice de actividad asociativa

No.	DEPTO.	No.	DEPTO.	No.	DEPTO.	No.	DEPTO.
1	SUC	7	CAL	13	HUI	19	SAN
2	GUA	8	ATL	14	CES	20	BOG
3	QUI	9	N. SANT	15	ANT	21	CUND
4	MET	10	MAG	16	COR	22	RIS
5	BOL	11	VAL	17	NAR	23	CAU
6	TOL	12	CAQ	18	BOY		

Preguntas 76 y 78: ¿Votó en las últimas elecciones para Alcalde y Presidente?

Inglehart[43] identifica las nuevas formas de participación política como aquellas "acciones que cuestionan –o desafían– a las élites, como son el boicot, asistir a manifestaciones legales, unirse a huelgas no oficiales y hasta ocupar edificios o fábricas"[44]. El porcentaje de población que firmó pliegos de peticiones entre 1974 y 1990 creció en Estados Unidos del 58 al 71%; en Inglaterra, del 22 al 75%; en Alemania, del 31 al 56%, y en Holanda, del 21 al 50%[45]. En Colombia la relación entre el desarrollo de actividades políticas directas y la participación en actividades asociativas es estrecha y elevada (r = .77) (gráfica 15). Por lo demás, quienes más participan son los jueces y docentes.

En el capítulo sobre el Estado que queremos se ve que el potencial participativo en Colombia, es decir, de quienes estarían dispuestos a participar en actividades políticas directas, pero que no lo han hecho, es elevado. En este aspecto se destaca que no existe ninguna relación con quienes asisten a reuniones de organizaciones voluntarias (r = .08). De ahí puede concluirse que quienes participan en actividades asociativas son quienes más lo hacen en actividades políticas directas, sin que exista margen para el logro de una mayor actividad participativa en ese frente. Esta ya existe y está consolidada.

Algunos autores sugieren la conveniencia de indagar por la dotación de capital social de una comunidad más desde el punto de vista de exclusión que de inclusión. La carencia de virtud cívica se ejemplariza en los términos del "familiarismo amoral" de Banfield, en el cual, como se dijo, prima el lema: "maximice ventajas materiales y de corto plazo de la familia nuclear y asuma que todos los demás se comportan como usted". De ahí que se analice la posición de quienes no participan en actividades asociativas. Los resultados encontrados respecto de los no cívicos conducen a conclusiones radicalmente diferentes: no sólo son quienes menos se interesan por la política (r = –.42), sino que tampoco participan en actividades políticas directas (r = –.69).

---

43 Ronald Inglehart. "Value Priorities and Socio-Economic Change", en Samuel Barnes, Max Kaase *et al.* (eds.). *Political Action: Mass Participation in Five Western Democracies*, Beverly Hills, Sage, 1979.
44 "Elite-challeging action".
45 Inglehart. *Modernization and Postmodernization, cit.*, pp. 8 a 36.

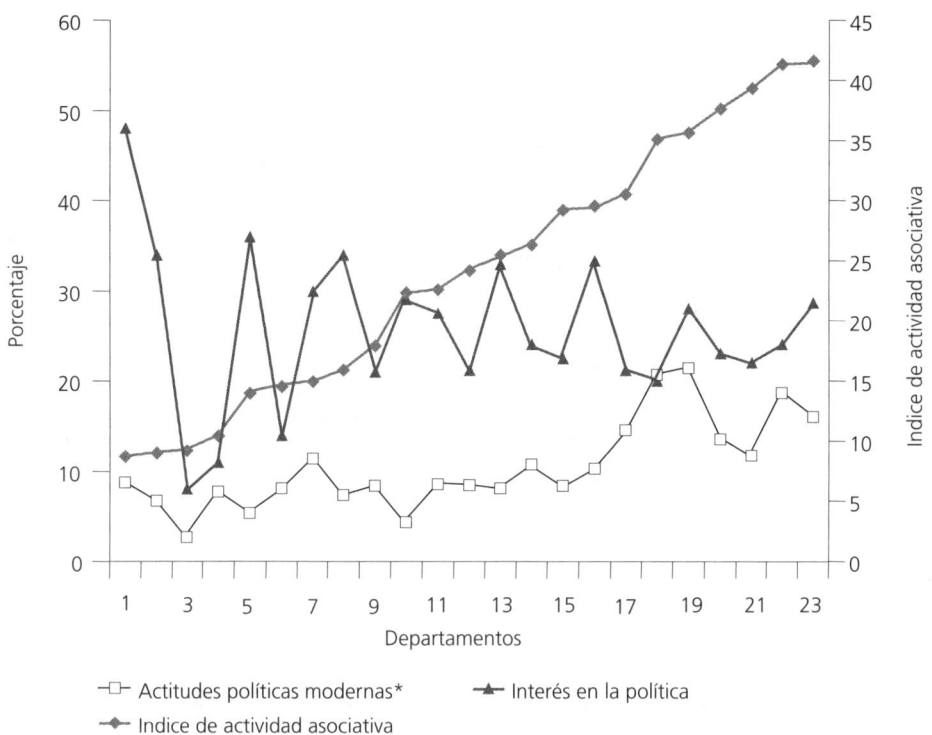

GRÁFICA 15
ACTITUDES POLÍTICAS Y ACTIVIDAD ASOCIATIVA, SEGÚN DEPARTAMENTO

—□— Actitudes políticas modernas* —▲— Interés en la política
—◆— Indice de actividad asociativa

No.	DEPTO.	No.	DEPTO.	No.	DEPTO.	No.	DEPTO.
1	SUC	7	CAL	13	HUI	19	SAN
2	GUA	8	ATL	14	CES	20	BOG
3	QUI	9	N. SANT	15	ANT	21	CUND
4	MET	10	MAG	16	COR	22	RIS
5	BOL	11	VAL	17	NAR	23	CAU
6	TOL	12	CAQ	18	BOY		

* El índice de actitudes políticas "modernas" se obtiene de la suma promedio por departamento de los porcentajes de la población que ha firmado un pliego de peticiones, se ha unido a un paro cívico y ha asistido a manifestaciones legales (preguntas 203, 204 y 205).

Pregunta 200: ¿Qué tan interesado está usted en la política? (En la gráfica se considera "muy interesado" y "algo interesado").

Gráfica 16
Actitudes políticas y no cívicos, según departamento

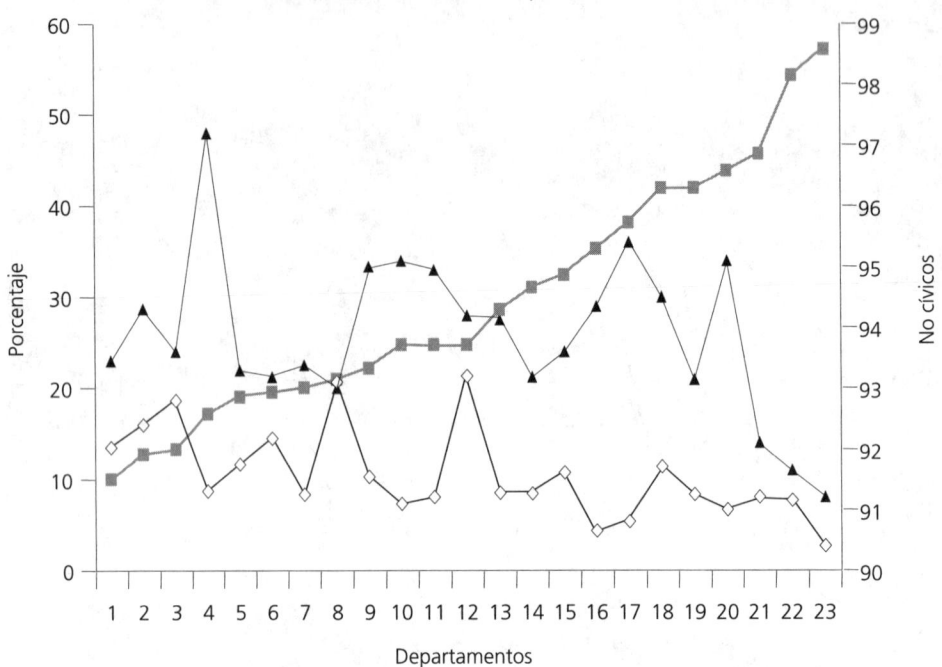

No.	DEPTO.	No.	DEPTO.	No.	DEPTO.	No.	DEPTO.
1	BOG	7	ANT	13	VAL	19	N. SANT
2	CAU	8	BOY	14	CAQ	20	GUA
3	RIS	9	COR	15	CES	21	TOL
4	SUC	10	ATL	16	MAG	22	MET
5	CUND	11	HUI	17	BOL		
6	NAR	12	SAN	18	CAL		

* El índice de actitudes políticas "modernas" se obtiene de la suma promedio por departamento de porcentajes de la población que ha firmado un pliego de peticiones, se ha unido a un paro cívico y ha asistido a manifestaciones legales (preguntas 203, 204 y 205).

Pregunta 200: ¿Qué tan interesado está usted en la política? (En la gráfica se considera "muy interesado" y "algo interesado").

Por ser el ámbito político donde se adoptan las decisiones, dilucidar el papel de la sociedad cívica reviste la mayor trascendencia. La pregunta es si la población cívica es la que maneja el país, y de ser así en qué contribuye a la sostenibilidad del régimen democrático. Putnam encontró en Italia que en las sociedades donde las estructuras políticas son cerradas quien gobierna por lo general es el más educado, fenómeno que es verificable en Colombia. En ambos países, los gobernantes de las regiones más atrasadas forman parte de la élite local más educada. El porcentaje de alcaldes con educación universitaria en la Zona Atlántica es el más alto del país (58%)[46], región donde la base de reclutamiento de los gobernantes se limita a una pequeña élite y donde la cultura cívica es la más reducida del país. Por el contrario, en las zonas más desarrolladas la clase política abarca segmentos más amplios de la población, como es el caso del Distrito Capital. Como es evidente, estos resultados señalan una mayor apertura política en las regiones cívicas. Vale decir, mayor competencia y eficiencia en los mercados políticos.

En resumen, quienes participan en asociaciones horizontales también son quienes participan en reuniones de los partidos políticos, sin que esto signifique que sean quienes más se interesan por la política en el sentido tradicional de la palabra, ni quienes votan en las elecciones nacionales o locales. Sin embargo, sí son quienes más participan en actividades políticas directas en busca de objetivos específicos, situación que no surge entre los no cívicos, que están distanciados de cualquier tipo de actividad política.

En consecuencia, se concluye que la relación entre quienes participan en organizaciones jerarquizadas y quienes asisten a reuniones de organizaciones voluntarias es estrecha en el caso de los sindicatos y los partidos políticos. En ambos casos es importante calificar esa participación por cuanto en Colombia corresponde más a actividades de tipo participativo, que difieren de las simples relaciones de patrón-cliente. En lo que se refiere a la Iglesia, la relación es negativa, como era de esperarse.

---

46 Departamento Nacional de Planeación. *Problemática municipal y prioridades de los actuales mandatarios locales para el período 1998-2000*, Bogotá, DNP, 1998.

B. LA CONFIANZA

La confianza puede no ser exógena. Puede crecer con los buenos resultados institucionales del pasado. De acuerdo con Putnam[47], la confianza es un hábito formado por siglos de historia de "redes de asociaciones voluntarias" entre personas, que cubren tanto actividades comerciales como cívicas. También sostiene Putnam que la Iglesia católica, al imponer relaciones jerarquizadas en la sociedad, a menudo en simbiosis con el Estado, ha desestimulando el surgimiento de la confianza. Su argumento se aplica de manera más general a las organizaciones religiosas dominantes y jerarquizadas de un país. La Porta y coautores[48], con base en evidencia empírica, sugieren que las Iglesias jerarquizadas y la desconfianza pueden reflejar factores subyacentes en la sociedad, que van en detrimento de los logros de las grandes organizaciones. Este factor puede reflejar instituciones disfuncionales en una sociedad, y si ello ocurre está asociado en el largo plazo con religiones jerarquizadas.

La confianza en los demás se asocia con la existencia de capital social. Que esto sea así resulta obvio. Cuando se cree y confía en los demás miembros de la sociedad se facilita trabajar en busca de objetivos colectivos e intercambiar bienes y servicios: quien interactúa con otros individuos no está prevenido, no considera al otro como su enemigo, ni piensa que lo más probable es que éste le incumpla, ni que está incurriendo en enormes riesgos. Con frecuencia se afirma que en el mundo occidental ha caído aceleradamente la confianza en los demás. Por ejemplo, diversos análisis establecen que la proporción de estadounidenses que declara confiar en la mayoría de las personas disminuyó en una tercera parte entre 1960 (58%) y 1993 (37%). A nivel internacional los resultados del *World Values Survey* (1993) señalan que existe una estrecha relación positiva entre la confianza interpersonal y el compromiso social ($r = .72$), definido éste como la propensión a participar en organizaciones voluntarias (gráfica 17).

---

47 Putnam. *Making Democracy Work*, cit.
48 "Dominant Hierarchical Religions". Rafael La Porta, Florencio López de Silanes, Andrei Shleifer y Robert W. Viskny. "Trust in Large Organizations", en *American Economic Review*, LXXXVII (1997).

Gráfica 17
Actividad asociativa y confianza, a nivel internacional

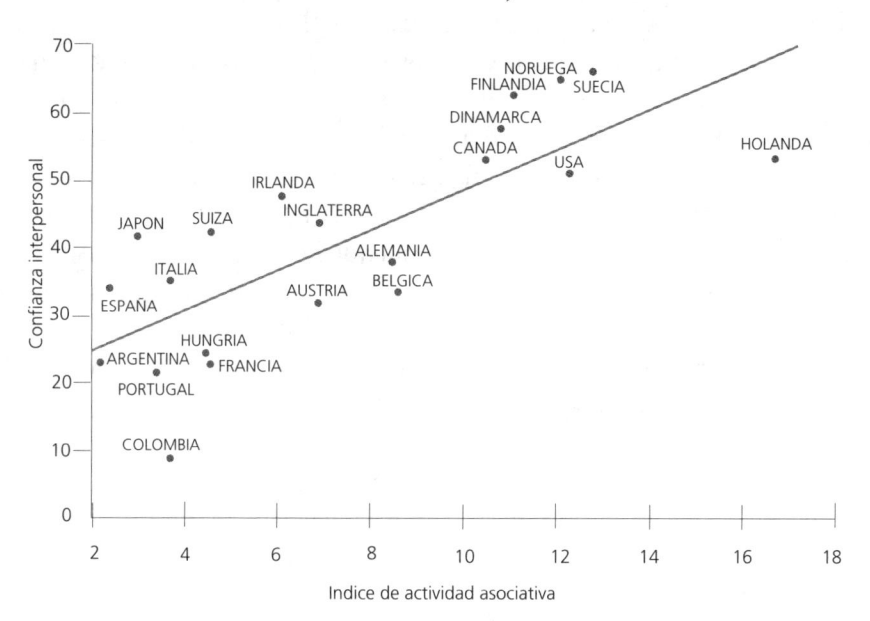

Pregunta: ¿Diría usted que se puede confiar en la mayoría de las personas?
Fuente: *World Values Survey*.

En Colombia la confianza interpersonal es excepcionalmente baja. El 81% desconfía de los demás y sólo el 9% confía[49], porcentaje que dista mucho del de todos los países incluidos en el *World Values Survey* (gráfica 17). Esto para cualquier efecto indica que en este frente algo anda mal en Colombia. La desconfianza en los demás se había identificado en capítulos anteriores como un hecho negativo dentro del síndrome de actitudes positivas que favorecen la democracia. ¿Es posible interactuar con otros individuos cuando de antemano se piensa que es probable resultar engañado? ¿Cómo puede funcionar la justicia si está sustentada en la desconfianza en los demás? (en el capítulo sobre justicia se habló de su ineficiencia). Es difícil imaginar que en una

---

49 Ver capítulo sobre instituciones democráticas y valoración de la política.

sociedad con esta característica sea posible garantizar el derecho sobre la propiedad y tener libertades civiles y políticas.

Estos resultados invitan a profundizar en el tema, teniendo en cuenta que el capital social, medido en términos de la participación en actividades asociativas, es elevado. A nivel departamental la relación entre la *confianza interpersonal* y la presencia de capital social o la participación en actividades asociativas es contraria a la observada a nivel internacional. Es decir, a mayor presencia de capital social mayor desconfianza (r = −.24) (gráfica 18). Este resultado es paradójico, si se tiene en cuenta que lo que posibilita la asociación entre individuos es precisamente la confianza. Esto sugiere que los niveles razonablemente altos de capital social, medido éste en términos de participación en actividades asociativas, surgen por cuenta de o están soportados en la desconfianza en los demás.

GRÁFICA 18

CONFIANZA, DESARROLLO Y ACTIVIDAD ASOCIATIVA

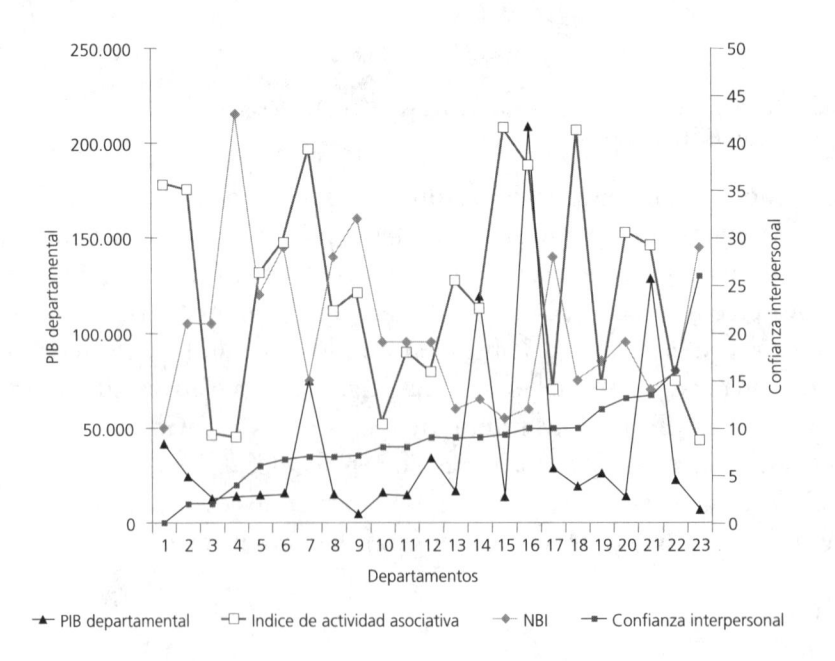

Pregunta 228: ¿Se puede confiar en la mayoría de las personas?

No.	DEPTO.	No.	DEPTO.	No.	DEPTO.	No.	DEPTO.
1	SAN	7	CUND	13	HUI	19	TOL
2	BOY	8	MAG	14	VAL	20	NAR
3	QUI	9	CAQ	15	CAU	21	ANT
4	GUA	10	MET	16	BOG	22	CAL
5	CES	11	N. SANT	17	BOL	23	SUC
6	COR	12	ATL	18	RIS		

Otro factor verificable a nivel internacional es el nexo de la confianza con el *desarrollo económico*[50]. En los países con bajos niveles de ingreso per cápita también son reducidos los niveles de confianza interpersonal (gráfica 19). La correlación calculada entre las dos variables es positiva y alta (r = .64).

GRÁFICA 19
CONFIANZA Y DESARROLLO, A NIVEL INTERNACIONAL

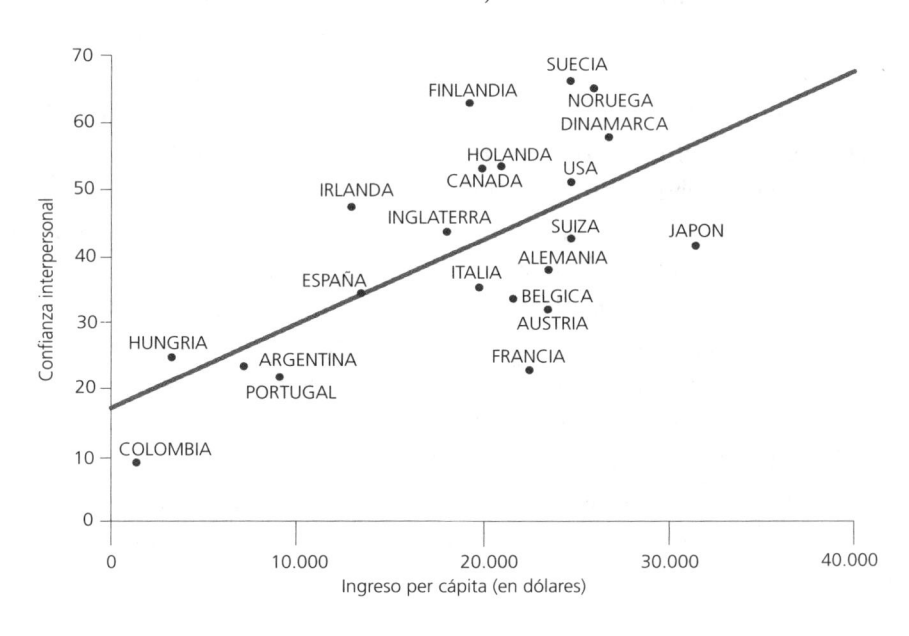

___

[50] Ronald Inglehart. *Culture Shift in Advanced Industrial Society*, Princeton University Press, 1990, p. 37.

Pregunta: En términos generales, ¿diría usted que se puede confiar en la mayoría de las personas o que no se puede ser tan confiado al tratar con la gente?
Fuente: Informe Anual Banco Mundial. Desarrollo económico: PIB per cápita 1993.

Al confrontar la relación entre confianza interpersonal y NBI y PIB per cápita departamental se encuentra que ésta se mueve en el sentido esperado (r = −.23 y r = .15, respectivamente): a mayor confianza menor NBI y mayor PIB, así dichas relaciones no sean particularmente estrechas (gráfica 18).

A nivel individual es relevante observar que los más ricos confían en los demás más que los pobres, pero es importante reseñar la poca confianza en los otros que manifiestan tener quienes ganan entre uno y tres salarios mínimos.

Por estructura de edades quienes más confían tienen más de 55 años. Los más desconfiados son los jóvenes. De la gráfica 20 podría extraerse que quienes nacieron hasta mediados de los años 40 confiaban más y que dicha confianza cayó marcadamente para quienes nacieron entre la segunda parte de los años 40 y la segunda de los años 70. Más significativo aún es que quienes nacieron en los 80 son todavía más desconfiados (gráfica 20). De la información que se tiene no es posible deducir si esos comportamientos responden al ciclo de vida o reflejan un cambio de valores. De ser esta última la realidad, la situación de la sociedad colombiana revestiría rasgos altamente preocupantes. Como un indicador de lo que se ve en esta materia se realizó la comparación rural-urbano. A ese nivel se observa que con el paso del campo a la ciudad aumenta la confianza. Esto señala que en este marco no se presenta la situación observada con relación con la participación en actividades asociativas, que disminuye cuando se pasa del campo a la ciudad. Estas ambivalencias y aparentes contradicciones tan solo permiten concluir que en esta materia la sociedad colombiana aparece estancada.

De otra parte, a diferencia de lo que ocurre con la actividad asociativa, en los lugares donde es mayor la inequidad social es menor la confianza en los demás (r = −.25).

GRÁFICA 20
CONFIANZA INTERPERSONAL

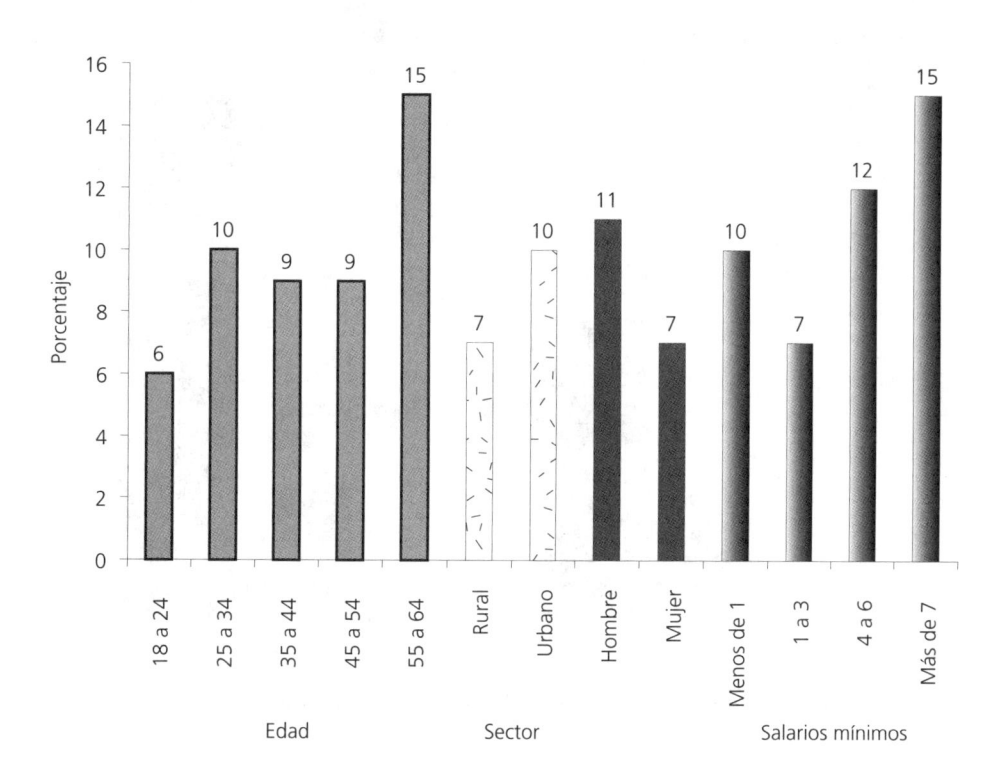

	18 a 24	25 a 34	35 a 44	45 a 54	55 a 64	Rural	Urbano	Hombre	Mujer	Menos de 1	1 a 3	4 a 6	Más de 7
Porcentaje	6	10	9	9	15	7	10	11	7	10	7	12	15

Edad — Sector — Salarios mínimos

Pregunta 228: ¿Se puede confiar en la mayoría de las personas?

Cabe destacar que las marcadas diferencias de género que surgen en el ámbito de la participación de la mujer en actividades asociativas están acompañadas también de diferencias significativas en los niveles de confianza. Las mujeres son más desconfiadas (7.5 vs. 10.4%) y participan considerablemente menos en actividades asociativas que los hombres, quienes no solo confían relativamente más, sino que también participan más en actividades asociativas (gráfica 21).

GRÁFICA 21
CONFIANZA Y ACTIVIDAD ASOCIATIVA, SEGÚN GÉNERO

[Gráfica de barras:
- Mujeres: Confianza Interpersonal 7.5; Participación en actividades asociativas 23.3
- Hombres: Confianza Interpersonal 10.4; Participación en actividades asociativas 41
Eje Y: Porcentaje]

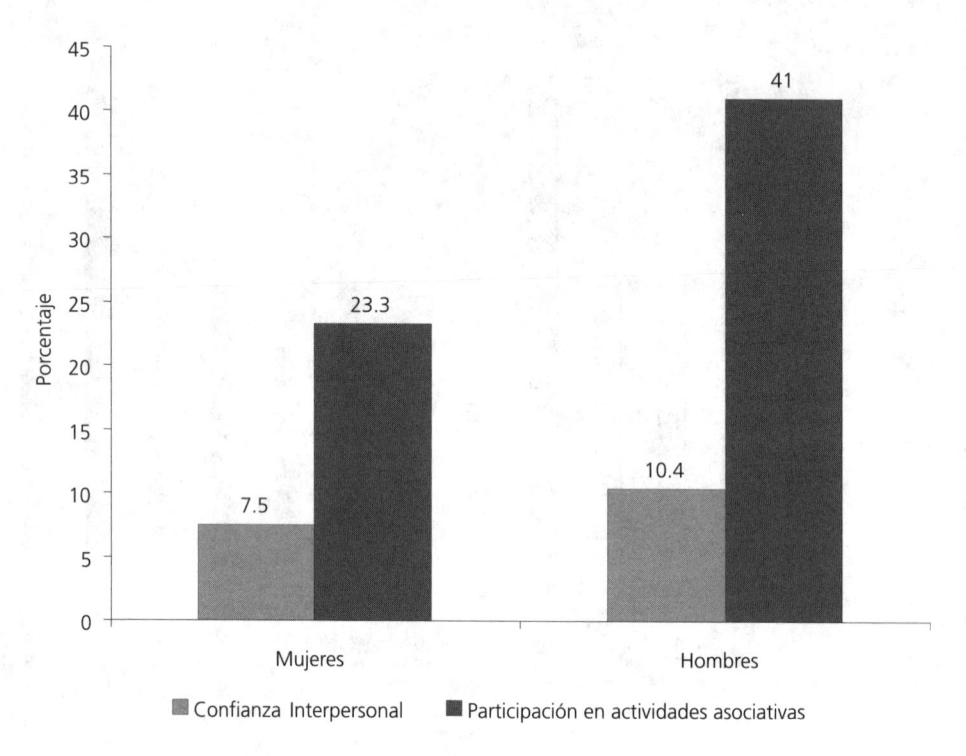

Pregunta 228: ¿Se puede confiar en la mayoría de las personas?
Preguntas 54, 55, 57 a 59, 66 y 70: ¿Asiste usted a reuniones de estas organizaciones?

La relación entre los que no participan en actividades asociativas y quienes manifiestan tener confianza en los demás también es negativa (r = −.22). Es decir, los no cívicos tampoco confían en los demás. Pero, a diferencia de lo que ocurre con los ciudadanos cívicos, la relación con el NBI es positiva (r = .20). En otras palabras, los no cívicos no sólo no confían en los demás, sino que además son los más pobres. Cabe destacar que en uno y otro caso las relaciones son menos estrechas que en el caso de los ciudadanos cívicos.

La confianza interpersonal de los miembros de las Fuerzas Armadas es tan solo ligeramente superior a la de la población. En contraste, la de los docentes la duplica y la de los jueces la triplica (gráfica 23). Esta mayor confianza está acompañada de mayor participación en actividades asociativas, como se vio anteriormente.

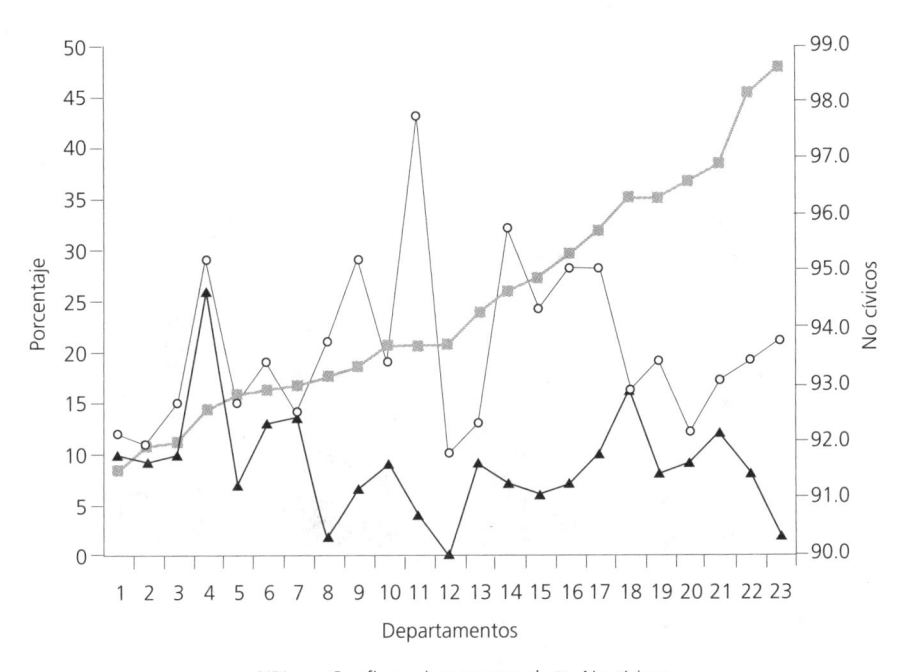

GRÁFICA 22
CONFIANZA INTERPERSONAL, NO CÍVICOS* Y NBI, SEGÚN DEPARTAMENTO

No.	Depto	No.	Depto	No.	Depto	No.	Depto
1	BOG	7	ANT	13	VAL	19	NSANT
2	CAU	8	BOY	14	CAQ	20	GUA
3	RIS	9	COR	15	CES	21	TOL
4	SUC	10	HUI	16	MAG	22	MET
5	CUND	11	QTL	17	BOL	23	QUI
6	NAR	12	SAN	18	CAL		

816   *Colombia: un proyecto inconcluso*

* Entiéndase a los no cívicos como el porcentaje de la población que no pertenece a ninguna de las 7 organizaciones voluntarias mencionadas anteriormente.
Pregunta 228: ¿Se puede confiar en la mayoría de las personas?

GRÁFICA 23
CORRUPCIÓN DE LOS EMPLEADOS PÚBLICOS Y
CONFIANZA INTERPERSONAL, SEGÚN ESTAMENTO

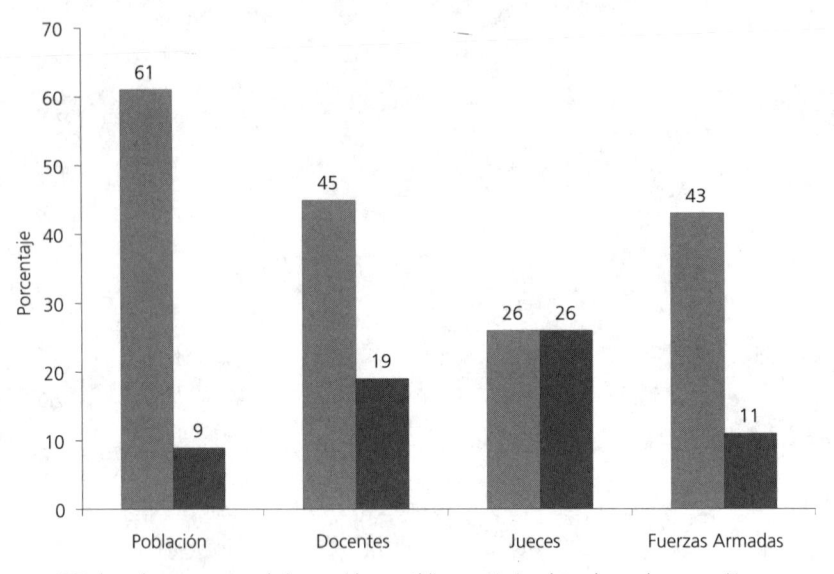

Estamento	Todos o la mayor parte de los servidores públicos están involucrados en la corrupción	Se puede confiar en la mayoría de las personas
Población	61	9
Docentes	45	19
Jueces	26	26
Fuerzas Armadas	43	11

Pregunta 296: ¿Qué tan involucrados diría usted que están los empleados públicos en la corrupción? (En la gráfica se considera "todos" y "la mayor parte").
Pregunta 228: ¿Se puede confiar en la mayoría de las personas?

De los resultados obtenidos hasta aquí surgen más interrogantes que respuestas a la pregunta: ¿qué tan cívica es Colombia? En capítulos anteriores se estableció que la familia tiende a agruparse alrededor de sí misma, que la atan fuertes lazos de dependencia y que frente a las actividades productivas la población prefiere el autoempleo, a pesar de que considera que la pequeña industria no produce ni respeto ni riqueza[51], características típicas del "familiarismo amoral" de Banfield, que prevalecen donde la comunidad cívica es inexistente. Pero también se vio que la participación en actividades asociativas es elevada, en particular entre los hombres, así la confianza interpersonal sea reducida, y que estas actividades surgen en los departamentos más desarrollados y están vinculadas a una más inequitativa distribución del ingreso. Así mismo, se identificó que hacer cumplir la ley es demasiado costoso en Colombia y que existen fuertes indicios para suponer que la riqueza exige protección. Aún así entre jueces, docentes y en el estamento militar no solo es mayor la predisposición a vincularse a actividades asociativas sino que, a diferencia de la población, se confía más en los demás, en particular en el caso de los jueces.

Esos resultados despiertan interrogantes sobre la calidad del capital social prevaleciente en la sociedad colombiana. ¿Es éste de tipo perverso? Es decir, ¿la gente no se asocia para cooperar por el bien común sino para el logro de resultados personales? ¿O, por el contrario, está motivada, dada la enorme desconfianza, por la necesidad de obtener protección? ¿Por qué los empleados públicos se comportan de manera tan diferente a la población? Los resultados obtenidos frente a la criminalidad, la violencia y la ineficiencia de la justicia abren espacio para justificar la búsqueda de protección, o para que ésta induzca el comportamiento delictivo. También cabe la posibilidad de que se estimule el "antimodernismo" en la forma definida por Rose[52], que surge de la configuración de amplias y diversas redes de asociaciones entre individuos para sustituir las fallas de las instituciones formales y lograr lo que se desea. Esta última situación es lo que explica la presencia de corrupción y justicia privada en una sociedad a causa de la reducida efectividad de las instituciones formales. Para aclarar estos temas es preciso profundizar en el análisis que se viene realizando.

---

51 Ver capítulo sobre estructura de incentivos y sanciones y sus consecuencias económicas.
52 Susan Rose Ackerman. "La economía política de la corrupción y sus consecuencias", en *Public Policy for the Private Sector*, The World Bank, April 1998.

C. LAS INSTITUCIONES

1. LA CONFIANZA EN LAS INSTITUCIONES

Cabe preguntarse: ¿qué puede esperarse de una estructura institucional, que es por definición producto de la interacción de reglas formales e informales, que se forma sobre la base de fuertes redes de organizaciones voluntarias sustentadas por la enorme desconfianza que se tiene en los demás?

Para cualquier régimen político son básicas las instituciones que lo conforman y sostienen, y en función de ello resultan así mismo determinantes las percepciones que de las mismas tenga la población. La confianza de la población en las instituciones garantiza su legitimidad. Al respecto es del mayor interés indagar sobre la relación entre quienes participan en asociaciones voluntarias y quienes manifiestan tener confianza en las instituciones del Estado. Esta es inexistente en todos los casos: frente al poder judicial, el Ejército, el Congreso, los partidos políticos y la Administración Pública (cuadro 9).

CUADRO 8
CONFIANZA EN LAS INSTITUCIONES (CORRELACIONES)

	Participación asociativa	No cívicos
Ejército	.05	–.08
Administración Pública	–.10	.06
Partidos políticos	–.13	.10
Poder judicial	.10	.05
Congreso	–.07	–.05

Preguntas 243 a 257: Le voy a nombrar algunas organizaciones: ¿podría decirme cuánta confianza tiene en ellas? (En la gráfica se consideran "mucha confianza" y "algo de confianza").

La relación de los *no cívicos* y quienes confían en las instituciones también es inexistente. Estos resultados si en algo contribuyen a despejar interrogantes es en el sentido de confirmar que quienes se asocian no son precisamente quienes más creen en las instituciones que sustentan el régimen político del país.

Gráfica 24
Confianza en las instituciones y actividad asociativa, según departamento

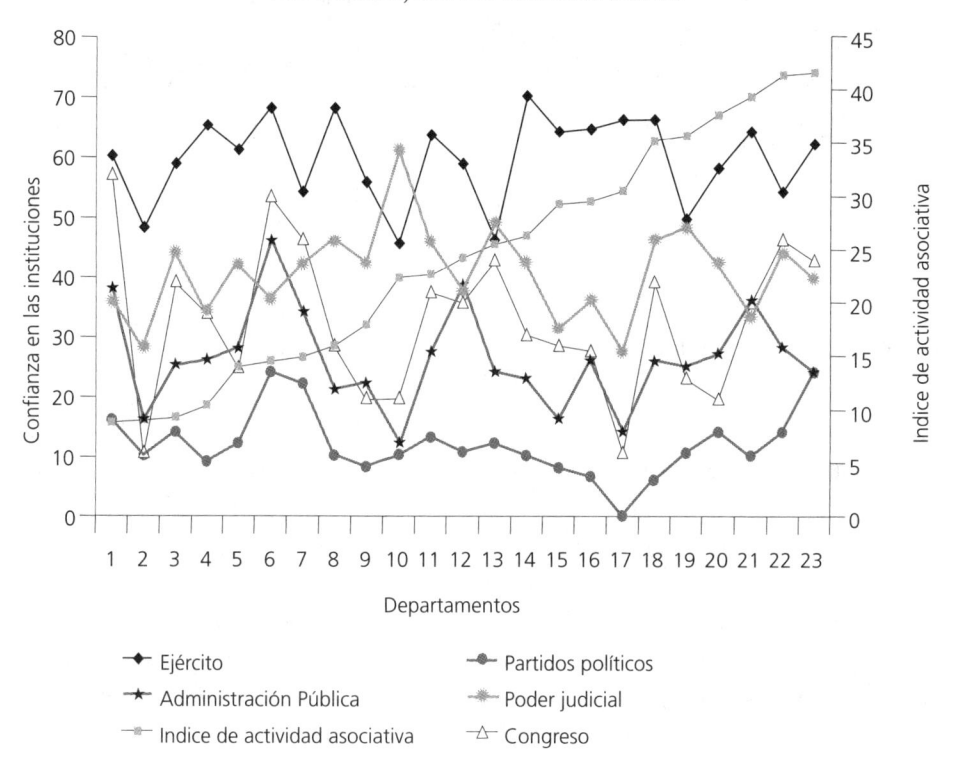

- ◆ Ejército
- ★ Administración Pública
- ▬ Indice de actividad asociativa
- ● Partidos políticos
- ✳ Poder judicial
- △ Congreso

No.	DEPTO.	No.	DEPTO.	No.	DEPTO.	No.	DEPTO.
1	SUC	7	CAL	13	HUI	19	SAN
2	GUA	8	ATL	14	CES	20	BOG
3	QUI	9	N. SANT	15	ANT	21	CUND
4	MET	10	MAG	16	COR	22	RIS
5	BOL	11	VAL	17	NAR	23	CAU
6	TOL	12	CAQ	18	BOY		

Preguntas 243 a 257: Le voy a nombrar algunas organizaciones: ¿podría decirme cuánta confianza tiene en ellas? (En la gráfica se consideran "mucha confianza" y "algo de confianza").

Cuadro 9
Confianza en las instituciones, según estamento

	Docentes	Jueces	Fuerzas Armadas	Población
Ejército	64	68	88	60
Poder judicial	56	92	70	40
Partidos políticos	10	20	7	12
Congreso	20	24	24	18
Administración Pública	25	43	37	28

Preguntas 243 a 257: Le voy a nombrar algunas organizaciones: ¿podría decirme cuánta confianza tiene en ellas? (En la gráfica se consideran "mucha confianza" y "algo de confianza").

Entre los empleados públicos se destaca que, si bien es reducida la confianza en el estamento político, éstos confían considerablemente más que la población en el Ejército y en el poder judicial (cuadro 9), e inclusive en la Administración Pública confían los jueces y miembros de las Fuerzas Armadas.

De ahí que resulte conveniente indagar sobre las percepciones de la forma como se gobierna en Colombia. En el país las relaciones entre quienes participan en actividades asociativas y quienes consideran que se gobierna para unos pocos, y que todos o la mayoría de los empleados públicos son corruptos, es positiva y elevada ($r = .34$ y $r = .45$, respectivamente). El resultado es similar frente a la pregunta de si se considera que el manejo de los gobiernos locales es deshonesto, así sea menos estrecha ($r = .23$). Vale decir que quienes desarrollan redes organizacionales son particularmente críticos de la forma como se gobierna, en especial en el nivel nacional y por cuenta de la corrupción de los empleados públicos (gráfica 25).

La desconfianza de la población en los funcionarios públicos es elevada (gráfica 26). En contraste, entre los jueces esa desconfianza es reducida: podría decirse que lo que existe es confianza. En el caso de los docentes y el estamento militar, si bien la desconfianza no es tan marcada, se destaca en ambos casos que la proporción que confía en los servidores públicos supera la de quienes desconfían.

Gráfica 25
Actividad asociativa, gobierno y corrupción de los empleados públicos, según departamento

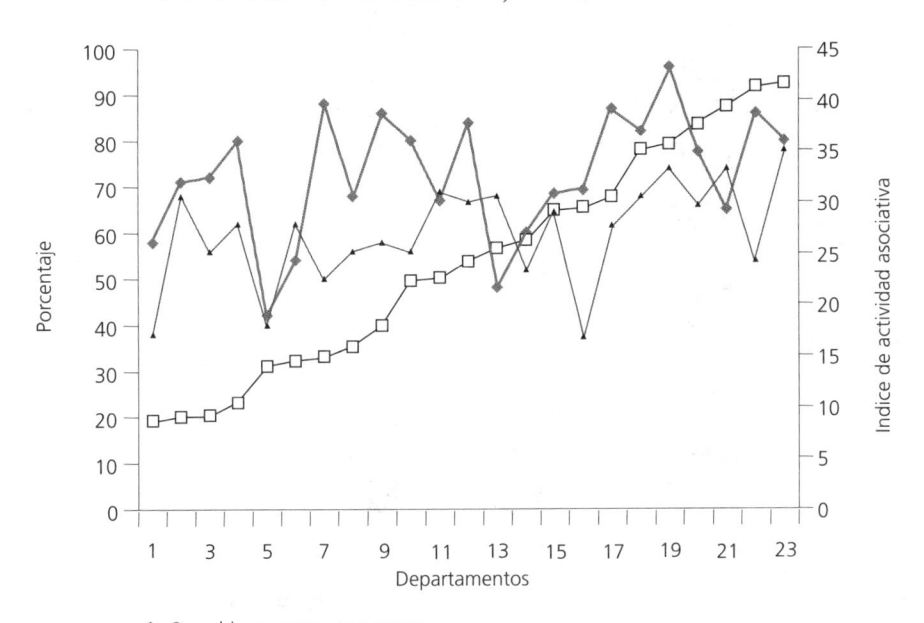

→ Se gobierna para unos pocos
→ Todos o la mayor parte de los empleados públicos son corruptos
-□- Indice de actividad asociativa

No.	DEPTO.	No.	DEPTO.	No.	DEPTO.	No.	DEPTO.
1	SUC	7	CAL	13	HUI	19	SAN
2	GUA	8	ATL	14	CES	20	BOG
3	QUI	9	N. SANT	15	ANT	21	CUND
4	MET	10	MAG	16	COR	22	RIS
5	BOL	11	VAL	17	NAR	23	CAU
6	TOL	12	CAQ	18	BOY		

Pregunta 218.1: ¿Diría usted que el país es gobernado por unos cuantos intereses poderosos en su propio beneficio?

Preguntas 296.3 y 4: ¿Qué tan involucrados diría usted que están los empleados públicos en la corrupción? (En la gráfica se considera "todos" y "la mayor parte").

Gráfica 26
Desconfianza en los funcionarios públicos, según estamento

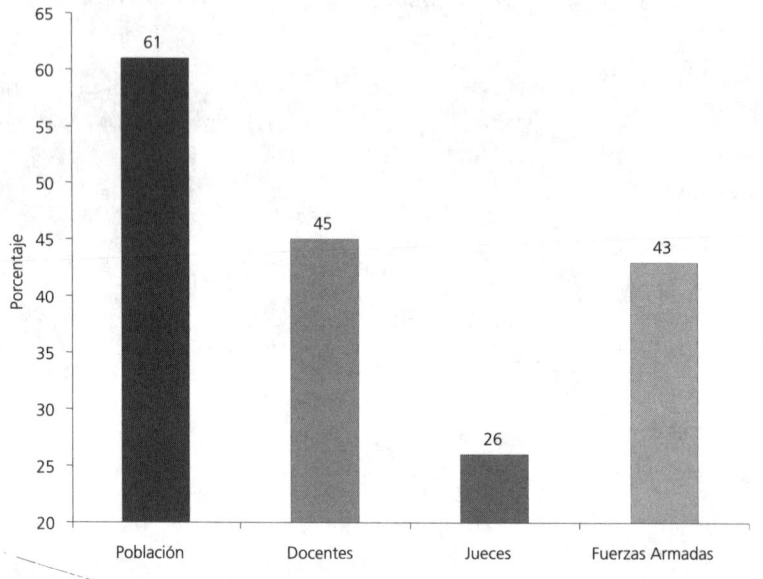

Estamento	Porcentaje
Población	61
Docentes	45
Jueces	26
Fuerzas Armadas	43

Preguntas 296.3 y 4: ¿Qué tan involucrados diría usted que están los empleados públicos en la corrupción? (En la gráfica se considera "todos" y "la mayor parte").

Se tiene así una población que, a pesar de que tiende a vincularse a actividades asociativas, no cree en los demás ni en quienes representan al Estado; y unos funcionarios públicos que no solo confían más en los demás sino que tienen mayor predisposición a vincularse en actividades asociativas y confían más en el Estado.

Estos resultados invitan a profundizar en las actitudes de los ciudadanos cívicos de la sociedad colombiana, en particular en lo que piensan sobre el tipo de régimen político predominante en el país y sobre los mecanismos a través de los cuales se considera que debe evolucionar la sociedad hacia el futuro.

2. EL RÉGIMEN POLÍTICO Y LA MOTIVACIÓN AL CAMBIO

Putnam establece que los líderes políticos de las regiones cívicas apoyan más decididamente la igualdad política y la participación en asuntos regionales.

En su lugar los menos cívicos apoyan gobiernos fuertes extraídos de las élites. Las diferencias regionales en los patrones de autoridad tienen un enorme impacto en las actitudes políticas frente a la estructura del gobierno.

En primer término, la relación entre quienes participan en actividades asociativas y la preferencia por el régimen democrático es positiva (r = .25) (cuadro 10). Sin embargo, se identifica una relación aún más estrecha con regímenes de corte autoritario –un caudillo (r = .35) o la tecnocracia (r = .39)–, así se rechace un gobierno militar (r = –.22). De ahí se desprende cierta preferencia por los regímenes

CUADRO 10
CIVISMO (CORRELACIONES SIMPLES ENTRE VARIABLES)

	Indice de actividad asociativa	No cívicos
Tener un sistema político democrático	.25	–.05
Tener un líder político fuerte el cual no se preocupe por el Congreso y las elecciones	.21	–.28
Tecnocracia	.39	–.29
Tener un gobierno militar	–.22	.06
Qué tan interesado está usted en la política	–.14	–.41
La sociedad debe ser gradualmente mejorada	–.22	.33
La sociedad debe proteger el *statu quo*	.29	–.45
La sociedad debe ser cambiada con acciones revolucionarias	.02	–.24
Satisfacción con el Gobierno Nacional	–.11	–.22
Satisfacción con el gobierno local	–.01	–.17
Rechazo de la violencia con fines políticos	–.33	–.05

Preguntas: 214.1, 211.1, 212.1, 213.1, 200.1 y 200.2, 210.1, 210.2, 210.3, 216.1 y 216.2, 84.1 y 84.2, 217.1 y 217.2.

autoritarios, no necesariamente de tinte democrático. Esta ambivalencia concuerda con la reducida satisfacción que manifiestan por la forma como el gobierno maneja el país. Quienes participan en actividades asociativas no se identifican con quienes consideran que el país (r = −.11) o el municipio (r = −.02) están bien manejados.

La situación entre los no cívicos es paradójica: rechazan los gobiernos autoritarios −líder fuerte (tecnócrata o caudillo)− y son indiferentes frente al régimen democrático o el militar, al tiempo que están aún más insatisfechos con el Gobierno Nacional (r = −.22) y el local (r = −.17) (cuadro 10).

Estos resultados llevan nuevamente a indagar por la sostenibilidad del régimen democrático[53]. En capítulos anteriores se concluyó que éste está relativamente bien posicionado en Colombia, aunque factores como la reducida confianza en los demás y la aceptación de la violencia con fines políticos extienden un manto de duda sobre su sostenibilidad. Entre los aspectos más positivos se destacó la elevada satisfacción personal y la sensación de felicidad de los colombianos, que rebasa inclusive aquella encontrada en los países más ricos y democráticos del mundo.

En este contexto, sorprende que los más cívicos sean quienes están menos satisfechos con la vida y quienes se sienten menos felices. La relación entre el índice de actividad asociativa y la satisfacción con la vida (r = −.17) y la percepción de felicidad (r = −.32) es negativa (gráfica 27).

Estos resultados arrojan amplias sombras sobre la sostenibilidad del régimen democrático, en particular debido a que, como se ha venido anotando, quienes participan en actividades asociativas son los segmentos más organizados de la sociedad y los más inconformes, si se exceptúan los empleados públicos.

De ahí que sea de particular interés indagar por la relación entre la participación en actividades asociativas y las distintas posibilidades de cambio que enfrenta una sociedad (cuadro 10). En la encuesta se incluyeron tres categorías: gradual, revolucionario y proteger el *statu quo*. La relación de la población cívica y el apoyo al cambio gradual es negativa (r = −.22). Es decir, quienes más participan en actividades asociativas rechazan el cambio gradual.

---

53 Ver capítulo sobre instituciones democráticas y valoración de la política.

Gráfica 27
Actividad asociativa, felicidad y satisfacción con la vida, según departamento

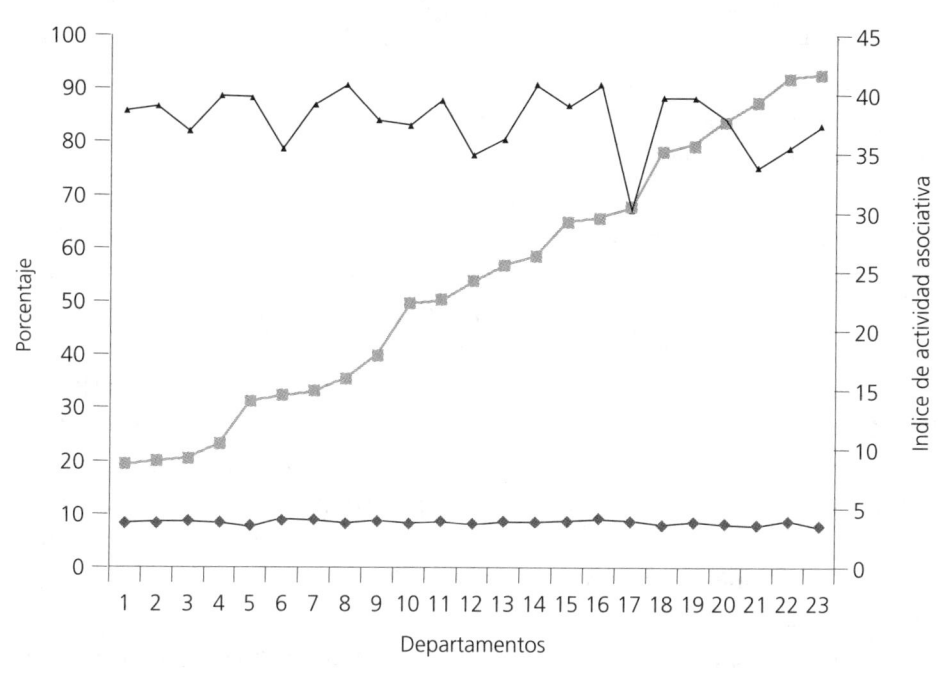

─◆─ Satisfacción con la vida   ─▲─ Percepción de felicidad   ─■─ Indice de actividad asociativa

No.	DEPTO.	No.	DEPTO.	No.	DEPTO.	No.	DEPTO.
1	SUC	7	CAL	13	HUI	19	SAN
2	GUA	8	ATL	14	CES	20	BOG
3	QUI	9	N. SANT	15	ANT	21	CUND
4	MET	10	MAG	16	COR	22	RIS
5	BOL	11	VAL	17	NAR	23	CAU
6	TOL	12	CAQ	18	BOY		

Pregunta 12: ¿En general usted diría que es "muy feliz" o "bastante feliz"?
Pregunta 14: ¿Qué tan satisfecho está usted con su vida en estos momentos? (Escala de 1 a 10, donde 1 significa insatisfecho y 10 satisfecho).

En su lugar, defienden el *statu quo* (r = .29). La relación con quienes apoyan las acciones revolucionarias es inexistente. De ahí se deduce que quienes participan en actividades asociativas prefieren el mantenimiento de las cosas como están. La elevada relación positiva entre la participación en actividades asociativas y el rechazo de la utilización de la violencia con fines políticos (r = .33) refuerza aún más la actitud conservadora de estos segmentos de la población: se oponen a cualquier tipo de cambio, así sea gradual, y todavía más a la utilización de la violencia con fines políticos.

La actitud de la población no cívica es paradójica; es diametralmente opuesta a la de los cívicos. En primer término, apoya el cambio gradual (r = .33) y rechaza de manera contundente el *statu quo* (r = −.45) y el cambio revolucionario (r = −.24). Sin embargo, frente a la utilización de la violencia con fines políticos no surge evidencia en uno u otro sentido.

Es importante contrastar estas posiciones con las de los jueces (89%), las Fuerzas Armadas (80%) y los docentes (79%), que apoyan mayoritariamente el cambio gradual y rechazan el *statu quo*, en particular entre los jueces (2%). Se identifica en ese frente una mayor similitud de opiniones entre los empleados públicos y la población no cívica que con la cívica, a pesar de ubicarse en posiciones extremas en términos de la predisposición al desarrollo de trabajos cooperativos.

Se concluye así que, si bien en teoría la población cívica aboga por la democracia, no está conforme con sus resultados. De alguna forma percibe que ésta no ha sido capaz de preservar una situación que era conveniente para ella en el pasado, y quiere recuperarla. En contraste, los no cívicos no están satisfechos con lo que tienen ni con lo que tuvieron en el pasado. Los empleados públicos, por su parte, son más propensos a la búsqueda del cambio gradual, más organizados y menos críticos de la forma como se maneja el país.

Estos resultados llevan a indagar sobre el tipo de acciones directas en las que participan las comunidades donde es mayor la actividad asociativa. Ya antes se destacó que ésta es elevada.

Gráfica 28
Cambio revolucionario, statu quo, violencia política y actividad asociativa, según departamento

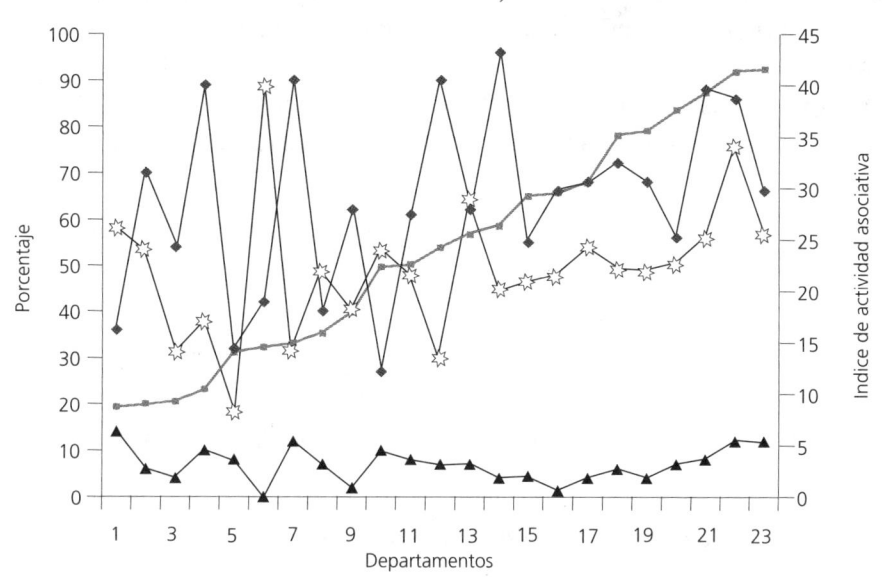

◆ De acuerdo con que no es justificable el uso de la violencia con fines políticos
▲ La sociedad debe ser cambiada con acciones revolucionarias
■ Indice de actividad asociativa
☆ Se debe defender el statu quo

No.	DEPTO.	No.	DEPTO.	No.	DEPTO.	No.	DEPTO.
1	SUC	7	CAL	13	HUI	19	SAN
2	GUA	8	ATL	14	CES	20	BOG
3	QUI	9	N. SANT	15	ANT	21	CUND
4	MET	10	MAG	16	COR	22	RIS
5	BOL	11	VAL	17	NAR	23	CAU
6	TOL	12	CAQ	18	BOY		

Pregunta 210.1: ¿Nuestra sociedad debe ser cambiada con acciones revolucionarias?

Pregunta 210.3: ¿Nuestra sociedad actual debe ser defendida de cualquier fuerza que quiera cambiarla?

Pregunta 216: ¿Esta usted totalmente de acuerdo con que el uso de la violencia con fines políticos no es justificable? (En la gráfica se consideran "totalmente de acuerdo" y "de acuerdo").

En apartes anteriores se identificó la estrecha relación de la participación política directa con quienes participan en actividades asociativas. Es evidente que esta relación es más estrecha con la participación en actividades de tinte ilegal (cuadro 11). La relación entre quienes participan en organizaciones voluntarias y quienes se han unido a huelgas no oficiales (r = .77), bloqueado carreteras (r = .49) y ocupado edificios y fábricas (r = .35) es bastante elevada. Sorprende el hecho de que esta participación es aún más pronunciada entre jueces y docentes[54].

CUADRO 11
ACTIVIDAD POLÍTICA DIRECTA Y ACTIVIDAD ASOCIATIVA (CORRELACIONES)

	Lo ha hecho	Lo haría
Unirse a huelgas no oficiales	.77	.06
Bloquear una carretera	.49	.12
Ocupar edificios o fábricas	.35	−.02

Preguntas 203 a 208: ¿Ha realizado, realizaría o nunca lo haría alguna de las siguientes actividades?

Hasta aquí los resultados despiertan serias inquietudes. No sólo existe una enorme polarización al interior de los que participan en actividades asociativas y los no cívicos, sino que además la polarización que surge al interior del uno es diametralmente opuesta a la del otro. Los individuos que más participan en actividades asociativas están poco interesados en la participación política de tipo tradicional, así participen en acciones directas con fines específicos, en especial en aquellas de tinte ilegal. Por otro lado, no quieren a ningún precio el cambio, aunque no están satisfechos con el gobierno y desconfían de las instituciones. A pesar de ello manifiestan su preferencia por los regímenes democráticos, aunque en mayor medida por que el sistema político sea de corte autoritario. De otra parte, tienen una percepción negativa del entorno en que viven: no se sienten felices ni satisfechos con lo que tienen. Es claro que respuestas de este tipo corresponden a aquellas que surgen en una sociedad en la que prevalece una clase política cerrada que deriva beneficios de la búsqueda de prebendas personales a costa del resto de la sociedad, prebendas que tenía garantizadas en el pasado pero que en la actualidad considera se-

---

54 Ver capítulo sobre instituciones democráticas y valoración de la política.

riamente amenazadas. Los no cívicos reflejan un segmento social inconforme, que no participa en ningún tipo de actividades y deja que los demás tomen las decisiones en su nombre, pero sin duda está decepcionado con las cosas como están: no desea volver al pasado, quiere el cambio y vería con indiferencia si para eso se recurre inclusive al establecimiento de un régimen militar y a la utilización de la violencia con fines políticos (cuadro 10). Los empleados públicos en estos aspectos se asemejan a de los no cívicos; aunque aparecen como los segmentos más organizados de la sociedad, son los menos críticos y quienes más buscan que el cambio sea gradual.

El principal problema que surge de los resultados frente a las posibilidades de cambio tanto entre la población cívica como en la no cívica es la polarización, que sugiere la existencia de segmentos sociales intransigentes e intolerantes, lo que evidencia el peligro que corre el régimen democrático, de polarizarse aún más las posiciones de unos y otros. Los indicios de intolerancia, en especial en la población cívica, no son simples indicios. A continuación se verá que conducen a una grave realidad.

3. TOLERANCIA

La tolerancia es contraria al sectarismo y refleja la capacidad de los líderes y los gobernantes de hacer del bien común el eje de los procesos políticos y de responder a los compromisos con sus electores. Putnam encontró en Italia que en las regiones menos cívicas los acuerdos entre políticos de distintas facciones se perciben más como una traición a los ideales partidistas que como soluciones prácticas y creativas a los problemas, y que en las regiones más cívicas los líderes políticos están más dispuestos a la búsqueda de soluciones pragmáticas. Este último fenómeno lo calificó Putnam de "despolarización ideológica", propio de la tolerancia política. De ahí que los ciudadanos cívicos estén más listos a comprometerse que su contraparte de las regiones menos cívicas, donde "comprometerse con los adversarios políticos involucra peligros porque normalmente lleva a la traición de los aliados".

La existencia de la comunidad cívica no está exenta de conflictos; sus participantes pueden tener fuertes puntos de vista, pero se es más tolerante con el adversario, lo que contribuye a la efectividad y estabilidad de los gobiernos democráticos. De ahí que esas comunidades se consideren más sofisticadas y activas políticamente. En concordancia con esta tesis el trabajo de asociaciones entre individuos que tienen un pensamiento semejante contribuye de manera efectiva a la colaboración social y a la gobernabilidad democrática.

De los resultados obtenidos para Colombia no se puede deducir que su sociedad sea particularmente tolerante: de hecho, surgen elementos para afirmar lo contrario. Esta apreciación se puede verificar al amparo de otras preguntas incluidas en la encuesta. La primera se relaciona con la importancia de inculcar a los niños sentimientos de tolerancia. La segunda se refiere a la aceptación de que guerrilleros y paramilitares reinsertados se incorporen laboralmente al sector público. De los resultados se extrae que existen diferencias significativas entre la población cívica y la no cívica en algunos aspectos y similitudes en otros.

La relación entre la participación en actividades asociativas y la prioridad de enseñarle a los niños a ser tolerantes es positiva en ambos casos aunque débil, siendo ligeramente superior a la del caso de los no cívicos (r = .25 vs. r = .20).

GRÁFICA 29
CÍVICOS Y NO CÍVICOS* Y TOLERANCIA, SEGÚN DEPARTAMENTO

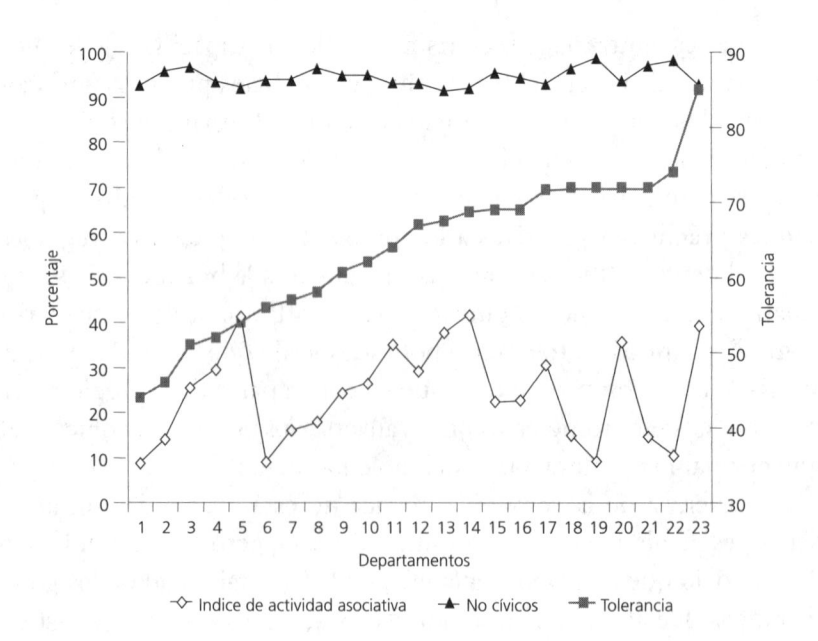

No.	DEPTO.	No.	DEPTO.	No.	DEPTO.	No.	DEPTO.
1	SUC	7	ATL	13	BOG	19	QUI
2	BOL	8	N. SANT	14	CAU	20	SAN
3	HUI	9	CAQ	15	MAG	21	TOL
4	COR	10	CES	16	VAL	22	MET
5	RIS	11	BOY	17	NAR	23	CUND
6	GUA	12	ANT	18	CAL		

* Se entienden los no cívicos como el porcentaje de la población que no pertenece a ninguna de las 7 organizaciones voluntarias mencionadas anteriormente.

Pregunta 24: ¿Cuáles considera las cinco cualidades que es especialmente importante enseñar a un niño?

De otro lado, en el marco del sistema político colombiano, caracterizado por el surgimiento de grupos que buscan el poder por la vía de las armas, se indagó sobre la aceptación social, así sea teórica, de las personas que han estado involucradas en el conflicto armado. Los encuestados que participan en actividades asociativas establecen diferencias entre guerrilleros y paramilitares (gráficas 30 y 31). Cuando se pregunta acerca de la aceptación de incorporar esos segmentos de la población a cargos en el sector público o como docentes, la correlación frente a la guerrilla es prácticamente inexistente ($r = .10$ para puesto en el Estado y $r = .02$ para docencia). En su lugar, frente al paramilitarismo la correlación es negativa y elevada ($r = -.31$ para puesto en el Estado y $r = -.27$ para docencia). Así, si bien la tolerancia frente a la guerrilla no genera sesgos a favor o en contra, entre quienes pertenecen a actividades asociativas los paramilitares definitivamente despiertan rechazo. Estos resultados parecen contradictorios, si se tiene en cuenta que estos estamentos sociales defienden el *statu quo* y rechazan el cambio y los paramilitares justifican su actuación con base en la defensa del Estado de derecho, al paso que los guerrilleros lo que quieren es precisamente el cambio.

Paradójicamente, las percepciones de los no cívicos son opuestas a las de los cívicos: la idea de que los paramilitares trabajen en el sector público es positiva ($r = .21$), y en contraste rechazan la participación de la guerrilla ($r = -.35$) (gráfica 33). Los no cívicos, en este aspecto, tienen posiciones más definidas y quizás más contradictorias y polarizadas que las de los cívicos: son más tolerantes con los paramilitares e intolerantes con la guerrilla, a pesar de que el anhelo del cambio llega al punto en que no rechazan la utilización de la violencia con fines políticos.

Gráfica 30
Actividad asociativa y tolerancia con reinsertados (magisterio), según departamento

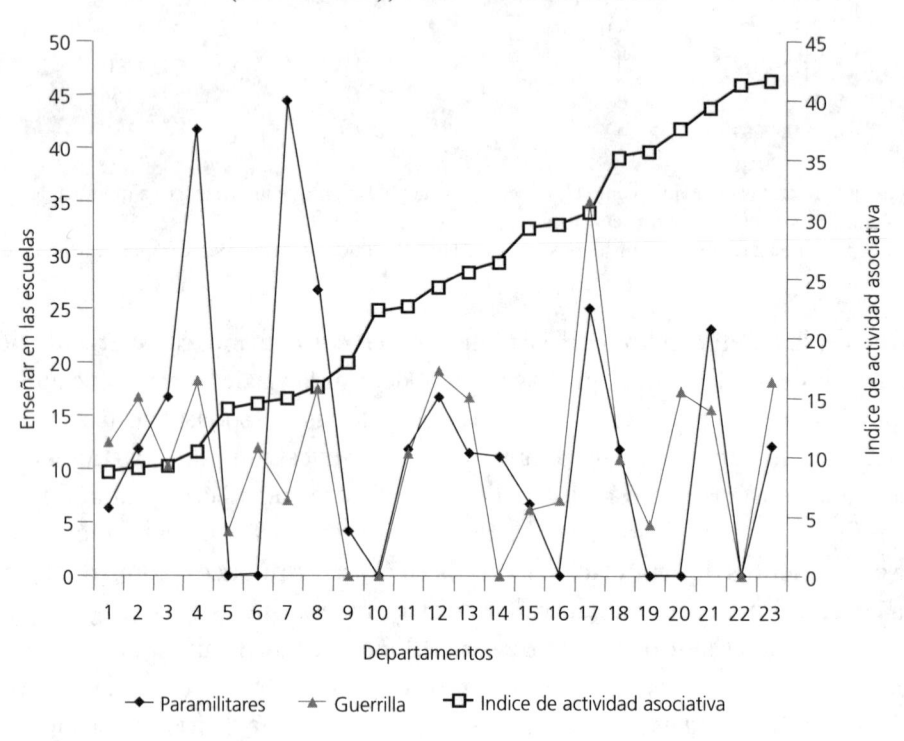

No.	DEPTO.	No.	DEPTO.	No.	DEPTO.	No.	DEPTO.
1	SUC	7	CAL	13	HUI	19	SAN
2	GUA	8	ATL	14	CES	20	BOG
3	QUI	9	N. SANT	15	ANT	21	CUND
4	MET	10	MAG	16	COR	22	RIS
5	BOL	11	VAL	17	NAR	23	CAU
6	TOL	12	CAQ	18	BOY		

Pregunta 105: ¿Cree usted que a alguien que pertenece al grupo que acaba de escoger debería permitírsele enseñar en las escuelas?

Gráfica 31
No cívicos* y tolerancia con reinsertados (magisterio), según departamento

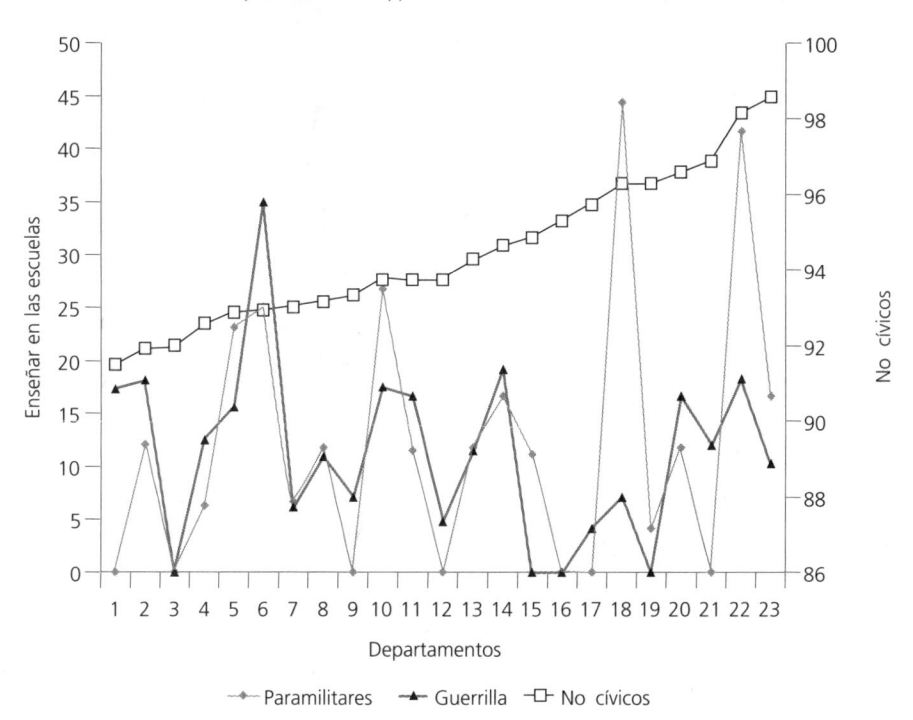

No.	DEPTO.	No.	DEPTO.	No.	DEPTO.	No.	DEPTO.
1	BOG	7	ANT	13	VAL	19	N. SANT
2	CAU	8	BOY	14	CAQ	20	GUA
3	RIS	9	COR	15	CES	21	TOL
4	SUC	10	ATL	16	MAG	22	MET
5	CUND	11	HUI	17	BOL	23	QUI
6	NAR	12	SAN	18	CAL		

* Se entienden los no cívicos como el porcentaje de la población que no pertenece a ninguna de las 7 organizaciones voluntarias mencionadas anteriormente.

Pregunta 105: ¿Cree usted que a alguien que pertenece al grupo que acaba de escoger debería permitírsele enseñar en las escuelas?

GRÁFICA 32
ACTIVIDAD ASOCIATIVA Y TOLERANCIA CON REINSERTADOS (CARGOS PÚBLICOS), SEGÚN DEPARTAMENTO

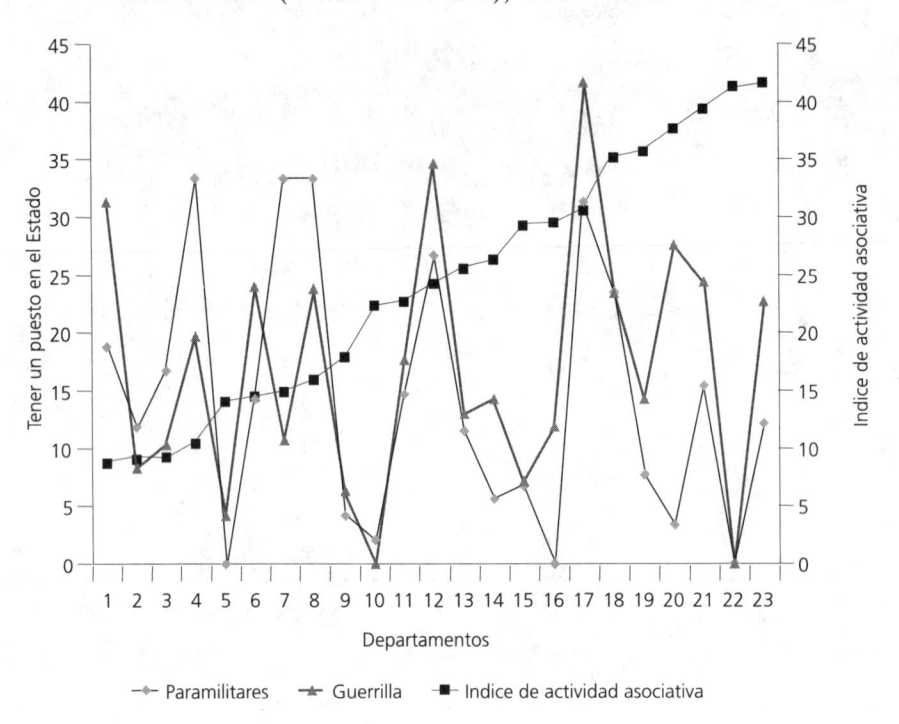

No.	DEPTO.	No.	DEPTO.	No.	DEPTO.	No.	DEPTO.
1	SUC	7	CAL	13	HUI	19	SAN
2	GUA	8	ATL	14	CES	20	BOG
3	QUI	9	N. SANT	15	ANT	21	CUND
4	MET	10	MAG	16	COR	22	RIS
5	BOL	11	VAL	17	NAR	23	CAU
6	TOL	12	CAQ	18	BOY		

Pregunta 104.1: ¿A alguien que pertenece a los grupos mencionados debería permitírsele tener un puesto en el Estado?

Gráfica 33
No cívicos* y tolerancia con reinsertados (cargos públicos), según departamento

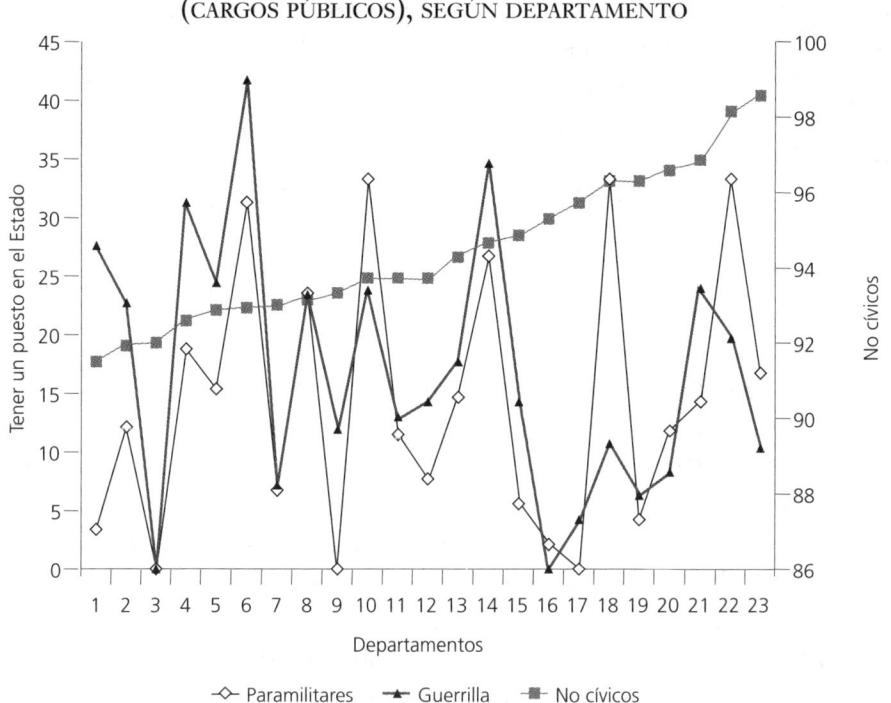

No.	DEPTO.	No.	DEPTO.	No.	DEPTO.	No.	DEPTO.
1	BOG	7	ANT	13	VAL	19	N. SANT
2	CAU	8	BOY	14	CAQ	20	GUA
3	RIS	9	COR	15	CES	21	TOL
4	SUC	10	ATL	16	MAG	22	MET
5	CUND	11	HUI	17	BOL	23	QUI
6	NAR	12	SAN	18	CAL		

* Se entienden los no cívicos como el porcentaje de la población que no pertenece a ninguna de las 7 organizaciones voluntarias mencionadas anteriormente.

Pregunta 104.1: ¿A alguien que pertenece a los grupos mencionados debería permitírsele tener un puesto en el Estado?

Es evidente que en Colombia, a diferencia de lo que ocurre en otros países, quienes participan en actividades asociativas son intolerantes, y quizás más grave aún, saben lo que quieren –preservar las cosas que consideran que están perdiendo– pero no saben cómo lograrlo. En su lugar, los no cívicos, que también son intolerantes, no saben lo que quieren pero sí saben que no quieren que las cosas sigan como están. Es claro, en todo caso, que los segmentos cívicos son más organizados y participativos, al paso que los no cívicos se sustraen de la actividad política y participativa. Resultados estos que obligan a profundizar aún más en el análisis.

II. CULTURA CÍVICA Y EFICIENCIA DE LAS INSTITUCIONES

La sociología política de tiempo atrás ha argumentado que las perspectivas de un gobierno democrático estable dependen de la transformación económica y social. En un nivel empírico, pocas generalizaciones están mejor documentadas que las que correlacionan la efectividad de la democracia con la modernización socioeconómica. Fried y Rabinovitz[55] establecen que la modernización económica es la variable que tiene mayor poder de predicción respecto del desempeño de los gobiernos. A nivel internacional se encontró que existe una estrecha relación entre los niveles de capital social y la eficiencia de los gobiernos regionales, hipótesis que es verificada por Putnam en su análisis regional en Italia[56]. Este demuestra que las regiones de Italia en las que el público participa activamente en actividades cívicas son también las regiones en las que los gobiernos locales logran mejores resultados frente a sus objetivos, como es el caso de la prestación de servicios públicos. Donde es mayor la confianza se facilita que los empleados públicos cooperen con los demás y con los particulares, haciendo el gobierno más efectivo.

Para Putnam las regiones más ricas y modernas del norte de Italia disponen de tiempo atrás de más recursos humanos y materiales que las pobres.

---

[55] Robert C. Fried y Francine Rabinovitz. *Comparative Urban Politics: A Performance Approach*, Nueva York, Prentice Hall, 1980, p. 66, citado en Putnam. *Making Democracy Work*, *cit.*, p. 84.
[56] *Ibid.*

Pero para él no es exclusivamente la disponibilidad de recursos financieros de los gobiernos regionales lo que explica las diferencias en los resultados entre el norte y el sur. Los recursos que se trasladan del centro a las regiones llevan involucrados criterios redistributivos en favor de los pobres y no por ello han mejorado los resultados que se obtienen en las regiones más necesitadas. De ahí que no considere que la redistribución fiscal pueda compensar las inmensas diferencias en infraestructura socioeconómica y tecnológica y que las diferencias en los resultados no sean totalmente explicables en términos del desarrollo económico. *La modernización económica está ligada al mejor desempeño de las instituciones públicas.* El análisis no permite aclarar la causalidad, ni si ambas variables están asociadas con algún tercer factor o si los lazos entre modernidad y desempeño son más complejos. La explicación la encuentra el autor en el civismo de la población. Vale decir, en su dotación de capital social. Putnam difiere en sus resultados de los institucionalistas, en particular de North, por cuanto estos últimos consideran que las instituciones formales pueden moldear el surgimiento de capital social y el comportamiento de quienes participan en redes organizacionales.

Putnam utilizó para medir el civismo de las regiones de Italia cuatro variables. De éstas, tres están positivamente relacionadas entre sí y una negativamente.

La relación positiva corresponde a:

1. La participación en organizaciones horizontales. Considera que la participación en este tipo de organizaciones inculca sentido de cooperación y sentido de responsabilidad colectiva. Este tipo de efectos no surgen exclusivamente de las asociaciones políticas.

2. La lectura de los periódicos locales. Esta facilita la generación de vínculos entre las comunidades. Putnam considera imposible que los individuos cooperen, a menos que sea posible persuadirlos de que se requiere de su ayuda y que, a la vez, ello sirve para sus propios intereses.

3. La participación electoral en referendos (motivación ciudadana), la cual no se percibe como la oportunidad para "intercambiar", como ocurre con las elecciones en las que se elige a quienes van a gobernar, donde la motivación para acudir a las urnas depende en mayor grado de la búsqueda de beneficios personales o intercambio de favores.

De otra parte, la variable que resulta en una relación negativa la constituye la participación electoral tradicional. Putnam la identifica con el personalismo y con vínculos patrón-cliente, inversamente relacionados con los objetivos de una comunidad cívica. Este tipo de votantes por lo general omiten la oportunidad de expresar opiniones sobre asuntos públicos, por cuanto utilizan el voto como un medio de intercambio inmediato, personalizado y de dependencia, en lugar de trabajar para la obtención de objetivos públicos.

En la encuesta realizada para esta investigación solo se incluyeron algunas de esas preguntas. Pero, además de las ya analizadas, existen otras que sirven para propósitos similares al reflejar las motivaciones que se tienen para participar en forma mancomunada. La primera variable: *¿Asistió en los últimos seis meses a alguna reunión de organizaciones voluntarias?* (se dio una lista) ya se comentó ampliamente y corresponde a la introducida por Putnam. Las otras tres difieren, pero tienen un contenido similar al utilizado en *Making Democracy Work* por Putnam[57]: *¿En el último año usted ha participado en reuniones dedicadas a discutir los problemas, las necesidades o demandas de la sociedad?¿En los últimos seis meses ha visitado a un funcionario elegido popularmente con el fin de pedir una obra?¿En los últimos seis meses ha visitado a un funcionario elegido popularmente con el fin de pedir un favor personal?*

A. REUNIONES PARA DISCUTIR PROBLEMAS DE LA COMUNIDAD

Como indicador alternativo a la lectura de los periódicos locales se indagó sobre la relación entre la actividad asociativa y la participación en reuniones para discutir los problemas, las necesidades o demandas de la sociedad. Esta relación resulta positiva ($r = .36$).

El comportamiento de la población que no participa en actividades asociativas, es decir la no cívica, difiere. Su relación con quienes participan en reuniones para discutir problemas de la comunidad es negativa y aún más elevada ($r = -.38$).

---

57 *Ibid.*

Gráfica 34
Actividad asociativa y discusión comunitaria

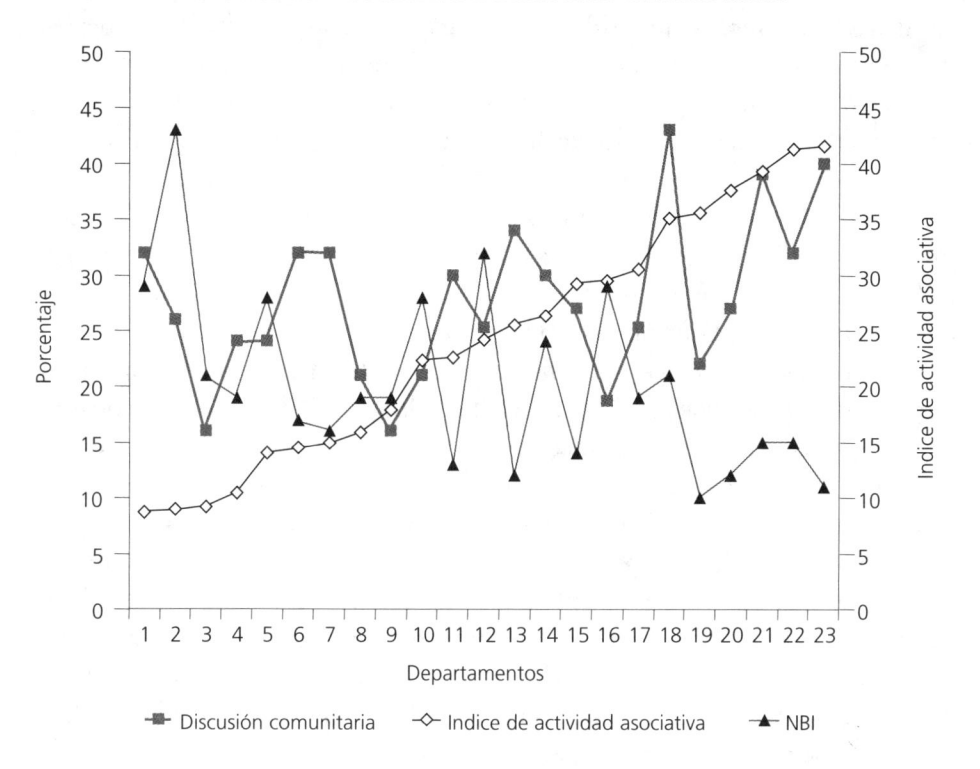

— ■ — Discusión comunitaria   — ◇ — Indice de actividad asociativa   — ▲ — NBI

No.	DEPTO.	No.	DEPTO.	No.	DEPTO.	No.	DEPTO.
1	SUC	7	CAL	13	HUI	19	SAN
2	GUA	8	ATL	14	CES	20	BOG
3	QUI	9	N. SANT	15	ANT	21	CUND
4	MET	10	MAG	16	COR	22	RIS
5	BOL	11	VAL	17	NAR	23	CAU
6	TOL	12	CAQ	18	BOY		

Pregunta 81: ¿En el último año usted ha participado en reuniones dedicadas a discutir problemas de la comunidad?

B. MOTIVACIONES POLÍTICAS

En apartes anteriores se identificaron las características de quienes se interesan por las actividades políticas y quienes se asocian en organizaciones voluntarias. De allí se desprende que su participación en política no está relacionada con aquella que surge de relaciones de dependencia patrón-cliente. A continuación se profundiza el análisis con base en repuestas a otras preguntas formuladas en la encuesta en las que se indaga sobre el *número de visitas realizadas a funcionarios públicos y el motivo de la visita* (pedir una obra o un favor personal). Solicitar una obra pública se identifica con actividades políticas diferentes de aquellas impulsadas por razones personales.

La relación entre la frecuencia de las visitas a funcionarios públicos popularmente elegidos para pedir una obra y la actividad asociativa es positiva ($r = .21$), y contrasta con la relación entre las visitas para pedir favores y la actividad asociativa, que es inexistente ($r = -.06$). De ahí podría concluirse que quienes participan en actividades asociativas son quienes más frecuentan a los funcionarios elegidos popularmente en busca de obras para la comunidad.

De aquí se extrae nuevamente que entre quienes participan en actividades asociativas la motivación política está fundamentalmente guiada por razones comunitarias y no por razones de tipo personal. Los no cívicos, por su parte, no se involucran para ningún efecto con los problemas comunitarios ($r = -.38$), ni con los funcionarios públicos para pedir obras ($r = -.03$); sin embargo, se relacionan positivamente, así sea de manera débil, para pedir favores ($r = .13$).

Con base en las variables señaladas, Putnam extrae un índice que denomina de civismo. En Colombia las variables en referencia se comportan en la dirección esperada: las cuatro variables están relacionadas entre sí: positivamente entre la discusión comunitaria, la asistencia a organizaciones y la petición de obras, y negativamente frente a la visita a funcionarios públicos por motivos personales. Esto sugeriría que las características de la sociedad cívica en Colombia corresponden a aquellas que buscan el bienestar de la comunidad en el sentido definido por Putnam (cuadro 12).

Gráfica 35
Actividad asociativa y compromiso cívico, según departamento

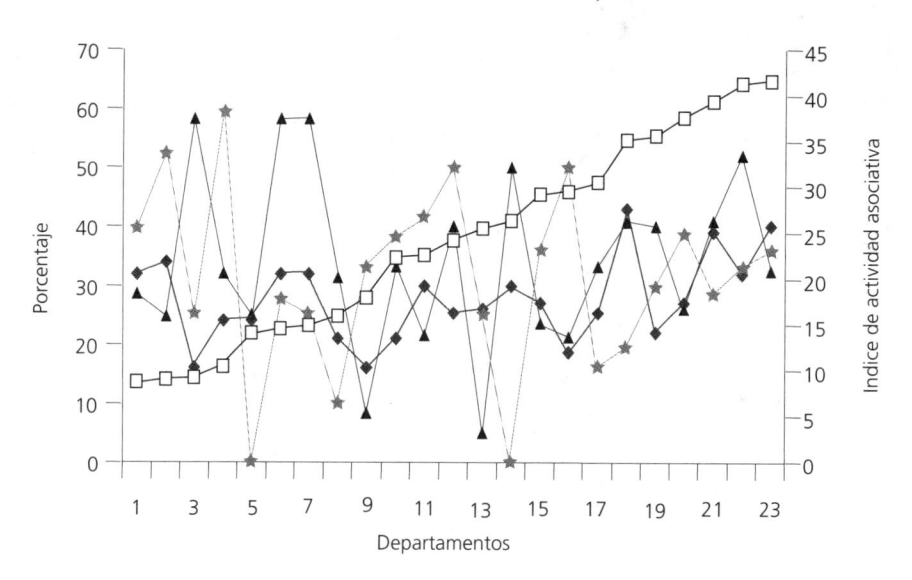

- ◆ Participación en reuniones por la comunidad
- ▲ Visitó al alcalde o concejal para pedir una obra
- ★ Visitó al alcalde o concejal para pedir un favor personal
- ◻ Indice de actividad asociativa

No. DEPTO.	No. DEPTO.	No. DEPTO.	No. DEPTO.
1 SUC	7 CAL	13 HUI	19 SAN
2 GUA	8 ATL	14 CES	20 BOG
3 QUI	9 N. SANT	15 ANT	21 CUND
4 MET	10 MAG	16 COR	22 RIS
5 BOL	11 VAL	17 NAR	23 CAU
6 TOL	12 CAQ	18 BOY	

Pregunta 81: ¿En el último año usted ha participado en reuniones dedicadas a discutir problemas de la comunidad?
    Pregunta 220-1: ¿Visitó a un funcionario público para pedir un favor personal?
    Pregunta 220-2: ¿Visitó a un funcionario público para pedir una obra?

Gráfica 36
No cívicos* y compromiso cívico, según departamento

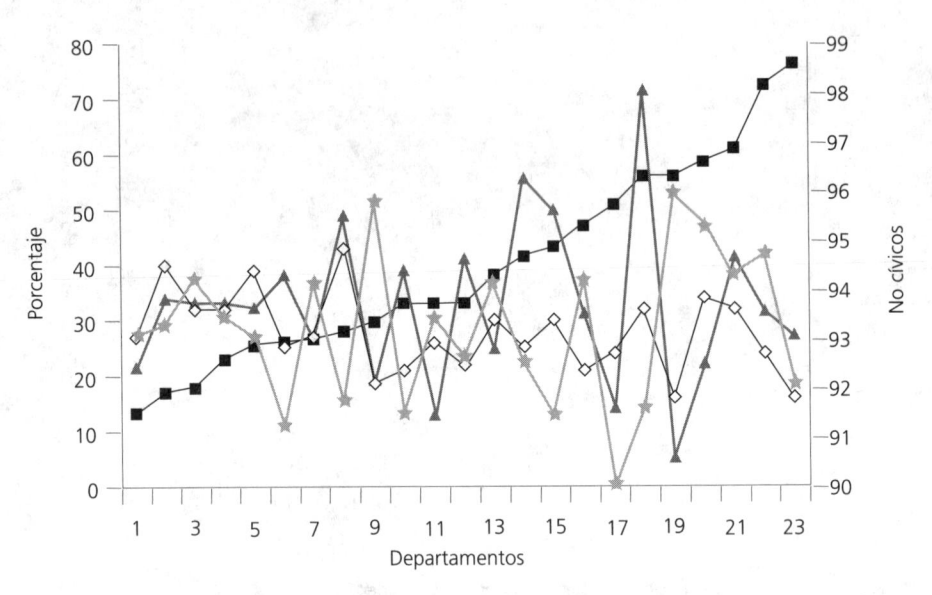

- ◇ Participación en reuniones por la comunidad
- ▲ Visitó a un funcionario público para pedir una obra
- ★ Visitó a un funcionario público para pedir un favor personal
- ■ No cívicos

No.	DEPTO.	No.	DEPTO.	No.	DEPTO.	No.	DEPTO.
1	BOG	7	ANT	13	VAL	19	N. SANT
2	CAU	8	BOY	14	CAQ	20	GUA
3	RIS	9	COR	15	CES	21	TOL
4	SUC	10	ATL	16	MAG	22	MET
5	CUND	11	HUI	17	BOL	23	QUI
6	NAR	12	SAN	18	CAL		

* Entiéndese a los no cívicos como el porcentaje de la población que no pertenece a ninguna de las 7 organizaciones voluntarias mencionadas anteriormente.

Pregunta 81: ¿En el último año usted ha participado en reuniones dedicadas a discutir problemas de la comunidad?

Pregunta 220-1: ¿Visitó a un funcionario público para pedir un favor personal?

Pregunta 220-2: ¿Visitó a un funcionario público para pedir una obra?

Cuadro 12
Componentes de la comunidad cívica
(correlaciones de promedios departamentales)

	Discusión comunitaria	Asistencia a organizaciones	Petición obras	Petición de favores
Discusión comunitaria	1.00	0.36	0.41	−.24
Asistencia a organizaciones	0.36	1.00	0.21	−.06
Petición de obras	0.41	0.21	1.00	−.44
Petición de favores	−.24	−.06	−.44	1.00

Las correlaciones son estadísticamente significativas al nivel de 0.05

Pregunta 81: ¿En el último año usted ha participado en reuniones dedicadas a discutir problemas de la comunidad?
    Preguntas 54 a 75: ¿Asiste usted a reuniones de estas organizaciones?
    Pregunta 220: ¿Visitó al alcalde o a un concejal para pedir una obra o un favor personal?

Por otra parte, la relación entre las variables que se vienen analizando y el NBI o el PIB per cápita se comporta también en la dirección esperada, en particular con el NBI frente a la *participación en actividades asociativas*, que es la más estrecha (r = −.56 y r = .34, respectivamente) (cuadro 13) (gráficas 34 y 35).

Cuadro 13
Componentes de la comunidad cívica (correlaciones)

	NBI	PIB
Indice de actividad asociativa	−.56	.34
Participar en reuniones por la comunidad	−.18	.09
Visitó a un funcionario público para pedir un favor personal	.22	.12
Visitó a un funcionario público para pedir una obra	−.24	−.12

Pregunta 81: ¿En el último año usted ha participado en reuniones dedicadas a discutir problemas de la comunidad?
    Pregunta 83: ¿Ha participado en obras de su comunidad?
    Pregunta 220-2: ¿Visitó a un funcionario público para pedir una obra?

Gráfica 37
Componentes de la comunidad cívica y NBI, según departamento

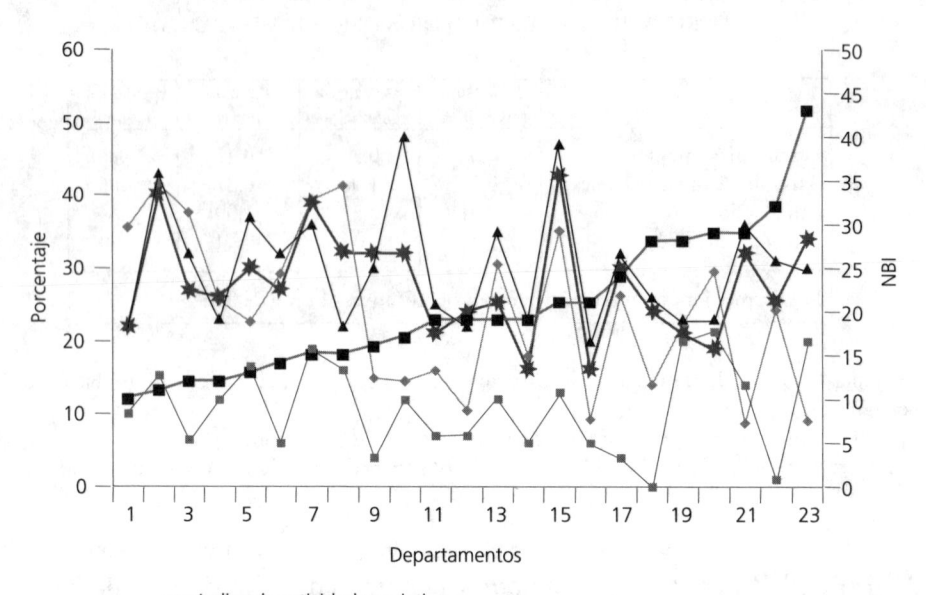

- ◆ Indice de actividad asociativa
- ✶ Participación en reuniones por la comunidad
- ▲ Visitó al alcalde o al concejal para pedir un favor personal
- ■ Visitó al alcalde o al concejal para pedir una obra
- ■ NBI

No.	DEPTO.	No.	DEPTO.	No.	DEPTO.	No.	DEPTO.
1	SAN	7	CUND	13	NAR	19	MAG
2	CAU	8	RIS	14	N. SANT	20	COR
3	BOG	9	CAL	15	BOY	21	SUC
4	HUI	10	TOL	16	QUI	22	CAQ
5	VAL	11	ATL	17	CES	23	GUA
6	ANT	12	MET	18	BOL		

Pregunta 81: ¿En el último año usted ha participado en reuniones dedicadas a discutir problemas de la comunidad?

Pregunta 83: ¿Ha participado en obras de su comunidad?

Pregunta 220-2: ¿Visitó a un funcionario público para pedir una obra?

Gráfica 38
Componentes de la comunidad cívica y PIB, según departamento

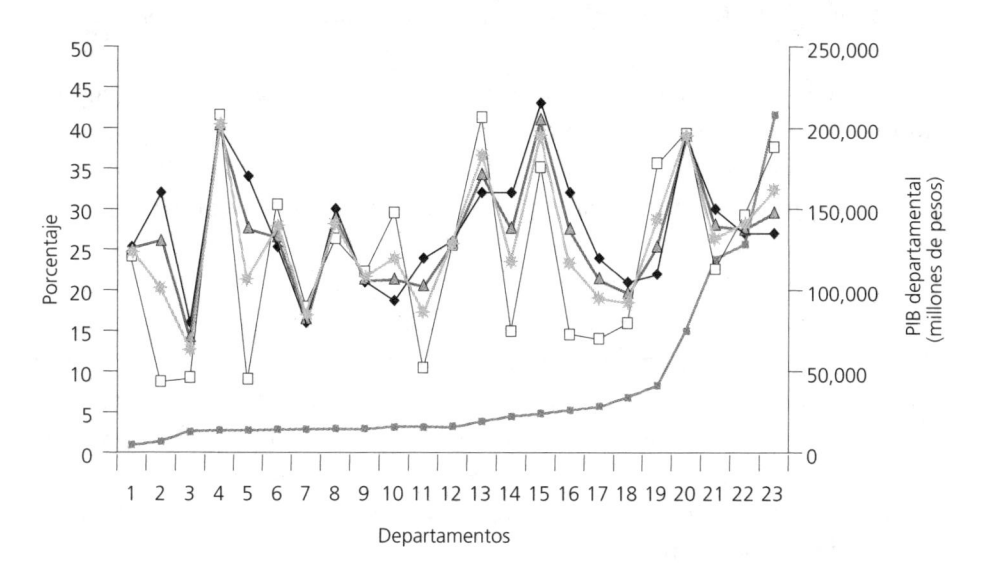

- ─□─ Indice de actividad asociativa
- ─◆─ Participación en reuniones por la comunidad
- ─✳─ Visitó al alcalde o al concejal para pedir un favor personal
- ─△─ Visitó al alcalde o al concejal para pedir una obra
- ─■─ PIB departamental

No.	DEPTO.	No.	DEPTO.	No.	DEPTO.	No.	DEPTO.
1	CAQ	7	N. SANT	13	RIS	19	SAN
2	SUC	8	CES	14	CAL	20	CUND
3	QUI	9	MAG	15	BOY	21	VAL
4	CAU	10	COR	16	TOL	22	ANT
5	GUA	11	MET	17	BOL	23	BOG
6	NAR	12	HUI	18	ATL		

Pregunta 81: ¿En el último año usted ha participado en reuniones dedicadas a discutir problemas de la comunidad?

Pregunta 83: ¿Ha participado en obras de su comunidad?

Pregunta 220-2: ¿Visitó a un funcionario público para pedir una obra?

C. EFICIENCIA DEL GOBIERNO

En opinión de Putnam, *el poder predictivo del factor comunidad cívica es mayor que el del desarrollo económico*. Entre más cívica es la región más efectivo es el gobierno. Las regiones económicamente avanzadas tienen gobiernos más exitosos exclusivamente porque son más cívicas. En su opinión, hay una inmensa concordancia entre los "resultados" y el desempeño de los gobiernos y el grado en que la vida social y política se aproxima al ideal de comunidad cívica.

¿Es este el caso colombiano? Datos disponibles de la Misión Siglo XXI[58] permiten establecer que la eficiencia administrativa de los gobiernos regionales –medida en términos de los ingresos tributarios y no tributarios y de las transferencias (per cápita)[59] – está estrecha y positivamente relacionada (r = .73) con la modernización económica –medida en términos del PIB per cápita y de la contribución al valor agregado de la industria, la construcción, el comercio, el transporte, las comunicaciones y servicios (financieros y otros) departamentales– (gráfica 38).

Sin embargo, en Colombia los resultados obtenidos con base en la comunidad cívica, identificada con las variables incluidas en el índice, no permiten concluir que esa vinculación sea particularmente sólida. La relación entre la participación en organizaciones voluntarias y la "modernización económica" (*ranking*) (r = .23) y el desempeño de los gobiernos departamentales (r = .13) (gráfica 39), aunque es positiva, no es estrecha; la relación frente a la discusión comunitaria es inexistente (r = –.00) y con pedir obras (r = .15) y favores (r = .23) es positiva, aunque reducida en ambos casos. De la misma forma, al correr una regresión para explicar el comportamiento de la "modernización económica", con base en las variables aquí mencionadas, se encontró que éstas no son relevantes dentro del modelo planteado.

---

58 Corporación Misión Siglo XXI. *Ranking de competitividad de los departamentos colombianos*, Bogotá, Departamento Nacional de Planeación, 1996.
59 Se compararon los ingresos con los gastos (gastos corrientes y gastos diferentes al funcionamiento administrativo) por habitante.

Gráfica 39
Actividad asociativa, modernización económica y desempeño de los departamentos

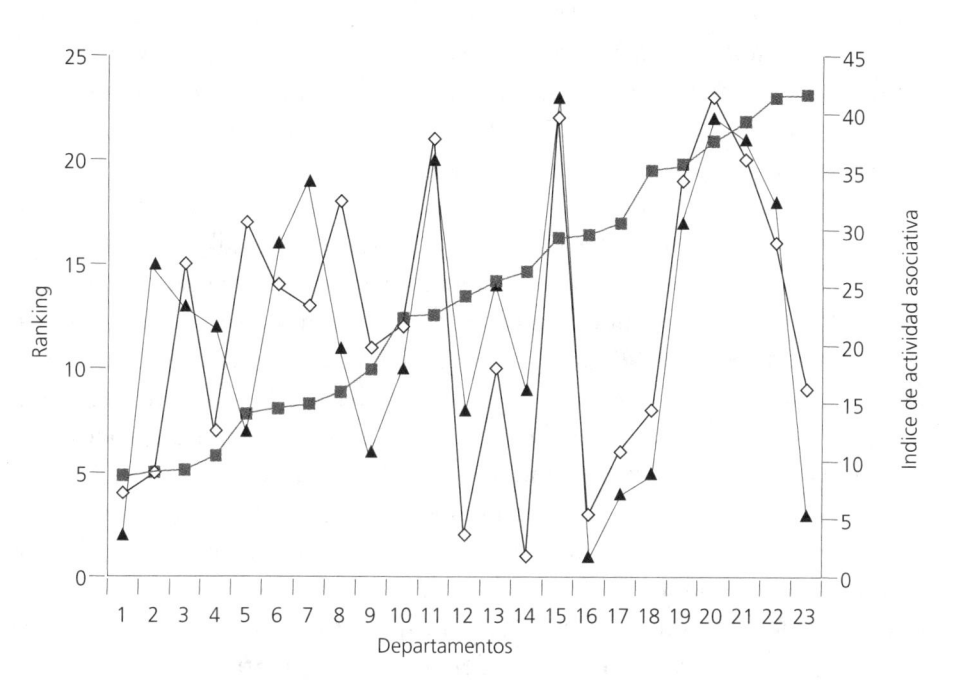

—◇— Modernización económica   —▲— Desempeño del gobierno
—■— Indice de actividad asociativa

No.	DEPTO.	No.	DEPTO.	No.	DEPTO.	No.	DEPTO.
1	SUC	7	CAL	13	HUI	19	SAN
2	GUA	8	ATL	14	CES	20	BOG
3	QUI	9	N. SANT	15	ANT	21	CUND
4	MET	10	MAG	16	COR	22	RIS
5	BOL	11	VAL	17	NAR	23	CAU
6	TOL	12	CAQ	18	BOY		

Este resultado se torna aún más preocupante a la luz de las condiciones que se extraen de los estudios realizados por Putnam[60] sobre las instituciones gubernamentales y la cultura política en Italia, otro país con bajos índices de confianza interpersonal. Putnam concluye que *el éxito de la descentralización y de los gobiernos locales y regionales establecidos en Italia en 1970 reflejaba ampliamente el impacto de factores culturales autónomos, independientes de variables económicas, en especial el grado de confianza interpersonal*. En Colombia, como se anotó, ésta es inusualmente baja.

Quienes apoyan la descentralización del país basan sus planteamientos en que la mayor cercanía entre electores y dirigentes estimula la eficiencia de los gobiernos locales y que cuando la comunidad no está motivada se facilita el surgimiento de actores políticos con objetivos diferentes de la búsqueda de una estructura social consolidada y una administración eficiente. Este tipo de planteamientos van en contravía de las posiciones de Putnam, que sostiene que la eficiencia deriva más de la presencia de capital social que viceversa. Teóricos como North sí consideran que esa formación de capital social puede estimularse con el ordenamiento institucional. En cualquier caso, en Colombia la relación entre la presencia de actividades asociativas y la modernización de las administraciones locales no es particularmente sólida, lo que puede explicarse por las mismas características de quienes participan en actividades asociativas, cuya desconfianza en los demás y en las instituciones políticas es motivo de honda preocupación (gráfica 40).

---

60 Putnam. *Making Democracy Work*, cit.

Capital social   849

Gráfica 40
Actividad asociativa y eficiencia administrativa, según departamento

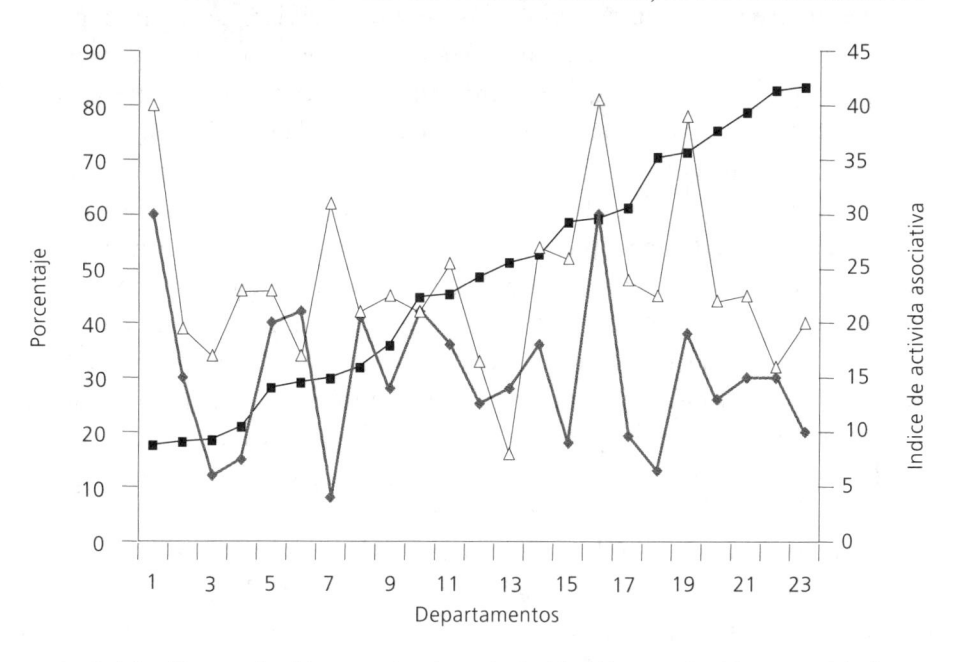

◆ Satisfacción con el gobierno nacional   △ Satisfacción con el gobierno municipal
■ Indice de actividad asociativa

No.	DEPTO.	No.	DEPTO.	No.	DEPTO.	No.	DEPTO.
1	SUC	7	CAL	13	HUI	19	SAN
2	GUA	8	ATL	14	CES	20	BOG
3	QUI	9	N. SANT	15	ANT	21	CUND
4	MET	10	MAG	16	COR	22	RIS
5	BOL	11	VAL	17	NAR	23	CAU
6	TOL	12	CAQ	18	BOY		

Pregunta 84: ¿Qué tan satisfecho está con el alcalde de su ciudad?
Pregunta 217: ¿Qué tan satisfecho está con el desempeño del Gobierno Nacional?

III. LA EFECTIVIDAD DE LA JUSTICIA

Para Putnam la vida colectiva en las regiones cívicas se facilita por el comportamiento de la población, que está más dispuesta a seguir las reglas: si usted sabe que otros lo harán, usted también lo hará, llenando las expectativas. En las regiones menos cívicas todos piensan que los demás violarán las reglas. Esas regiones aun teniendo gobiernos fuertes –el agente para hacer cumplir la ley– se debilitan por el contexto no cívico de la sociedad. El mismo carácter de la comunidad que hace que los ciudadanos demanden gobiernos fuertes reduce la efectividad de que lo sean, por lo menos mientras se mantienen democráticos. En las regiones más cívicas, gobiernos más débiles a la postre terminan siendo más fuertes sin ningún esfuerzo, porque la comunidad está más dispuesta a cooperar y a endogenizar el cumplimiento de las normas. De ahí que sea válido esperar que donde es mayor el espíritu cívico se respeten más las normas y, por ende, se requiera menos de la utilización del poder coercitivo del Estado para lograr su cumplimiento.

En la comunidad cívica la población no puede actuar como *free rider* (quien aprovecha de los demás), porque entiende que su libertad es consecuencia de su actuación y participación en la adopción de las decisiones públicas[61]. En las comunidades menos cívicas, en contraste, la vida es más riesgosa, la población más prevenida, la ley se hace para irrespetarla y es mayor la exposición. En esas regiones los líderes se describen más como corruptos, se cree menos que los demás cumplirán las reglas y se insiste más en la necesidad de imponer autoridad.

Los mercados impersonales solo funcionan cuando existe un tercero, no arbitrario, que se encarga de hacer cumplir lo pactado. De ahí la importancia del aparato estatal. Los mercados impersonales solo pueden funcionar bien si los contratos se escriben, la ley es imparcial y eficientemente administrada. Si el Estado es débil o corrupto, el tejido social adquiere particular relevancia para garantizar el cumplimiento de los contratos y las densas redes sociales ayudan a ello. Sin embargo, cuando eso ocurre prevalecen en el mercado las

---

61 Benjamín Barmer. *Place for Us: How to Make Society Civil and Democracy Strong*, Hill & Wang Pub, 1998.

negociaciones y transacciones basadas en acuerdos informales, lo que inevitablemente lleva a que tiendan a ser personalizadas, entorpeciendo el crecimiento de los mercados formales, que son indispensables para el crecimiento del estándar de vida de la población en el largo plazo. Las razones son simples: las transacciones limitadas a un grupo tienden a ser menos productivas que aquellas que involucran a toda la población[62].

En capítulos anteriores se estableció que la eficiencia de la justicia deja mucho que desear en Colombia. No solo las infracciones y la delincuencia son elevadas, sino que además la población espera muy poco de la justicia. El interrogante aquí es: ¿cómo se comportan quienes participan activamente en organizaciones voluntarias?

En la encuesta se cuenta con información sobre lo justificable que es para la población reclamar beneficios del Estado a los que no se tiene derecho y aceptar sobornos en el desempeño de los deberes. Las respuestas permiten construir un índice, con base en una escala de 1 a 10, donde 1 significa que nunca se justifica y 10 que siempre se justifica. La relación con quienes participan en organizaciones voluntarias resulta ser positiva ($r = .21$) (gráfica 41), así no sea particularmente sólida, y permite afirmar que en Colombia no es verificable esa hipótesis. En efecto, en el mejor de los casos, donde es mayor el espíritu asociativo es mayor la predisposición al irrespeto de las normas. Este resultado, a pesar de lo expuesto en apartes anteriores, y quizás en razón de la desconfianza en los demás y en las instituciones, aporta elementos de juicio que sugieren que el espíritu cívico en Colombia no surge con miras a la búsqueda del bien común.

Así mismo, el mayor irrespeto por las normas cívicas prevalece donde es mayor la inequidad en la distribución del ingreso ($r = .21$) (gráfica 42).

En concordancia con esos resultados, y al contrario de lo que es dable esperar, donde prevalece el espíritu asociativo la relación entre la participación en actividades asociativas y la frecuencia de los delitos ($r = .37$) y de las infracciones y disputas ($r = .50$) es positiva y elevada (gráfica 43). Es decir, a mayor participación en actividades asociativas mayor criminalidad. La única

---

62 Partha Dasgupta, en *Social Capital: A Multifaceted Perspective*, cit.

GRÁFICA 41
ACTIVIDAD ASOCIATIVA Y ACUERDO CON NORMAS CÍVICAS, SEGÚN DEPARTAMENTO

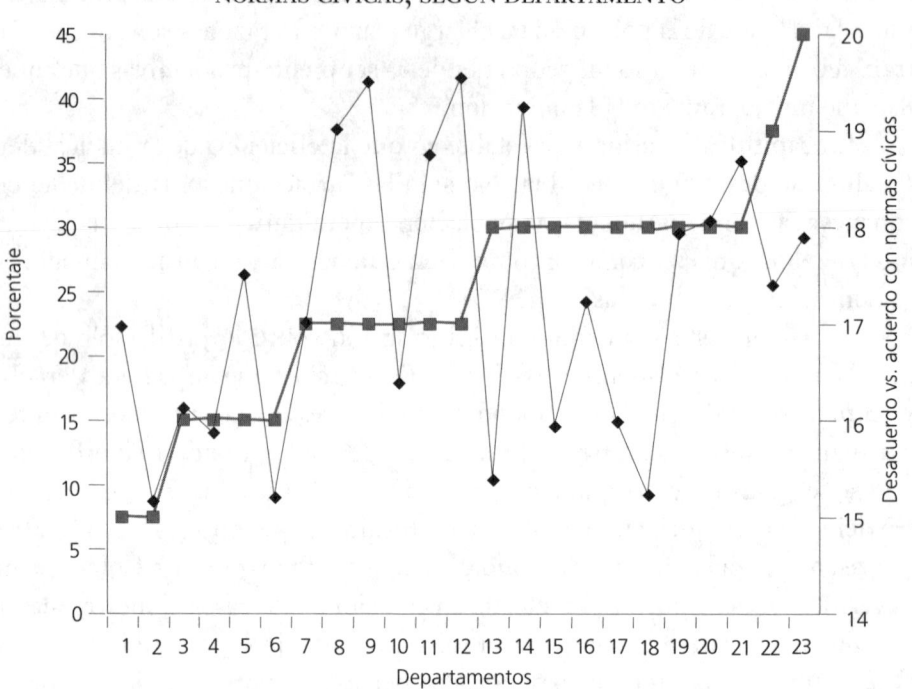

◆ Indice de actividad asociativa   ■ Desacuerdo vs. acuerdo con normas cívicas

No.	DEPTO.	No.	DEPTO.	No.	DEPTO.	No.	DEPTO.
1	MAG	7	VAL	13	MET	19	COR
2	SUC	8	BOG	14	CUND	20	NAR
3	ATL	9	RIS	15	TOL	21	BOY
4	BOL	10	N. SANT	16	CAQ	22	GUA
5	CES	11	SAN	17	CAL	23	ANT
6	HUI	12	CAU	18	QUI		

Preguntas 280 y 282: ¿Respecto de las siguientes afirmaciones, cree que pueden justificarse o nunca se justifican: reclamar beneficios del Estado a los cuales no tiene derecho y aceptar un soborno en el desempeño de sus deberes?

Gráfica 42
Acuerdo con normas cívicas y desigualdad*, según departamento

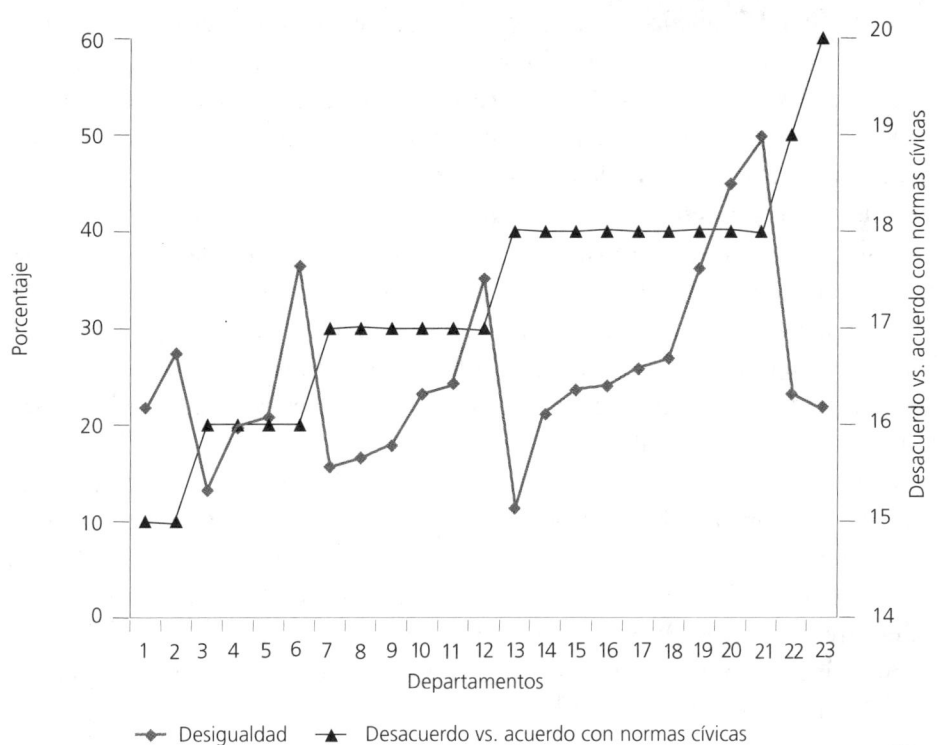

No.	DEPTO.	No.	DEPTO.	No.	DEPTO.	No.	DEPTO.
1	MAG	7	VAL	13	MET	19	COR
2	SUC	8	BOG	14	CUND	20	NAR
3	ATL	9	RIS	15	TOL	21	BOY
4	BOL	10	N. SANT	16	CAQ	22	GUA
5	CES	11	SAN	17	CAL	23	ANT
6	HUI	12	CAU	18	QUI		

* Relación entre el quintil más rico sobre el quintil más pobre.

Preguntas 280 y 282: ¿Respecto de las siguientes afirmaciones, cree que pueden justificarse o nunca se justifican: reclamar beneficios del Estado a los cuales no tiene derecho y aceptar un soborno en el desempeño de sus deberes?

explicación de este comportamiento es que el capital social en Colombia sea de tipo perverso. Vale decir que los miembros de la sociedad se aglutinan en función de la búsqueda de rentas a costa del resto de la sociedad. También cabe la posibilidad de que los diferentes estamentos tiendan a asociarse en busca de protección, a cualquier precio. Esto significa claramente que en Colombia las instituciones, y en particular la justicia, no responden a las necesidades de la sociedad, lo cual, como se anotó en el capítulo sobre justicia, impulsa el surgimiento de grupos de justicia privada. Como se deduce del análisis, el colombiano no tiene garantías sobre su propiedad ni libertades civiles y políticas, en particular donde más prevalecen las tendencias asociativas.

De acuerdo con esos resultados, los estamentos de la población que se vinculan a actividades asociativas, frente a las disputas, en lugar de buscar al Estado para que imparta justicia, recurren a la amenaza. La relación entre variables, así no sea significativa, es positiva ($r = .15$). En el caso de los delitos ésta es negativa ($r = -.16$) (gráfica 43). Así, la actividad asociativa está positivamente ligada a la frecuencia de los delitos y negativamente a la amenaza. En el caso de las disputas, que son aún más frecuentes donde prevalece la actividad asociativa, se recurre a la amenaza. Este punto es particularmente relevante por cuanto, como se recordará, donde más le falla el Estado a las expectativas de la población es en el campo de las disputas de carácter civil.

Nada más perjudicial para una sociedad que la ausencia de garantías de que los acuerdos entre las personas serán respetados. En Colombia, es evidente que el tejido social no está contribuyendo en nada a suplir las fallas de las reglas formales que rigen las relaciones sociales. Por el contrario, el desarrollo del civismo en el país va de la mano de la mayor criminalidad, la cual a su vez está asociada positivamente con la desconfianza interpersonal. El capital social prevaleciente en Colombia parece más propicio para la destrucción de valores productivos que para su construcción.

Contrasta esta situación con el surgimiento de una relación positiva y estrecha entre la participación en actividades asociativas y la efectividad de la justicia ($r = .35$). Donde la población participa más en actividades asociativas se aclara una mayor proporción de homicidios (gráfica 45). De ahí sólo puede concluirse que la justicia está al servicio de los intereses de algunos grupos sociales, cuyos objetivos están lejos de la búsqueda del bienestar social.

Gráfica 43
Actividad asociativa, delitos, disputas civiles, según departamento

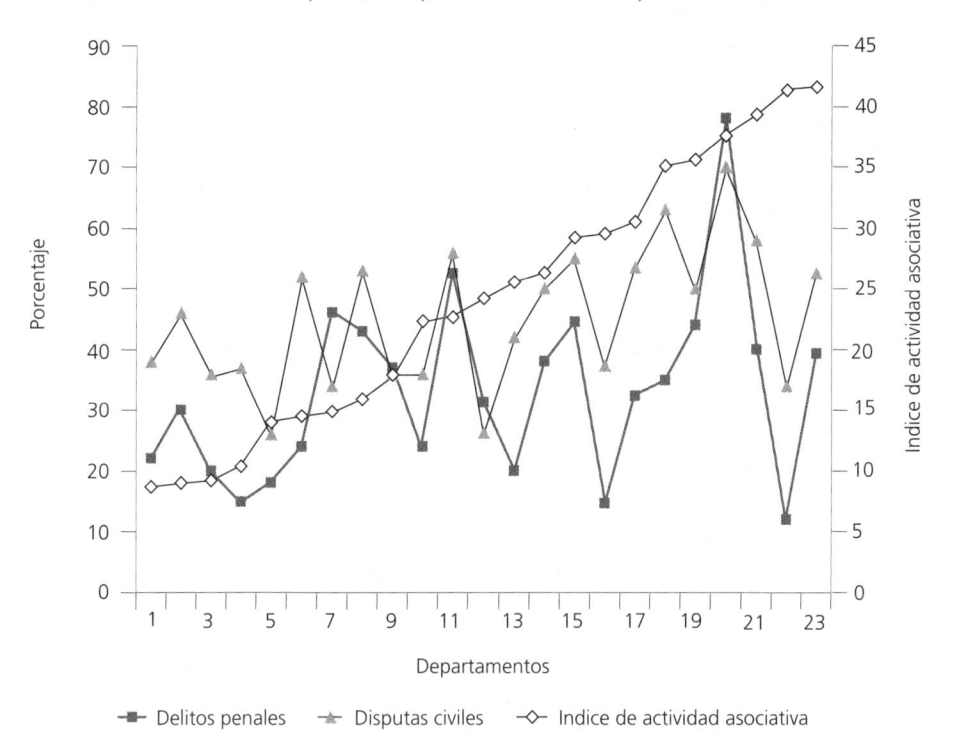

■ Delitos penales ▲ Disputas civiles ◇ Indice de actividad asociativa

No.	DEPTO.	No.	DEPTO.	No.	DEPTO.	No.	DEPTO.
1	SUC	7	CAL	13	HUI	19	SAN
2	GUA	8	ATL	14	CES	20	BOG
3	QUI	9	N. SANT	15	ANT	21	CUND
4	MET	10	MAG	16	COR	22	RIS
5	BOL	11	VAL	17	NAR	23	CAU
6	TOL	12	CAQ	18	BOY		

Preguntas 143 a 154: ¿Usted o alguien de su hogar se vio afectado por alguno de los siguientes hechos?
    Preguntas 133 a 138: ¿Usted o alguien de su hogar se vio afectado por alguno de los siguientes problemas?

GRÁFICA 44
ACTIVIDAD ASOCIATIVA Y AMENAZA POR DISPUTA CIVIL O DELITO

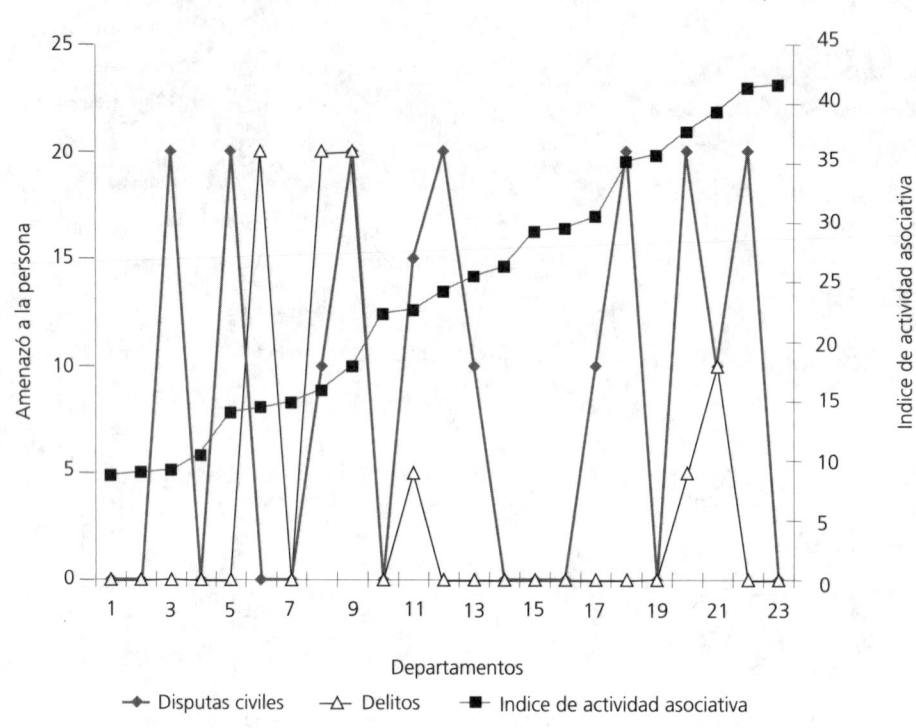

◆ Disputas civiles   △ Delitos   ■ Indice de actividad asociativa

No.	DEPTO.	No.	DEPTO.	No.	DEPTO.	No.	DEPTO.
1	SUC	7	CAL	13	GUAI	19	SAN
2	HUI	8	ATL	14	CES	20	BOG
3	QUI	9	N. SANT	15	ANT	21	CUND
4	MET	10	MAG	16	COR	22	RIS
5	BOL	11	VAL	17	NAR	23	CAU
6	TOL	12	CAQ	18	BOY		

Pregunta 141: ¿En este caso que usted considera como el problema más grave, cuál fue su reacción? (En la gráfica se considera "amenazó a la persona").

Pregunta 157: ¿En este caso que usted considera como el problema más grave, cuál fue su reacción? (En la gráfica se considera "amenazó a la persona").

De estos comportamientos no puede concluirse que el capital social prevaleciente en Colombia corresponda a un capital de tipo productivo. Estas características se asemejan más a aquellas que hacen que se pueda calificar de perverso, del tipo identificado por Olson: que lejos de contribuir al desarrollo económico, lo perjudica, y en lugar de garantizar la prevalencia de las libertades políticas, las entorpece. Estos comportamientos pueden explicar el surgimiento de la violencia en Colombia, las dificultades que enfrenta el gobierno para el restablecimiento de la paz y el que la justicia esté a disposición de quienes están en el poder, a la vez que deja a la población inerme y abandonada a su propia suerte.

GRÁFICA 45
ACTIVIDAD ASOCIATIVA E IMPUNIDAD, SEGÚN DEPARTAMENTO

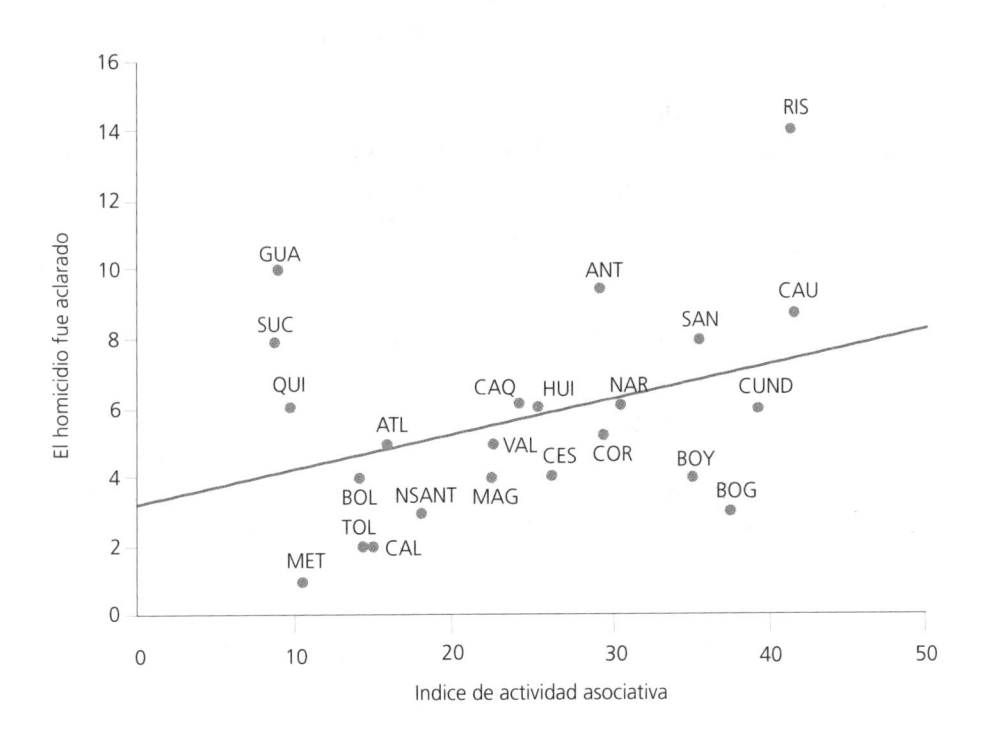

Pregunta 183: ¿Sabe usted si ese homicidio fue aclarado por las autoridades?

Rubio[63] sugiere resultados de esta naturaleza para la zona cafetera, dado que es precisamente en esta región donde la violencia y la delincuencia juvenil son las más elevadas. También es la región donde nació el cartel de Medellín, una organización que respondió con éxito sin precedentes a la estructura de recompensas y castigos prevalencientes en la sociedad antioqueña de la época y claro ejemplo de capital social perverso.

IV. ACTIVIDAD PRODUCTIVA

El valor de mercado de una compañía supera ampliamente el de sus activos físicos y humanos. Los contadores denominan esa diferencia el *good-will*, pero Stiglitz se refiere a él como "cercano a lo que muchos de nosotros pensamos que es el capital social"[64]. La mayor parte de las actividades en una empresa no responden a mecanismos estándares de mercado. Lo que hay en su interior está relacionado con lo que pasa por fuera de ella. Por tanto, existe un vínculo cercano entre los mercados y el capital social.

Si la actividad económica se lleva a cabo principalmente en unidades familiares, las características y jerarquías entre sus miembros –madre, padre e hijos– se extienden a los trabajadores. En esos casos los sistemas de símbolos para transformar valores en normas y medios de intercambio al interior de la familia y entre familias estarán altamente influenciados por la lealtad, el amor y el deber. La falta de una delimitación clara entre economía y familia provee formas particularizadas de capital social, que facilitan organizar la producción y el intercambio. Sin embargo, éste no es el tipo de capital social que favorece el desarrollo económico a gran escala, desarrollo medido en términos de la motivación para obtener utilidades, mediante la contratación de capital humano a cambio de dinero en el mercado de trabajo y que conduzca a que el intercambio de bienes y servicios se realice también a cambio de dinero[65].

---

63 Mauricio Rubio. "Perverse Social Capital: Some Evidence from Colombia", en *Journal of Economic Issues*, Vol. 31, N° 3, septiembre de 1997, pp. 805 a 816.
64 Joseph E. Stiglitz. "Formal and Informal Institutions", en *Social Capital: A Multifaceted Perspective*, cit.
65 Jonathan H. Turner. "The Formation of Social Capital", en *Social Capital: A Multifaceted Perspective*, cit.

El surgimiento de la familia nuclear y el cambio en las formas de asociación son fuente importante de capital social, pues se abandonan las distinciones categóricas, los sistemas de símbolos culturales y los medios generalizados de intercambio entre grupos privilegiados, y se adoptan distinciones categóricas, símbolos culturales y medios de otras esferas institucionales. Cuando los actores realizan esta transición surge la voluntad y la posibilidad de: 1. Percibirse a sí mismos como un objeto autónomo del mercado de trabajo; 2. Percibirse a sí mismos como sujeto para la naturaleza intrínsecamente competitiva de esos mercados, que operan según las leyes de oferta y demanda y en los que las decisiones de precio responden a las fuerzas del mercado; 3. Percibirse a sí mismos como un bien para el propósito del trabajo; 4. Utilizar el dinero y las autoridades legales para organizar las transacciones.

Fukuyama[66] argumenta que la confianza en los demás da pie para obtener mejores resultados en todas las instituciones sociales, incluyendo las firmas empresariales. Al confrontar los resultados de las grandes empresas públicas de distintos países donde la confianza en los demás es elevada, con los de firmas familiares pequeñas, que prevalecen en los lugares donde la confianza es reducida, concluye que el éxito en las firmas de gran tamaño se basa en la confianza entre quienes participan en ellas, por la necesidad de tener que cooperar con extraños.

Otra consecuencia del capital social es que facilita[67] la difusión de innovaciones tecnológicas y el intercambio de información, al contar con mecanismos que reducen la complejidad de adoptar normas para garantizar el cumplimiento de los compromisos que adquieren proveedores de capital y prestatarios cuando el recurso jurídico es costoso. Así se reducen el riesgo y los costos de transacción, lo que estimula el intercambio de bienes y servicios, y por ende el crecimiento.

Ya hemos hablado del "familiarismo amoral" presente en la sociedad colombiana. Para ello se hizo referencia a la estructura de la familia en el país,

---

66 Francis Fukuyama. *Trust: The Social Virtues and the Creation of Prosperity*, Chicago, The Free Press, 1995.
67 Everett M. Rogers. *The Diffusion of Innovations*, Chicago, The Free Press, 1995.

con sus elevados niveles de dependencia y la alta predisposición al autoempleo a pesar de que el pequeño empresario no merece respeto ni se considera que esa actividad acarree el éxito. Al contrastar la predisposición al autoempleo con la participación en actividades asociativas se concluye que dentro de estos estamentos de la población esas tendencias no son las prevalecientes. Si algo se puede decir es que la relación es negativa ($r = -.12$), así sea baja (gráfica 46). Esto significa que quienes tienen predisposición a participar en actividades asociativas no son quienes más abogan por el autoempleo. En capítulos anteriores se vio que los docentes son quienes menos se interesan por ese tipo de comportamientos.

GRÁFICA 46

ACTIVIDAD ASOCIATIVA Y AUTOEMPLEO, SEGÚN DEPARTAMENTO

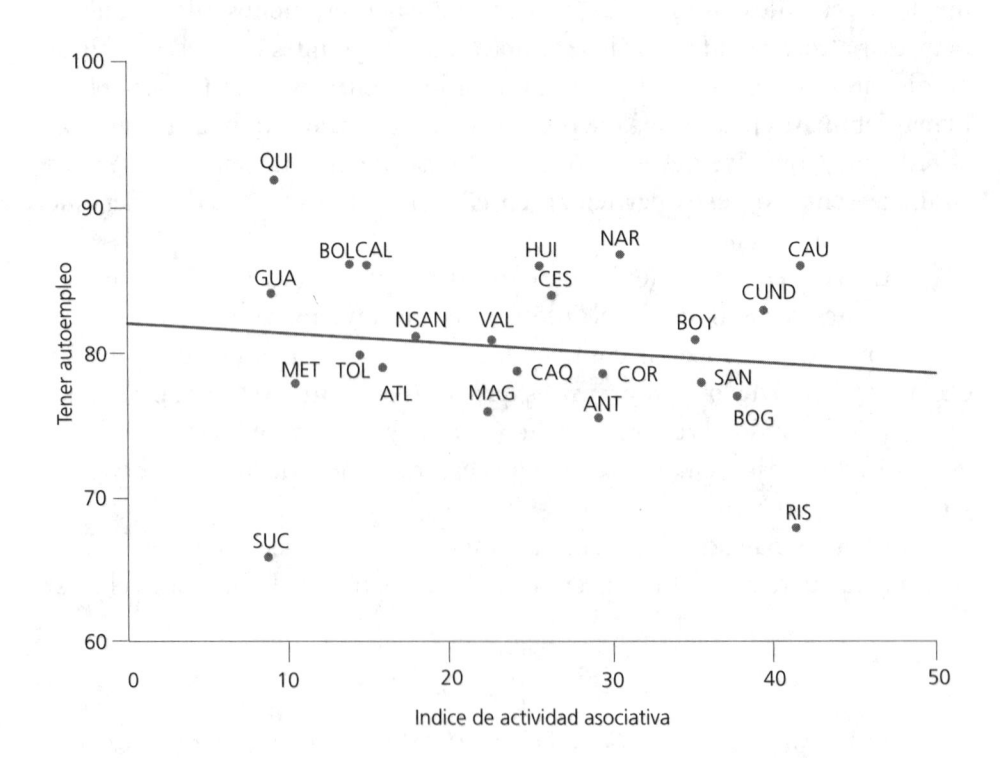

En Colombia el respeto y la percepción de éxito de distintas actividades laborales aporta elementos de juicio para dilucidar qué tan productivo es el capital social prevaleciente en el país y cuál es la respuesta de quienes participan en actividades asociativas a la estructura de incentivos y sanciones. La correlación entre el *respeto* por el pequeño empresario (r = .37), al igual que por el agricultor (r = .40) y la participación asociativa es positiva y alta (gráfica 47). Frente a la de los ingenieros, actividad plenamente identificada como

GRÁFICA 47
ACTIVIDAD ASOCIATIVA Y RESPETO POR EMPRESARIOS, SEGÚN DEPARTAMENTO

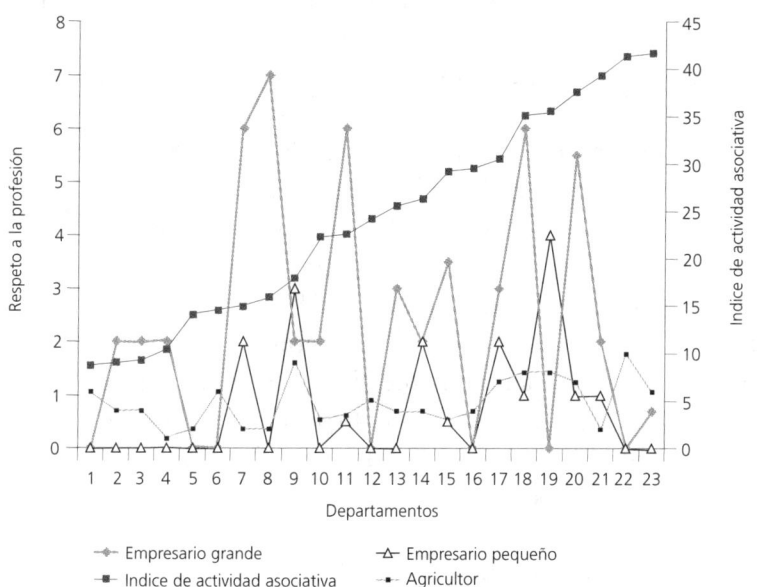

◆ Empresario grande   △ Empresario pequeño
■ Indice de actividad asociativa   ● Agricultor

No.	DEPTO.	No.	DEPTO.	No.	DEPTO.	No.	DEPTO.
1	SUC	7	CAL	13	HUI	19	SAN
2	GUA	8	ATL	14	CES	20	BOG
3	QUI	9	N. SANT	15	ANT	21	CUND
4	MET	10	MAG	16	COR	22	RIS
5	BOL	11	VAL	17	NAR	23	CAU
6	TOL	12	CAQ	18	BOY		

Preguntas 240-9, 240-10, 240-14: Indique por cuál de estas actividades siente usted más respeto. (En la gráfica se consideraron gran empresario, pequeño empresario y agricultor).

productiva por esencia, esta relación es reducida (r = .12) aunque también positiva. Frente a los grandes empresarios (r = .03) ésta es inexistente, al igual que en el caso del abogado (r = −.08). Estos resultados contrastan con los que se obtienen frente al narcotraficante, actividad eminentemente delictiva y destructiva, en cuyo caso la relación es positiva (r = .29). Vale decir que quienes participan en actividades asociativas, además de valorar algunas actividades productivas tradicionales, que no se identifican con aquellas en las que se puede lograr mayor eficiencia en la producción, por estar ausente la división y especialización del trabajo, como es el caso del pequeño empresario o agricultor, valoran las actividades delictivas, y más explícitamente el narcotráfico. Por lo demás, al contrario de lo que ocurre en el resto de la sociedad, les merece respeto el político (r = .40) y no les merece ninguno el cura (r = −.51).

Al relacionar las *percepciones de éxito* de las distintas actividades referidas con quienes participan en actividades asociativas resulta particularmente grave que quienes tienen mayores posibilidades de ser respetados y ser exitosos simultáneamente, son el político, el narcotraficante y, curiosamente, así la relación sea menos sólida, el ingeniero (cuadro 14). Como es evidente, de esas percepciones no puede extraerse nada diferente de un capital social que no contribuye al logro del bienestar colectivo. El resultado que se obtiene frente a los políticos, que es el más sólido estadísticamente, es de particular interés si se tiene en cuenta[68] que este personaje en Colombia produce profunda desconfianza y se percibe como un empresario que logra riqueza mediante su investidura.

De ahí se concluye que el ciudadano cívico, a pesar de estar mejor posicionado en la sociedad, responde a una estructura de incentivos y sanciones que deja mucho que desear para el logro de una sociedad productiva en la que se respeten las libertades individuales.

---

68 Ver capítulos sobre instituciones democráticas y valoración de la política y sobre incentivos y sanciones y sus consecuencias económicas.

Gráfica 48
Actividad asociativa y respeto por profesiones, según departamento

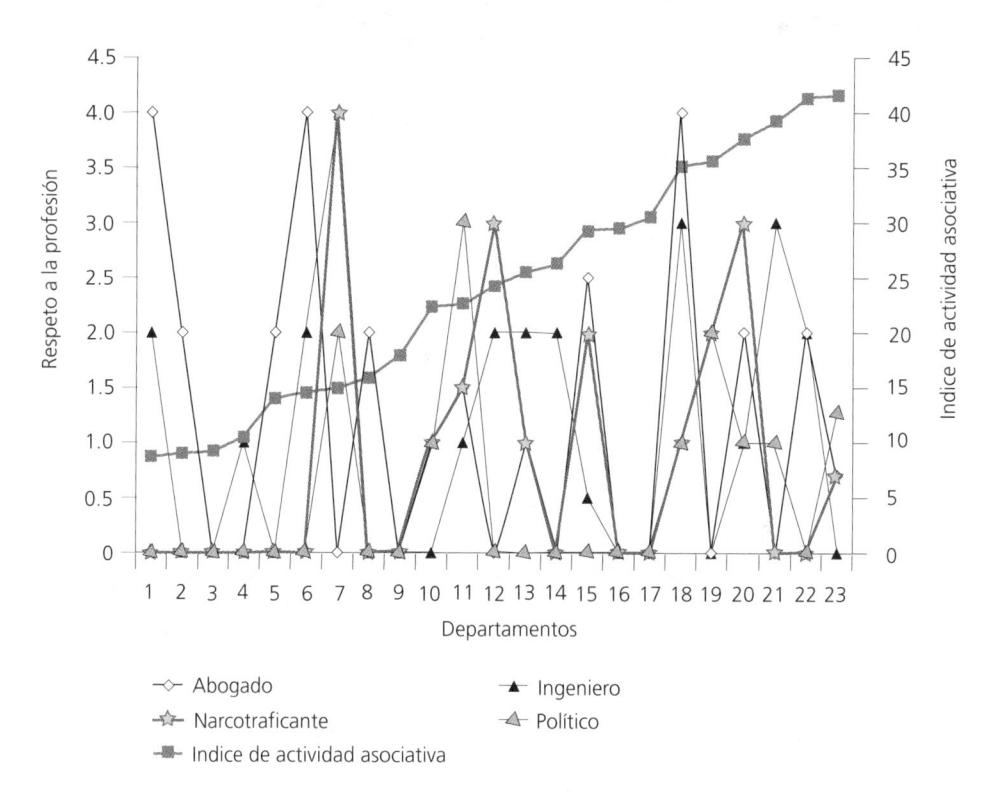

- ◇ Abogado
- ★ Narcotraficante
- ■ Indice de actividad asociativa
- ▲ Ingeniero
- ▲ Político

No.	DEPTO.	No.	DEPTO.	No.	DEPTO.	No.	DEPTO.
1	SUC	7	CAL	13	HUI	19	SAN
2	GUA	8	ATL	14	CES	20	BOG
3	QUI	9	N. SANT	15	ANT	21	CUND
4	MET	10	MAG	16	COR	22	RIS
5	BOL	11	VAL	17	NAR	23	CAU
6	TOL	12	CAQ	18	BOY		

Preguntas 240-5, 240-7, 240-14: Indique por cuál de estas actividades siente usted más respeto. (En la gráfica se consideraron abogado, ingeniero, narcotraficante y político).

GRÁFICA 49
ACTIVIDAD ASOCIATIVA Y ÉXITO DE EMPRESARIOS, SEGÚN DEPARTAMENTO

— Empresario grande — Empresario pequeño
— Agricultor -□- Indice de actividad asociativa

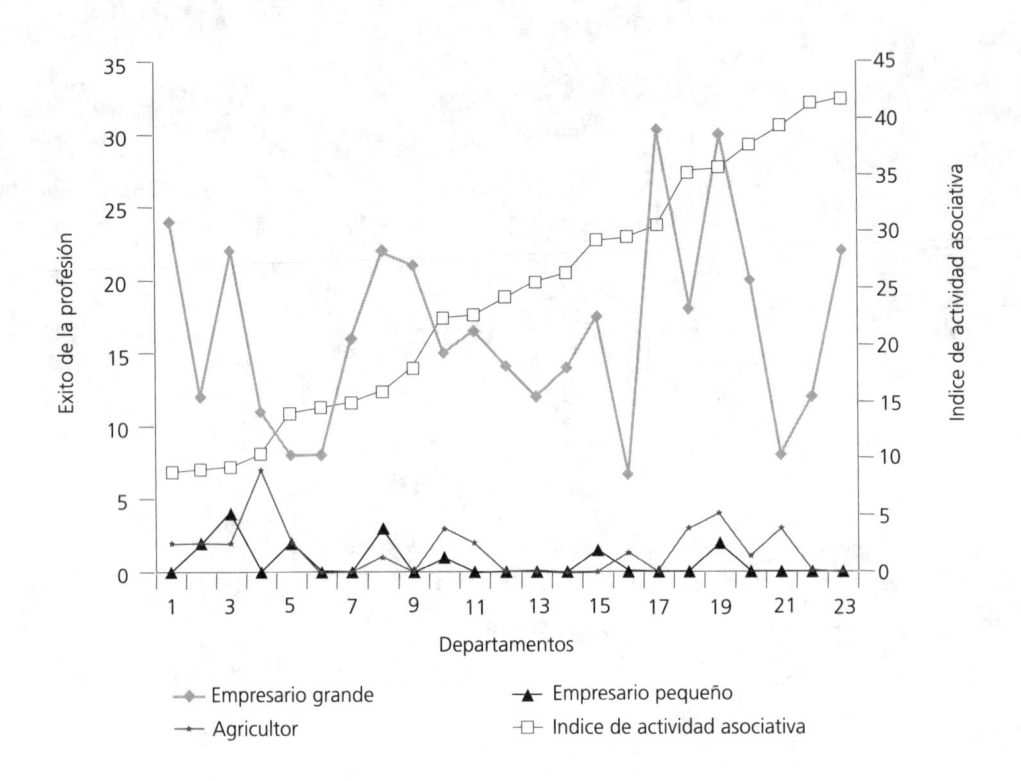

No.	DEPTO.	No.	DEPTO.	No.	DEPTO.	No.	DEPTO.
1	SUC	7	CAL	13	HUI	19	SAN
2	GUA	8	ATL	14	CES	20	BOG
3	QUI	9	N. SANT	15	ANT	21	CUND
4	MET	10	MAG	16	COR	22	RIS
5	BOL	11	VAL	17	NAR	23	CAU
6	TOL	12	CAQ	18	BOY		

Preguntas 241-9, 241-10, 241-14: Indique cuál de estas actividades tiene más éxito. (En la gráfica se consideran gran empresario, pequeño empresario y agricultor).

GRÁFICA 50
ACTIVIDAD ASOCIATIVA Y ÉXITO DE PROFESIONES, SEGÚN DEPARTAMENTO

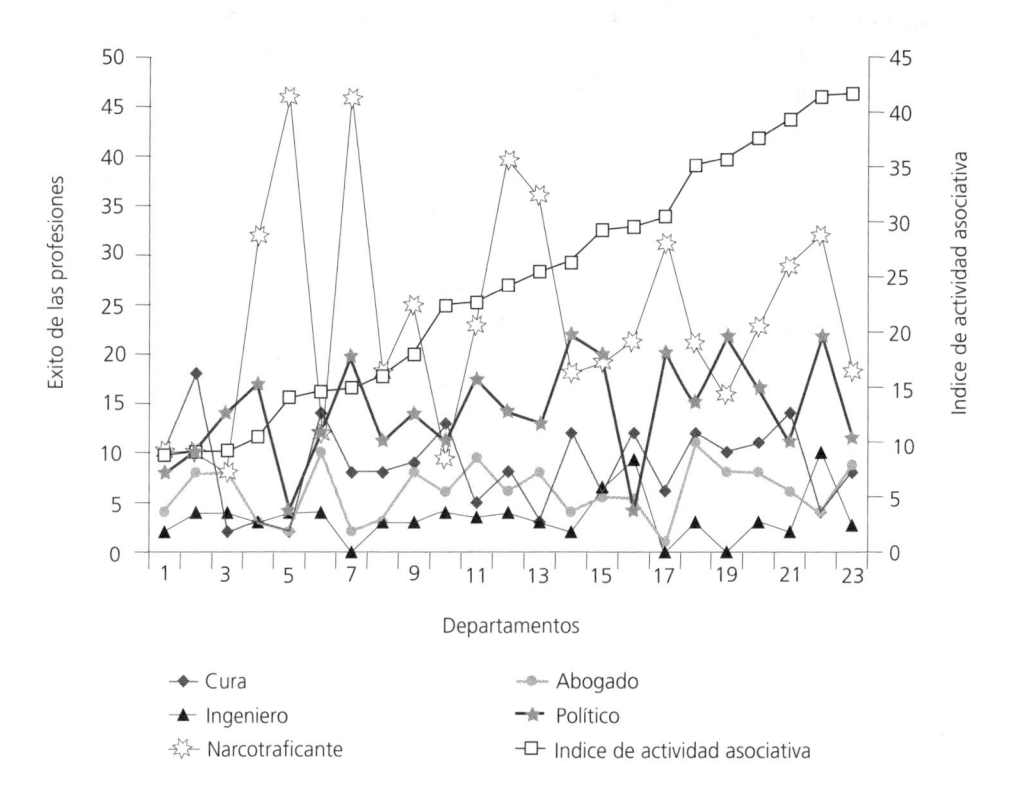

◆ Cura
▲ Ingeniero
☆ Narcotraficante
● Abogado
★ Político
□ Indice de actividad asociativa

No.	DEPTO.	No.	DEPTO.	No.	DEPTO.	No.	DEPTO.
1	SUC	7	CAL	13	HUI	19	SAN
2	GUA	8	ATL	14	CES	20	BOG
3	QUI	9	N. SANT	15	ANT	21	CUND
4	MET	10	MAG	16	COR	22	RIS
5	BOL	11	VAL	17	NAR	23	CAU
6	TOL	12	CAQ	18	BOY		

Preguntas 241-1, 241-5, 241-7, 241-13, 241-17: Indique cuál de estas actividades tiene más éxito. (En la gráfica se consideraron abogado, ingeniero, narcotraficante, político y cura).

El civismo tiene una relación directa con la igualdad al igual que con el compromiso. La igualdad es una faceta esencial de la comunidad cívica. La relación entre el índice de actividad asociativa y la posición promedio en una escala de 1 a 10, donde 1 corresponde a la percepción de que el Estado debe responsabilizarse de reducir las diferencias de ingreso y 10 que se debe incentivar el esfuerzo individual, es reducida y negativa (r = −.15). A su vez, la relación entre el índice de actividad asociativa y que es justo que la eficiencia de una secretaria haga que ésta gane más que otra también es negativa (r = −.26). Este resultado es bien significativo porque señalaría que quienes participan en redes asociativas son indiferentes frente a la posición del Estado como distribuidor del ingreso o generador de riqueza, en tanto que son quienes más se distancian de las reglas del mercado: no consideran que el trabajo deba remunerarse en función de la productividad.

CUADRO 14
ACTIVIDAD ASOCIATIVA, RESPETO Y ÉXITO QUE
GENERAN LAS PROFESIONES (CORRELACIONES)

	Respeto	Exito
Gran empresario	.03	.11
Pequeño empresario	.36	−.37
Agricultor	.40	−.18
Abogado	−.13	.20
Ingeniero	.11	.14
Narcotraficante	.29	.20
Cura	−.51	.11
Político	.40	.38

Pregunta 240: ¿Por cuál de estas actividades siente más respeto? (En el cuadro se considera "gran empresario", "pequeño empresario", "agricultor", "abogado", "ingeniero", "narcotraficante", "cura" y "político").
Pregunta 241: ¿A cual de estos oficios les va mejor en la vida? (En el cuadro se considera "gran empresario", "pequeño empresario", "agricultor", "abogado", "ingeniero", "narcotraficante", "cura" y "político").

¿En qué otros términos es posible tipificar el civismo de la sociedad colombiana? El mayor énfasis en la igualdad, típico de la comunidad cívica, se expresa también en las relaciones de género. Los departamentos más cívicos registran menos sesgos en contra de la mujer, medidos en términos de la proporción de población que afirma que el hombre tiene más derecho a la educación universitaria ($r = -.25$) y al trabajo ($r = -.37$) que la mujer (gráfica 52), así la relación sea más estrecha en términos de la aceptación del trabajo femenino. En este frente, a diferencia de los anteriores, aparece una mayor liberalidad de parte de quienes se vinculan en actividades asociativas.

Estos resultados llevan a recordar a Hume en sus planteamientos. Todas las partes estarán mejor si pueden cooperar; en ausencia de credibilidad en el compromiso mutuo, sin embargo, cada individuo tiene incentivos para fallar y volverse un *free rider*: racionalmente cada uno espera que el otro falle, dejándole así la ganancia respectiva. Estos modelos son útiles para explicar cómo individuos perfectamente racionales pueden producir, bajo determinadas circunstancias, resultados que no son "racionales" vistos desde la perspectivas de todos los implicados.

El comportamiento no se origina en alguna mala intención. Nadie quiere ofender los sentimientos de los demás, y aun en el caso de que todos estén predispuestos a cooperar no cuentan con garantías de que les cumplirán, en ausencia de un compromiso legalmente forzoso. Peor aún, cada uno sabe que el otro enfrenta el mismo predicamento: "Se requiere no solo creer en los demás antes de actuar cooperativamente, sino también creer que los demás confían en el otro". Si no hay confianza, cada uno actúa de manera irracional y todo termina de una manera que nadie quiere, ni busca.

Los resultados de las instituciones, desde aquellas que prevalecen en los mercados internacionales de crédito hasta las locales, en las que se especifica cómo hacer una fila, dependen de la forma como se resuelven los problemas. La confianza se requiere para que la cooperación no tenga que ser ciega. La confianza sirve para predecir el comportamiento de los agentes independientes.

GRÁFICA 51
ACTIVIDAD ASOCIATIVA, IGUALDAD Y EFICIENCIA, SEGÚN DEPARTAMENTO

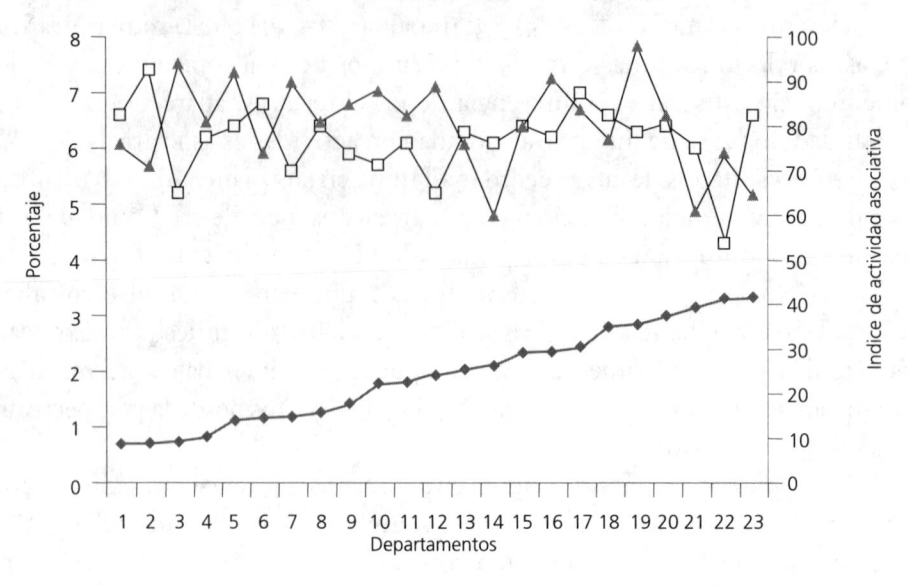

☐ Igualdad
◆ Indice de actividad asociativa
▲ Es justo que la secretaria más eficiente gane más

No.	DEPTO.	No.	DEPTO.	No.	DEPTO.	No.	DEPTO.
1	SUC	7	CAL	13	HUI	19	SAN
2	GUA	8	ATL	14	CES	20	BOG
3	QUI	9	N. SANT	15	ANT	21	CUND
4	MET	10	MAG	16	COR	22	RIS
5	BOL	11	VAL	17	NAR	23	CAU
6	TOL	12	CAQ	18	BOY		

Pregunta 130: Imagine usted una situación en la que dos secretarías realizan el mismo trabajo. Una se da cuenta que la otra gana más dinero que ella. Sin embargo, la secretaria mejor pagada es más rápida, eficiente y más segura en su trabajo. ¿Desde su punto de vista me podría decir si el que esta secretaria gane más es justo o no? (En la gráfica se considera "justo").

Pregunta 221: ¿En una escala de 1 a 10, donde 1 significa que el Estado debe responsabilizarse de reducir las diferencias en los ingresos y 10 que debe incentivarse más el esfuerzo individual, cuál es su posición?

GRÁFICA 52
ACTIVIDAD ASOCIATIVA Y MAYOR DERECHO DEL HOMBRE A LA EDUCACIÓN Y AL TRABAJO, SEGÚN DEPARTAMENTO

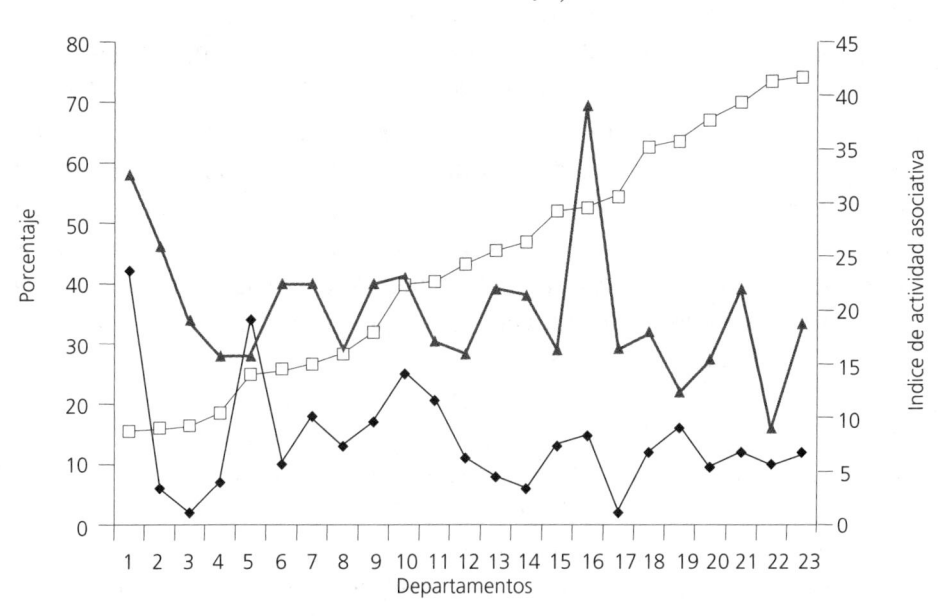

◆ La educación universitaria es más importante para el hombre
▲ El hombre tiene más derecho al trabajo
□ Indice de actividad asociativa

No.	DEPTO.	No.	DEPTO.	No.	DEPTO.	No.	DEPTO.
1	SUC	7	CAL	13	HUI	19	SAN
2	GUA	8	ATL	14	CES	20	BOG
3	QUI	9	N. SANT	15	ANT	21	CUND
4	MET	10	MAG	16	COR	22	RIS
5	BOL	11	VAL	17	NAR	23	CAU
6	TOL	12	CAQ	18	BOY		

Pregunta 53: ¿La educación universitaria es más importante para un hombre que para una mujer?
Pregunta 107: Cuando hay escasez de trabajos ¿los hombres tienen más derecho a él que las mujeres?

V. CONCLUSIONES

El concepto de capital social está cobrando cada día mayor relevancia para el análisis del desarrollo económico y como vehículo para el sostenimiento de la democracia. Por capital social los teóricos entienden la voluntad de cooperar y trabajar para el bienestar colectivo. Entre los indicadores más utilizados para su medición están la confianza interpersonal y la participación en organizaciones voluntarias de diversa índole, no necesariamente vinculadas al logro de propósitos económicos. En breve, en las sociedades que presentan estas características prevalece la racionalidad social en los términos establecidos por Toqueville. Se ha identificado, adicionalmente, que este capital tiende a desarrollarse menos en sociedades en las que prevalecen diferencias étnicas y sentimientos religiosos –que presentan en sus estructuras características altamente jerarquizadas de dependencia, como es el caso de la sociedad católica–, y en las sociedades en las que la incertidumbre frente al futuro es pronunciada. Para North y Olson las estructuras institucionales influyen en el capital social y en sus características.

En Colombia, la existencia de capital social, medido en términos de la participación en actividades asociativas, es elevada, inclusive en el marco de comparaciones internacionales, frente a su nivel de ingreso. Sin embargo, está soportada por niveles de confianza interpersonal inusualmente bajos: quienes se asocian, sorprendentemente, no confían en los demás. Estos resultados llevan no sólo a evaluar las relaciones entre el capital social y el desarrollo, sino también la sostenibilidad del régimen democrático y la forma como opera la justicia. Esto es, hay que establecer si el capital social en Colombia es de tipo productivo o si, por el contrario, es de tipo perverso. También cabe la posibilidad de denominarlo anti-moderno.

De las características socioeconómicas de quienes participan en actividades asociativas se extrae que quienes más participan son los más ricos y educados, y que el capital social surge en los departamentos más desarrollados, con mayor inequidad en la distribución del ingreso. Sin embargo, la participación en actividades asociativas del sector rural supera la urbana, e indica que el capital social en el mejor de los casos no se está fortaleciendo. También es mayor entre los hombres que entre las mujeres y entre los empleados públicos, en particular entre los jueces.

La relación entre niveles de civismo y actitudes frente a la Iglesia y al cura o a buscar tranquilidad en la religión, a pesar de ser la autoridad religiosa la única que despierta enorme respeto entre los colombianos, es negativa. Este resultado se asemeja al que se encuentra a nivel internacional. También la relación frente a otros valores, tales como la inquietud frente al significado de la vida, corresponde a los patrones encontrados en otras sociedades a nivel internacional. Ese resultado llama la atención, por cuanto precisamente quienes más participan en actividades asociativas son quienes dicen estar más sujetos a riesgos frente al futuro, en particular debido a la salud y la vejez sin ayuda, a pesar de ser los más protegidos. De otra parte, se identifica que quienes participan en actividades asociativas también están relacionados con las sindicales y políticas, sin que pueda considerarse que ese tipo de relaciones obedece a patrones jerarquizados.

Por otra parte, los ciudadanos cívicos no se interesan por la política tradicional, ni son quienes más votan en los comicios electorales. Sin embargo, son activos políticamente: participan en huelgas, paros cívicos, firma de pliegos, etc., lo que llevaría a pensar en una población más desarrollada y propensa al cambio. Sin embargo, a pesar de afirmar que apoyan la democracia, apoyan todavía más regímenes de corte autoritario (caudillismo o tecnocracia) y defienden el *statu quo*, al paso que rechazan abiertamente cualquier tipo de cambio, así sea gradual. Estos resultados llevan a indagar sobre el comportamiento de los no cívicos. Este segmento de la población tampoco confía en los demás y, respecto de los cívicos, asume posiciones aún más radicales pero de signo contrario: rechaza el *statu quo* y apoya el cambio, así sea a cualquier precio: si bien prefiere que sea gradual, no rechaza la vía revolucionaria, ni la utilización de la violencia con fines políticos. A este segmento de la población pertenecen los más pobres y menos educados, que se caracterizan por ser indiferentes frente a las actividades políticas y comunitarias y frente al régimen democrático. A diferencia de los resultados anteriores, los empleados públicos son los que más participan, más confían en los demás y más quieren el cambio dentro de las normas del Estado de derecho, y a pesar de ello son quienes más participan en acciones directas de tinte ilegal (huelgas no oficiales, toma de edificios, bloqueo de carreteras, etc.).

De ahí se extrae la existencia de una sociedad cívica –conservadora y activa políticamente– que sabe que quiere mantener las cosas como estaban en el pasado; una de personas no cívicas, poco activa, que quiere el cambio a cualquier precio, y que está aún menos contenta con el gobierno y con las cosas como están; y una conformada por empleados públicos, que son los más activos y que, si bien no son tan inconformes, quieren el cambio gradual.

De otro lado, es alarmante que entre quienes más participan en actividades asociativas haya menos predisposición por el respeto a las normas y sean precisamente quienes se ven más afectados por la criminalidad, así como quienes más recurren a la amenaza. Además, sorprende que a estos segmentos de la población sí les responde la justicia. De nuevo aquí surge, y con mayor fuerza, el interrogante de a quién responde la justicia. ¿A una clase cerrada, que quiere evitar perder privilegios? ¿O al resto de la población que quiere a toda costa el cambio? Las características de capital social de tipo perverso que se han podido establecer, adicionadas a la enorme polarización e intolerancia de la sociedad cívica, extienden un manto de duda sobre la soste-nibilidad del régimen democrático y la conveniencia de la descentralización administrativa y política del país.

Como si ello fuera poco, hay otra serie de resultados que llevan a cuestionar aún más la bondad del capital social colombiano. En efecto, donde existen mayores niveles de capital social es mayor el respeto por actividades delictivas, tales como el narcotráfico. Además, éste es el único segmento de la población al que le merecen respeto los políticos, pues percibe que, junto con los narcotraficantes, son los agentes más exitosos. La población en general considera que la actividad política es corrupta y que los políticos se constituyen en verdaderos agentes generadores de riqueza, en razón de la actividad a la que están vinculados: en contraste, del comportamiento de los no cívicos se extrae que, además de ser pobres y desconfiar de los demás, no les produce respeto ninguna de las actividades señaladas.

Las características del capital social en Colombia, medido en términos de la participación en actividades asociativas, no corresponden a las que surgen en los países desarrollados y donde es alta la eficiencia de los gobiernos. Al contrario, parecería que la estructura institucional del país, al no responder frente a las demandas de la población, hubiera abierto el espacio para el surgimiento de amplias redes de asociaciones que, de una parte, incluyen aquellas de tipo delictivo, que recurren al asesinato, el secuestro y la extorsión, operan de manera informal y facilitan el que sus integrantes obtengan por las más diversas vías lo que no se podría obtener sin su presencia; y, de otra, aquellas que se forman para defenderse y también sustituir las instituciones formales, y que han adquirido una fuerza inusitada.

Esta situación da lugar a que el capital social pueda calificarse de perverso, pues no se utiliza la capacidad de cooperación para el bienestar colectivo, sino para delinquir (el narcotráfico) o para obtener los privilegios que se pretenden a través de la política.

Los resultados obtenidos en esta investigación abren serios interrogantes respecto de la posibilidad de llegar a una paz negociada con los grupos alzados en armas. En Colombia se identifica la existencia de una élite que en los más diversos aspectos es nociva para el país. Como se desprende del capítulo sobre estructura de incentivos y sanciones y sus consecuencias económicas, esa élite la conforman el narcotráficante, el político y el gran empresario. Esta población es la más activa políticamente, la más rica –cabe recordar que se considera ricos a quienes en el año de la encuesta (1997) tenían más de siete salarios mínimos, que equivale a US$1.120– y educada, y donde ella prevalece se rechaza abiertamente cualquier posibilidad de cambio e inclusive, aún prefiriendo el régimen democrático, se apoyan los gobiernos de corte autoritario.

Dadas esas características y las identificadas en el resto de la sociedad colombiana, la cual no solo es más apática políticamente y percibe que el Estado es manejado por unas élites reducidas en beneficio propio, sino que además quiere el cambio, aunque no sabe cuál ni para qué y hasta acepta la posibilidad de la utilización de la violencia con fines políticos, es difícil prever el logro de acuerdos para alcanzar la paz. Tampoco sorprende en estas circunstancias el surgimiento de grupos al margen de la ley que, así sean minoritarios y no le produzcan confianza a la población, han logrado suficiente poder para poner en jaque las estructuras institucionales que sostienen el Estado de derecho en Colombia.

Resumen y conclusiones

El proceso económico no es independiente del político. Los mercados están regulados por las instituciones del Estado, el cual está revestido de poder coercitivo y tiene a su cargo la regulación del instrumento más eficiente para el intercambio entre individuos: el dinero. Independientemente de la forma que adopte la estructura institucional del Estado, mientras las personas perciban que obtienen beneficios con el intercambio de bienes o servicios existirán los mercados. El Estado establece el contexto en el cual éstos operan y dispone de herramientas para contrarrestar cualquier resultado o efecto perverso que surja en ellos. Por otra parte, los individuos no son exclusivamente consumidores y productores, también son ciudadanos a los que diversas políticas, no sólo las que regulan los mercados, pueden terminar expropiándoles los recursos que les asigna el mercado. De ahí que sea imposible predecir los resultados del mercado sin calcular los efectos de las diferentes decisiones políticas[1].

Para Douglass North las estructuras institucionales impuestas en ámbitos en los que no son plenamente aceptadas están destinadas al fracaso; tampoco se pueden esperar efectos positivos cuando las instituciones no son las más adecuadas para que la justicia imponga el respeto de los derechos de propiedad y de las libertades civiles y políticas de la población. La confianza y credibilidad en que quienes se involucran en una transacción cumplirán con lo pactado no es suficiente garantía de que ello ocurrirá en un mundo en el que las relaciones personalizadas están ausentes. En un mundo en el que la mayoría de los negocios se realizan con desconocidos se requiere de reglas de juego claras y de un tercer agente –el poder judicial– que se encargue de forzar su cumplimiento. Solo en esas condiciones se abandonan estructuras de producción altamente ineficientes, en las que siempre se negocia con conocidos y en las que está ausente la división y especialización del trabajo, indispensable para el logro de eficiencia en la producción.

En el ámbito macroeconómico se obtienen mejores resultados cuando, se conforma una estructura institucional para generar incentivos y sanciones adecuadas para el desarrollo de amplias redes de capital social, que faciliten la cooperación entre individuos.

---

[1] James E. Alt y Kenneth A. Shepsle. "Perspectives on Positive Political Economy Games", en *Political Economy of Institutions and Decisions*.

El objeto de esta investigación es obtener elementos de juicio que contribuyan al diseño de políticas públicas sobre la base de la identificación de los valores predominantes en la sociedad colombiana. Para el efecto se indaga sobre la legitimidad de sus instituciones en los frentes político, social y económico, así como sobre los costos de transacción, teniendo en mente el marco teórico que sirve de referencia para el trabajo y que se centra en la relación entre el crecimiento económico y las libertades civiles y políticas de la población.

El trabajo está organizado en tres grandes bloques. El primero, se ocupa de las instituciones formales, su legitimidad y eficiencia. El segundo, se refiere a las motivaciones individuales en el ámbito familiar, social y productivo. El tercero evalúa las características de la justicia, la violencia y el capital social en Colombia. La orientación del trabajo se aparta de la que tradicionalmente se le ha dado a la investigación económica en Colombia y su temática, aunque ambiciosa, de ninguna manera pretende ser exhaustiva. De ahí que de los resultados surjan más interrogantes que conclusiones, que invitan a profundizar en diversos tópicos, si se desea recuperar la paz y encauzar al país por una senda de crecimiento sostenible.

Cabe recordar que en 1991, en busca de una estructura institucional más acorde con los requerimientos de la población y con la realidad del país, y en respuesta a las presiones ejercidas durante más de 40 años por los grupos alzados en armas al margen de la ley, la Asamblea Nacional Constituyente adoptó una nueva Constitución y derogó la de 1886, que había servido de soporte al ordenamiento institucional y legal del país por más de un siglo. Transcurridos nueve años de haber sido adoptada la nueva estructura institucional no es clara la bondad de su alcance, ni de sus resultados. Si con la nueva Carta Política se buscó mayor apertura y estabilidad política, así como crecimiento económico, no se logró ni lo uno ni lo otro o, por lo menos, no hasta la fecha. De una parte, es claro que el propósito nacional de buscar la paz no tiene un camino despejado: el malestar social va en ascenso, los grupos alzados en armas controlan zonas considerables del territorio nacional y los problemas de orden público han escalado niveles sin precedentes y se materializan en la proliferación de masacres, que en 1999 llegaron a 402[2], y

---

2 "En el 99 arreciaron las masacres", en *El Tiempo*, jueves 30 de diciembre de 1999.

en más de un millón de personas que ha abandonado sus tierras y propiedades a causa de la violencia. Por otro lado, la Constitución económica tampoco está produciendo los resultados esperados. El país pasó de crecer por encima del 4.5% en promedio en la década del 80 y de tener tasas de desempleo del 10% en los primeros años de los 90, a que la producción cayera en más de un 6% en 1999 y a que la tasa de desempleo alcanzara niveles –20%– sin precedentes en la historia.

Cabe señalar, sin embargo, que cualquier cambio es traumático, y cambios de la envergadura de los introducidos con la nueva Constitución lo son aún más, en la medida en que rompieron el equilibrio de poderes vigente en los mercados políticos y económicos. Tampoco se debe subestimar el impacto que tiene sobre los valores de una población y sobre sus estructuras institucionales asimilar en un lapso inferior a 40 años un acelerado proceso de transición demográfica; la transformación de una sociedad eminentemente agrícola en una urbana; la educación e incorporación masiva de la mujer a la fuerza laboral; y, por último y no menos importante, el enorme flujo de riqueza de origen ilícito, que subrepticiamente surgió a comienzos de los años 70 pero sólo hasta mediados de los 80 comenzó a combatirse decididamente. Para esa época los capitales producto del narcotráfico ya habían invadido los más diversos ámbitos del contexto nacional –además de la economía, la política y la justicia–. Quince años después no se ha ganado la batalla y en el entretanto sus principales protagonistas se han aliado con los grupos insurgentes que luchan por el control del poder político. Estas tendencias no podían desembocar en nada diferente de una enorme confrontación social.

Es importante llamar la atención y realizar algunos comentarios respecto de la estratificación por niveles de ingreso utilizada en la investigación. En primer lugar, Colombia no es un país rico. En segundo lugar, la riqueza está mal distribuida. De ahí que cuando se habla de los ricos no se está haciendo referencia a los grandes capitales, sino al 20% de la población que devenga más de siete salarios mínimos mensuales (US$1.120 de 1997). La categoría de los más pobres, por su parte, agrupa al 10% de la población con ingresos inferiores a US$160 mensuales.

I. LAS INSTITUCIONES

El monopolio del poder coercitivo por parte del Estado para propósitos sociales ha sido un tema central de la historia política. La función principal de la Constitución y de las instituciones políticas es imponer restricciones a los gobernantes. Estas instituciones en parte determinan si el Estado expide reglas y regulaciones para beneficiar a una pequeña élite, y en este caso proveen una reducida perspectiva de crecimiento de largo plazo, o si, por el contrario, proporcionan el marco para impulsar un crecimiento de mayor amplitud. La facilidad con que se cambian las normas tiene implicaciones significativamente diferentes. No es lo mismo cambiar la Constitución que cambiar una resolución. En los gobiernos democráticos, para lo primero se requiere poner a muchos de acuerdo; para lo segundo, convencer a un funcionario. Como quiera que cualquier cambio afecta los derechos de propiedad y la posibilidad de obtener rentas futuras, si la probabilidad de que los gobiernos alteren los derechos es elevada, se reducen los ingresos esperados de la inversión y los incentivos para invertir. El éxito en el largo plazo en materia de crecimiento no sólo requiere de incentivos apropiados para los actores económicos, sino también para los actores políticos.

Colombia es el país de América Latina con mayor tradición democrática. El régimen político nacional, a pesar del enorme malestar que afecta a la población, es altamente valorado y, de hecho, ha sido uno de los más estables del Continente. Esto no obsta para que un porcentaje elevado de la población manifieste su apoyo a regímenes de corte autoritario. Es evidente que la población, en especial aquella de ingresos más elevados, no está satisfecha con la forma como el Gobierno Nacional conduce el país. En contraste, la insatisfacción con los gobiernos locales es menor, en especial entre los ricos. Las clases de menos ingresos y la clase media, así no estén satisfechas con el gobierno en ninguno de los dos niveles –central y local–, frente a los estratos altos están relativamente menos insatisfechas con el nacional y más con el local.

La sostenibilidad del régimen democrático depende de la confianza en sus instituciones, que en Colombia se encuentra en niveles críticos. La gran mayoría desconfía de las instituciones y organizaciones que sirven de soporte al régimen político. La desconfianza respecto de los partidos políticos y del Congreso es tan elevada que sólo se equipara con la que se manifiesta tener por la guerrilla y los paramilitares. Tampoco se confía en la Administración Pública, ni en el aparato judicial, aunque en este último caso los saldos de desconfianza son significativamente menores. Dentro de este panorama poco alentador surge como algo destacado la elevada confianza que la población tiene en el Ejército y en la Policía, así la correspondiente a esta última sea ligeramente menor. Estos resultados señalarían que en Colombia las instituciones no tienen ni la aceptación ni la legitimidad necesaria para la preservación y sostenibilidad del régimen al que pertenecen.

Cabe destacar, sin embargo, que de tiempo atrás se habla del debilitamiento institucional de la gran mayoría de los países industrializados y no por eso se ha resquebrajado en ellos la democracia. Al contrario, lo que se ha visto es que con el desarrollado ésta se fortalece. Aún así, la enorme desconfianza por las instituciones que existe en Colombia no es justificable con base en planteamientos de esa naturaleza. No sólo porque el país no es rico sino porque los niveles de desconfianza superan con creces los de todos los países analizados por el *World Values Survey*, incluyendo los latinoamericanos y los de similar desarrollo relativo. Sin embargo, de los resultados obtenidos se desprende que lo que piensan y sienten los colombianos en relación con la democracia es más complejo de lo que usualmente creen muchos analistas. En el país al parecer se distinguen tres planos: la democracia como sistema político, las instituciones estatales en las cuales se manifiesta el régimen político, y los actores políticos que compiten por el control del manejo de esas instituciones. Estos últimos se encuentran en el nivel más bajo de confianza, en tanto que las instituciones estatales están ubicadas en un plano más elevado, en especial el Ejército y la Policía, y la opinión favorable hacia el sistema democrático como tal es aún mayor. Por esa razón por lo menos hasta la fecha se puede afirmar que el desencanto con la política no se ha traducido en rechazo por el sistema democrático, así haya golpeado profundamente la confianza en la institución más identificadas con la política: el Congreso de la República. Es como si las prácticas políticas censuradas fueran vistas como una desviación personal reprochable frente a lo que debe ser el sano y verdadero sistema democrático. Se concluye así que el espacio y el sustento para la reconstrucción de la democracia no se han visto tan afectados; si algo ha ocurrido es de manera indirecta y se manifiesta en el escepticismo frente a todo lo que se vuelve "político".

Lipset considera que la consolidación democrática de América Latina no depende tanto de las instituciones como de la *cultura política*. ¿Se trata, entonces, de un problema de "concientización" social y de educación política? En los países donde es sólida la cultura política son mayores las garantías que se tienen de que el poder será entregado de manera ordenada al término de cada período electoral y, así mismo, de que habrá espacio para una oposición legal vigorosa con plenas garantías constitucionales. Cuando así ocurre las normas cuentan con el soporte de la población, la cual acepta cumplirlas por sentirse identificada con ellas. En general, la cultura política se puede medir en términos de dos indicadores: *la valoración de la política* y *la felicidad*.

En Colombia la valoración de la política, identificada según el interés de la población por la cosa pública y la discusión de asuntos de política, no es particularmente elevada, así no difiera en forma sustancial de la de países de similar desarrollo relativo. Sin embargo, se destaca la elevada percepción de felicidad de los colombianos. En el campo institucional se ha detectado que la estabilidad de la democracia está positivamente relacionada con la apreciación subjetiva que tienen los individuos que integran una sociedad de su situación personal. Estos resultados permiten concluir que aunque la democracia no está particularmente bien posicionada en términos del interés por la política o de la discusión sobre ella, sí lo está en términos de la felicidad que dice experimentar la población, que supera inclusive la de los países más desarrollados del mundo, incluyendo los de mayor desarrollo relativo.

Del síndrome de actitudes positivas se desprende que, además de manifestar felicidad, el colombiano dice estar satisfecho con lo que tiene: esto refuerza la percepción positiva del entorno en que vive. Sin embargo, al lado de los indicadores positivos surge una enorme desconfianza en los demás, como un aspecto inconveniente no sólo para la sostenibilidad del régimen democrático, sino para el desarrollo de actividades cooperativas. También dentro del síndrome de actitudes positivas ocupa un lugar destacado la percepción que tiene la población respecto del cambio. El cambio lo inducen quienes no están de acuerdo con lo que tienen o creen que pueden beneficiarse gracias a él. En contraste, quienes se benefician con las estructuras vigentes hacen todo lo posible por evitarlo. Hoy el país vive una lucha encarnizada entre distintas facciones por el control del poder. Del resultado final de esta lucha surgirán nuevas estructuras. Nada garantiza que las actuales ni las que surjan sean la más eficientes, ni que corrijan los problemas que precipitaron la adopción de la Constitución de 1991. De ahí que los interrogantes por despejar en este marco se refieren a lo que quiere la población: ¿quiere mantener tal y como está la situación?, ¿quiere el cambio?, ¿qué tipo de cambio quiere?, ¿debe ser gradual?, ¿o se considera que la única forma de lograrlo es por la vía revolucionaria?

Frente a otros países, en Colombia el apoyo al *statu quo* es elevado (22%) y reducido el que se le extiende a la vía revolucionaria (7%). Esto deja un espacio amplio, aunque no demasiado grande, para que el cambio sea gradual (69%). Aún así la sociedad colombiana no está tan polarizada como Sudáfrica antes de la derogatoria del *Apartheid*, donde la polarización entre quienes apoyaban el *statu quo* y quienes apoyaban la revolución dejaba un espacio muy reducido para que éste fuese gradual (54%). Al lado de este indicador resulta preocupante que el 34% de la población justifique la utilización de la violencia con fines políticos y que este porcentaje en el caso de los militares se eleve hasta el 16%.

La situación de malestar social, originada en la violencia que vive Colombia, evidencia que, así existan factores positivos, la democracia de alguna manera está amenazada. El que tan amplios segmentos de la población apoyen la utilización de la violencia con fines políticos señala que, al menos en el imaginario de la población –aquel que le sirve de punto de referencia para la toma de decisiones–, la eficiencia de los mercados políticos es reducida y los costos de transacción son elevados.

Otro elemento fundamental dentro del marco de la cultura política es la participación electoral. Colombia, a pesar de ser un país de larga trayectoria democrática, con dos partidos políticos que han manejado el poder por más de 150 años, registra elevados niveles de abstencionismo electoral. Tan sólo algo más del 59% de la población adulta está dispuesta a votar por los partidos políticos. Y esta propensión en el caso de los jueces (47%) y docentes (35%) es particularmente baja. La tesis sostenida en ocasiones por los analistas y comentaristas, en el sentido de que los abstencionistas son los que están satisfechos con el gobierno, no resultan validadas con la información de la encuesta. Entre los abstencionistas hay satisfechos e insatisfechos con el gobierno. El comportamiento y la elevada proporción de los apolíticos –quienes no votarían por ninguno de los partidos tradicionales (el 40% de la población con derecho al sufragio)– y de quienes se abstienen de participar en las contiendas electorales abren un gran espacio para el surgimiento de partidos políticos diferentes de los tradicionales, de tipo cívico, claramente diferenciados de aquellos de izquierda, que han surgido al amparo de la insurgencia armada y no cuentan con un respaldo electoral de alguna relevancia. De los resultados también se desprende un enorme desencanto con el Partido Liberal o con los líderes liberales –abstencionismo liberal en las últimas elecciones–, lo cual también abre un amplio espacio para el surgimiento de líderes que sean capaces de identificarse con su ideario.

De ahí que las motivaciones de los colombianos para participar en política resulten de particular interés. Estas se pueden diferenciar en dos categorías, que corresponden a aquellas derivadas del interés por la política. En los estratos altos estas motivaciones se reducen en el caso de los congresistas a una relación estrecha de unos pocos en busca de favores personales (6%) o trámites (11%). Entre los empleados públicos, en particular entre los jueces (22%), esto es particularmente elevado. En los estratos bajos esta relación es prácticamente inexistente (1%). Por su parte, la relación con los políticos en el nivel local difiere en su carácter y es considerablemente mayor (23%). En ese nivel quienes buscan favores de los alcaldes son los estratos bajos (24%) y quienes buscan obras de los concejales son los altos (26%). De ahí que las motivaciones para la participación en política se puedan diferenciar en dos: la relación entre los *estratos altos* y el nivel nacional parecería ser la de apoyo político a cambio de influencia sobre la toma de decisiones y aquella con las autoridades locales en busca de obras para la comunidad. En los *estratos bajos* las motivaciones, en particular en el nivel local, surgen de lo que en Colombia se llama "clientelismo", o relaciones jerarquizadas patrón-cliente, esencialmente motivadas por la búsqueda de favores personales.

De estos resultados es posible afirmar que los mercados políticos en Colombia no funcionan de manera eficiente, es decir en la dirección favorable a un incremento de la riqueza a través de reglas claras de participación, oposición y alternancia en la cosa pública.

II. ¿QUÉ TIPO DE ESTADO ES EL QUE QUIEREN LOS COLOMBIANOS?

El tránsito de una sociedad tradicional hacia una moderna y una post-moderna significa un profundo cambio de valores, lo que implica la erosión de instituciones hasta entonces fundamentales y el surgimiento de otras basadas en el nuevo contexto cultural. Así ocurre en el ámbito político, social, religioso, en el comportamiento sexual y reproductivo y en todo lo relacionado con la familia.

El proceso de modernización de un país implica la diferenciación y articulación gradual de los papeles y de los actores sociales de cada rol específico. Estos procesos en ocasiones ocurren de manera simultánea y en otras con ritmos diferentes. En oportunidades la comercialización agrícola se da sin la industrialización. En otras, el desarrollo industrial aparece con escasa urbanización. Estos procesos con frecuencia también se ven acompañados por disturbios sociales: erupciones de violencia o el surgimiento de movimientos políticos y religiosos radicales, que reflejan la dificultad de algunos actores para adaptarse al ritmo del cambio. La modernización adquiere mayor relevancia si se tiene en cuenta que las estructuras tradicionales moldean los sistemas sociales y a su vez son moldeadas por éstos.

Inglehart estructura su teoría de la modernización[3] sobre la base de dos hipótesis: la *hipótesis de la escasez*, la cual plantea que las prioridades individuales son ante todo producto del entorno socioeconómico: se le asigna mayor valor subjetivo a aquello cuyo suministro es más deficiente; y la *hipótesis de la socialización*, que postula que los valores básicos de los individuos están determinados por las condiciones prevalecientes antes de la edad adulta. Las dos hipótesis generan un conjunto claro que permite predecir el proceso de cambio cultural, y éste, según Inglehart, tiene mayor poder predictivo respecto

---

3 Ronald Inglehart. *Modernization and Postmodernization, Cultural, Economic and Social Change in 43 Societies*, Princeton, Princeton University Press, 1997.

del crecimiento económico que la misma dotación de riqueza. Mientras la hipótesis de la *escasez* señala que altos niveles de prosperidad conducen a la difusión de valores postmodernos, la hipótesis de la *socialización* indica que no es factible que los valores individuales y los de la sociedad cambien de un día para otro. Estas hipótesis las validó el autor con encuestas realizadas en 44 países[4].

Las hipótesis de *escasez y socialización* de Inglehart generan los siguientes procesos.

En primer término, en las sociedades que han atravesado por períodos prolongados de seguridad económica y física las prioridades de los jóvenes difieren de las de los ancianos: los jóvenes valoran la calidad de vida, en tanto que los viejos aprecian el bienestar económico. Esto refleja los grados de seguridad o incertidumbre que experimentaron respectivamente en sus años de formación.

En segundo término, desde una perspectiva comparativa, en aquellas sociedades que han experimentado elevadas tasas de crecimiento económico las diferencias intergeneracionales son enormes. Si estas diferencias reflejaran exclusivamente el ciclo normal de la vida humana serían por consiguiente iguales en todas las sociedades. Pero si el proceso de cambio de valores, como dice la teoría, es impulsado por cambios derivados de la seguridad experimentada en la juventud, las diferencias reflejan la historia económica de las naciones. La diferencia de valores entre jóvenes y viejos es mayor en países como Alemania o Corea del Sur –países que experimentaron cambios acelerados en su nivel de ingreso en los últimos 40 años– y menores o inexistentes en países como Nigeria y la India, cuyo crecimiento fue relativamente reducido entre 1950 y 1990. Así por ejemplo, la valoración del ahorro no depende solo de la diferencia de ingreso entre jóvenes y viejos, sino de la sensación de seguridad o inseguridad de sus años de juventud: por ello es común entre quienes vivieron el segundo conflicto mundial, incluso en el caso de tener elevados ingresos, una tendencia casi compulsiva al ahorro.

Es evidente que en Colombia el Estado no garantiza *el bienestar económico ni la integridad física* de la población. Los efectos negativos de la situación

---

4 *World Values Survey*.

económica inciden en toda la población, así ello sea más pronunciado entre las clases de menores ingresos. A su vez, las clases altas, sin desconocer que las afecta la situación económica, se sienten relativamente más perjudicadas por los factores generadores de violencia y ponen mayor énfasis que los pobres en la necesidad de erradicarlos. Si bien los factores económicos tienen efectos negativos sobre el bienestar, se percibe que para el futuro, en términos relativos, es prioritario erradicar los factores que atentan contra la integridad personal, en particular entre los estratos más altos y más bajos de la sociedad. No es claro hasta qué punto la población percibe las relaciones de causalidad entre los dos fenómenos, ni si dicha causalidad es identificable. North plantea, dentro de este marco, que la única forma de lograr crecimiento y riqueza es extendiéndole garantías a la población, garantías en el ámbito político y civil. Por tanto, para el logro de mayor seguridad y crecimiento en el frente económico es preciso alcanzar estabilidad y competencia en los mercados políticos, erradicando los factores generadores de violencia. Dentro de ese marco, es claro que a la población colombiana no le preocupa la calidad de vida, prioridad que surge con particular vigor en las sociedades postmodernas y que corresponde a situaciones en las que los problemas de supervivencia de la población han sido solucionados.

Aparte de la clasificación establecida por Inglehart surge evidencia, adicional a la que ya se ha presentado, para afirmar que Colombia hasta ahora está comenzando a salir de la etapa premoderna para aproximarse a la moderna. Esto, en el marco teórico a que se hace referencia, sugiere que el país debería estar en condiciones de lograr elevadas tasas de crecimiento, pues ésta es una característica de las sociedades en proceso de industrialización, en contraste con las postmodernas, que no apuntan a la satisfacción de las necesidades materiales, que ya han alcanzado, sino a la calidad de vida. El que no se esté presentando ese elevado índice de desarrollo y que, al contrario de lo que venía ocurriendo, la década del 90 haya dejado mucho que desear en términos de crecimiento, puede atribuírsele a que los mercados políticos no funcionan eficientemente.

En el *ámbito político* existen elementos esenciales que determinan el régimen que se adopta y el que la sociedad como tal se identifique con él. Entre éstos son particularmente importantes la libertad, la igualdad, la tolerancia y las relaciones de dependencia. La población colombiana valora la *libertad*. El concepto de libertad, al igual que el de justicia, responde a las más diversas lógicas individuales e implica su distribución entre los miembros de la sociedad: la libertad de un individuo va hasta donde empieza la de los demás, y las normas están llamadas a definir dónde comienza la libertad del uno y dónde termina la del otro. El colombiano establece diferencias frente a este concepto en el plano individual y en el colectivo. En el plano individual aboga por el orden. Sin embargo, frente a los habitantes de otros países de igual desarrollo relativo valora más la libertad. En el plano colectivo en Colombia existe una enorme polarización, que puede interpretarse de una de dos maneras. Bajo una perspectiva, quienes abogan por la libertad lo hacen porque la perciben como restringida; bajo otra, quienes están dispuestos a sacrificar la libertad lo están porque sienten que el abuso de la libertad por parte de los demás restringe la propia. Aún así el colombiano dice sentirse libre para elegir lo que hace con su vida y considera que es función del Estado preservar ante todo las libertades individuales. De ahí que no pueda afirmarse que la población se sienta restringida en su libertad. Sin embargo, dado lo que ocurre en el país cabe preguntarse si esa reacción no corresponde más a lo que Camus califica como "los abrumadores deberes que conlleva el ser hombre libre", es decir si el colombiano no realiza una elección valorativa conservadora, en donde prefiere una cierta seguridad ante los elevados riesgos de la incertidumbre y la libertad.

En el ámbito económico en el plano de la *igualdad* nuevamente surgen planteamientos ambivalentes: una cosa es lo que se piensa en el plano colectivo y otra en el individual. En primer término se considera que el Estado debe encargarse de ayudar a la generación de ingresos, en particular cuando se trata de garantizar niveles mínimos de subsistencia. Sin embargo, para el colombiano se debe remunerar el trabajo en función de su eficiencia y el Estado debe encargarse esencialmente de contribuir a que la población pueda generar riqueza.

Así podría concluirse que en el plano de la libertad y la igualdad el colombiano valora altamente la primera en el ámbito político, así exista una profunda polarización en la población frente al concepto. En su lugar, en el plano económico se valora más el premio a la eficiencia pero se apoya de manera decidida el que el Estado se ocupe de garantizar niveles mínimos de subsistencia a la población. Estos resultados contribuyen a explicar algunas de las normas introducidas en la Constitución de 1991, en particular el sinnúmero de disposiciones que tutelan derechos fundamentales por los cuales debería responder el Estado.

Es difícil establecer lo que se entiende por izquierda o derecha. En general este binomio no está atado a definiciones específicas e inmodificables a través del tiempo. Por el contrario, es cambiante y se acomoda frente a posiciones extremas, dependiendo de las predominantes en un momento determinado. Es paradójico que frente a la mayoría de los países del mundo la población colombiana se catalogue de derecha y el país aparezca en este contexto profundamente conservador.

De otra parte, en el marco valorativo puede afirmarse que el colombiano es *dependiente*: sus estructuras sociales son jerarquizadas y no valora la independencia. El extremo a que se llega en este ámbito ubica al país como el único en el marco del *World Values Survey* en el que la importancia asignada a la obediencia supera la que se le asigna a la independencia. Adicionalmente el país, si bien valora la *tolerancia*, presenta al respecto un índice que en el frente internacional se encuentra entre los más bajos del mundo. Quizás más preocupante aún es que quienes más valoran la tolerancia son los más apáticos políticamente.

De estos resultados se desprenden conclusiones un tanto ambivalentes, por cuanto sugieren la existencia de una población poco dispuesta a la apertura política y en la que las jerarquías todavía forman parte del ideario y de la idiosincrasia. Además, en materia de valores la sociedad colombiana no solo no está evolucionando rápidamente, sino que aparece como una sociedad bastante estancada. Su posición ambivalente frente a la libertad, y conservadora y jerarquizada en los más diversos ámbitos, así favorezca el que el proceso de cambio sea gradual, no permite avizorar un amplio espacio para que éste se produzca dentro del marco de la estructura institucional vigente, la cual por lo demás no encuentra soporte en la confianza que en ella tiene la sociedad.

Estos resultados inducen a profundizar en el tema e indagar por otros aspectos que inciden en la estructura del Estado. En particular, uno de los grandes interrogantes es si el cambio de algunos de los parámetros básicos que la definen contribuye a que la población evolucione y comience a salir de los problemas que la afectan y del estancamiento en que se encuentra. En este marco se identificaron tres temas de particular interés: las formas de participación política, la intervención en la economía y el pluralismo étnico y religioso.

Participación política. En el tránsito de una sociedad hacia la modernidad cambian considerablemente las formas de participación política. De estructuras altamente jerarquizadas al interior de partidos consolidados se pasa a otras en las que el individuo busca mayor participación en la toma de decisiones. Identificar estos comportamientos es esencial para establecer la conveniencia y la manera de que los países evolucionen de sistemas políticos representativos hacia esquemas más participativos.

El proceso de descentralización administrativa y de introducción de elementos más participativos dentro del régimen político colombiano, que se inició hace más de quince años, no está aún consolidado. Aunque parece irreversible, enfrenta enormes problemas. En la actualidad atraviesa por un periodo crítico que se materializa, de una parte, en un enorme déficit fiscal y, de otra, en la lucha por el poder de diferentes grupos de interés. De este contexto forman parte los alzados en armas, que de tiempo atrás vienen luchando, y con éxito, por el control de los entes territoriales.

En el plano político-administrativo, en términos relativos, frente a otros países del mundo, se destaca que el colombiano es eminentemente regionalista, a pesar de la enorme importancia que le asigna a la Nación. De otra parte, de los elementos que integran la movilización cognitiva, que representa los grados de cultura política de la población, se derivan conclusiones estimulantes que señalan la conveniencia de avanzar en el proceso participativo, pero también indican que ello no está exento de peligros.

Entre los elementos que contribuyen a cuantificar la movilización cognitiva está la educación. Los colombianos han mejorado su nivel educativo y, si bien quienes más participan en política son los más educados –los profesionales–, estos segmentos de la población están conformados por élites reducidas, de suerte que la mayor participación en política está presente en especial en los estratos de ingresos bajos y medios, cuyas motivaciones políticas, como se anotó, son ante todo de dependencia (patrón-cliente), en particular en el nivel local. En los estratos altos, aunque hay una mayor motivación para participar en la toma de decisiones, no puede ignorarse que estos mismos segmentos de la población manifiestan tener relaciones con el Congreso propias de quienes buscan favores personales.

En segundo lugar, la responsabilidad que le cabe a los medios de comunicación en el manejo de las percepciones y expectativas de la gente es grande. Y, si bien la argumentación no es suficientemente sólida, es posible afirmar que existe enorme correspondencia entre lo que se espera del gobierno y el menor saldo neto de confianza-desconfianza hacia los medios de comunicación, en particular hacia la prensa, por niveles de ingreso. Cabe anotar que la televisión como canal de comunicación entre los electores y el gobierno tiene una efectividad negativa, así se asocie estrechamente con el interés por la política.

En tercer lugar está la participación en acciones políticas directas con fines específicos (huelgas, marchas, etc.). En Colombia el grupo que participa en estas actividades no es particularmente elevado (10%) frente al contexto internacional. Esto podría interpretarse como cierta apatía, resignación o impotencia frente a aquello con lo que se está en desacuerdo. Cuando las posibilidades de lograr el cambio parecen remotas y demasiado costosas, las personas simplemente se resignan, a la espera de mejores oportunidades. Quienes más participan en este tipo de acciones son la población de más altos ingresos, los jóvenes y los empleados públicos. Sin embargo, existe un enorme potencial participativos (51%). La brecha entre quienes han participado y quienes lo harían está esencialmente relacionada con la educación, la posición laboral y el ingreso. La elevada vocación participativa, si bien es estimulante, deja serias inquietudes respecto de su conveniencia, al identificarse que un no despreciable 17% estaría dispuesto a participar en acciones de carácter ilegal, lo que es en particular y paradójicamente acentuado entre jueces (24%) y docentes (26%).

En esas circunstancias, el espacio para una democracia más participativa aparece sólido, aunque no exento de problemas, en particular en razón de las relaciones de dependencia predominantes en la sociedad, de la intolerancia y, de manera especial, por la amplia predisposición a realizar actividades políticas directas de carácter ilegal, ante todo entre los empleados públicos. Estos grupos sociales son los que tienen mayor cultura política y a la vez los que más desean el cambio, así lo busquen dentro del marco del Estado de derecho.

Estos resultados sugieren que el desencanto que parecen tener los colombianos con los partidos políticos y las instituciones democráticas y la posible brecha en la movilización cognitiva no se ha traducido en desaliento frente a las perspectivas democráticas de cambio, y que se considera que éstas se pueden materializar persistiendo en la participación en política, especialmente en el nivel territorial.

En la medida en que la brecha cognitiva presente nuevas tendencias, podría cuestionarse la existencia de una evolución sana de la política colombiana. Las acciones directas, a través de la utilización de métodos violentos de parte de la guerrilla, y más recientemente de los paramilitares, tienen efectos determinantes sobre la política y la tumultuosa vida nacional[5]. En este sentido la evolución política mediante el mayor apoyo a actividades extra-partidistas se desvanece frente al trasfondo de un sistema político rígido, basado en la desigualdad y la falta de libertades políticas. El sistema político colombiano no ha sido capaz de desempeñar su función primordial: traducir los intereses de los habitantes en programas que los beneficien de manera ordenada, pacífica y democrática[6].

Mercado vs. intervencionismo. En materia *económica* conviene recordar que a finales de los 80 se tomó la decisión de sustituir las normas, predominantemente intervencionistas por reglas de mercado. Hasta entonces se incidía,

---

5 Las prácticas –de lado y lado– han llegado a extremos espeluznantes. En la última década se ha exterminado físicamente –por asesinatos continuos– todo un partido político, la Unión Patriótica, algo que no tiene caso similar en la historia reciente del continente.

6 Para que la descentralización política contribuya a generar la base de una estructura piramidal que apunte a la solución global del problema colombiano deben darse por lo menos cuatro condiciones: desconcentración de los procesos administrativos; asignación de responsabilidades acorde con las disponibilidades presupuestales de cada municipio y con el desarrollo de la capacidad administrativa de sus funcionarios; mantenimiento de canales participativos comunitarios que impidan la rapiña clientelista, que tradicionalmente ha impedido actuar en la solución de la problemática municipal; descentralización política efectiva de las corporaciones públicas nacionales y apertura de los procesos electorales de forma que quienes están en desacuerdo con el orden establecido puedan manifestarse sin tener que competir por la fuerza por el control del poder. Para lograr estos objetivos se requiere que la célula familiar participe de forma activa en la búsqueda de soluciones para los problemas más apremiantes. Las comunidades organizadas pueden, por ejemplo, presionar para que los recursos municipales se asignen a sus prioridades más inmediatas, como puede ser el mejoramiento de carreteras y caminos veredales, para que se creen canales de comercialización de productos básicos o para que se amplíe la cobertura educativa en las áreas donde existe mayor demanda de trabajo calificado.

por las más diversas vías, en la asignación sectorial de recursos, en particular en el ámbito del comercio externo, tanto de bienes como de servicios, con criterios en esencia proteccionistas y mediante la represión financiera. De ahí que, como es apenas obvio, surgieran múltiples monopolios privados y públicos, que sirvieron para la acumulación de grandes capitales en manos de reducidos grupos de la población. La relativamente reciente liberación de los mercados, en especial de bienes, y la venta de empresas del Estado a particulares no ha tenido los efectos deseados. Las presiones revaluacionistas, posteriores a la liberación, sin el correspondiente aumento de la productividad, dieron al traste con las exportaciones diferentes de hidrocarburos, y en el proceso el mercado doméstico quedó desprotegido. En consecuencia, lejos de fortalecerse el comercio externo, el crecimiento a lo largo de la década estuvo basado en la producción de bienes no transables, por lo que la actividad económica y la generación de empleo a la postre resultaron perjudicados. A raíz de ese proceso surgió un enorme malestar social: de un lado, se concentró aún más la riqueza; de otro, se hizo todavía más evidente la desprotección que vive la población, en los más diversos ámbitos.

Frente al predominio de las reglas de mercado respecto del intervencionismo estatal en la producción, es claro que la población está polarizada: cerca de la mitad apoya el proteccionismo y la otra mitad aboga por las normas de mercado. Esta polarización, sin embargo, desaparece cuando se indaga sobre la preferencia que se tiene frente a la propiedad de las empresas y agencias encargadas de la prestación de servicios públicos, pues en este caso se le extiende apoyo al Estado, en especial en lo que se refiere a la salud y la educación.

En un mundo globalizado es difícil imaginar el retorno a la utilización de estructuras monopólicas, poco eficientes y protegidas. Sin embargo, es obvio que la experiencia colombiana en la búsqueda de introducir reglas de mercado no es satisfactoria. De ahí que se requiera profundizar en las causas de esta situación, y en particular indagar en otros ámbitos de la estructura institucional del Estado sobre políticas públicas que contribuyan a solucionar problemas que inciden en los resultados económicos pero que van más allá de la misma problemática económica.

Pluralismo étnico y religioso. En materia étnica y religiosa aparece una mayor unanimidad de criterios. Es claro que en Colombia no existe un problema racial ni religioso, así el catolicismo sea altamente valorado y se tenga, a diferencia de lo que ocurre con las instituciones democráticas, una enorme confianza en la Iglesia y en el cura y éste sea a su vez el personaje más respetado de la sociedad.

III. INFORMALIDAD CONYUGAL Y REPRODUCTIVA

A diferencia de lo que ocurre en el plano institucional de la cultura política, la estructura de la familia en Colombia cambió a una velocidad sin precedentes en los últimos 40 años. Su tamaño se redujo apreciablemente y la población mayor de 18 años pasó de tener 7 hijos por familia en los años 40 a 2.9 en la actualidad. Además, luego de una enorme distancia entre el número de hijos que se tenían y el deseado, en la actualidad éstos se aproximan, lo que indica el éxito logrado con los programas de planificación familiar. De otra parte, la mujer se habilitó para participar en la fuerza laboral y en la actualidad, tanto en secundaria como a nivel universitario, la matrícula femenina ya supera la masculina.

En Colombia, la informalidad de las relaciones conyugales y de los comportamientos reproductivos supera la de la mayoría de los países del mundo y sorprende por ser la sociedad eminentemente católica y tener como término de referencia el pecado. También surge como algo preponderante la conformación de familias con un solo jefe de hogar: la proporción de encuestados que manifiesta tener hijos supera con creces la de casados y la de quienes viven en unión libre. Esos comportamientos no parecen generarle conflictos de conciencia a la población, así le acarreen problemas en otros órdenes. La necesidad de tener hijos para realizarse en la vida parece rebasar cualquier otro tipo de consideraciones como la situación personal (si se está casado, se es soltero o se vive en unión libre, si se es rico o pobre) o que se considere inconveniente para el hijo, desde el punto de vista afectivo, que crezca sin la presencia de ambos padres o que la mujer trabaje.

En ese marco surgen factores que pesan enormemente en contra de la mujer: la proporción de mujeres que admite tener hijos supera en casi veinte puntos porcentuales la de los hombres. Estos, a su vez, reconocen menos que la mujer sus vínculos conyugales, así sean informales, lo que sugiere un enorme desequilibrio en las responsabilidades por cuenta de la actitud masculina frente al hogar y la familia.

La familia colombiana se caracteriza por ser extensa –una proporción elevada de población mayor de 18 años vive con sus padres y en el hogar se alberga en proporciones considerables (37%) hijos de terceros–. Las relaciones en su interior son jerarquizadas en extremo y se caracterizan por el apoyo incondicional que se exige de los hijos, como contraprestación del que reciben de los padres. De otra parte, las bases de la unión familiar, en mayor grado que en el nivel internacional, tienen sus orígenes en la conveniencia mutua y no en factores afectivos. Con el tránsito de una familia extensa y numerosa que le ofrece protección a sus miembros –en caso de desempleo, enfermedad o vejez– a una nuclear integrada solo por el padre y la madre y uno o dos hijos, el apoyo que ésta representa desaparece. En los países desarrollados, en razón de las presiones ejercidas por la población, en particular a través de las organizaciones sindicales, surgió el llamado Estado benefactor: de esta manera el Estado hizo propia la responsabilidad de reducir la incertidumbre de la población. Cuando esos procesos no se desarrollan al ritmo requerido surgen comportamientos que intensifican las relaciones de dependencia y no siempre favorecen el desarrollo de labores productivas.

A nivel productivo, la exagerada dependencia que se configura al interior de la familia, junto con la elevada desconfianza en los demás que prevalece en Colombia, en particular en el caso femenino, lleva a la formación de múltiples unidades productivas en las que los trabajadores desarrollan las más diversas labores, donde la división y especialización del trabajo, propias de las sociedades modernas y fuente del logro de mayor eficiencia, se encuentran ausentes.

La aceptación de la función laboral de la mujer es amplia y supera la de países con mayor desarrollo relativo. También se acepta generalmente que la mujer acceda a la educación. Sin embargo, llama la atención que una proporción no despreciable todavía considere que frente a la escasez de empleo o de cupos educativos el hombre tiene más derechos que la mujer, en especial en relación con el trabajo, y aunque se considera que ambos cónyuges deben contribuir al sostenimiento del hogar se cree que es inconveniente que la mujer gane más que el hombre. Estas posiciones son en gran medida compartidas por las mujeres, quienes a pesar de la sobrecarga de funciones que soportan dicen estar satisfechas con la vida. Esta situación no obsta para que cuando tienen hijos con frecuencia, e independientemente de su estado civil, reciban el apoyo de su familia, situación que no se da en el caso del hombre. Aún así, la dependencia de la mujer respecto de la figura masculina se viene desdibujando, aunque persista, en particular, entre los mismos hombres. Las mujeres abandonan el hogar de los padres a edad más temprana, lo que es índice de su mayor autonomía. El hombre, frente al interrogante de tener un solo hijo, prefiere que éste sea niño; solo una porción reducida busca niñas. De otra parte, el hombre se considera más imprescindible para la mujer de lo que ella misma piensa.

En el ámbito legal se destaca que la mujer acepta más que el hombre el respeto de las normas y considera prioritario erradicar los factores generadores de violencia.

A nivel regional existen enormes diferencias frente al lugar de la mujer en la familia y en la sociedad: la mayor informalidad en las relaciones conyugales y procreativas se da en las costas colombianas, las mayores relaciones de dependencia en la Zona Oriental, y el mayor rechazo por la participación de la mujer en la fuerza laboral en la Central. Se destaca que en Bogotá es donde la familia se ciñe más a las normas formales, aunque llaman particularmente la atención las enormes contraprestaciones que los padres, en especial la madre, exigen de los hijos. Una explicación de este comportamiento y de los fuertes vínculos de dependencia puede encontrarse en la incertidumbre que vive la población a causa de la deficiencia en la protección social y de la inestabilidad conyugal, en especial en las zonas en las que la familia tradicional dejó de existir y el Estado no se ha habilitado para asumir esa función, como sí ocurrió en los países industrializados cuando comenzaron a hacerse evidentes los cambios que se producían en la estructura familiar. Esta situación no deja de repercutir en una enorme dosis de violencia al interior de la familia, en particular en las zonas más desarrolladas.

IV. VALORES PRODUCTIVOS E IMPRODUCTIVOS

Los valores transmitidos a los niños en la familia y por fuera del hogar a través de planteles educativos son básicos para el proceso de desarrollo de las Naciones. En Colombia, éstos naturalmente presentan aspectos positivos y negativos. De una parte existe una alta valoración de la educación y el trabajo, al igual que la aceptación de la mayor participación de la mujer en el ámbito educativo y laboral. Sin embargo, cabe destacar dos elementos que ensombrecen el panorama.

El primero se refiere a las diferencias en las percepciones frente al trabajo y la educación en general y por niveles de ingreso. La mayor importancia que se le asigna a la educación, en particular a la superior, surge en los estratos de altos ingresos. El segundo se relaciona con el marcado escepticismo frente a lo que se logra con la educación y el trabajo en Colombia. Para tener éxito se cree que son más útiles elementos tales como "ser vivo", tener contactos, etc. Esta percepción, que es particularmente marcada entre los ricos y los docentes, se constituye en una señal de alerta, pues revela el profundo malestar de la población frente a las oportunidades que brinda el país. En efecto, se considera que *en Colombia* no le va bien a quienes, en condiciones aptas para el desarrollo personal, les iría bien *en la vida*. Esta percepción es motivo de desmoralización en un doble sentido, anímico y ético, pues hace que quienes consideran que de por sí la educación y el trabajo son valores dignificantes del hombre y promotores de justicia social se sientan obligados a reconocer que en nuestro medio esto no es así y, por este camino, a plegarse, por realismo o cinismo, a las condiciones de funcionamiento efectivo de la sociedad.

Esta situación favorece la tendencia a optar por "atajos" para llegar al éxito, lo que desestimula la laboriosidad y promueve antivalores, que van del tráfico de influencias al recurso a conductas abiertamente antijurídicas. Antivalores que no sólo corroen el sustrato moral de la sociedad sino que son evidentemente contrarios a la producción de riqueza social. Fenómenos de esta naturaleza pueden llegar a erosionar los logros obtenidos hasta ahora. Es evidente que los estratos bajos y las regiones más pobres todavía no han sido penetrados, o lo han sido en medida muy inferior, por dicho escepticismo: allí las diferencias entre el éxito esperado en Colombia y en la vida son significativamente menores. El bogotano rico es el que más apoya la tesis de que en el país valen más los contactos y ser astuto que el trabajo y la educación, lo que en parte se explica por su mayor proximidad a los grandes centros de decisión política y económica.

Es interesante observar, adicionalmente, que frente a los distintos temas analizados existen factores de convergencia en las creencias de la población por zonas. Quizás el único tópico sobre el cual pueden encontrarse diferencias marcadas es el relacionado con los derechos a la educación y al trabajo de la mujer. Si bien la aceptación de la mujer en ambos frentes es amplia, surgen diferencias en las percepciones reflejadas esencialmente en dos extremos: la Zona Atlántica, que es donde menos apoyo tiene la mujer en esos frentes y donde prevalece la preferencia por la jerarquía entre géneros (es alto el porcentaje de población que considera que la mujer no debe ganar más que el hombre), y el Distrito Capital, donde la tendencia es mucho más favorable al cambio.

Como postula y demuestra la teoría institucional, del análisis a nivel internacional se deduce que existen valores, como la independencia, la imaginación, la responsabilidad, el no ser egoísta y la tolerancia, que surgen con el paso de las sociedades hacia etapas más avanzadas de desarrollo, y que en últimas contribuyen a explicar el desarrollo incluso más que las mismas variables económicas. En Colombia, los valores que se transmiten a los niños en la educación no se caracterizan por ser los más apropiados para el desarrollo de trabajos productivos.

Los resultados, en particular por estructura de edades, no permiten concluir que la sociedad como un todo esté evolucionando hacia un estadio más avanzado de desarrollo. Las aptitudes ligadas por ejemplo a la imaginación y la independencia no están presentes en las mentes de los padres de familia; quienes nacieron en la década del 60 recibieron una educación aún menos productiva que la de las cohortes más viejas, lo que evidencia el estancamiento y hasta cierto retroceso en el proceso de cambio. De otra parte, los estratos de ingresos más elevados y las zonas más prósperas tienen valores más productivos que los que se desarrollan entre los pobres y en las zonas más atrasadas. Estas apreciaciones evidencian los enormes problemas que surgen en una sociedad en donde existe una gran disparidad en la distribución del ingreso a nivel individual y regional. Situaciones de esta naturaleza tienden a perpetuarse y a autoalimentarse: quienes tienen más ingreso son más propensos a buscar mayor acumulación de riqueza, en tanto que los más pobres cada vez se quedan más rezagados e insisten en valores que no promueven el rendimiento económico. Si esto se combina con el escepticismo de los ricos, quienes perciben que hay factores más importantes que el trabajo y la educación para el éxito en Colombia, los resultados pueden ser explosivos.

Llama particularmente la atención que los valores de los docentes en ese ámbito corresponden más a los prevalecientes en los países más desarrollados, lo que abre un espacio favorable para promover un rápido cambio intergeneracional en relación con los valores productivos. Sin embargo, resulta preocupante la enorme diferencia entre los valores de los maestros y los de los padres de familia, en particular de la mujer, cuyos valores constituyen un factor especialmente negativo por la elevada importancia que ésta le asigna a la fe religiosa y al sentido de dependencia y obediencia, así como por la reducida importancia de la imaginación y la responsabilidad.

V. MOTIVACIONES INDIVIDUALES. INCENTIVOS Y SANCIONES

¿Qué estimula el comportamiento del individuo en el ámbito productivo? Baumol anota que el comportamiento individual está en función de las motivaciones: la riqueza, el poder y el respeto. La revolución industrial surgió cuando la sociedad comprendió que era compatible el logro simultáneo de esos objetivos con el desarrollo de trabajos productivos. En la Edad Media el respeto y el poder se lograban con base en los triunfos bélicos; comerciantes e industriales no merecían respeto. La teoría concluye así que es más fácil cambiar las normas que las motivaciones. Los valores de la sociedad colombiana en este contexto dejan mucho que desear. En primer término, no se valora la riqueza, ni se considera conveniente inculcar a los niños que su producción constituye un valor, y tampoco que es útil para la sociedad. La riqueza constituye así un factor que se rechaza y hasta suscita vergüenza. De acuerdo con ello, el ahorro tampoco se valora y, más grave aún, no existe correspondencia entre el respeto que produce una actividad específica y el éxito que acarrea.

La comparación de las respuestas a las preguntas: *¿a quién le va bien en la vida?* y *¿a quién le va bien en Colombia?* conduce a resultados sorprendentes y refleja dos hechos que se contraponen y son altamente preocupantes. El colombiano tiene una noción correcta de lo que debería ser: si a alguien debería irle bien es a quienes trabajan y estudian, que es lo que más se valora[7]. Sin

---

7 Ver capítulo sobre valores esenciales para el desarrollo productivo.

embargo, la percepción es que en Colombia con ello no se llega a ninguna parte. En efecto, la percepción es que quienes de hecho tienen más éxito en el país son los que participan en política (41%), los ricos (22%) o los "vivos" (19%), y hasta el deshonesto o el que tiene contactos; al que estudia y trabaja no se percibe que le vaya bien.

Es razonable argumentar que existe una asociación positiva entre la aceptación de una determinada élite social –que maneja poder– y la percepción de que tiene éxito. Con base en ese criterio, en opinión de los encuestados las élites colombianas estarían representadas, en su orden, por el narcotraficante, el político y el gran empresario. Estas élites claramente ponen al país frente a una enorme encrucijada. En primer lugar, no es fácil establecer diferencias entre estos tres poderes. En muchos aspectos los intereses son comunes y un mismo individuo puede ser narcotraficante, político y empresario. En segundo lugar, su éxito, en particular en los dos primeros casos, no necesariamente coincide con lo que promueve el bien común, o por lo menos no con lo que la sociedad percibe como tal. Ninguno de los dos merece respeto. En el caso del gran empresario, por su parte, éste inspira algún respeto, pero reducido.

Las diferencias en la percepción que se tiene del éxito del gran empresario y del pequeño son marcadas. Se considera que el gran empresario es exitoso, percepción que se acentúa apreciablemente con el aumento en el ingreso, y también es mayor en el sector urbano que en el rural. Sin embargo, prácticamente nadie piensa que esto sea extensivo al pequeño empresario. Aún así, ninguno de los dos es digno de respeto, así éste sea ligeramente mayor en el caso del gran empresario.

La relación entre *sentir respeto* por un oficio y desear ejercerlo ha sido un tópico que tradicionalmente se ha ignorado en los trabajos sobre capital humano. En éstos se asume implícitamente que la educación es siempre deseable y que las decisiones laborales están motivadas ante todo por las perspectivas salariales. Los resultados que se obtienen de la encuesta no validan estos preconceptos. De ahí que los resultados obtenidos llamen a la reflexión. Es difícil entender estas percepciones y menos comprensible aún resulta el relativo consenso alrededor de que otros personajes con menor vocación de ser exitosos inspiran mayor respeto. Entre éstos se destacan el cura, el maestro, el médico y el ama de casa.

El colombiano promedio no parece tener suficientes incentivos para seguir el ejemplo de éxito basado en el gran capital. Promover al *pequeño empresario*, política que con frecuencia se sugiere adoptar como derrotero del desarrollo, tampoco parece lo más apropiado: la población no percibe que aquel tenga posibilidades de éxito, ni genera respeto. Sobre esto hay consenso, inclusive, entre quienes más contribuyen a la formación de la juventud colombiana: los docentes. A pesar de ello, y en forma extraña, el grueso de los colombianos, frente a la posibilidad de *emplearse con el Estado, en la empresa privada o montar su propia empresa*, prefiere esta última alternativa. La única explicación a la vista de esta posición se encuentra en la estructura social y de la familia en Colombia[8]: ésta, por la elevada dependencia y la desconfianza interpersonal, se agrupa alrededor de sí misma. De tal manera que "la propia empresa" debe considerarse, por lo general, como la proyección económica del modelo familiar.

Sorprende verificar que la escogencia de una profesión, por ejemplo la de juez o docente, no está determinada por la percepción que se tiene del éxito que acarrea, sino por consideraciones relacionadas con el respeto que produce, así el criterio a nivel individual no corresponda con el del resto de la población. En este aspecto surge como algo destacado el que la población se sienta satisfecha con lo que tiene, a pesar de que en otro contexto cultural la correspondencia entre respeto y éxito debería ser mayor y más propicia para el crecimiento.

Ciertamente la población enfrenta una difícil disyuntiva: o trabaja para obtener riqueza y sacrifica el respeto, o logra respeto con base en labores que concibe como poco exitosas y que exigen enormes dosis de sacrificio personal. El respeto sólo se logra en actividades de tipo social, entre las que se destacan la del cura, el médico, el docente y el ama de casa. La respetabilidad del ama de casa puede surgir del papel preponderante que ocupa en el seno de la familia, pues por la elevada informalidad de las relaciones conyugales en Colombia la mujer con frecuencia se ve forzada a desempeñar múltiples labores, incluida la de sostener o contribuir a sostener el hogar mediante actividades informales que ella misma no cataloga como trabajo.

---

8   Ver capítulo sobre familia.

Entre los colombianos no parecen estar vigentes dos elementos fundamentales para el crecimiento económico: el convencimiento de que el empresario productivo es respetable y, simultáneamente, que su actividad es exitosa. Estos dos requisitos son indispensables para que surja el ánimo de emularlo y, por esta vía, se pueda multiplicar la clase empresarial con la fuerza requerida para que exista el soporte cultural necesario para su reproducción. Aparecen, por el contrario, ciertos síntomas de deslegitimación de la riqueza, que normalmente se asocia con actividades –como el narcotráfico o la política– que no son respetadas. No se da así la coherencia necesaria entre acumulación de riqueza individual y colectiva, coherencia que resulta indispensable para el crecimiento económico. Los síntomas de deslegitimación prevalecientes en la sociedad no aparecen tan solo frente al crecimiento; se extienden también al ámbito político. En ese ámbito el reducido respeto y la desconfianza que se le tiene al político, y la percepción de que el desarrollo de su actividad conduce al lucro personal, no coinciden ciertamente con el ideal necesario para el sostenimiento del régimen democrático. Estas manifestaciones, extrañas para la disciplina de una sociedad pobre, que manifiesta poco interés y respeto por la riqueza y el ahorro, tienen sin duda raíces culturales e institucionales que es necesario dilucidar para poder salir del estancamiento.

Al lado de estos elementos que no contribuyen al crecimiento económico, la población además percibe su futuro incierto. Lo que preocupa al colombiano es el desempleo y lo que más busca cuando está consiguiendo un empleo es que sea estable. A ese factor está dispuesto a sacrificar el ingreso y la calidad del trabajo. Esto suena paradójico si se considera el énfasis que de tiempo atrás los distintos gobiernos han puesto en garantizar la estabilidad laboral, lo que ha llevado a que en Colombia despedir a un trabajador sea demasiado costoso. El resultado de esa política ha sido privilegiar una clase –la que logra contratos laborales que se rigen por las reglas– que no es la mayoría, en detrimento del resto. El empleo informal en Colombia cubre al 54.7% de la fuerza laboral[9]. Esa enorme inestabilidad probablemente explica el que

---

9   Fuente: DANE. *Informe especial*, septiembre de 1998.

porcentajes tan elevados de trabajadores manifiesten que prefieren montar su propia empresa, en lugar de aspirar a un empleo público o privado, a pesar de que ni el pequeño empresario ni el agricultor despiertan respeto, ni se considera que éstas sean actividades exitosas.

La independencia laboral parece ser el sueño de la mayoría de los colombianos. Este hecho no deja de ser curioso, vista la ambigüedad vigente en las reglas de juego, que lleva a que "armar rancho aparte" se perciba como sumamente riesgoso. Sin embargo, frente a la inestabilidad laboral las personas tienden a sentirse más seguras cuando no dependen de los demás. Entre los factores que los más ricos consideran importantes "para que le vaya bien en la vida", después de la educación y el trabajo duro, está *hacer una empresa*.

De otra parte, se considera que no existen garantías para atender los gastos de salud ni los de la vejez, percepción que no dista mucho de lo que ocurre en la realidad. La cobertura de la salud es del 50% y la de las pensiones del 22%, particularmente reducida en el caso femenino y elevada en el caso de los docentes. El gran interrogante es si la política de seguridad social debe ser prioritaria, como requisito esencial para el despegue económico, entendiéndose así como inversión productiva por excelencia, o si constituye más bien un gasto social, necesario pero improductivo, que por tanto debe postergarse hasta tanto la economía crezca y, por esa vía, el recaudo fiscal arroje recursos para ello.

Inglehart identifica los vínculos entre los factores culturales y los económicos. Para tal efecto recurre a la importancia que la población le asigna al bienestar frente a la tranquilidad material y a las relaciones de dependencia. A nivel internacional la autoridad y la dependencia al interior de la familia están asociadas con la pobreza. En contraste, la autonomía se vincula con la prosperidad. En los países en los que las relaciones de dependencia son reducidas, los lazos de solidaridad con el resto de la sociedad son más fuertes, lo que le resta importancia a la familia. En esos países la seguridad social y la protección frente a la incertidumbre responden a reglas impersonales, lo que desdibuja el modelo de familia configurado alrededor de las relaciones de autoridad. Colombia aparece entre los países del mundo donde son más elevadas las relaciones de dependencia, en forma independiente del ingreso, lo que señala una sociedad estancada, altamente jerarquizada y dependiente. A pesar de ello, y en el marco de la hipótesis verificada a nivel internacional, es claro que existe una relación estrecha y negativa entre las relaciones de dependencia y la garantía de los gastos en la vejez (r = −.41). Es decir, el mayor respeto por la autoridad paterna se da en los departamentos donde son menores las garantías frente a los gastos en la vejez. De otra parte, se observa que la relación entre la autoridad secular, medida en este caso por el respeto que se le tiene al abogado, y la garantía que se tiene sobre la disponibilidad de recursos para atender los gastos en la vejez es positiva (r = .38). Es decir que a mayor desarrollo de la autoridad secular menor preocupación por los gastos en la vejez.

La relación negativa que surge entre seguridad y dependencia, y la positiva frente al respeto por la autoridad secular, no permite establecer la causalidad. Bien puede suceder que cuando los países crecen y se desarrollan disponen de mayores recursos para la asistencia social y por ende la autoridad paterna y religiosa se erosionan. Pero también puede suceder que se le asigne gran importancia a la erradicación de factores que inhiben el trabajo productivo y garantizan mayor tranquilidad social, y que de ahí derive el crecimiento.

Adicionalmente en la sociedad colombiana se percibe que las personas no cumplen con las reglas. El colombiano, cuando queda desempleado, lo primero que hace es dejar de pagar las deudas, y por si fuera poco se siente agredido cuando se le cobra *algo que debe*, actitud que no es la más propicia para el intercambio despersonalizado entre individuos. Esto dificulta que la sociedad sea productiva y se desarrolle. Lo inconveniente de esta situación se refleja esencialmente en el sistema financiero, que se torna altamente riesgoso y costoso y se ve impedido para alcanzar el dinamismo necesario a fin de atender las demandas de la economía.

Colombia, en este sentido, tiene enormes fallas y problemas por resolver. Es un hecho que la incertidumbre que vive la población es elevada y que esto desarrolla comportamientos improductivos. Hasta la fecha, si bien se ha hecho énfasis en corregir los problemas sociales, las políticas implementadas no han tenido el éxito esperado. Ese énfasis, entre nosotros, siempre ha estado subordinado a las disponibilidades económicas. La pregunta que surge entonces es si debe replantearse el modelo para, ante todo, lograr el crecimiento por la vía de la reducción de la incertidumbre, o sea mediante el otorgamiento de un mínimo de garantías, que permitan cuantificar el riesgo y dar paso a comportamientos racionales; en efecto, la total incertidumbre conduce a aferrarse a actitudes improductivas, como puede ser la partición excesiva de la tierra y el desarrollo exclusivo de negocios con personas que se conocen. Recuérdense al respecto los planteamientos sobre los beneficios que comportó en Inglaterra la introducción de la Ley de Pobres. ¿O se debe continuar con un modelo que ha sido poco exitoso en esta materia y que le otorga a la seguridad social una importancia subsidiaria o residual? Estos resultados, si bien señalan el espíritu emprendedor de la población colombiana, su deseo de trabajar y salir adelante, son inquietantes por cuanto evidencian un espíritu particularmente individualista, impulsado por las normas y probablemente por los elevados niveles de desconfianza interpersonal que predominan en la sociedad, que llevan a que el colombiano sea reacio a asociarse y a trabajar para terceros. En un mundo cada vez más globalizado y en el que la especialización y división del trabajo es la clave para el aumento de la eficiencia y el logro de mayor productividad, no parece lo más conveniente que la población solo se sienta tranquila transando con la familia y con los conocidos, sobre la base de relaciones personalizadas como única garantía para evitar el incumplimiento.

Definitivamente, la base cultural que se infiere de estos resultados no es la más adecuada para el logro de una economía competitiva, eficiente y abierta a los flujos internacionales de bienes, servicios y capitales. De ahí se concluye que la estructura institucional no suministra en la actualidad un modelo adecuado y repetible de empresario *productivo* que, en forma paralela a su éxito económico, logre respeto y merezca ser imitado. Abundan, por el contrario, historias de acumulación de riqueza y poder por la vía de la actividad ilícita o política, así como de la amenaza y el terror, que son difíciles de emular. Tal es el caso de los "sicarios", "traquetos", narcotraficantes que generan riqueza y saben cómo utilizarla para ejercer poder. En Colombia, "el crimen paga"[10]. Adicionalmente, la incertidumbre frente al futuro –trabajo y

---

10 No son pocos los casos de hijos de familias llaneras –cuyos padres han hecho sus fincas con dedicación y trabajo duro– que se vincularon al narcotráfico como pilotos. Ellos pueden ganar en un par de meses lo que sus padres lograron con el trabajo de toda la vida. Muchos de estos jóvenes mueren o terminan en la cárcel. Lo increíble, sin embargo, es que la sociedad regional acepte rápidamente esta posibilidad de enriquecerse sin mayores reparos.

seguridad social e incumplimiento de los acuerdos–, lleva a que se desarrollen toda suerte de comportamientos improductivos.

VI. LA JUSTICIA

En el marco de la teoría institucionalista, la justicia se constituye en la columna vertebral del crecimiento económico. Para que un país crezca y para que se fortalezca la democracia es esencial que los costos de transacción sean reducidos en los mercados económicos y políticos. Es decir, que se facilite la realización de transacciones, de suerte que la población no tenga que gastar ingentes recursos y esfuerzos en asegurar el cumplimiento de los acuerdos y de los contratos. Cuando las normas no están bien especificadas, no son del todo impersonales y no existen suficientes elementos para hacer forzoso su cumplimiento, se estimula la corrupción y la búsqueda de rentas, a la vez que no sólo se atenta contra los derechos de propiedad sino que también se ponen en peligro las libertades civiles y políticas. Cuando esto ocurre se dificulta la interacción y el intercambio entre individuos, elemento esencial, en un mundo en el que predominan las relaciones impersonales, para que florezca la división y especialización del trabajo. En consecuencia, los costos de transacción son elevados y se convierten en el mayor obstáculo para el crecimiento.

Pero, si bien la claridad de las normas y la imparcialidad y eficiencia del aparato judicial son importantes, también lo es el bagaje cultural de la población. En el país prevalece la creencia de que el colombiano está predispuesto al incumplimiento de las reglas, y al irrespeto de lo público y de los derechos de los demás. De los resultados de la encuesta se desprende que esto no es así. Frente a otros países del mundo, diversos indicadores señalan que esta predisposición no es elevada, inclusive es inferior a la promedio de los países evaluados en el marco del *World Values Survey*. Por esto cabe afirmar que las razones del incumplimiento tienen más asidero en la carencia de efectividad de la justicia y en la impunidad. Quien viola las normas previamente evalúa los beneficios que puede obtener haciéndolo, frente a la pérdida de credibilidad en que incurre y la probabilidad de ser sancionado. Cuando la justicia es ineficiente el incumplimiento se convierte en gran negocio, debido a que la posibilidad de ser sancionado es reducida frente a los beneficios que se logran con el incumplimiento. La eficiencia de la justicia en Colombia dista mucho de ser la necesaria para preservar los derechos de la población. No sólo la percepción de corrupción es elevada, sino que la delincuencia y la impunidad están entre las más elevadas del mundo.

La información disponible no mide la corrupción propiamente dicha sino la percepción que la población tiene de ella. Por tanto, los resultados constituyen el referente que le sirve al individuo de marco para la toma de decisiones. La corrupción, entendida como el uso indebido de los dineros públicos, surge principalmente por la falta de reglas y controles en las relaciones entre particulares y empleados públicos. Ahora bien, la corrupción no es exclusiva de este ámbito, también se presenta en el plano político y judicial.

En Colombia la corrupción se percibe como generalizada o sistémica y preocupa considerablemente más a los ricos que a los pobres. Para los jueces es lo primero que el país debe erradicar. En el mercado de la corrupción, como en cualquier otro, existe una oferta y una demanda: de un lado están los empleados públicos, los políticos y los jueces, y del otro la población. Esta considera en su mayoría que todos los empleados públicos son deshonestos, así esta percepción sea nuevamente más pronunciada entre los ricos que entre los pobres, lo que no significa que sea baja entre estos últimos. Contrasta con esta apreciación la de los empleados públicos, que consideran que sólo un puñado de ellos es corrupto. Se destaca, sin embargo, que hay consenso en toda la población sobre que los beneficiarios son sólo unos pocos. Con independencia del ángulo con que se mire, la percepción que se tiene es que el Estado está en manos de unas élites reducidas que lo manejan y comparten rentas con él.

En el ámbito de lo público la sola palabra político deriva en connotaciones peyorativas. De una parte, ya se vio que no se confía en los políticos; además, éstos no inspiran respeto y se perciben como una clase que se enriquece por cuenta de su investidura. Cabe destacar, sin embargo, como se anotó, que las relaciones entre la población y los políticos difieren según estratos y segmentos de la población y que pueden tipificarse en dos niveles. A nivel del Congreso se concluye que la corrupción es menos generalizada de lo que se percibe o que está concentrada en unos pocos, y surge en esencia para influir en la toma de decisiones. En contraste, en el nivel local hay suficiente evidencia para afirmar que las motivaciones de las relaciones con los políticos son diferentes: los ricos buscan obras para la comunidad; los pobres, favores personales. En este caso el apoyo personal se presta a cambio de votos. Este resultado surge de estructuras institucionales que facilitan el que la población –a pesar de valorar altamente el trabajo y la educación y no pretender que el Estado le dé todo, pero sí que la apoye asegurándole niveles mínimos de supervivencia– intercambie su voto por la seguridad de lograr un ingreso mínimo, cuando el Estado no le responde, o para alcanzar algún bien o servicio que no podría obtener en otras condiciones. Esta situación la tipifica Richard Rose[11] como la anti-modernidad. Ante la falta de instituciones eficientes la población se vuelve recursiva y desarrolla extensas redes de relaciones informales a las que acude en busca de beneficios o de respuesta por parte del Estado mismo.

De otra parte, un elemento inquietante lo constituyen las relaciones particularmente frecuentes entre jueces y congresistas, motivadas por la búsqueda de favores personales. Esas relaciones no surgen del respeto por los políticos, que es inexistente, respeto del que tampoco gozan los jueces, así en este caso no se perciba que la profesión conduce al enriquecimiento. Además, preocupa que en las zonas con presencia armada la percepción de corrupción aventaje la del resto del país, que sea allí donde más se considera que el Estado es el fortín de un puñado de colombianos y, simultáneamente, donde se visita con más frecuencia a los políticos nacionales y locales para solicitar favores personales.

En el ámbito judicial, necesario para dirimir conflictos entre particulares, se destaca que cerca de uno de cada dos colombianos enfrenta problemas civiles y sólo uno de cada cinco afectados acude a las autoridades estatales para denunciar a quien atenta contra su propiedad. Frente al delito y la criminalidad ocurre algo similar. Si bien su frecuencia es menor –afecta a uno de cada tres colombianos y está entre las más elevadas del mundo–, tan sólo una de cada dos víctimas acude a las autoridades, lo que evidencia que en este caso la

---

[11] Richard Rose. "Getting Things Done in an Antimodern Scociety: Social Capital Networks in Russia", en *Social Capital: A Multifaceted Perspective*, Washington, The World Bank, 1999.

población, aunque espera poco, espera algo más de parte del Estado que en el caso de la justicia civil. La enorme delincuencia que atenta contra el bienestar de la población está acompañada, inclusive entre jueces y miembros de las Fuerzas Armadas, de la percepción de que acudir a la justicia en Colombia resulta demasiado gravoso. Es decir, los costos de transacción son elevados. Entre las razones para no acudir en busca de justicia se destaca su ineficiencia, la impunidad y el temor: una de cada tres personas afectadas por un delito teme denunciarlo por considerar que la justicia opera más bien en su contra o porque cree que con la justicia privada se logran mejores resultados.

Frente al crimen, en particular frente al homicidio, la impunidad es grande. Un 44% de la población conoció a alguien que fue asesinado en los últimos cinco años, pero sólo el 18% de los crímenes fue aclarado, a pesar de que el 28% de los que conocían a las víctimas afirma saber quién fue el autor del delito. La criminalidad afecta mayormente a los estratos altos y a jueces y militares, al igual que la impunidad. Esto no significa que los pobres no se vean también considerablemente afectados por la delincuencia.

En el ámbito judicial es claro que se ha descuidado la atención de los conflictos civiles, frente a la importancia que se le ha asignado, sin éxito, al derecho penal. Esa falta de respuesta del Estado abrió el espacio para el surgimiento de grupos que aplican justicia privada, cuya efectividad es mayor que la estatal, inclusive en el caso de los litigios civiles.

El país se acostumbró a adoptar normas en uso de facultades extraordinarias para combatir grupos que le disputan al Estado el monopolio de la fuerza (narcotráfico, guerrilla, paramilitares). En aras de ese objetivo se dejó a la población inerme y abandonada a su propia suerte. De ahí el fortalecimiento de la justicia privada y que, frente al delito, la población con frecuencia ni siquiera sepa cuál es la autoridad competente y, por ende, en lugar de buscar al juez recurra a la Policía o a la Fiscalía. La justicia en Colombia parece estar más diseñada para mantener en el poder a las élites que controlan el Estado o, en el mejor de los casos, para tratar de proteger la seguridad de éste –entendido como un fin en sí mismo– que para atender las demandas de la población.

Paradójicamente, tanto los jueces como el estamento militar se sienten más afectados por el delito y son más temerosos que la población, en particular por delitos contra la vida y la integridad personal. Los jueces atribuyen la perturbación del orden social y económico del país a la guerrilla y el narcotráfico; el estamento militar, esencialmente, a la guerrilla. De ahí que no sorprenda la tendencia de las normas, favorable a la acentuación de lo penal y al manejo del país como una situación de permanente emergencia.

Cabe destacar, sin embargo, que para la fuerza pública el problema no radica en la falta de autoridad, y a la vez la población percibe, y los mismos militares consideran, que aquella es la principal responsable de restablecer el orden. Los jueces, si bien para ellos hay un problema de autoridad no se sienten particularmente responsables por el orden. Es claro que en los escenarios de guerra surge una ambivalencia grande entre las funciones de los jueces y las de los militares. Aún así, cabe destacar que tanto un estamento como el otro terminan por identificar los problemas con la falta de voluntad política de transformar las estructuras del Estado, y en ambos casos se cree que ese cambio sería posible dentro del marco del Estado de derecho.

Paradójicamente es de resaltar que, frente a las demás ramas del poder público, la justicia es la que menos desconfianza genera. Esto despierta serios interrogantes, pues ciertamente no tiene asidero en su eficiencia, la cual es muy insuficiente. De ahí cabe preguntarse si son las altas Cortes las que despiertan algo de confianza. Estas, en el marco del nuevo orden constitucional, en especial por la vía de la acción de tutela están forzando al Estado a respetar los derechos fundamentales consagrados en la Constitución. En este aspecto, de enorme trascendencia, la Carta Política está dejando de ser letra muerta, lo que era con frecuencia en el pasado. La población por primera vez tiene a su alcance mecanismos ágiles para forzar al Estado a cumplir y hacer cumplir las normas. Así se reduce la utilización arbitraria del poder por parte de los organismos públicos. Ejemplo de ello es que el Estado esté respondiendo más eficientemente por los derechos pensionales y de salud de los colombianos.

Esta nueva situación no está exenta de problemas. En la Constitución de 1991 se incluyeron más de 90 derechos fundamentales, sin que se haya previsto que se requieren recursos enormes para garantizar su cumplimiento. Ahí surge una de las principales causas del déficit fiscal, que tal vez por facilismo se atribuye a la descentralización administrativa y que ha sido en parte responsable de una crisis económica sin precedentes. En la actualidad, el cumplimiento de las obligaciones establecidas en la Constitución sin las debidas precauciones financieras y la guerra encarnizada que enfrenta el país explican la enorme presión para allegar cada vez más recursos para financiar el gasto público. Este gasto, a nivel del Gobierno Central, pasó de participar en el 12% del PIB a comienzos de los 90 a participar en cerca del 20%, sin que haya sido posible financiarlo con cargo a la mayor disponibilidad de ingresos, a pesar de que cada año se han realizado una, dos y hasta tres reformas al régimen tributario. La gravedad de esta situación no sólo incide negativamente en lo que ocurre en el frente económico; sus implicaciones se extienden más allá. La necesidad permanente de allegar recursos adicionales para financiar el presupuesto de la Nación atenta contra la misma estructura institucional del Estado y contra la sostenibilidad del régimen democrático. Si un Estado no cuenta con recursos suficientes para atender las funciones que le asignan la Constitución y las leyes expone a la población a la permanente violación de los derechos de propiedad y de las libertades civiles y políticas y al surgimiento de corrupción[12].

Cuando los Estados ofrecen más de lo que pueden, se producen los más perversos efectos. En primer lugar, para reducir, al menos en teoría, el incumplimiento se reviste de excesiva discrecionalidad a los empleados públicos, los cuales quedan facultados para distribuir riqueza, lo que estimula el mercado de la corrupción. En segundo lugar, cuando un Estado requiere cada vez más de recursos termina por negociar en forma permanente con las élites que lo controlan, a cambio de privilegios y en detrimento del resto de la sociedad. Uno de los principales mecanismos utilizados para este fin y que más perjudica a la sociedad es la adjudicación de monopolios o contratos, por uno u otro conducto. En tercer lugar, el cambio permanente de las reglas necesariamente incide en los costos relativos, lo que implica transferencia de rentas y patrimonio, motivo por el cual se constituye en fuente de malestar para muchos y de oportunidades para otros de buscar rentas y beneficios. De cualquier manera, la inestabilidad y la incertidumbre institucional y normativa desestimulan la inversión en actividades productivas y generan estímulos para

---

12 Douglass North y Barry Weingast. "Constitutions and Commitment: The Evolution of Institutions Governing Public Choice in Seventeenth Century in England, en *The Journal of Economic History*, 1989, Vol. XLIX, N° 4.

canalizar recursos y esfuerzos a la obtención de prebendas. De ahí que no sorprenda lo anotado anteriormente respecto de los valores que se inculcan a los niños en la educación, que no son los más adecuados para el desarrollo del trabajo productivo, y del anhelo de trabajar por cuenta propia, que reduce al mínimo el intercambio impersonal con los demás.

Estas dinámicas difícilmente impulsan el surgimiento de estructuras productivas. Por el contrario, es probable que de ahí surja un círculo vicioso que lleve enquistada la semilla de su propia destrucción. Ciertamente en una sociedad en la que la percepción de corrupción es elevada y en la que la justicia no funciona, los individuos canalizan riqueza y esfuerzos hacia la búsqueda de rentas a costa del resto de la sociedad. Y por lo general quienes las obtienen son quienes tienen mayor poder para incidir en la toma de decisiones y, por tanto, más pronto que tarde terminan apoderándose del manejo del Estado. Esta situación tiende a perpetuarse hasta tanto no surjan grupos con suficiente poder para disputarle a los tradicionales su hegemonía.

Comoquiera que sea, al parecer la necesidad de justicia no se puede entender simplemente como una exigencia de mayor eficiencia de los jueces, sino que se refiere es, en últimas, a la legitimidad de las normas mismas, respecto de las cuales no existe un verdadero consenso. En otros términos, dicha necesidad no se refiere tanto a la administración de justicia como al hecho de que las reglas de convivencia (en todos los planos: político, social, económico...) deben reflejar el compromiso colectivo alrededor de las formas de vida asociada.

VII. LA VIOLENCIA Y LOS ALZADOS EN ARMAS

Pese a la creencia popular que ha hecho carrera, que sugiere que el colombiano es violento, así ello nunca se haya sustentado científicamente, de esta investigación se extrae que el colombiano no solo no es agresivo por naturaleza, sino que aparece como eminentemente pacífico, resignado, dispuesto a aceptar lo que ocurre en su entorno y a buscar medios alternativos, informales, que le permitan garantizar su propia supervivencia. La intensidad de la violencia, que se asocia ante todo con la presencia armada y la frecuencia del homicidio, se encuentra entre las más elevadas del mundo y tiene entre sus principales manifestaciones el ajuste de cuentas y la limpieza social. Esto no significa que no existan problemas de convivencia; simplemente indica que con la presencia de grupos armados aumenta la ilegalidad, y que ésta cambia de naturaleza, al orientarse en especial contra la integridad personal.

Entre las variables que explican esta situación se destaca, más que los factores demográficos o la pobreza de la población, la inoperancia de la justicia, la cual es mayor en los municipios con presencia de grupos alzados en armas, que es a quienes la población misma identifica como los principales agentes generadores de violencia. No es claro si la justicia no funciona porque se ha visto desplazada o si la violencia surgió porque la justicia era inoperante. También cabe preguntarse si la protesta y la inconformidad surgen como resultado de sanciones negativas de los gobernantes. Las protestas producen represión, y ésta a su vez contribuye a producir olas de protestas. La probabilidad de que la inestabilidad política sea elevada aumenta cuando los niveles de cohesión son insuficientes para erradicar la agresión pero son suficientes para aumentar el nivel de frustración. Lo que sí es claro es que donde la impunidad es la norma, la delincuencia aumenta y la población, en mayor proporción que en el resto del país, no denuncia los delitos por temor a las represalias o porque considera que la justicia privada funciona mejor.

Es interesante destacar que el porte de armas no es preponderante donde es mayor la violencia ni la presencia de grupos armados fuera de la ley. Las armas las compran quienes tienen con qué y los jueces. Surge así la percepción de que la riqueza y la justicia exigen protección para preservarse. Es bien difícil, en ese marco, pensar que los costos de transacción en los mercados políticos y económicos sean los más adecuados para el desarrollo y la tranquilidad social.

Al lado de estos hechos en la población colombiana están presentes elementos que inducen comportamientos violentos. Dentro de éstos se destaca el surgimiento no reconocido de vergüenza. Si una persona no es respetada ello implica humillación, lo que crea el espacio para reacciones violentas. En las sociedades donde no se garantiza el respeto, donde el Estado es débil y, por lo tanto, incapaz de ejercer el monopolio de la fuerza, la vergüenza progresivamente se reprime e ignora, hasta que explota como violencia. Mientras en las sociedades tradicionales el control social se externaliza y las personas se conforman con evitar la vergüenza pública, en las modernas el control social se internaliza y las personas se atienen a evitar la culpabilidad privada. El caso más protuberante en esta materia surge en Colombia a nivel de la familia. Esta, en virtud de la tradición religiosa, cree en Dios, respeta la Iglesia, acepta la noción de pecado. A pesar de ello tiene comportamientos que, en materia conyugal y reproductiva, generan enorme violencia interna. No se aprueba el divorcio, a pesar de que la informalidad en las relaciones es acentuada, sin ser en la mayoría de los casos públicamente aceptada. Esto, si bien tiende a disminuir con la educación y el nivel de ingreso, no presenta un avance lo suficientemente acentuado como para revertir la tendencia a la informalidad, que predomina en la sociedad y que es más acentuada entre los jóvenes. El aborto se practica a pesar de que se afirma no estar de acuerdo con él ni con que se legalice, y quienes más recurren a ese expediente no son las mujeres en su primer embarazo sino aquellas en edad adulta y con hijos. El tener prole no es independiente de la sensación de incertidumbre frente al futuro, lo cual se traduce en una enorme dependencia y exigencia de contraprestaciones por parte de los padres. De ahí que no sorprenda la enorme violencia que afecta los hogares colombianos, que en ocasiones degenera en homicidio y con gran frecuencia produce una insoportable sensación de malestar e inseguridad.

Tampoco puede ignorarse la frustración por la pérdida de confianza que surge cuando alguien se siente defraudado. En Colombia existen las más diversas manifestaciones de desconfianza: desconfianza interpersonal, desconfianza en las instituciones. Es paradójico encontrar que quienes más insatisfechos están con el Estado y desconfían más de sus instituciones y quienes más consideran inadecuada su actuación para ayudar a los pobres sean precisamente los más ricos, los más educados y los empleados públicos. En contraste, en las zonas con presencia armada ello es menos pronunciado. Surge así como algo bien preocupante que las élites, las que tendrían más capacidad de incidir en la búsqueda de soluciones, muestren la mayor frustración. ¿Es porque tienen un espíritu más crítico o porque esperan más? Parecería más probable esta última alternativa, al ser estos estamentos los más conservadores y los que más defienden el *statu quo*.

Y no se debe olvidar la violencia que se engendra cuando un sector de la sociedad se siente desplazado. Las personas que se sienten relegadas identifican fácilmente quién las está desplazando. Este elemento genera reacciones bien complejas por cuanto quienes pierden generalmente están menos dispuestos a negociar y tienden a saber más qué es lo que no quieren que lo que sí les interesa. Paradójicamente, así en la actualidad no pueda atribuirse la violencia a los niveles de pobreza ni a la mala distribución del ingreso, esos elementos sí podrían estarse constituyendo en causas de la misma en las zonas con presencia armada. El éxito que vienen teniendo los grupos insurgentes en las zonas donde ejercen el control territorial puede estar induciendo a que los pobres, que en otras circunstancias se resignarían a su suerte, perciban que algo pueden lograr si apoyan la insurgencia. En concordancia, la sensación de impotencia parece estar más presente en las zonas sin presencia armada. En aquellas donde ésta existe, si bien no se considera que el cambio se pueda lograr por la vía de la participación electoral, sí se considera, en mayor grado que en el resto del país que existen posibilidades de alcanzarlo por la vía de la movilización política, dentro del marco de las normas democráticas.

El cambio en los costos relativos se constituye en una de las principales causas de la inconformidad social y surge, entre otras cosas, de la permanente necesidad del Estado de allegar recursos adicionales para su financiamiento en la medida en que las reglas, que afectan el patrimonio y la posibilidad de obtener rentas futuras, están frecuentemente sujetas a modificaciones. De ahí que resulte imprescindible dotar de recursos al Estado para atender las funciones que se le asignan en la Constitución, a fin de que no interfiera en forma permanente con la propiedad y las libertades individuales.

En estas circunstancias sorprende que en un país en el que la justicia no funciona y no se tienen garantías sobre la propiedad y las libertades civiles o políticas, la población afirme sentirse libre y satisfecha con lo que tiene. Cabe preguntarse: ¿libre de qué? Recordando de nuevo a Camus: "No es tan fácil como se cree ser hombre libre. En verdad los únicos que sostienen que es fácil, son aquellos que han resuelto renunciar a su libertad. Pues la libertad es rechazada, no por sus privilegios, como algunos quieren que creamos, sino por sus agotadores deberes". Un país en el que el secuestro y el homicidio están entre los más elevados del mundo, en el que las fuerza pública y la justicia está amenazadas, difícilmente puede sentirse libre.

De cualquier manera es interesante observar que en las zonas de violencia es mayor la aceptación de las instituciones, la población es más tolerante y existe un mayor espacio para el cambio gradual. También se destaca, de una parte, que existen ciertas organizaciones, como la Iglesia, que le merecen respeto a esas poblaciones, al igual que los docentes y la Cruz Roja, que les inspiran sensación de seguridad; de otra parte, consideran que la fuerza pública y los grandes empresarios ayudan a reducir los delitos. En la búsqueda de la paz estos estamentos están llamados a jugar un papel esencial. Es importante tener en cuenta las posibilidades de reincorporación a la vida civil de los alzados en armas. En este aspecto, si bien es grande el rechazo a que ésta se produzca mediante su vinculación al sector público o a actividades políticas, hay una buena posibilidad de éxito al respecto, si se tiene en cuenta que lo que más anhela el colombiano es el del autoempleo. Ello, desde el punto de vista productivo, no es ciertamente lo más conveniente pero, dadas las circunstancias, se ajusta perfectamente al propósito de lograr la paz.

VIII. CAPITAL SOCIAL

Resulta esencial analizar e identificar las características del capital social en Colombia. Es decir, de la predisposición a asociarse con los demás para realizar trabajos cooperativos. En teoría, cuando el capital social es elevado las sociedades crecen y se fortalece la democracia, los gobiernos locales son más eficientes, la justicia funciona mejor y se respetan los derechos ciudadanos. Pero también se ha identificado que este factor puede ser de tipo perverso. Vale decir, es posible que los objetivos de quienes se agrupan con los demás no siempre correspondan a la búsqueda del mayor bienestar social.

Teóricos en la materia como Putnam atribuyen el surgimiento de capital social a elementos eminentemente culturales. En tanto que otros, como North, consideran que éste está condicionado por el ordenamiento institucional, que puede estimular su formación o desestimularla, al igual que incidir en sus características. Del análisis realizado es apenas obvio concluir que en Colombia la estructura institucional del Estado no es la más propicia para el comportamiento cooperativo. Sin embargo, hay evidencia para afirmar que en el país la dotación de capital social, medido éste en términos de la participación en organizaciones voluntarias, es elevada, inclusive frente a otros países de menor desarrollo relativo.

Cabe destacar que los departamentos donde predominan las actividades asociativas en algunos aspectos presentan características similares a las de otras naciones, pero en otros aspectos éstas se distancian considerablemente o, en el mejor de los casos, dejan mucho que desear. Los departamentos donde es más elevado el capital social, medido de nuevo en términos de la participación en organizaciones voluntarias, son los más ricos, los más educados y los menos religiosos. Además, quienes más se asocian son los estratos de más altos ingresos, los más viejos, los hombres y el sector rural. Al menos en este aspecto, en lo que se refiere a la predisposición a asociarse para trabajar mancomunadamente, en el mejor de los casos puede afirmarse que la sociedad está estancada, si es que no en proceso de retroceso. Al contrario de lo que sería de esperar, el capital social surge en los departamentos donde es mayor la desigualdad en la distribución del ingreso y, a pesar de ser aquellos donde es mayor la protección social, es donde están presentes los mayores sentimientos de incertidumbre frente al futuro.

Es paradójico que en Colombia el capital social esté sustentado en la desconfianza, a diferencia de lo que ocurre en otras latitudes. La confianza de los colombianos en los demás (9%) está entre las más bajas del mundo, al igual que aquella en las instituciones que soportan su régimen político.

Llama especialmente la atención que la predisposición de la mujer a asociarse en organizaciones voluntarias no alcance ni siquiera la mitad de la del hombre y que sus niveles de confianza en los demás sean aún más reducidos. Esto induce a pensar que el "familiarismo amoral" de Banfield, que parece predominar en la sociedad colombiana, y que se explica por la elevada desprotección y dependencia de la población, constituye un obstáculo bien complejo para el logro de un mayor desarrollo, dado el dinamismo que viene mostrando la participación de la mujer en el ámbito laboral. La conformación de pequeñas unidades productivas donde las transacciones se realizan sólo con conocidos no es lo más adecuado para el surgimiento de una sociedad dinámica en la que lo corriente es realizar transacciones despersonalizadas, condición esencial para la eficiencia del aparato productivo.

De otra parte, se destaca que a pesar de que en la sociedad colombiana se desarrollan estrechas relaciones de dependencia patrón-cliente, ello no es preponderante entre quienes participan en actividades asociativas, que no son tampoco quienes más se interesan por la política de tipo tradicional, ni quienes votan. En contraste, participan más en actividades políticas directas, en busca de fines específicos. En este marco, cabe resaltar que quienes están más predispuestos a vincularse en actividades asociativas son los más dados a participar en aquellas de tinte ilegal –toma de edificios, bloqueo de carreteras, etc.–. Su vinculación a la política está más motivada por la búsqueda de respuestas a necesidades de la comunidad que de favores personales. Frente a esos resultados se destaca que estos segmentos poblacionales son los que más apoyan el régimen democrático, pero a la vez estarían dispuestos a aceptar un régimen de tipo autoritario y no quieren que las cosas cambien bruscamente; a pesar de existir entre estos estamentos una enorme inconformidad con la situación actual del país, al parecer perciben que perdieron lo que tenían pero quieren recuperarlo sin alterar factores estructurales de la realidad nacional.

Donde está ausente la comunidad cívica la gente está todavía menos contenta con la forma como se gobierna el país, y si bien se sabe lo que no se quiere, no se sabe lo que se quiere, ni cómo lograrlo. Estos segmentos poblacionales son los más apáticos políticamente, son quienes más buscan el cambio, de preferencia gradual, pero son indiferentes frente al régimen democrático y frente al recurso a la violencia política. En el marco de esa polarización social es difícil imaginar un contexto en el que los grupos dominantes acepten ceder algo de lo que tienen y por esto, en últimas, no sorprende la violencia que afecta en forma creciente a la sociedad colombiana. Cuando en la sociedad prevalecen grandes inequidades en la distribución del poder y la riqueza, la negociación sólo se logra cuando se está dispuesto u obligado a transar, situación que no parece darse en Colombia entre los grupos más organizados de la sociedad. Al contrario, lo que aparece es una enorme intolerancia.

Putnam encontró en Italia que donde es mayor la presencia de capital social los gobiernos locales son más eficientes, se participa más en reuniones para tratar temas de la comunidad y, sin que la población se interese por la política de tipo tradicional, participa más en actividades políticas directas, orientadas al logro de objetivos sociales específicos. Esta hipótesis no es verificable en el caso colombiano.

En Colombia, donde prevalece la vinculación a actividades asociativas es mayor la delincuencia y la frecuencia de los delitos. En los departamentos con estas características se es menos crítico de la eficiencia de la justicia penal, pues ésta responde mejor, a pesar de ser precisamente allí donde más se recurre a la amenaza frente al daño sufrido, en particular cuando éste es de tipo civil. Este resultado evidencia de nuevo el enorme problema que genera la ineficiencia de la justicia civil, que termina por incentivar comportamientos contrarios a las normas y a la convivencia y que sirve los propósitos de segmentos exclusivos de la población.

Frente a las actividades productivas, llama poderosamente la atención que donde es mayor la participación en actividades asociativas es precisamente donde más se respeta y se percibe como exitoso al narcotraficante y al político. En principio la percepción de éxito y respeto por el político podría ser estimulante y altamente conveniente. Sin embargo, como se anotó, el político en Colombia se percibe como corrupto y como un personaje que se enriquece por medio de su investidura, sea o no correcta esa percepción. El caso del narcotraficante ciertamente es distinto, porque bajo ninguna perspectiva su actividad puede asociarse con el modelo de empresario que sirve objetivos sociales, digno de ser imitado y admirado. Al lado de esta apreciación surge el respeto por el pequeño empresario, que no se percibe como exitoso. En Colombia la relación entre quienes participan en organizaciones voluntarias y quienes abogan por el autoempleo es negativa, al igual que entre quienes apoyan la dependencia al interior de la familia, lo que señala que en estos aspectos estos grupos poblacionales tienen características más compatibles con las de una sociedad productiva, donde se facilita la división y especialización del trabajo.

Las características enunciadas llevan a cuestionar la naturaleza del capital social prevaleciente en la sociedad colombiana y a preguntarse si éste obedece más al ánimo de delinquir o de protegerse de los demás, o a lograr que el Estado responda, en la medida en que sus instituciones formales no funcionan. Ciertamente dentro de estos segmentos poblacionales el bienestar individual o de una pequeña élite prima sobre el colectivo y no parecería existir correspondencia entre los dos. Más aún, es posible afirmar que si por una parte la búsqueda de riqueza en teoría no se considera un valor, por otra su preservación ciertamente exige protección.

CONCLUSIONES

Los resultados presentados pueden parecer contradictorios cuando se toman aisladamente en sus consecuencias. La tarea está en ubicarlos dentro de un marco ordenado que contribuya a explicar la situación del país y la evolución de su sociedad. Una explicación para la sumatoria de contradicciones es nada más ni nada menos que el país atraviesa por un proceso de modernización incompleto. El Estado fue exitoso en la superación de las estructuras institucionales tradicionales y arcaicas, que caracterizaban el país de la primera mitad del siglo XX, pero hasta ahora ha fracasado en la construcción de una sociedad organizada.

No hay duda que el programa de modernización trajo enormes beneficios, así como nuevos problemas y retos que demandan atención. Hoy los colombianos enfrentan un país en el que se mezcla la sociedad premoderna con la moderna y tiene ciertas características de posmoderna, especialmente entre los estratos de más altos ingresos y entre los jóvenes, configuración en extremo articulada y compleja que dificulta la elaboración de un proyecto común de país. Cada segmento poblacional, de acuerdo con sus propias características, tiene objetivos particulares que solo se logran con base en políticas que contradicen las requeridas por los otros segmentos. Con la nueva Constitución de 1991 el país intentó darle cabida a todos y por un momento creyó que la reforma institucional por sí misma podía hacerlo más democrático. El resultado final ha sido la construcción de un poder estatal inoperante, que hace que el camino recorrido, en lugar de conducir al ordenamiento buscado, lleve al caos y la anarquía propios de situaciones caracterizadas por instituciones fallidas.

El resultado ha sido la configuración de una identidad peculiar de sus habitantes, quienes creen en el sistema democrático pero no en las personas ni en las instituciones que lo representan, en el que la mentalidad corresponde a aquella de culturas premodernas que no evolucionan y sin que se pueda establecer por ahora si ello se debe a la inadecuación del Estado mismo. La sociedad colombiana, sin embargo, valora la libertad, rechaza la violencia, quiere defender la democracia, cree que los empresarios deben guiarse por criterios de eficiencia, al tiempo que considera que el Estado debe garantizarle niveles mínimos de subsistencia.

La sociedad ha progresado en algunas áreas, pero muestra graves atrasos en otras. Se acepta que la mujer se eduque, pero se considera que el hombre tiene más derecho al trabajo; se acepta que la mujer trabaje, pero abundan los hogares con una sola cabeza, en general la mujer; se valora la educación, pero los valores que se inculcan a través de ella no corresponden a los requeridos por un país en proceso de modernización; se respeta el trabajo en sí pero el valor que reside en realizarlo, en la productividad y en la acumulación de la riqueza está prácticamente ausente. ¿Cómo explicar que los individuos que generan respeto son los protagonistas del pasado: el cura y el ama de casa? Simultáneamente, los empresarios son tristemente ignorados y se considera que la riqueza no es útil para la sociedad. ¿Cómo aceptar que es a los políticos y los narcotraficantes a quienes la población considera como los más exitosos, mientras que aquellos que honestamente buscan construir un futuro mejor para la sociedad son ignorados?

La elevada desconfianza en los demás, que sirve de marco de referencia para la toma de decisiones, lleva a que el país, pese a estar en un momento en el que en teoría es apto para crecer aceleradamente, es decir, en la transición de la premodernidad hacia la modernidad, lo esté desaprovechando.

La corrupción es sistémica y, sin embargo, se confía, en especial entre los pobres, en el Estado, mientras que los más ricos buscan sistemas alternativos de justicia privada. Al contrario de lo que se cree, el colombiano no es violento, pero las contradicciones son tan grandes que no parece haber alternativa diferente de la de defenderse de la agresión constante a que se ve sometido. Desde la mujer que por abortar es convertida en delincuente y cuestionada, hasta las promesas incumplidas, los desplazamientos forzados y la ausencia de respeto por los derechos básicos de la población constituyen fuente de comportamientos violentos.

Esta situación debe enfrentarse. Es tiempo de que el país establezca cuáles son las condiciones para crecer y desarrollarse, identifique la situación en que se encuentra y diseñe el camino que haga posible la modernización desde el punto de vista cultural, ideológico y político. Es tiempo de transformar lo que hoy se perciben como un capital social perverso en uno que produzca confianza entre la población. La tarea es clara: identificar aquellos valores sobre los cuales es posible poner en marcha estos objetivos y proceder a la reconstrucción del

Estado sobre las bases que han de fortalecerse y en detrimento de valores que deben erradicarse. Ello es posible.

Para recuperar la paz y el orden y una senda de desarrollo que saque al país de la encrucijada en que se encuentra es esencial el logro de una mayor coherencia entre las normas formales y aquello en lo que cree la población. De esa forma no solo sería más fácil garantizar el cumplimiento de la ley, sino que se evitaría que el ordenamiento legal constituya un sistema de coacción permanente. También es claro que los incentivos y sanciones que surgen de la estructura institucional vigente no estimulan el trabajo productivo ni la generación de capital social requerido para el logro de mayores niveles de desarrollo.

Para ello se requieren una serie de políticas y decisiones que exigen ceder y asumir costos. En primer término, es preciso que se reduzca la enorme incertidumbre que pesa sobre la población, y que se traduce en los riesgos que enfrenta el individuo de cara al futuro (empleo, salud, vejez), por cuenta de la estructura de la familia (dependencia y abandono) y de la ineficiencia de la justicia (falta de garantías respecto de las libertades civiles y políticas y de la propiedad). La incertidumbre incide de manera decisiva en la adopción de actitudes poco favorables al desarrollo. No sólo se traduce en la desconfianza en los demás y en la necesidad de agruparse alrededor de la familia o de organizaciones jerarquizadas como mecanismo de defensa o de agresión y pillaje, sino que afecta el manejo político y las posibilidades de cambio, que se ven seriamente limitados. Esas estructuras hacen que los costos de transacción en el ámbito económico y político sean demasiado elevados y que quienes tienen el poder, o creen tenerlo, y por ende los privilegios, luchen por mantenerlo, o por recuperarlo si perciben que ya lo perdieron o que están en proceso de perderlo.

Es preciso reducir la incertidumbre que deriva de la reducción del tamaño de la familia, proveyendo al individuo de esquemas más eficientes de seguridad social. Del análisis surge como gran interrogante si es conveniente esperar a que existan los recursos requeridos para extenderle un mínimo de seguridad social a toda la población, incluyendo el diseño de un seguro de desempleo, y si la población logrará esas garantías solo en la medida en que la economía crezca hasta producir recursos excedentes en cantidad suficiente para ello. Para responder este interrogante es preciso establecer relaciones de causalidad. Del trabajo se extraen elementos de juicio que permiten afirmar que con la reducción de la incertidumbre se induce el crecimiento. Los docentes son prueba fehaciente de ese resultado: este es un segmento que tiene la mayor protección social y ha desarrollado valores más productivos y más aptos para el crecimiento. La decisión es si se acepta el reto de implementar políticas que vayan en esa dirección o si se soporta el caos y el malestar y se trata la seguridad social como un problema residual en el marco de las políticas de desarrollo económico.

Por lo demás, no hay que olvidar el papel que viene jugando la Corte Constitucional. Esta, con base en los derechos fundamentales y en el Estado social de derecho establecidos en la Constitución, le está dando un giro de enorme trascendencia al país, al resolver problemas que ni el Gobierno ni el Congreso han enfrentado con la determinación que corresponde. En particular, la Corte se ha encargado de reducir el incumplimiento de las normas y el abuso del poder por parte del Estado. El interrogantes es si esa es la forma más conveniente de hacerlo. Vale decir, si está bien que los jueces asuman funciones, por ejemplo económicas, que le corresponderían al Legislativo y al Ejecutivo. Cabe preguntarse si lo que corresponde no es que estas dos ramas del poder público respondan antes de que se genere un mayor caos social, económico e institucional.

Es esencial devolverle a cada rama del poder público las funciones que le corresponden. Los jueces, además de ocuparse de que el Estado no abuse del poder, deben encargarse de servir de árbitro para dirimir conflictos entre particulares. El Legislativo debe acatar la Constitución o reformarla para recuperar el manejo de sus funciones, y el Ejecutivo debe implementar oportunamente las políticas públicas según lo disponen la Constitución y las leyes. Pero, ello por sí solo no es suficiente. Es preciso remover los poderes que facilitan el comportamiento arbitrario de los Estados para evitar el abuso: "controlar el comportamiento de la Corona requiere de la solución de los problemas financieros, al igual que de restricciones"[13]. Es imperativo que sea realmente posible allegar los recursos necesarios para atender las funciones que la Constitución le asigna al Estado.

---

13 North y Weingast. "Constitution and Committment", *cit.*

El desborde fiscal que ocasiona la estructura de manejo vigente de la cosa pública lleva a que permanentemente se pongan en entredicho los derechos de la sociedad, al tenerse que realizar reformas tributarias recurrentes sin que por ello se logre subsanar el problema fiscal.

El desarrollo de los mercados debe estar acompañado de restricciones razonables y claras que le impongan límites a la capacidad del Estado de manipular las reglas económicas para su beneficio, el de los electores o el de grupos privilegiados. El éxito económico, por tanto, debe estar acompañado de instituciones que limiten la intervención en la economía y garanticen que el mercado prevalezca en amplios segmentos de la economía. Una condición indispensable para la creación de una economía moderna es la especialización y división del trabajo, que facilita el intercambio impersonal. Por tanto, el crecimiento depende de la habilidad que se tenga en el desarrollo de normas impersonales y equitativas, estables y creíbles en el espacio y en el tiempo.

Los problemas de incumplimiento se pueden reducir o eliminar cuando las instituciones son adecuadas para anticipar los problemas y adoptar soluciones. Bajo esas circunstancias las partes son más dadas a participar en acuerdos complejos. Estos requieren de una legislación que surja en el marco de una negociación entre el Estado y los electores, de manera que sus previsiones recojan cuidadosamente los problemas potenciales de incumplimiento que surgen entre las partes más relevantes. La legislación debe ser endógena, en el sentido de que las partes tengan incentivos para cumplir los acuerdos que han celebrado y para resolver los conflictos[14].

La urgencia de lograr una mayor apertura y competencia de los mercados políticos es evidente. Esta es la única vía para que dentro en el marco del Estado de derecho se adopte una estructura institucional con la que la población se sienta identificada y además sirva el propósito de proteger los derechos de la gente, de suerte que los incentivos sean los requeridos para el desarrollo de una sociedad productiva.

Los resultados de la investigación nos llevan a pensar que no por las dificultades de lograr estas metas todo está perdido. Si bien es cierto que

---

14 *Ibid.*

recuperar los valores y generar una estructura institucional en la que la competencia en los mercados políticos y económicos conduzca al desarrollo de un círculo virtuoso que induzca el crecimiento no es tarea fácil, también es cierto que la sociedad colombiana posee características y valores productivos que es necesario promover. A pesar del escepticismo con que se perciben los logros que se pueden alcanzar con el trabajo y la educación, ese escepticismo no ha calado tan profundamente en las clases media y baja, que representan más del 80% de la población[15]. En esos segmentos, si bien se cree menos en la democracia, también se confía más o, para ser más precisos, se desconfía menos de las instituciones que sustentan el régimen político, se es menos crítico de las acciones del gobierno y se tiene mayor voluntad de cambio. Por otra parte, las Fuerzas Armadas gozan de gran credibilidad, al igual que los sacerdotes, la Cruz Roja y, en menor grado, los grandes empresarios. Además, el espacio para la promoción del cambio gradual aún está abierto, a pesar de que los grupos más organizados de la sociedad se opongan a él.

Es apenas lógico que una sociedad que ha atravesado en tan corto tiempo por cambios tan profundos requiera de la adaptación de sus instituciones. La introducción de reglas de mercado en el manejo económico, en un mundo cada día más globalizado, resulta inevitable. La polarización social en torno a esa política deriva del costo que paga una sociedad mientras alcanza las condiciones para participar en una estructura productiva en la que las máquinas desplazan la mano de obra no calificada y las reglas de juego facilitan el trabajo con desconocidos. De ahí que, en paralelo con la introducción de normas de mercado, se requieran estructuras institucionales que efectivamente protejan los derechos de la población. Solo de esa manera el colombiano, cuyo ideal es el autoempleo o la asociación en pequeñas empresas familiares, que además no considera que generan respeto ni riqueza, estará dispuesto a interactuar con los demás en beneficio del conglomerado social.

Dentro de este contexto, recuperar la efectividad de la justicia es esencial. Este aspecto puede enfrentarse desde dos niveles: el primero se refiere a las relaciones de los particulares con el Estado y el segundo a las relaciones entre particulares.

---

15 Ganan menos de 7 salarios mínimos mensuales.

La reforma de las instituciones debe incluir la Administración Pública, el presupuesto, la gestión financiera y fiscal y el fortalecimiento de los sistemas legales, políticos y judiciales. Hay que centrar la atención en la competitividad interna y en el fortalecimiento de los sistemas de incentivos y sanciones. Con ellos debe aumentar la transparencia y la capacidad de evaluación de las actuaciones del sector público y se debe facilitar la organización de grupos independientes de vigilancia. La libertad de expresión y de información son fundamentales tanto para el desarrollo como para la democracia. Debe, así mismo, reducirse el tamaño de la burocracia, aumentarse la remuneración de los empleados públicos, en particular de aquellos que pueden establecer mecanismos eficientes de selección de personal y tamaño de las plantas. De esa manera se desarrolla un sistema de incentivos y sanciones que estimula la honestidad y la eficiencia en el trabajo. En particular, es indispensable desmontar las agencias estatales establecidas para otorgar privilegios.

Aún así es posible que si por distintas causas –políticas o de costos– se dificulta reformar la Constitución y las estructuras institucionales, sea preciso actuar en otros frentes. El reto está en asegurar cambios favorables al bien común y romper alianzas perversas. De lo contrario, los esfuerzos por mejorar la aplicación de las leyes por medios policivos, oficinas de inspección u organismos de vigilancia especial no sólo no serán provechosos[16], sino que resultarán enormemente costosos. Dentro de este campo hay diversos espacios que se relacionan a continuación.

En el campo *económico*, el cumplimiento de las leyes es indispensable y se deben reforzar *los mecanismos de control del papel del Estado*, en particular en aquellas áreas donde los empleados públicos tienen poder discrecional, áreas que son caldo de cultivo para la corrupción. Se deben, por tanto, incluir elementos destinados a eliminar los incentivos que tienen los empleados públicos para abusar del poder.

---

16 Gray W. Cheryl y Daniel Kaufmann. "Corrupción y desarrollo", en *Finanzas y Desarrollo*, marzo de 1998.

Cualquier reforma en esta dirección debe cubrir al menos tres frentes[17]:

1. El compromiso honesto y visible de los líderes para combatir la corrupción. El líder no debe mostrar ninguna tolerancia.

2. El cambio en las políticas que reducen la demanda de corrupción, disminuyendo las regulaciones y otras políticas tales como las de incentivos tributarios. Además, aquellas que se considera conveniente mantener deben ser transparentes para que sean lo menos discriminatorias posibles.

3. Reducir la oferta de corrupción aumentando los salarios de los empleados públicos y otorgando estímulos para el comportamiento honesto; simultáneamente, establecer controles institucionales efectivos y penalidades para los empleados públicos corruptos.

Cualquier decisión que se adopte dentro del marco al que se viene haciendo referencia requiere de apoyo político y aceptación por parte de la población. No debe olvidarse que la ineficiencia de la justicia y la corrupción, si bien perjudican a muchos, benefician generalmente a quienes tienen poder, que son quienes saben aprovechar la falta de claridad de las normas, tienen acceso a las élites y poseen recursos para ejercer presión sobre ellas y, en últimas, cautivarlas. Tampoco debe dejarse de lado un hecho que surge una y otra vez a lo largo de la investigación y es la diferencia de percepción entre estratos socioeconómicos: son precisamente los de menor ingreso los que menos critican la forma como se gobierna, a la vez que desconfían menos de las instituciones. Este resultado es válido inclusive para las zonas con presencia de grupos alzados en armas. De ahí que sea fundamental centrar el análisis en los factores políticos subyacentes al crecimiento económico y al desarrollo de los mercados. Esto incluye las instituciones que gobiernan, la forma como se adoptan las normas y como pueden cambiarse. Un factor político crítico es, en ese contraste, el compromiso y la limitación del Estado por la vía de las normas[18].

---

17 Vito Tanzi. *Corrupción alrededor del mundo: causas, consecuencias, perspectivas y curas*, FMI, abril de 1998.
18 North y Weingast. "Constitution and Committment", *cit.*

FICHA TÉCNICA

Empresa contratante:	Universidad Externado de Colombia
Empresa encuestadora:	Centro Nacional de Consultoría
Fecha de recolección:	Mayo - Junio de 1997
Universos: Colombia	(1) Personas mayores de 18 años residentes en (2) Profesores de nivel primaria y secundaria de escuelas y colegios del país (3) Jueces del país (4) Policías del país (5) Población de zonas de violencia
Metodología de muestreo:	(1) Muestra aleatoria estratificada en hogares (2) Muestra aleatoria estratificada en colegios (3) Muestra aleatoria de juzgados del país (4) Muestra aleatoria de estaciones de policía del país (5) Muestra aleatoria estratificada de hogares en zonas de violencia
Técnica de la entrevista:	Presencial
Tamaño de la muestra:	(1) 2.000 entrevistas a la población (2) 250 entrevistas a profesores de colegios y escuelas (3) 250 entrevistas a jueces (4) 250 entrevistas en estaciones de policía (5) 250 entrevistas en zonas de violencia

Tema: Valores, violencia y capital social

Error máximo muestral: (1) 2.1% con 95% de confianza
(2) 6.1% con 95% de confianza
(3) 6.1% con 95% de confianza
(4) 6.1% con 95% de confianza
(5) 6.1% con 95% de confianza

CENTRO NACIONAL DE CONSULTORÍA
ESTUDIO mayo de 1997

PREGUNTE POR UNA PERSONA DEL HOGAR MAYOR DE 18 AÑOS
Buenas días/ tardes / noches. Soy.......... del CENTRO NACIONAL DE CONSULTORIA. Estamos haciendo la parte colombiana de una encuesta mundial sobre lo que las personas más valoran en su vida. Por lo general se entrevistan alrededor de mil personas por país. Sus opiniones pueden ayudar a entender las creencias y deseos de la gente en el mundo.
Informante_____ Tel:_____

Ciudad/Municipio_____Dirección_____Barrio_____

Fecha_____ Hora_____

Encuestador_____ Supervisor_____

A. EDAD	B. SEXO	C. ESTRATO
18-24 AÑOS____1	MASCULINO____1	Alto____1
25-34 AÑOS____2	FEMENINO____2	Medio____2
35-44 AÑOS____3		Bajo____3
45-54 AÑOS____4		Sin estrato___4
55-64 AÑOS____5		

I. INTERACCIÓN SOCIAL (MOSTRAR LA TARJETA A)
Por favor indique ¿qué tan importantes es en su vida cada uno de los siguientes aspectos:?
(ENTREVISTADOR: LEA UNA POR UNA Y ESPERE RESPUESTA)

	MUY IMPORTANTE	BASTANTE IMPORTANTE	NO MUY IMPORTANTE	NADA IMPORTANTE	N S / N R
1. La familia	1	2	3	4	9
2. Los amigos	1	2	3	4	9
3. El tiempo libre	1	2	3	4	9
4. La política	1	2	3	4	9
5. El trabajo	1	2	3	4	9
6. La religión	1	2	3	4	9
7. La plata	1	2	3	4	9
8. El barrio (sólo en área urbana)	1	2	3	4	9
9. La vereda (sólo en área rural)	1	2	3	4	9
10. La región	1	2	3	4	9
11. El país	1	2	3	4	9

II. FELICIDAD
12. (MOSTRAR LA TARJETA B) En general, usted diría que es...

Muy feliz 1
Bastante feliz 2
No Muy feliz 3

Nada feliz 4
No sabe (NO LEER) 9

III. ESTADO PERSONAL Y SATISFACCIÓN

13. (MOSTRAR TARJETA C) En general, ¿Cómo describiría su estado de salud hoy en día? Usted diría que es… (ENTREVISTADOR ACEPTE UNA SOLA RESPUESTA)

Muy bueno 1
Bueno 2
Regular 3
Malo 4
Muy malo..5
No sabe (NO LEER) 9

---

14. (MOSTRAR LA TARJETA D) Considerando todas las cosas, ¿Qué tan satisfecho está usted con su vida en este momento? Por favor use esta tarjeta para ayudarnos con su respuesta

01	02	03	04	05	06	07	08	09	10
Insatisfecho									Satisfecho

15. (MOSTRAR TARJETA E) ¿Qué tan libre se siente usted para elegir y para controlar la forma en que se desarrolla su vida?

01	02	03	04	05	06	07	08	09	10
Poca libertad									Mucha libertad

IV. FAMILIA

16. (MOSTRAR LA TARJETA F.) ¿Con cuál de estas dos afirmaciones tiende usted a estar de acuerdo? (ENTREVISTADOR ACEPTE SOLO UNA RESPUESTA)

A. Sin importar las virtudes o los defectos que puedan tener el padre y la madre de uno, siempre debemos amarlos y respetarlos.	1
B. Uno no tiene el deber de respetar y amar a los padres que no se han ganado este respeto con su comportamiento y sus actitudes	2
No Sabe (NO LEER)	9

17. (MOSTRAR LA TARJETA G.) ¿Cuál de las siguientes afirmaciones describe de mejor manera sus puntos de vista sobre las responsabilidades de los padres hacia sus hijos? (ENTREVISTADOR ACEPTE SOLO UNA RESPUESTA)

El deber de los padres es hacer lo mejor por sus hijos aun a expensas de su propio bienestar.	1
Los padres deben tener vida propia y no debe sacrificar su propio bienestar por el bien de sus hijos	2
Ninguna (NO LEER)	3
No sabe (NO LEER)	9

18. (MOSTRAR LA TARJETA H) Ahora me gustaría que pensara sobre las cualidades que pueden inculcarse a los niños en el hogar. Si tuviera que escoger, ¿cuáles considera las cinco cualidades que es especialmente importante enseñar a un niño? (ENTREVISTADOR ACEPTE CINCO RESPUESTAS)

	IMPORTANTE
19. Buenos modales	01
20. Independencia	02
21. No dejarse de los demás	03
22. Sentido de responsabilidad	04
23. Imaginación	05
24. Tolerancia y respeto con otras personas	06
25. Ahorro del dinero y cosas	07
26. Decir la verdad	08
27. Ser vivo	09
28. No ser egoísta	10
29. Obediencia	11
30. Fe religiosa	12
31. Trabajo duro	13
32. Desconfiar de los extraños	14

(MOSTRAR LA TARJETA I) Aquí hay una lista más pequeña sobre las cosas que pueden inculcarse a un niño:
33. Si tuviera usted que escoger, ¿cuál cree usted que sería más importante que un niño aprendiera? (ENTREVISTADOR ACEPTE SOLO UNA RESPUESTA)

34. Y, ¿Cuál diría que es la segunda cualidad más importante que un niño aprendiera?
(ENTREVISTADOR ACEPTE SOLO UNA RESPUESTA)

Cualidad	(a) PRIMERA	(b) SEGUNDA
Economizar, ahorrar dinero y cosas	1	1
Obediencia	2	2
Voluntad y perseverancia	3	3
Fe religiosa	4	4
No sabe (NO LEER)	9	9

35. Actualmente su estado civil es... (ENTREVISTADOR ACEPTE SOLO UNA RESPUESTA)
Casado 1
Vive como casado (unión libre) 2
Divorciado 3
Separado 4
Viudo 5

36. ¿Tiene usted hijos?

Sí_____1   ¿Cuántos hijos ha tenido?   /_____/
No_____2   (PASE A PREGUNTA 38)
37. ¿Con cuántas MUJERES / HOMBRES diferentes ha tenido estos hijos?
/_____/

38. ¿Viven en su hogar niños que no son hijos suyos?

Sí ------------ 1   No ------------ 2   NS/NR ---------- 9

39. ¿Cuál cree usted que es el número ideal de hijos en una familia? /____/

40. Si alguien dice que un niño necesita de un hogar con padre y madre para que pueda crecer feliz, ¿Usted tendería a estar de acuerdo o en desacuerdo?
Tiendo a estar de acuerdo 1
Tiendo a estar en desacuerdo 2
Ninguno de los dos (NO LEER) 3
No sabe (NO LEER) 9

41. ¿Cree usted que una mujer necesita tener niños para estar realizada o que esto no es necesario?
Necesita niños para estar realizada 1
No es necesario. 2
No sabe (NO LEER) 9

42. ¿Cree usted que para realizarse una mujer necesita marido o compañero permanente?

　　　　Sí ------------- 1　　　No ------------ 2　　　NS/NR ----------- 9

43. ¿Usted cree que el hombre para realizarse necesita tener hijos?

　　　　Sí ------------- 1　　　No ------------ 2　　　NS/NR ----------- 9

44. ¿Está usted de acuerdo o en desacuerdo con la siguiente afirmación? (LEER EN VOZ ALTA)
El matrimonio es una institución anticuada

De acuerdo ------------- 1　　　En desacuerdo ------------ 2　　　NS/NR ----------- 9

45. Si alguna persona dijera que los individuos deben tener la oportunidad de gozar de una completa libertad sexual sin restricciones, ¿Usted tendería a estar de acuerdo o en desacuerdo?

Tiendo a estar de acuerdo 1
Tiendo a estar en desacuerdo 2
Ninguno de los dos (NO LEER) 3
No sabe (NO LEER) 9

46. Si una mujer quiere tener un niño siendo madre soltera, pero no quiere tener una relación estable con un hombre, ¿Usted lo aprueba o lo desaprueba?

Aprueba 1
Desaprueba 2
Ninguno de los dos (NO LEER) 3
No sabe (NO LEER) 9

47. ¿Si Usted tuviera solamente un hijo le gustaría que fuera niño o niña?

Niño 1
Niña 2
Me da igual (NO LEER) 3
No sabe (NO LEER) 9

(MOSTRAR TARJETA J) En la actualidad las personas hablan sobre el cambio de los papeles del hombre y de la mujer. Para cada una de las siguientes afirmaciones que a continuación voy a leer, ¿Puede usted decirme qué tanto está de acuerdo con cada una: muy de acuerdo, de acuerdo, en desacuerdo o muy en desacuerdo? (ENTREVISTADOR: LEER CADA UNA DE LAS FRASES Y ESPERAR RESPUESTA POR CADA UNA)

	MUY DE ACUERDO	DE ACUERDO	EN DESACUERDO	MUY EN DESACUERDO	NS
48. Una madre que trabaja puede establecer una relación tan cálida y segura con sus niños como una madre que no trabaja	1	2	3	4	9
49. Ser ama de casa es tan satisfactorio como el trabajo remunerado	1	2	3	4	9
50. Ambos, el hombre y la mujer deben contribuir al sustento familiar	1	2	3	4	9
51. En términos generales los hombres son mejores líderes políticos que las mujeres	1	2	3	4	9
52. Que una mujer gane más dinero que su esposo es casi seguro que causará problemas	1	2	3	4	9
53. La educación universitaria es más importante para un hombre que para una mujer	1	2	3	4	9

V. ORGANIZACIONES REDES DE PARTICIPACIÓN CÍVICA

Ahora voy a leer una lista de organizaciones voluntarias; para cada una, ¿Podría usted decirme si pertenece o si no pertenece a esa organización.? Si pertenece, ¿Me puede decir si es miembro activo o es miembro inactivo, y además si en los últimos seis (6) meses asistió a alguna reunión? (ENTREVISTADOR LEER UNA POR UNA Y ESPERAR RESPUESTA)

ORGANIZACIONES	PERTENECE	NO PERTENECE	MIEMBRO ACTIVO	MIEMBRO INACTIVO	ASISTIO A REUNION
54. Junta de Acción Comunal	1	2	3	4	5
55. Asociación de padres de familia	1	2	3	4	5
56. Iglesia u organización religiosa	1	2	3	4	5
57. Organización de deportes, social o de recreación	1	2	3	4	5
58. Organización de exalumnos	1	2	3	4	5
59. Organización artística, musical o cultural	1	2	3	4	5
60. Sindicato	1	2	3	4	5
61. Grupo o partido político	1	2	3	4	5
62. Comité de Cafeteros	1	2	3	4	5
63. Asociación de agricultores/ganaderos	1	2	3	4	5
64. Cooperativa	1	2	3	4	5
65. Asociación profesional	1	2	3	4	5
66. Organización ambientalista/ecológica	1	2	3	4	5
67. Entidad étnica	1	2	3	4	5
68. Madres comunitarias	1	2	3	4	5
69. Consejo Municipal de Desarrollo Rural	1	2	3	4	5
70. Organización de caridad	1	2	3	4	5
71. Junta Administradora del Edificio o Conjunto	1	2	3	4	5
72. Escuela de Seguridad Ciudadana	1	2	3	4	5
73. Cooperativa de Seguridad	1	2	3	4	5
74. Organización de reservistas	1	2	3	4	5
75. Alguna otra organización voluntaria	1	2	3	4	5

Usted votó en: (ENTREVISTADOR LEA UNA POR UNA Y ESPERE RESPUESTA)

	Sí	No	NS/NR
76. ¿Las últimas elecciones para Alcalde?	1	2	9
77. ¿Las últimas elecciones para Congreso?	1	2	9
78. ¿Las últimas elecciones para Presidente?	1	2	9

79. (MOSTRAR LA TARJETA K). ¿A cuál de estos grupos geográficos diría usted que pertenece primero que nada? (ENTREVISTADOR ACEPTE SOLO UNA RESPUESTA)

80. ¿Y después? (ENTREVISTADOR ACEPTE SOLO UNA RESPUESTA)

	P. 79 Primero	P. 80 Después
Barrio / vereda	1	1
Conjunto residencial	2	2
Pueblo / ciudad donde vive	3	3
Región del país donde vive	4	4
Colombia como un todo	5	5
Latinoamérica	6	6
El mundo como un todo	7	7
No sabe	9	9

81. ¿En el último año usted ha participado en reuniones dedicadas a discutir los problemas o las necesidades, y las demandas de la comunidad?

Sí ------------- 1   No ------------ 2   NS/NR -----------9

82. ¿Qué tanto le interesan a usted los problemas de la comunidad?

Mucho -------1   Poco ---------2   Nada --------3   NS/NR----------9

83. En los últimos tres años, ¿Ha participado en alguna obra realizada en su comunidad?

Sí ------------- 1   No ------------ 2   NS/NR -----------9

84. (MOSTRAR TARJETA L) ¿Qué tan satisfecho se encuentra usted con el desempeño del alcalde de su ciudad?
Muy satisfecho..1
Satisfecho 2
Poco satisfecho 3
Nada satisfecho 4

VI. MEDIO AMBIENTE

85. La comunidad donde usted vive, ¿Tienen alguno de los siguientes problemas?:
(ENTREVISTADOR PREGUNTE UNA POR UNA Y ESPERE RESPUESTA)

PROBLEMA	SI	NO	Ns/Nr
1. Erosión, tala y quema de bosques	1	2	9
2. Basuras	1	2	9
3. Malos olores o polución del aire	1	2	9
4. Escasez de agua	1	2	9
5. Mala calidad del agua	1	2	9

(MOSTRAR LA TARJETA M). Voy a leerle algunas opiniones sobre el medio ambiente. Para cada una que lea, ¿Podría usted decirme si está muy de acuerdo, de acuerdo, en desacuerdo o muy en desacuerdo? (LEER EN VOZ ALTA CADA OPINIÓN Y ANOTAR UNA RESPUESTA POR CADA UNA)

	MUY DE ACUERDO	DE ACUERDO	EN DESACUERDO	MUY EN DESACUERDO	NS
86. Estaría de acuerdo en que se aumentaran los impuestos si el dinero adicional se usara para evitar la contaminación ambiental	1	2	3	4	9
87. Iría a alguna reunión o firmaría alguna petición en favor del cuidado del medio ambiente	1	2	3	4	9
88. Contribuiría con alguna organización ambientalista	1	2	3	4	9

89. Considera Usted que existe algún problema de medio ambiente que lo afecta?

        Sí ------------ 1   No ------------ 2   NS/NR -----------9

90. Para el siguiente par de frases que le voy a leer, dígame con cual se identifica más?
(ENTREVISTADOR: LEA LAS DOS FRASES Y ACEPTE UNA SOLA RESPUESTA)

La humanidad tiene un futuro brillante...............1
La humanidad tiene un futuro dudoso................2
No sabe (NO LEER) 9

VII. GRUPOS SOCIALES

(MOSTRAR TARJETA N). En la lista se enumeran varios grupos de personas. ¿Podría usted indicar aquellos 3 que definitivamente no le gustaría tener de vecinos? (ENTREVISTADOR ACEPTE TRES RESPUESTAS)

                                  MENCIONA
91. Personas que hayan matado o robado..............01
92. Personas de una raza distinta 02
93. Extremistas políticos 03
94. Bebedores empedernidos 04
95. Personas emocionalmente inestables 05
96. Narcotraficantes 06
97. Gente armada 07
98. Personas que tengan Sida 08
99. Drogadictos...09
100. Homosexuales 10
101. Exguerrilleros...11
102. Desplazados por la violencia 12

103. (MOSTRAR TARJETA Ñ) Quisiera preguntarle sobre grupos que algunas personas piensan que están amenazando el orden social y político de esta sociedad. Por favor seleccione de la lista el grupo que piensa que está amenazando el orden social y político de esta sociedad. (ENTREVISTADOR ACEPTE SOLO UNA RESPUESTA)

Los paramilitares..................................1
La guerrilla 2
Los narcotraficantes............................3
Los homosexuales...............................4

Cree usted que a alguien que pertenece al grupo que acaba de escoger debería permitírsele: (ENTREVISTADOR: LEER CADA OPCIÓN Y ESPERAR RESPUESTA)

	SÍ	No	NS
104. Tener un puesto en el Estado	1	2	9
105. Enseñar en las escuelas	1	2	9
106. Organizar actos públicos	1	2	9

VIII. TRABAJO

¿Está usted de acuerdo o en desacuerdo con las siguientes afirmaciones?

	DE ACUERDO	EN DESACUERDO	NINGUNO	NS
107. Cuando hay escasez de trabajos, los hombres tienen más derecho al trabajo que las mujeres	1	2	3	9
108. Cuando hay escasez de trabajos, las empresas deben obligar a las personas a que se jubilen pronto	1	2	3	9

109. (MOSTRAR TARJETA O). ¿Qué tan satisfecho o insatisfecho se encuentra usted con lo que tiene su familia? Si responde "1" significa que está completamente insatisfecho y si responde "10" está completamente satisfecho.

01   02   03   04   05   06   07   08   09   10
Completamente insatisfecho   Completamente satisfecho

(MOSTRAR TARJETA P). Ahora le voy a preguntar acerca de cómo se siente en su trabajo. Sea dentro o fuera de su casa. ¿Podría decirme qué tan de acuerdo o en desacuerdo está con las siguientes afirmaciones?

Afirmaciones	MUY DE ACUERDO	DE ACUERDO	EN DESACUERDO	MUY EN DESACUERDO	NS
110. Casi siempre continúo trabajando en una tarea hasta que me siento satisfecho con el resultado	1	2	3	4	9
111. Me siento decepcionado conmigo cuando no logro completar mis metas personales	1	2	3	4	9
112. El trabajo me gusta tanto que frecuentemente me quedo despierto hasta tarde para terminarlo	1	2	3	4	9
113. Uno de mis principales objetivos en la vida ha sido que mis padres estén orgullosos de mí	1	2	3	4	9
114. Me esfuerzo por vivir como mis amigos lo esperan	1	2	3	4	9

115. (MOSTRAR TARJETA Q). ¿Qué punto en esta escala refleja el peso que usted le da al trabajo (incluyendo el trabajo en casa y en la escuela) comparado con el tiempo libre y de recreación? (ENCUESTADOR ACEPTE SOLO UNA RESPUESTA)

01	02	03	04	05	06	07	08	09	10
Lo que hace que la vida valga la pena es el trabajo y no el tiempo libre						Lo que hace que la vida valga la pena es el tiempo libre y no el trabajo			

116. Si usted estuviera buscando empleo, ¿Cuál de las siguientes opciones le gustaría más? (ENTREVISTADOR: LEA TODAS LAS OPCIONES Y ACEPTE UNA RESPUESTA)

Trabajar para el Estado 1
Trabajar para la empresa privada 2
Montar su propia empresa 3
NS/NR 9

117. (MOSTRAR TARJETA R). Ahora quisiera preguntarle sobre algunos aspectos que para usted en lo personal serían los más importantes en caso de que estuviera buscando un trabajo. Sin importar que esté usted buscando o no un trabajo, solo dígame cuál sería el más importante en caso de que usted estuviera buscando un trabajo. (ENTREVISTADOR: ACEPTE SOLO UNA RESPUESTA)

118. ¿Cuál sería su segunda opción? (ENTREVISTADOR: ACEPTE SOLO UNA RESPUESTA)

	Primera opción	Segunda opción
Un buen ingreso, de tal forma que usted ya no tuviera que preocuparse por el dinero	1	1
Un trabajo seguro sin riesgo de quedar desempleado	2	2
Trabajar con personas agradables	3	3
Hacer un trabajo importante, el cual le dé un cierto sentido de responsabilidad	4	4
Hacer algo por la comunidad	5	5
No sabe	9	9

(MOSTRAR LA TARJETA S). Dada la siguiente lista de factores que la gente dice que son importantes en el trabajo, por favor, revísela y dígame cuáles son los tres factores que usted personalmente piensa que son importantes en relación con un trabajo. (ENTREVISTADOR: ACEPTE TRES RESPUESTAS)

MENCIONADO
119. Buen salario 01
120. Un trabajo sin presión 02
121. Seguridad del trabajo 03
122. Un trabajo respetado por la gente 04
123. Buen horario 05
124. Una oportunidad de mostrar iniciativa 06
125. Días festivos pagados 07
126. Un trabajo donde se sienta la responsabilidad de lograr algo útil 08
127. Un trabajo con responsabilidad 09
128. Un trabajo interesante 10
129. Un trabajo a la medida de sus capacidades 11

130. Imagine usted una situación en la que dos secretarias realizan el mismo trabajo. Una se da cuenta que la otra gana mucho más dinero que ella. Sin embargo, la secretaria mejor pagada es más rápida, eficiente y más segura en su trabajo. Desde su punto de vista, ¿Me podría decir si el que esta secretaria gane más es justo o no?

Justo 1
Injusto 2
No sabe (NO LEER)...9

131. Las personas tienen diferentes ideas sobre cómo seguir las órdenes que reciben en el trabajo. Algunas dicen que deben hacer lo que diga el jefe a pesar de no estar completamente de acuerdo.. Otras dicen que uno debe seguir las órdenes del jefe sólo cuando esté convencido de que son correctas. ¿Con cuál de estas dos opiniones está de acuerdo?

Se deben seguir las instrucciones 1
Se debe estar primero convencido......................2
Ninguna de las dos (NO LEER) 3
No sabe (NO LEER)...9

IX. INSEGURIDAD

132. (MOSTRAR TARJETA T). Entre los siguientes problemas, por favor diga cuáles son los dos que usted siente que tienen un mayor efecto negativo sobre el bienestar suyo y de su familia. (ENTREVISTADOR: ACEPTE DOS RESPUESTAS)

El desempleo 01
La inflación 02
Una enfermedad grave 03
Una vejez sin ayuda 04
La pobreza...05
La falta de educación para los hijos...06
El incumplimiento y la falta de palabra de la gente.....................07
La violencia y la inseguridad...08
La deforestación, la contaminación o la falta de agua 09
La mala calidad de los servicios públicos....................................10
La soledad 11
Ninguno de los anteriores 12

En el último año, ¿Usted o alguien de su hogar se vio o no se vio afectado por alguno de los siguientes problemas? (ENTREVISTADOR: LEA UNA POR UNA Y ESPERE RESPUESTA. SI EL ENTREVISTADO RESPONDE A TODAS LAS PREGUNTAS QUE NO SE VIO AFECTADO, PASE A LA PREGUNTA 143)

PROBLEMA	Se vio afectado	No se vio afectado
133. Le incumplieron un acuerdo, escrito o verbal	1	2
134. No le pagaron algo que le debían	1	2
135. Insistían en cobrarle una deuda que Usted no podía pagar	1	2
136. Problemas de linderos o servidumbres	1	2
137. Otros problemas con algún vecino	1	2
138. Lo engañaron en la venta de algo	1	2

139. De los problemas anteriores ¿Cuál considera que fue el más grave? /_____/ (ENTREVISTADOR: LLENE LA CASILLA CON EL NUMERO QUE CORRESPONDE ENTRE LA RESPUESTA 133 Y LA 138.)

140. De lo cuantificable, ¿Cuánto cree que perdió por problemas así en el último año?

$ /_____/

141. (MOSTRAR TARJETA U). En este caso que usted considera como el problema más grave, ¿Cuál fue su reacción? (ENTREVISTADOR: ACEPTE VARIAS RESPUESTAS. SI DENTRO DE LAS RESPUESTAS ESCOGE ALGUNA DE LA 06 A LA 13 CONTINUE; SI SOLO ESCOGE ALGUNA (S) DE LA 01 A 05 PASE A 143)

REACCIÓN	SÍ	
Ir a la alcaldía	01	
Ir a la Policía	02	PASE
Ir al Ejército	03	A LA
Ir a la Fiscalía o a un juzgado	04	PREGUNTA 143
Ir a otra autoridad estatal	05	
Amenazó a la persona	06	
Habló con un abogado	07	SI RECURRIO
Ir donde el cura	08	A ALGUNO
Trató de arreglar con amigos	09	DE ESTOS
Ir a la guerrilla	10	SIGA A LA
Ir donde los paramilitares	11	PREGUNTA
No hizo nada	12	142
Otra. ¿Cuál?_____.		

142. (MOSTRAR TARJETA V). Si no recurrió a alguna autoridad estatal, ¿Cuál fue la principal razón para no hacerlo? (ENTREVISTADOR: ACEPTE VARIAS RESPUESTAS)

RAZÓN..
No sabía a quién acudir 01
No está claro quién es la autoridad...................02
Trámites complicados 03
Temor a las represalias 04
El problema era con las autoridades 05
Era muy demorado...06
El caso no era lo suficientemente grave 07
Los arreglos amigables funcionan mejor 08
En Colombia solo funcionan las amenazas........09
Otra. ¿Cuál?_____ ....

(MOSTRAR TARJETA W). En el último año, ¿Usted o alguien de su hogar, se vio afectado por alguno de los siguientes hechos? Por favor especifique el número de veces que fueron víctimas en el último año. (ENTREVISTADOR: SI EL INFORMANTE NO FUE VÍCTIMA DE NINGÚN CASO, PASE A LA PREGUNTA 159)

Problema	Sí	Número de veces
143. Hurto o robo sin arma	01	
144. Fraude o estafa	02	

145. Violencia en el hogar	03	
146. Atraco o robo armado	04	
147. Lesiones personales	05	
148. Homicidio	06	
149. Secuestro	07	
150. Amenazas de muerte	08	
151. Abuso sexual	09	
152. Extorsión, boleteo	10	
153. Delitos con autoridades involucradas	11	
154. Ninguno	12	PASE A 159

155. De los delitos de que ha(n) sido víctima(s), ¿Cuál considera más grave? /_____/ (143 a 153) (ENTREVISTADOR: LLENE LA CASILLA CON EL NUMERO QUE CORRESPONDE ENTRE LA RESPUESTA 143 Y 153)

156. De lo cuantificable, ¿Cuánto cree que perdió por problemas así en el último año?

$ _____

157. (MOSTRAR TARJETA X). Para este caso que usted considera más grave, ¿Usted a quién recurrió? (ENTREVISTADOR: ACEPTE VARIAS RESPUESTAS)

Agente		
Al Alcalde	01	
A la Policía	02	PASE
Al Ejército	03	A LA
A la Fiscalía / a un juzgado	04	PREGUNTA 159
A otra autoridad estatal	05	
Amenazó a la persona	06	
Habló con un abogado	07	SI RECURRIO
Al cura	08	A ALGUNO
Trató de arreglar con amigos	09	DE ESTOS
No hizo nada	11	SIGA A LA
Otra. ¿Cuál? _____		PREGUNTA 158

158. (MOSTRAR TARJETA Y). Si no recurrió a alguna autoridad estatal, ¿Cuál fue la principal razón para no hacerlo? (ENTREVISTADOR: ACEPTE SOLO UNA RESPUESTA)

RAZÓN
Ausencia de la autoridad..01
Inoperancia de la justicia 02
Trámites complicados...03
Temor a las represalias 04
Creía que las autoridades estaban involucradas........................05
Falta de pruebas 06
El caso no era muy grave 07
La solución privada funciona mejor 08
Otra. ¿Cuál? _____ ....

159. (MOSTRAR TARJETA Z) De los siguientes delitos, ¿Cuál es el que lo hace sentir más inseguro?
(ENTREVISTADOR: ACEPTE UNA RESPUESTA)
(SI CONTESTA ALGUNO CONTINUE, SI CONTESTA NINGUNO PASE A LA PREGUNTA 161)

PROBLEMA
El hurto o robo sin arma 01
El fraude o estafa 02
La violencia en el hogar 03
El atraco o robo armado 04
Las lesiones personales 05
El homicidio 06
El secuestro 07
Las amenazas de muerte 08
El abuso sexual 09
La extorsión, el boleteo 10
Los delitos con autoridades involucradas 11
Ninguno (NO LEER) 12   PASE A 161
Otro. ¿Cuál?_____ ....

160. ¿Cree usted muy probable, probable, poco probable o nada probable que en el próximo año usted o alguien de su hogar puede ser víctima de ese delito?

Muy probable 1
Probable 2
Poco probable 3
Nada probable 4
NS/NR 9

(MOSTRAR TARJETA AA) Para cada uno de los siguientes personajes, por favor diga si tenerlo a su alcance lo hace sentir más seguro, más inseguro o no lo afecta.

Entidad	Más seguro	Más inseguro	No afecta	NS/NR
161. Un funcionario de la alcaldía	1	2	3	9
162. Un policía (Das / Sijin)	1	2	3	9
163. Un militar	1	2	3	9
164. Un fiscal o juez	1	2	3	9
165. Otra autoridad estatal	1	2	3	9
166. Alguien de la Cruz Roja	1	2	3	9
167. Paramilitar	1	2	3	9

168. (MOSTRAR TARJETA BB) De los siguientes delitos, ¿Cuál es el más común y frecuente en su vecindad? (ENTREVISTADOR: ACEPTE SOLO UNA RESPUESTA)

Problema ....
El hurto o robo sin arma 01
El fraude o estafa 02
La violencia en el hogar 03
El atraco o robo armado 04
Las lesiones personales 05
El homicidio 06
El secuestro 07
Las amenazas de muerte 08

El abuso sexual 09
La extorsión, el boleteo 10
Los delitos con autoridades involucradas 11
Ninguno 12   PASE A 182
NS/NR 13

169. (MOSTRAR TARJETA CC) ¿Cuál cree Usted que es la razón más importante para que ese delito sea tan común en su vecindad? (ENTREVISTADOR: ACEPTE SOLO UNA RESPUESTA)

CAUSA
La pobreza 01
El desempleo 02
Las diferencias de ingreso 03
La falta de educación 04
La falta de autoridad 05
La falta de tierra 06
La gente que lo hace piensa que no está mal hecho 07
Las autoridades están involucradas 08
Siempre ha sido así en la vecindad 09
Otro. ¿Cuál? _____ ....

170. Por favor, diga si un mayor número de los siguientes personajes ayudaría a que aumentaran o disminuyeran delitos en su ciudad/región (en rural) o no afecta. (ENTREVISTADOR: LEA CADA UNO Y ESPERE RESPUESTA)

Entidad	A que aumentaran los delitos	A que disminuyeran los delitos	No afecta	NS NR
171. Personal de la alcaldía	1	2	3	9
172. Policía	1	2	3	9
173. Ejército	1	2	3	9
174. Fiscal o juez	1	2	3	9
175. Maestros	1	2	3	9
176. Personal de obras públicas	1	2	3	9
177. Funcionario de la Cruz Roja	1	2	3	9
178. Guerrilleros	1	2	3	9
179. Paramilitares	1	2	3	9
180. Celadores privados	1	2	3	9

181. De la siguiente lista, diga por favor, qué cosas que hacía antes ha dejado de hacer por la inseguridad. (ENTREVISTADOR: LEA UNA POR UNA Y ESPERE RESPUESTA)

Aspecto	Sí	No	NS/NR
Trabajar de noche	1	2	9
Estudiar de noche	1	2	9
Dejar la casa sola	1	2	9
Salir de noche	1	2	9
Dejar que los niños jueguen fuera de la casa	1	2	9

182. ¿Alguna persona que usted o alguien de su hogar conocía personalmente fue asesinada en los últimos 5 años?

Si 1
No 2   (PASE A LA PREGUNTA 186)

NS/NR 9   (PASE A LA PREGUNTA 186)

183. ¿Sabe usted si ese homicidio fue aclarado por las autoridades?
Sí 1
No 2
NS/NR 9

184. ¿Tiene Usted alguna idea de quiénes fueron los responsables?
Sí 1
No 2
NS/NR 9

185. (MOSTRAR TARJETA DD). ¿Podría usted dar su opinión acerca de cuál fue la principal razón para que ocurriera ese homicidio?

RAZÓN
Una riña 01
Un atraco 02
Un ajuste de cuentas 03
La limpieza social 04
El maltrato familiar 05
La intervención legal 06
El enfrentamiento armado 07
Un ajusticiamiento 08
Otro ¿Cuál? _____
No sabe 99

186. ¿Le da miedo montar en bus?

Sí 1
No 2
NS/NR 9

187. ¿Usted o alguien de su hogar tiene un arma de fuego?

Sí 1
No 2
NS/NR 9

IX. POSTMATERIALISMO

188. (MOSTRAR TARJETA EE). Algunas veces las personas comentan sobre cuáles deben ser las prioridades de este país durante los próximos 10 años. En esta tarjeta se encuentran alternativas a las que la gente daría mayor prioridad: ¿Cuál sería para usted la más importante? (ENTREVISTADOR: ACEPTAR UNA SOLA RESPUESTA)

189. ¿Y cuál sería la siguiente más importante? (ENTREVISTADOR: ACEPTAR UNA SOLA RESPUESTA)

	PRIMERA OPCIÓN	SEGUNDA OPCIÓN
Luchar contra la guerrilla	01	01
Luchar contra el narcotráfico	02	02

Luchar contra la corrupción	03	03
Luchar contra los paramilitares	04	04
Luchar contra la violencia	05	05
Luchar contra la impunidad	06	06
Disminuir el desempleo	07	07
Luchar contra la pobreza	08	08
Ampliar/mejorar la educación	09	09
Construir carreteras	10	10
Velar por la seguridad	11	11
Mejorar la salud de la gente	12	12
No sabe (NO LEER)	99	99

190. (MOSTRAR LA TARJETA FF). Si usted pudiera escoger, ¿Cuál de las cosas en esta tarjeta diría que es la más importante? (ENTREVISTADOR: ACEPTAR UNA SOLA RESPUESTA)

191. Y,¿Cuál sería la siguiente más importante? (ENTREVISTADOR: ACEPTAR UNA SOLA RESPUESTA)

	Primera opción	Segunda opción
Mantener el orden en la nación	1	1
Dar oportunidad a la gente de participar en decisiones gubernamentales importantes	2	2
Luchar contra el alza de precios	3	3
Proteger la libertad de expresión	4	4
Darle más educación a la gente	5	5
No sabe (NO LEER)	9	9

192. (MOSTRAR LA TARJETA GG). Aquí hay otra lista. En su opinión, ¿Cuál es la más importante? (ENTREVISTADOR: ACEPTAR UNA SOLA RESPUESTA)

193. ¿Cuál es la segunda más importante? (ENTREVISTADOR: ACEPTAR UNA SOLA RESPUESTA)

	Primera opción	Segunda opción
Una economía estable	1	1
Progreso hacia una sociedad menos impersonal y más humana	2	2
Progreso hacia una sociedad en la cual las ideas cuenten más que el dinero	3	3
Lucha contra el crimen	4	4
Sociedad en que la gente tenga más educación	5	5
No sabe (NO LEER)	9	9

(MOSTRAR TARJETA HH). Ahora le voy a leer varios cambios en nuestra forma de vida que es posible que se sucedan en un futuro cercano. Para cada uno, dígame si usted cree que es algo bueno, indiferente, o malo. (ENTREVISTADOR: LEA CADA UNA Y ESPERE RESPUESTA)

	Bueno	Indiferente	Malo
194. Dar menor importancia al dinero y a las cosas materiales	1	2	3
195. Dar menor importancia al trabajo	1	2	3
196. Dar mayor importancia al desarrollo tecnológico	1	2	3
197. Dar mayor respeto a la autoridad	1	2	3
198. Dar mayor importancia a la familia	1	2	3

199. A largo plazo, ¿Cree usted que el avance científico que estamos logrando ayudará o perjudicará a la humanidad? (ENTREVISTADOR: ACEPTE UNA RESPUESTA)

Ayudará a la humanidad 1
Perjudicará a la humanidad 2
Un poco de las dos (NO LEER)............................3
No sabe (NO LEER) 9

X. POLÍTICA
200. (MOSTRAR TARJETA II). ¿Qué tan interesado está usted en la política?

Muy interesado..1
Algo interesado 2
No muy interesado..3
Nada interesado..4
No sabe (NO LEER) 9

201. Cuando se reúne con sus amigos, ¿Con qué frecuencia diría usted que discuten asuntos políticos: frecuentemente, ocasionalmente o nunca?

Frecuentemente...1
Ocasionalmente..2
Nunca...3
No sabe (NO LEER) 9

202. ¿Usted describiría la política en su municipio/ciudad como un asunto honesto y transparente, o como un asunto deshonesto ?

Honesto y transparente 1
Deshonesto...2
NS/NR 9

(MOSTRAR TARJETA JJ). Ahora quiero que vea esta tarjeta. Le voy a leer algunas acciones políticas que la gente puede realizar. Quiero que me diga si ha realizado alguna de las siguientes actividades, si las podría hacer o nunca las haría.

	HA HECHO	PODRÍA HACER	NUNCA HARÍA	NS
203. Firmar un pliego de peticiones	1	2	3	9
204. Unirse a un paro cívico	1	2	3	9
205. Asistir a manifestaciones legales	1	2	3	9
206. Unirse a huelgas no oficiales	1	2	3	9
207. Bloquear una carretera	1	2	3	9
208. Ocupar edificios o fábricas	1	2	3	9

209. (MOSTRAR LA TARJETA KK). En cuestiones políticas, la gente habla de "posturas de izquierda y posturas de derecha". ¿En qué lugar de esta escala se sitúa usted? (ENTREVISTADOR: SI LA PERSONA NO SABE ANOTE AL LADO DERECHO DE LA ESCALA)

01   02   03   04   05   06   07   08   09   10
Izquierda   Derecha

210. (MOSTRAR LA TARJETA LL). En esta tarjeta hay 3 formas típicas de pensar de la gente que vive en nuestra sociedad. Por favor escoja la que más concuerda con su opinión.

La forma en que está organizada nuestra sociedad debe ser cambiada a fondo con acciones revolucionarias	1
Nuestra sociedad deber ser gradualmente mejorada por reformas	2
Nuestra sociedad actual deber ser valientemente defendida de cualquier fuerza que quiera cambiarla	3
No sabe (NO LEER)	9

(MOSTRAR LA TARJETA MM). Voy a describir varios tipos de sistemas políticos y le preguntaré qué piensa sobre cada uno. Por favor dígame si sería muy bueno, bueno, malo o muy malo para el gobierno de este país

	MUY BUENO	BUENO	MALO	MUY MALO	NS
211. Tener a un líder político fuerte que no se preocupe por el Congreso y las elecciones	1	2	3	4	9
212. Tener expertos, para que tomen decisiones de acuerdo a lo que ellos creen que es mejor para el país	1	2	3	4	9
213. Tener un gobierno militar	1	2	3	4	9
214. Tener un sistema político democrático	1	2	3	4	9

215. Si usted tuviera que escoger, ¿Cuál cree que es la responsabilidad más importante del gobierno: mantener el orden de la sociedad o Respetar la libertad del individuo?

Mantener el orden de la sociedad 1
Respetar la libertad del individuo 2
No sabe (NO LEER) 9

216. (MOSTRAR TARJETA NN). ¿Está usted totalmente de acuerdo, de acuerdo, en desacuerdo o totalmente en desacuerdo con la siguiente afirmación: el uso de la violencia para conseguir metas políticas nunca es justificable?

Totalmente de acuerdo 1
De acuerdo 2
En desacuerdo 3
Totalmente en desacuerdo 4
NS/NR 9

217. (MOSTRAR TARJETA ÑÑ). ¿Está usted muy satisfecho, algo satisfecho, algo insatisfecho o muy insatisfecho con la forma en que el gobierno central maneja los asuntos del país?
Muy satisfecho 1
Algo satisfecho 2
Algo insatisfecho 3
Muy insatisfecho 4
No sabe 9

218. Hablando en términos generales ¿Diría usted que el país es gobernado por unos cuantos intereses poderosos en su propio beneficio, o que es gobernado para el bien de todo el pueblo?

Es gobernado por unos cuantos intereses poderosos en su propio beneficio	1
Es gobernado para el bien de todo el pueblo	2
No sabe (NO LEER)	9

219. ¿En los últimos seis meses ha visitado usted a alguno de los siguientes funcionarios? (ENTREVISTADOR: PUEDE ACEPTAR VARIAS RESPUESTAS. SI EL ENCUESTADO HA VISITADO A ALGÚN FUNCIONARIO SIGA, SI NO HA VISITADO A NINGUNO ANOTE Y PASE A LA PREGUNTA 221)

FUNCIONARIO
Alcalde 1
Concejal 2
Congresista..3
Presidente Junta de Acción Comunal 4
Ninguno (NO LEER) 5   PASE A 221

220. ¿Con qué fin lo visitó? (ENTREVISTADOR: ESPERAR RESPUESTA Y ANOTAR EN LA CASILLA DEL FUNCIONARIO QUE VISITÓ EL MOTIVO DE LA VISITA. SI NO CONCUERDA O CORRESPONDE CON LAS OPCIONES, ANOTARLO COMO OTRO)

Motivo	Alcalde	Concejal	Congresista	Presidente JAC
1. Pedir favor personal	1	1	1	1
2. Pedir una obra	2	2	2	2
3. Agilización de trámite	3	3	3	3
4. Otro	4	4	4	4

XI. ORGANIZACIÓN DE LA SOCIEDAD

(MOSTRAR TARJETA OO. PARA LAS PREGUNTAS 221 A 223-). Ahora me gustaría que me indicara sus puntos de vista sobre distintos temas. ¿Cómo colocaría sus puntos de vista en esta escala, donde 1 significa que usted está completamente de acuerdo con la frase de la izquierda y 10 significa que usted está completamente de acuerdo con la frase de la derecha; y si su manera de pensar está entre las dos, puede usted escoger cualquier número en medio.

01   02   03   04   05   06   07   08   09   10
221. El Estado debe responsabilizarse de reducir   Debe incentivarse más el esfuerzo individual
las diferencias en los ingresos

01   02   03   04   05   06   07   08   09   10
222. Prefiere que los servicios de agua, luz,   Prefiere que los servicios de agua, luz,
teléfonos, vías, etc. sean prestados   teléfonos, vías, etc. sean prestados por el
por particulares   Estado.

01   02   03   04   05   06   07   08   09   10
223. El Estado debe respozabilizarse   Los individuos deben tener más
de que todos tengan un sustento mínimo   responsabilidad de sostenerse a sí mismos.

(MOSTRAR TARJETA PP, PARA LAS PREGUNTAS 224 A 226)
01   02   03   04   05   06   07   08   09   10
224. Las ideas que han permanecido a través   Es importante cambiar y ensayar cosas
del tiempo son generalmente mejores   nuevas

01   02   03   04   05   06   07   08   09   10
225. Las empresas privadas prestan un mejor   El Estado debe continuar manejando los
servicio de salud y educación   servicios de salud y educación.

01   02   03   04   05   06   07   08   09   10
226. Lo preocupa cómo va a atender   Está totalmente garantizado que el seguro
sus gastos en la vejez   de salud y la pensión se encargarán de ese
                                                                              problema

227. Por favor diga si usted.... (ENTREVISTADOR: LEA UNA POR UNA Y ESPERE RESPUESTA)

ASUNTO   Sí................No
1. ¿Está afiliado a algún Fondo de Pensiones? 1 2
2. ¿Tiene seguro de salud ?   1 2   PASE A 228
3. ¿Su seguro de salud es privado?   1 2   PASE A 228

XII. PERSPECTIVAS DE LA VIDA

228. En términos generales, ¿Diría usted que se puede confiar en la mayoría de las personas o que no se puede ser tan confiado al tratar con la gente?

Se puede confiar en la mayoría de las personas............................1
No se puede ser tan confiado...2
No sabe (NO LEER) 9

229. ¿Cree usted que la gente en su comunidad es cumplidora del deber? (LEA LAS ALTERNATIVAS Y ACEPTE UNA SOLA RESPUESTA)
Todos cumplen el deber 1
La mayoría cumple el deber 2
Algunos cumplen el deber 3
Ninguno cumple el deber 4
No sabe (NO LEER) 9

230. ¿Usted cree que la gente en su comunidad obedece la ley? (LEA LAS ALTERNATIVAS Y ACEPTE UNA SOLA RESPUESTA)

Todos obedecen la ley 1
La mayoría obedece la ley 2
Algunos obedecen la ley 3

Ninguno obedece la ley 4
No sabe (NO LEER)..9

231. (MOSTRAR TARJETA QQ) ¿A quién cree usted que le va bien en la vida? (ENTREVISTADOR: ACEPTAR DOS RESPUESTAS)

232. ¿A quién cree usted que le va bien en Colombia? (ENTREVISTADOR: ACEPTAR DOS RESPUESTAS)

	En la vida	Colombia
Al que trabaja	1	1
Al que tiene suerte	2	2
Al que tiene contactos	3	3
A los ricos	4	4
A los deshonestos	5	5
Al que estudia - Al que tiene un grado universitario	6	6
A los políticos	7	7
A los vivos	8	8

233. (MOSTRAR TARJETA RR) ¿Qué cree usted que es importante para que le vaya bien en la vida a uno? (ENTREVISTADOR: ACEPTE SOLO UNA RESPUESTA)

FACTOR
La educación 01
El trabajo duro 02
La suerte 03
Los buenos contactos 04
La herencia..05
Ser vivo 06
Meterse en política..07
Emplearse con el Estado 08
Hacer una empresa 09
Otro. ¿Cuál ? _____ ....

234. En su comunidad tener un patrimonio importante produce: (ENTREVISTADOR: LEER UNA POR UNA Y ESPERAR RESPUESTA)

	Sí	No	NS/NR
Respeto	1	2	9
Admiración	1	2	9
Envidia	1	2	9
Problemas	1	2	9

235. ¿Cree usted que la gente que es rica en su comunidad merece ser rica? (LEA LAS ALTERNATIVAS Y ACEPTE UNA SOLA RESPUESTA)

Todos merecen ser ricos 1
La mayoría merece ser rica..................................2
Algunos merecen ser ricos 3
Ninguno merece ser rico......................................4
NS/NR (NO LEER) 5

236. ¿Cree usted que la gente que es rica es útil para su comunidad?

Sí -------------1   No -------------- 2   NS/NR ----------- 9

237. Cree usted que se le debe inculcar a los hijos la idea de ser ricos ?

Sí-------------1   No -------------- 2   NS/NR ----------- 9

238. En relación con la plata, ¿Piensa usted que el principal deber del Estado es ayudar a hacerla, o garantizar que esté bien repartida?

Ayudar a hacerla. 1
Garantizar que esté bien repartida......................2
NS/NR 9

239. ¿Qué cree usted que es mejor: (ENTREVISTADOR: LEA LAS OPCIONES Y ESPERE RESPUESTA)

Que el consumidor colombiano tenga una gran variedad de productos de donde escoger, de diferentes calidades, y precios	1
Que se proteja la producción nacional y se limite la importación de productos	2
NS/NR (NO LEER)	9

240. (MOSTRAR TARJETA SS) Por favor indique por cuál de las siguientes actividades siente usted más respeto. (ENTREVISTADOR: ACEPTE UNA RESPUESTA)

241. ¿A cuál de estos oficios le va mejor en la vida? (ENTREVISTADOR: ACEPTE UNA RESPUESTA)

242. ¿Y cuánto cree Usted que ese oficio que Usted escogió gana mensualmente? (ENTREVISTADOR: ANOTE EN LA CASILLA CORRESPONDIENTE AL OFICIO QUE ESCOGIÓ COMO EL QUE MEJOR LE VA EN LA VIDA EL VALOR EN PESOS QUE GANA MENSULAMENTE.)

PROFESIÓN	240 CAUSA RESPETO	241 LE VA MEJOR	242 INGRESO
Cura	01	01	
Maestro	02	02	
Juez	03	03	
Profesor universitario	04	04	
Abogado	05	05	
Médico	06	06	
Ingeniero	07	07	
Taxista	08	08	
Gran empresario	09	09	
Pequeño empresario	10	10	

Ama de casa	11	11
Camionero	12	12
Político	13	13
Agricultor	14	14
Enfermera	15	15
Contrabandista	16	16
Narcotraficante	17	17

XIII. SENTIMIENTO NACIONALISTA

(MOSTRAR TARJETA TT) Le voy a decir el nombre de algunas organizaciones. Para cada una, ¿Podría decirme cuánta confianza tiene en ellas: mucha confianza, algo de confianza, poca confianza o nada de confianza? (ENTREVISTADOR: LEER UNA POR UNA Y ESPERAR RESPUESTA)

	Mucha confianza	Algo de confianza	Poca confianza	Nada de confianza	NS/NR
243. La Iglesia	1	2	3	4	9
244. El Ejército	1	2	3	4	9
245. El Poder Judicial	1	2	3	4	9
246. La prensa	1	2	3	4	9
247. La televisión	1	2	3	4	9
248. Los sindicatos	1	2	3	4	9
249. La policía	1	2	3	4	9
250. La guerrilla	1	2	3	4	9
251. Los partidos políticos	1	2	3	4	9
252. El Congreso	1	2	3	4	9
253. La Administración Pública	1	2	3	4	9
254. Las grandes empresas	1	2	3	4	9
255. Los movimientos ecologistas	1	2	3	4	9
256. Los movimientos feministas	1	2	3	4	9
257. Los paramilitares	1	2	3	4	9

XIV. POBREZA

258. ¿Diría usted que el número de pobres en Colombia ha aumentado, ha disminuido o sigue igual que hace 10 años?
Ha aumentado 1
Ha disminuido 2
Sigue igual 3
No sabe 9

259. (MOSTRAR TARJETA UU) ¿En su opinión por qué hay gente pobre en Colombia? (ENTREVISTADOR: ACEPTE UNA SOLA RESPUESTA)

Más que todo porque son flojos 1
En parte porque son flojos 2
En parte porque la sociedad no los ayuda 3
Más que todo por que la sociedad los trata injustamente 4
NS/NR 9

260. ¿Cree usted que la mayoría de la gente pobre en Colombia puede superar la pobreza o que tiene pocas posibilidades de hacerlo?

Puede superar la pobreza 1
Hay muy pocas posibilidades 2
No sabe 9

261. ¿Cree usted que las acciones del gobierno para ayudar a los pobres son adecuadas o no son adecuadas?

Son adecuadas 1
No son adecuadas 2
No sabe (NO LEER) 9

262. ¿Cree usted que las acciones del gobierno para ayudar a los pobres son suficientes o no son suficientes?

Son suficientes 1
No son suficientes 2
No sabe (NO LEER) 9

XV. MORAL Y RELIGIÓN

263. (MOSTRAR TARJETA VV) ¿Qué tan frecuentemente piensa usted en el significado y propósito de la vida?

Frecuentemente 1
Ocasionalmente 2
Casi nunca 3
Nunca 4
No sabe (NO LEER) 9

264. (MOSTRAR TARJETA WW) Ahora aquí hay dos frases que la gente utiliza al discutir sobre el bien y el mal. ¿Cuál se acerca más a su punto de vista?

Existen ideas claras sobre lo que es el bien y el mal. Estas siempre se aplican a todos, cualquiera que sean las circunstancias.	1
Nunca podrán existir ideas absolutamente claras sobre lo que es el bien y el mal. Lo bueno y lo malo dependen por completo de las circunstancias y del momento.	2
En desacuerdo con ambas (NO LEER)	3
No sabe (NO LEER)	9

265. ¿A qué grupo religioso pertenece usted?
(ENTREVISTADOR: ESPERE RESPUESTA Y SI COINCIDE CON ALGUNA DE LAS OPCIONES ANÓTELA. SI LA PERSONA PERTENECE A OTRO GRUPO, RELLENE LA CASILLA CON EL NOMBRE EXACTO)
Católico romano 01
Protestante 02
Evangélico 03
Judío 04

Rosacruz 05
Testigo de Jehová 06
Otro.¿Cuál?_____...................................
Ninguno 08
NS/ NR (NO LEER)...99

266. ¿Recibió en su casa una educación religiosa?

Sí -------------1   No -------------- 2   NS/NR ----------- 9

267. MOSTRAR TARJETA XX. Además de bodas, funerales y bautizos, ¿Con qué frecuencia asiste actualmente a los servicios religiosos? (ENTREVISTADOR: ACEPTE SOLO UNA RESPUESTA)

Más de una vez por semana...1
Una vez por semana..2
Una vez al mes..3
Los días festivos 4
Una vez al año 5
Con menor frecuencia..6
Nunca, prácticamente nunca...7

268. Independientemente de si va o no a la iglesia, ¿Usted diría que es una persona religiosa, que no es una persona religiosa o que es un ateo convencido?

Una persona religiosa..1
No es una persona religiosa 2
Un ateo convencido 3
No sabe (NO LEER)...9

Usted cree en...? (ENTREVISTADOR: LEER EN VOZ ALTA Y ACEPTAR UNA RESPUESTA POR CADA UNO)

	Sí	No	NS
269. Dios	1	2	9
270. Vida después de la muerte	1	2	9
271. El alma	1	2	9
272. El diablo	1	2	9
273. El infierno	1	2	9
274. El cielo	1	2	9
275. El pecado	1	2	9

276. (MOSTRAR LA TARJETA YY) ¿Qué tan importante es Dios en su vida? Por favor use esta tarjeta para indicarlo. "1" significa que no es importante y "10" significa que es muy importante.

01   02   03   04   05   06   07   08   09   10
No es muy importante   Es muy importante

277. ¿Encuentra usted consuelo y tranquilidad en su religión?

Sí -------------1   No -------------- 2   NS/NR ----------- 9

XVI. NORMAS SOCIALES

(MOSTRAR TARJETA ZZ) Por favor, usando esta tarjeta, para cada una de las siguientes conductas, diga si usted cree que nunca puede justificarse o siempre puede justificarse o si su opinión está en algún punto intermedio. "1" Significa que nunca se justifica y "10" significa que siempre se justifica. (ENTREVISTADOR: LEER EN VOZ ALTA LAS AFIRMACIONES Y ESPERAR UNA RESPUESTA POR CADA AFIRMACIÓN) (LLENAR LA CASILLA CON EL NÚMERO CORRESPONDIENTE A LA ESCALA DE 01 A 10)

278. Evitar el pago del pasaje en un bus ..../_____/
279. Hacer trampa en los impuestos, si se tiene la oportunidad. ..../_____/
280. Reclamar beneficios del Estado a los que sabe no tiene derecho ..../_____/
281. Comprar algo que Usted sabe que es robado ..../_____/
282. Aceptar un soborno en el desempeño de sus deberes..................................../_____/
283. Homosexualidad../_____/
284. Prostitución ..../_____/
285. Aborto ..../_____/
286. Divorcio.../_____/
287. Eutanasia.../_____/
288. Suicidio ..../_____/

XVII. IDENTIDAD SOCIAL

289 ¿Usted se siente muy orgulloso, algo orgulloso, no muy orgulloso o nada orgulloso de ser colombiano?

Muy orgulloso 1
Algo orgulloso 2
No muy orgulloso 3
Nada orgulloso 4
No sabe 9

290. En los últimos diez años alguien de su familia se radicó en algún país del exterior?

Sí 1
No 2   (PASE A PREGUNTA 292)
NS/NR 9   (PASE A PREGUNTA 292)

291. ¿En qué país se radicó? (ENTREVISTADOR ACEPTE LA PERSONA Y EL PAÍS MAS RECIENTE)
_____

292. (MOSTRAR TARJETA AAA) ¿Con cuál de los siguientes grupos se siente más identificado? (ENTREVISTADOR: LEA Y ACEPTE UNA SOLA RESPUESTA)

Negro 1
Mestizo...2
Indígena 3
Blanco 4

293. (MOSTRAR TARJETA BBB) ¿Si mañana fueran las elecciones, por qué partido votaría? (SI NO SABE) ¿Qué partido le atrae más?
294. ¿Y qué partido sería su segunda opción?

304. La gente se describe a sí misma como perteneciente a la clase alta, media-alta, media-media, media-baja, obrera o popular. Usted se describiría como perteneciente a la clase... (LEER)
Alta 1
Media-alta 2
Media-media 3
Media-baja 4
Obrera 5
Popular 6
No sabe (NO LEER) 9

305. (MOSTRAR LA TARJETA DE INGRESOS). Esta es una escala de ingresos y queremos que nos diga en cuál queda comprendido su hogar, contando todos los sueldos, salarios, pensiones, prestaciones y demás ingresos que entren a él. Sólo indique el rango en el que queda comprendido su hogar, antes de hacer ninguna deducción o descontar ningún impuesto.
Menos de $174.000 1
De 1 a 3 salarios mínimos 2
De 4 a 6 salarios mínimos 3
De 7 a 10 salarios mínimos 4
Más de 10 salarios mínimos 5

306. (MOSTRAR TARJETA DDD) ¿Si usted perdiera el trabajo, qué gastos dejaría de hacer? (ENTREVISTADOR: ACEPTE DOS RESPUESTAS)
Ropa 1
Arriendo 2
Pensiones del colegio 3
Pagar deudas 4
Gastos en salud 5
Gastos en comida 6
Pagos de servicios 7
Otros 8

307. ¿Más o menos cuántos bombillos tienen en su casa? (SI DICE 20 O MÁS: MARQUE 20)
/_____/

308. ¿Usted ve televisión? (Sí) ¿Qué tanto tiempo en promedio la ve en los días entre semana?.No en fin de semana (ENTREVISTADOR: SI NO VE TELEVISIÓN MARQUE 1. SI VE TELEVISIÓN PREGUNTE CUANTAS HORAS DÍA)
No la ve o no tiene TV 1
1-2 horas al día 2
2-3 horas al día 3
Más de 3 horas al día 4
NS/NR 9

MUCHAS GRACIAS POR SU COLABORACIÓN

309. Hora al final de la entrevista: _____

310. Duración total de la entrevista: _____ horas ___ ____ minutos

311. Durante la entrevista el entrevistado estuvo:

295. ¿Existe algún partido político en esta lista por el cual usted nunca votaría?

	(293) Primera Opción	(294) Segunda Opción	(295) Nunca Votaría
Liberal	1	1	1
Conservador	2	2	2
Independiente/cívico	3	3	3
M-19	4	4	4
Unión Patriótica.	5	5	5
Otro. ¿Cuál?_____			
Ninguno (NO LEER)	7	7	7
NS/NR	9	9	9

296. (MOSTRAR TARJETA CCC) ¿Qué tan involucrados diría usted que están los empleados públicos en el serrucho y la corrupción en Colombia?

Casi ningún servidor público está involucrado 1
Algunos servidores públicos están involucrados 2
La mayor parte de los servidores públicos están involucrados 3
Todos los servidores públicos están involucrados 4
No sabe (NO LEER) 9

XVIII. DEMOGRAFÍA

297. ¿Puede usted decirme por favor el año en que nació?
19/__/__/

298. ¿Hasta qué grado de educación recibió? (SI ES TODAVÍA ESTUDIANTE, MARQUE EL GRADO MÁS ALTO QUE ESPERA OBTENER)

Ninguno 1
Algo de primaria 2
Primaria terminada (1 a 6 años) 3
Educación media; secundaria no terminada 4
Educación media; secundaria sí terminada 5
Universidad sin terminar 6
Universidad terminada 7
No contestó 8

299. ¿A qué edad terminó (o terminará) su educación de tiempo completo, ya sea en la escuela o en una institución de educación superior? Por favor excluya, si los ha tenido o tendrá, los estudios realizados durante su trabajo. (SI ES TODAVÍA ESTUDIANTE, MARQUE LA EDAD A LA QUE ESPERA TERMINAR) (ESCRIBA LA EDAD)

Edad __/-------/

300. ¿Vive con sus padres?

Sí -------------1   No -------------- 2   NS/NR ----------- 9

301. ¿Está usted actualmente empleado? (SI TIENE MÁS DE UN TRABAJO: SÓLO EN EL TRABAJO PRINCIPAL)
Sí   1   PASE A SECCIÓN: SI TIENE EMPLEO REMUNERADO
No   2   PASE A SECCIÓN: NO TIENE EMPLEO REMUNERADO

SI TIENE EMPLEO REMUNERADO
¿Cuántas horas a la semana trabaja?

30 horas a la semana o más 1
Menos de 30 horas a la semana 2
Trabaja por su cuenta 3

NO TIENE EMPLEO REMUNERADO

Jubilado/pensionado 4
Ama de casa que no tiene otro empleo.............5
Estudiante 6
Desempleado 7
Otro.¿Cuál ?_____...............

302. ¿En qué profesión o industria trabaja/trabajó? (SI TIENE/TENÍA MÁS DE UN TRABAJO: SÓLO EN EL TRABAJO PRINCIPAL) (SI NO HA TRABAJADO MARQUE EN LA CASILLA 13) (NO INTERESA LA PROFESIÓN O LA INDUSTRIA, SE QUIERE SABER ES EL TIPO DE CARGO QUE DESEMPEÑA O DESEMPEÑABA)

¿En qué consiste/consistía su trabajo ahí? (ACEPTE UNA SOLA RESPUESTA)
Patrón/gerente de un establecimiento con más de 10 empleados 01
Patrón/gerente de un establecimiento con menos de 10 empleados 02
Profesional (abogado, ingeniero, contador, médico, etc.) 03
Supervisor, trabajo de oficina. 04
Capataz o supervisor. 05
Trabajador manual especializado 06
Trabajador manual no especializado 07
Agricultor: patrón o administrador por su propia cuenta 08
Jornalero agrícola 09
Maestro 10
Juez 11
Miembro de las fuerzas armadas o de seguridad 12
Nunca ha tenido un trabajo 13
Vendedor público (varios) 14

PREGUNTAR A TODOS
303. ¿Durante el año pasado su familia pudo ahorrar, apenas le alcanzó, gastó algo de sus ahorros o tuvo que pedir prestado? (ENTREVISTADOR ACEPTE UNA RESPUESTA)

Pudo ahorrar 1
Apenas alcanzó 2
Gastó algo de sus ahorros 3
Pedir prestado 4
NS/NR 9

Muy interesado 1
Algo interesado 2
No muy interesado 3

---

312. Tamaño de la localidad. (Datos suministrados por el Centro Nacional de Consultoría)

Menos de 2.000	1
2-5.000	2
5-10.000	3
10-20.000	4
20-50.000	5
50-100.000	6
100-500.000	7
Más de 500.000	8

---

313. Región en la que se realizó la entrevista
Atlántica 1
Centro Oriental 2
Central 3
Pacífica 4
Bogotá 5

Bibliografía

Alcaldía Mayor de Bogotá. *Seguridad y conviencia - Dos años y tres meses de desarrollo de una política integral*, Bogotá, 1997.

Almond, Gabriel A. y Sidney Verba. *The Civic Culture*, Princeton, Princeton University Press, 1963.

Alt, James E. y Kenneth A. Shepsle. "Perspective on Positive Political Economy Games", en *Political Economy of Institutions and Decisions*.

Banfield, Edward. *The Moral Basis of a Backward Society*, Chicago, The Free Press, 1958.

Barmer, Benjamin. *A Place for Us: How to Make Society Civil and Democracy Strong*, Hill & Wang, 1998.

Barnes, S. y M. Kaase. *Political Action: Mass Participation in Five Western Democracies*, Beverly Hills, Sage, 1979.

Baumol. "Entrepreneurship: Productive, Unproductive and Destructive", en *Journal of Political Economic*, 1990, Vol. 98, N° 5.

Becker, Gary. "El economista de la vida", conferencia de aceptación del Premio Nobel, 1992.

Bejarano, Jesús Antonio (dir.). *Colombia: inseguridad, violencia y desempeño económico en las áreas rurales*, Bogotá, Universidad Externado de Colombia y FONADE, 1997.

Brennan, Geoffrey y James M. Buchanan. *The Reason of Rules. Constitutional Political Economy*, Cambridge University Press, 1985.

Buchanan, James M. *The Limits of Liberty*, University of Chigaco Press, 1975.

Burgess, Guy y Heidi. *Justice without Violence*, Boulder, Colorado, Lynne Rienner, 1994.

Bushnell, David. *Colombia, una nación a pesar de sí misma*, Bogotá, El Ancora Editores, 1995.

Camus, Albert. "Discurso en honor del expresidente Eduardo Santos", diciembre de 1955.

Cataño, Gonzalo. "Modernidad sin revolución. El diagnóstico social de Luis López de Mesa", en *Credencial Histórica*, N° 91, julio de 1997.

Cheryl, Gray W. y Daniel Raufmann. "Corrupción y Desarrollo", en *Finanzas y Desarrollo*, marzo de 1998.

Coatsworth, John. *Growth Against Development: The Economic Impact of Railroads in Porfirian Mexico*, Northern Illinois University Press, 1981.

Coleman, David. "75 Years Later, Study is Still Tracking Geniuses", en *New York Times*, 7 de marzo de 1995.

Coleman, James. *Foundations of Social Theory*, Cambridge, Mass., Harvard University Press, 1990.

Coleman, James. "Social Capital in the Creation of Human Capital", en *American Journal of Sociology*, 1994.

Comisión de Estudios sobre la Violencia. *Estudios sobre la violencia en Colombia*, 1995.

Concha y Espinosa. *La Violencia en Colombia: Dimensiones y políticas de prevención y control. Lesiones personales no fatales*, Cali, Universidad del Valle, Cisalva, 1997.

Coonz, Stephanie. *The Way we Never Were: American Families and the Nostalgia Trap*, Basic Books, 1993.

Corporación Misión Siglo XXI. *Ranking de competitividad de los departamentos colombianos*, Bogotá, Departamento Nacional de Planeación, 1996.

Dane. *La familia colombiana en el fin de siglo*, Bogotá, 1998.

Dasgupta, Partha. "Social Capital: A Multifaceted Perspective", Washington, The World Bank, 1999.

Departamento Nacional de Planeación. *Problemática municipal y prioridades de los actuales mandatarios locales para el período 1998-2000*, Bogotá, DNP, 1998.

Duhamel, O. y M. J. Cepeda. *Las democracias entre el derecho constitucional y la política*, Bogotá, Uniandes y Tercer Mundo, 1997.

Easton, David. *A Systems Analysis of Political Life*, New York, John Wistey, 1965.

Echeverri, Oscar, Gustavo de Roux, Henry Gallardo, Jesús Rodríguez, Harold Banguero y William Rotavisky. *La Violencia en Colombia: Dimensiones y políticas de prevención y control. Homicidios y sus costos*, Cali, Universidad del Valle, Cisalva.

Elias, Nobert. *The Civilizing Process*, Oxford, Basil Blackwell, 1994.

Foley y Edwards. "The Paradox of Civil Society", en *Journal of Democracy*, 1996.

Fried, Robert C. y Francine Rabinovitz. *Comparative Urban Politics: A Performance Approach*, Nueva York, Prentice Hall, 1980.

Fukuyama, Francis. *Trust: The Social Virtues and the Creation of Prosperity*, Chicago, The Free Press, agosto de 1995.

Gaitán Daza, Fernando. "Una indagación sobre las causas de la violencia en Colombia", en Malcolm Deas y Fernando Gaitán Daza. *Dos ensayos especulativos sobre la violencia en Colombia*, Bogotá, FONADE y DNP, 1995.

García, Mauricio, Catalina Botero, Rodrigo Uprimy, Hernando Valencia e Iván Orozco. *La paz es rentable*, Bogotá, Universidad de los Andes, 1997.

Giddens, A. "Modernidad y autoidentidad", en A. Giddens, Z. Bauman, N. Luhmann y N. Beck. *Las consecuencias perversas de la modernidad*, Barcelona, Anthropos, 1996.

Gómez, Hernando José. "Tamaño del narcotráfico y su impacto económico", en *Economía Colombiana*, N° 226-227, 1990, pp. 8 a 17.

Goodwin, James, en *Journal of the American Medical Association*, N° 258.

Granovetter, Mark. "Economic Action and Social Structure: The Problem of Embeddedness", en *American Journal of Sociology*, 1985, Vol. XCI.

Gutiérrez de Pineda, Virginia. *Familia y cultura en Colombia*, Bogotá, Tercer Mundo y Universidad Nacional de Colombia, 1968.

Hayek, Friedrich van. *Law, Legislation and Liberty*, Chicago, University of Chicago Press, 1978, Vol. 3.

Hayek, Friedrich van. *The Political Order of a Free People*, University of Chicago Press, 1979.

Heath, Antony, Geoffrey Evans y Jean Martin. "The Measurement of Core Benefits and Values: The Development of Balanced Socialist Laissez Faire and Liberarian/Authoritarian Scales", en *British Journal of Political Science*, 1993.

Inglehart, Ronald. "Value Priorities and Socio-Economic Change", en Samuel Barnes, Max Kaase *et al.* (eds.). *Political Action: Mass Participation in Five Western Democracies*, Beverly Hills, Sage, 1979.

Inglehart, Ronald. *Culture Shift in Advanced Industrial Society*, Princeton University Press, 1990.

Inglehart, Ronald. *Modernization and Posmodernization: Cultural, Economic and Political Change in 43 Societies*, Princeton University Press, 1997.

J. Linz et al. *¿Para qué sirven las elecciones?*, México, Fondo de Cultura Económica, 1978.

Kalmanovitz, Salomón et al. *Drogas, poder y región en Colombia*, Bogotá, CINEP, 1994.

Krauze, Enrique. *Biography of Power: A History of Modern Mexico, 1810-1996*, New York, Harper Collins Publishers, 1997.

La Porta, Rafael, Florencio López-de-Silanes, Andrei Shleifer y Robert W. Vishny. "Trust in Large Organizations", en *Social Capital: A Multifaceted Perspective*, Washington, The World Bank, 1999.

Landes. *The Unbound Prometheus*, 1969.

Laqueur, Walter. *Terrorism*, Boston, Toronto, Little, Brown and Co., 1977.

Leal Buitrago, Francisco. *El oficio de la guerra*, Bogotá, Tercer Mundo y IEPRI, 1994.

Lipovetsky, Gilles. *El crepúsculo del deber*, Barcelona, Anagrama, 1994.

Londoño, Juan Fernando et al. *Sociedad civil, control social y democracia participativa*, Bogotá, Fescol, 1997.

Londoño, Juan Luis. "Brechas sociales en Colombia", en *Revista de la Cepal*, N° 61, abril de 1997.

Machiavelli, Nicoló. *The Discourses*, London, Penguin Books, 1970.

Mauro, Paolo. "¿Por qué preocuparse con la corrupción?", en *FMI, Economic Issues*, N° 6.

Molano, Alfredo. "La Guerra", en *El Espectador*, 19 de marzo de 1998.

Naipaul, S. *Among the Believers: An Islamic Journey*, Ramdom House, 1982.

Nina Baltasar, Esteban. *Distribución del ingreso y pobreza en Colombia: 1987-1997*, Bogotá, Misión Social y DNP, s. f.

North, Douglass y Barry Weingast. "Constitutions and Committment: The Evolution of Institutions Governing Public Choice in Seventeenth Century in England", *The Journal of Economic History*, 1989, Vol. XLIX, N° 4.

North, Douglass. "No sólo de macroeconomía vive el hombre", en *Revista Estrategia Económica y Financiera*, N° 238, 30 de junio de 1996.

North, Douglass. "Transaction Costs Through Time", publicado en Internet: http://econwpa.wustl.edu:8089/eps/eh/papers/9411/9411006.ps.gz.

North, Douglass. *Institutions, Institutional Change and Economic Performance*, New York, Cambridge University Press, 1990.

Olson, Mancur. "Big Bills on the Sidewalk: Why Some Nations are Rich, and Others Poor", en *Journal of Economic Perspectives*, 1996, Vol. 10, N° 2.

Olson, Mancur. "Dictatorship, Democracy and Development", en *American Political Science Review*, septiembre de 1993.

Olson, Mancur. *The Rise and Decline of Nations: Economic Growth, Stagflation, and Social Rigidities*, New Haven, Yale University Press, 1982.

Ospina, Pedro Nel. "La Policía y la criminalidad", en *Estrategia*, julio 31 de 1997.

Parrado, Emilio A. y Marta Tienda. *Women's Roles and Family Formation in Venezuela: New Forms of Consensual Unions*, Universidad de Chicago, Population Research Center, 1996.

Parsons, James. *La colonización antioqueña en el Occidente de Colombia*, 4ª ed., Bogotá, Banco de la República y El Ancora Editores, 1997.

Pecaut, Daniel. "Reconstrucción de la confianza", en *El Tiempo, Lecturas dominicales*, 16 de mayo de 1999.

Portes, Alejandro y Patricia Landolt. "The Downside of Social Capital", en *The American Prospect*, 1996, N° 26.

Putnam, Robert, *Making Democracy Work. Civic Tradition in Modern Italy*, New Jersey, Princeton University Press, 1992.

Putnam, Robert. "The Prosperous Community: Social Capital and Public Life", en *The American Prospect*, N° 13, Spring 1993 (http://epn.org/prospect/13/13putn.html).

Putnam, Robert. "The Strange Disappearance of Civic America", en *The American Prospect*, 1996, N° 24.

Rangel, Alfredo. *Colombia: guerra en el fin de siglo*, Bogotá, Tercer Mundo, 1998.

Rogers, Everett M. *The Diffusion of Innovations*, Chicago, The Free Press, 1995.

Rokeach, M. *The Nature of Human Values*, New York, The Free Press, 1973.

Rose Ackerman, Susan. "La economía política de la corrupción y sus consecuencias", en *Public Policy for the Private Sector*, Banco Mundial, abril de 1998.

Rose, Richard. "Getting Things Done in an Antimodern Scociety: Social Capital Networks in Russia", en *Social Capital: A Multifaceted Perspective*, Washington, The World Bank, 1999.

Rubio, Mauricio. "Costos económicos de la impunidad", en *Inseguridad e impunidad en Colombia*, Bogotá, Partido Conservador Colombiano, 1997.

Rubio, Mauricio. "Perverse Social Capital: Some Evidence from Colombia", en *Journal of Economic Issues*, Vol. 31, N° 3, septiembre de 1997.

Rusell, Dalton. *Citizen Politics in Western Democracies*, Chatham House Publishers, 1998.

Salamanca, Adolfo, en *Inseguridad e Impunidád en Colombia*, Bogotá, Partido Conservador Colombiano, 1997.

Santos, Enrique. "Contraescape", en *El Tiempo*, 29 de noviembre de 1998.

Seligson, Mitchell Allan. *Peasants of Costa Rica and the Development of Agrarian Capitalism*, University of Wisconsin Press, 1980.

Serageldin, Ismael y Christiaan Grootaert. *Defining Social Capital: An Integrating View*, The World Bank, 1997.

Shung-Jin, Wei. *La corrupción y el desarrollo económico: grava en las utilidades, ¿molestia menor o gran obstáculo?*, Harvard University and National Bureau of Economic Research, septiembre de 1998.

Smith, Adam. *An Inquiry into the Nature and Causes of the Wealth of Nations*, 1994.

Solar, Peter M. "Poor Relief and English Economic Development Before the Industrial Revolution", en *Economic History Review*, 1995, XLVIII.

Stiglitz, Joseph E. "Formal and Informal Institutions", en *Social Capital: A Multifaceted Perspective*, Washington, The World Bank, 1999.

Straus, M. A. "Physical Assaults by Wives: A Major Social Problem", en R. J. Gelles y D. R. Loseke (eds.). *Current Controversies on Family Violence*, Newbury Park, CA, Sage.

Tanzi, Vito y Hamid Dawodi. "Carreteras hacia ninguna parte: cómo la corrupción en la inversión pública amenaza el crecimiento", en *FMI, Economic Issues*, N° 12.

Tanzi, Vito. "Corrupción alrededor del mundo: causas, consecuencias, perspectivas y curas", en *FMI Economic Issues*, abril de 1998.

Toqueville, Alexis de. *Democracy in America*, Garden City, New York, Anchor Books, 1969.

Turner, Jonathan H. "The Formation of Social Capital", en *Social Capital: A Multifaceted Perspective*, Washington, The World Bank, 1999.

United Nations. *Patterns of First Marriage: Timing and Prevalence*, New York, 1990.

Walsh, James. "Los costos y secuelas de la corrupción han alcanzado proporciones exorbitadas, provocando una respuesta internacional dirigida a erradicar la lacra", en *Time Magazine*, junio de 1998.

Weber, Marx. *The Protestant Ethic and the Spirit of Capitalism*, New York, Serisners, 1958.

Whitehead, Barbara. "Dan Quale Was Right", en *The Atlantic Monthly*, abril de 1993.

Wolf, Eric. *Peasant Society*, Prentice Hall, 1968.

"Abortion Debated in Chile, Where It's Always a Crime", en *New York Times*, 9 de agosto de 1998.

"For richer, for poorer", en *The Economist*, 5 de noviembre de 1994.

"La mujer en Colombia", en *Carta Financiera*, enero de 1998.

"Normas, Justicia y Economía en Colombia", en Ministerio de Justicia y del Derecho. *Elementos económicos para la reforma judicial*, Serie Documentos, Bogotá, octubre de 1995.

"Renace debate para despenalizar el aborto", en *El Tiempo*, 7 de diciembre de 1998, p. 6A.

Indice de cuadros, figuras, gráficas y mapas

Introducción

Cuadro 1. Distribución del ingreso, según deciles de ingreso per cápita 34
Mapa 1. Cobertura de la encuesta en Colombia 40

Capítulo primero
Las instituciones democráticas y la valoración de la política

Cuadro 1. Respaldo a diferentes sistemas políticos (porcentajes) 58
Gráfica 1. Apoyo a la democracia y a la dictadura, según ingreso 60
Gráfica 2. Apoyo a la democracia y a la dictadura, según edad 61
Cuadro 2. Respaldo a diferentes sistemas políticos (porcentajes) 62
Cuadro 3. Confianza en las instituciones 63
Gráfica 3. Confianza en las instituciones (saldo) 65
Gráfica 4. Confianza en las instituciones, según ingreso 66
Gráfica 5. Confianza en las instituciones 67
Mapa 1. Necesidades Básicas Insatisfechas 68
Gráfica 6. Confianza en las instituciones vs. NBI, según departamento 69
Gráfica 7. Apoyo a la democracia y NBI, según departamento 70
Gráfica 8. Confianza en las instituciones vs.
  apoyo a la democracia, según departamento 71
Cuadro 4. Confianza en las organizaciones, a nivel internacional 75
Gráfica 9. Confianza en el Congreso y los partidos políticos (saldo) 77
Gráfica 10. Confianza en el Congreso y los partidos políticos (saldo) 77
Gráfica 11. Confianza en los partidos políticos y el Congreso (saldo) 78
Gráfica 12. Confianza en las instituciones vs.
  confianza en la fuerza pública, a nivel internacional 79
Gráfica 13. Confianza en las instituciones vs.
  confianza en la fuerza pública, según departamento 81
Gráfica 14. Manera como se cree que es gobernado el país 83
Gráfica 15. Manera como se cree que es gobernado el país, según ingreso 84
Gráfica 16. Percepción de las acciones del gobierno
  para ayudar a los pobres, según ingreso y sector 86
Gráfica 17. Percepción de las acciones del gobierno
  para ayudar a los pobres, según edad 87
Gráfica 18. Percepción de las accionmes del gobierno
  para ayudar a los pobres, según profesión y zona 88
Gráfica 19. Importancia otorgada a varios temas en la vida 92
Gráfica 20. Interés en política 93
Gráfica 21. Discusión de política y nivel de ingreso, a nivel internacional 94

Gráfica 22. Frecuencia de discusión sobre política, según departamento ... 96
Cuadro 5. Importancia y discusión de política ... 97
Gráfica 23. Felicidad en Colombia y a nivel internacional ... 99
Cuadro 6. Felicidad y satisfacción con la vida (%) ... 100
Gráfica 24. Satisfacción con la vida y estabilidad democrática ... 102
Gráfica 25. Confianza interpersonal, a nivel internacional ... 104
Gráfica 26. Confianza interpersonal, en Colombia ... 105
Cuadro 7. Apoyo a la opción revolucionaria a nivel internacional (%) ... 110
Cuadro 8. Vías para cambiar la sociedad, según estamento ... 111
Cuadro 9. Justificación de la violencia con fines políticos, según estamento ... 113
Gráfica 27. Relativismo ético e ingreso, a nivel internacional ... 115
Cuadro 10. Relativismo ético ... 116
Cuadro 11. Intención de voto por los partidos políticos ... 120
Gráfica 28. Inclinación partidista de los abstencionistas ... 121
Gráfica 29. La nueva polarización ... 123
Gráfica 30. Satisfacción de los abstencionistas con el Gobierno ... 124
Gráfica 31. Abstencionismo electoral ... 125
Gráfica 32. Visitas a concejales, congresistas y alcaldes, según ingreso y sector ... 128
Gráfica 33. Visitas a concejales, congresistas y alcaldes, según estamento y zona ... 129
Gráfica 34. Finalidad de la visita a congresistas, según ingreso ... 129
Gráfica 35. Finalidad de la visita a concejales, según ingreso ... 130
Gráfica 36. Finalidad de la visita a alcaldes, según ingreso ... 131
Gráfica 37. Finalidad de la visita a congresistas, según estamento y zona ... 132
Gráfica 38. Finalidad de visita a concejales, según estamento y zona ... 133
Gráfica 39. Finalidad de visita al alcalde, según estamento y zona ... 134

CAPÍTULO SEGUNDO
EL ESTADO QUE QUEREMOS

Gráfica 1. Problemas con efectos negativos sobre el bienestar ... 149
Gráfica 2. Problemas con efectos negativos sobre el bienestar, según ingreso y sector ... 150
Gráfica 3. Problemas con efectos negativos sobre el bienestar, según edad ... 151
Gráfica 4. Prioridad más importante para los próximos 10 años ... 151
Gráfica 5. Prioridades físicas y económicas, según ingreso y sector ... 153
Gráfica 6. Prioridades físicas y económicas, según edad ... 155
Gráfica 7. Desarrollo económico y valores materialistas/postmaterialistas, a nivel internacional ... 157
Gráfica 8. Valores postmaterialistas por nivel económico en regiones españolas ... 158
Gráfica 9. Valores postmaterialistas e ingreso, según departamento ... 159
Gráfica 10. Temas considerados más importantes, según estamento ... 165

Índice de cuadros, figuras, gráficas y mapas

Gráfica 11. Libertad y orden, a nivel internacional	166
Gráfica 12. Valoración del orden y PIB per cápita, a nivel internacional	168
Gráfica 13. Valoración de la libertad y PIB per cápita, a nivel internacional	169
Gráfica 14. Temas considerados más importantes por la población, según ingreso	170
Gráfica 15. Libertad de expresión y orden vs. NBI, según departamento	171
Cuadro 1. Libertad y orden	172
Cuadro 2. Correlaciones con libertad y orden	175
Cuadro 3. Principal responsabilidad del Estado (porcentaje)	176
Gráfica 16. El dilema producción vs. distribución, según ingreso y sector	178
Gráfica 17. Papel del Estado y superación de la pobreza	179
Gráfica 18. Razones por las que hay gente pobre en Colombia	180
Gráfica 19. Responsabilidad del sustento mínimo, según ingreso	181
Gráfica 20. Relación entre remuneración y eficiencia, según ingreso y estamento	182
Gráfica 21. Distribución estatal vs. esfuerzo individual, según ingreso y sector	184
Cuadro 4. Percepción del Estado, a nivel internacional	186
Gráfica 22. Gobierno democrático y conciencia ideológica, según departamento	188
Cuadro 5. Tendencia política: Izquierda o derecha, a nivel internacional	189
Gráfica 23. Posiciones de izquierda y derecha	190
Gráfica 24. Relación entre apoyo a la democracia e índice libertad/autoritarismo, según departamento	192
Gráfica 25. Gobierno democrático y socialismo vs. "laissez faire", según departamento	193
Gráfica 26. Cualidad más importante que se le debe enseñar a un niño	195
Cuadro 6. Importancia de los valores (porcentaje)	196
Gráfica 27. Importancia de la obediencia y la independencia, en Colombia	198
Gráfica 28. Importancia de la obediencia y la independencia, a nivel internacional	200
Cuadro 7. Relaciones de obediencia e independencia con valores políticos, en Colombia y a nivel internacional	201
Gráfica 29. Tolerancia	202
Cuadro 8. Relación de la tolerancia con los valores políticos, en Colombia y a nivel internacional	203
Gráfica 30. Orgullo de ser colombiano, según zona	210
Gráfica 31. Orgullo nacional en relación con la estabilidad democrática, a nivela internacional	212
Gráfica 32. Satisfacción con el gobierno, según ingreso	214
Gráfica 33. Participación electoral e importancia18 de la política, según nivel de estudio	218
Gráfica 34. Educación e interés por la política, según departamento	219

Gráfica 35. Participación electoral e importancia de la
  educación, según departamento   220
Gráfica 36. Confianza en los medios de comunicación, según ingreso (saldo) 222
Gráfica 37. Confianza en los medios de comunicación (saldo)   223
Gráfica 38. Consumo de televisión   224
Gráfica 39. Confianza interpersonal y en la prensa, según departamento   225
Cuadro 9. Acción directa, en Colombia (porcentaje)   227
Cuadro 10. Participación en acciones políticas, a nivel internacional (porcentaje) 227
Cuadro 11. Interés en asuntos políticos de las
  personas que participan en acciones directas   228
Gráfica 40. Votación por alcalde y acción directa, según departamento   229
Gráfica 41. Votación por Presidente y acción directa, según departamento 230
Gráfica 42. Participación en acciones políticas   232
Cuadro 12. Brechas de movilización cognitiva
  (base: promedio de acción directa legal)   233
Gráfica 43. Temas considerados más importantes   235
Gráfica 44. Importancia de la participación en la
  toma de decisiones, según ingreso y edad   237
Gráfica 45. Alternativas de consumo y comercio   242
Gráfica 46. Apoyo al proteccionismo económico   243
Gráfica 47. Comparación internacional de apoyo
  a la competencia, a nivel internacional   245
Gráfica 48. Propiedad privada vs. propiedad
  estatal en la prestación de servicios públicos   247
Cuadro 13. Propiedad privada vs. propiedad estatal en
  la prestación de servicios públicos, a nivel internacional   249
Gráfica 49. Identidad étnica por regiones, según zona   250
Cuadro 14. Identidad étnica, según ingreso   251
Gráfica 50. Identidad étnica e ingreso   251
Gráfica 51. Identidad étnica, según sexo   253
Gráfica 52. Pecado, como riterio de valoración según ingreso y edad   257
Gráfica 53. Aceptación o rechazo del aborto, según ingreso y edad   258
Cuadro 15. Asuntos concernientes a la religión   259
Gráfica 54. Indice de clericalismo frente al PIB departamental   260
Gráfica 55. Indice de clericalismo frente al homicidio, según departamento 261

Capítulo tercero
La familia y la naturaleza de sus relaciones

Gráfica 1. Importancia de la familia en algunos países americanos   274
Gráfica 2. Importancia de la familia frente a otros aspectos de la vida   275

Gráfica 3. Número de hijos por familia, según ingreso y sector	278
Gráfica 4. Número de hijos por familia, según género	279
Gráfica 5. Número real de hijos de mujeres jóvenes e ingreso, a nivel internacional	280
Gráfica 6. Número ideal de hijos de mujeres jóvenes e ingreso, a nivel internacional	281
Gráfica 7. Planeación familiar e ingreso, según departamento	283
Cuadro 1. Grado de educación, según ingreso	284
Gráfica 8. Preocupación sobre cómo va a atender los gastos en la vejez, según departamento	284
Gráfica 9. Número de hijos por familia, según edad	285
Gráfica 10. Familia extensa y desarrollo económico, a nivel internacional	287
Cuadro 2. Convivencia con los padres según edad, a nivel internacional	288
Gráfica 11. Necesidad de tener hijos, según edad	290
Cuadro 3. Necesidad de ambos padres para la felicidad del niño, a nivel internacional	291
Gráfica 12. Importancia del sector agrícola, a nivel internacional	293
Gráfica 13. Factores que unen a la familia en algunos países americanos	295
Gráfica 14. Relaciones entre padres e hijos en algunos países americanos	297
Gráfica 15. Respeto y amor incondicional hacia los padres, según edad	298
Gráfica 16. Visión sobre las relaciones entre padres e hijos, según sexo	299
Gráfica 17. Relación entre tener marido o compañero permanente y realización personal, según edad y sexo	301
Cuadro 4. Contribución de los cónyuges al sustento del hogar, a nivel internacional	303
Gráfica 18. Posición de la mujer en el hogar, según edad	304
Cuadro 5. Estado civil (1985-1997. Participación porcentual)	305
Gráfica 19. Casados, madresolterismo y matrimonio	306
Cuadro 6. Mujeres entre 18 y 24 años que viven en unión libre, a nivel internacional	307
Gráfica 20. Percepción del matrimonio y estado civil de la población, según edad	308
Gráfica 21. Nivel educativo y unión libre, según departamento	309
Gráfica 22. Uniones libres, según ingreso	310
Gráfica 23. Nivel educativo, según estado civil	311
Gráfica 24. Nivel educativo, NBI y apreciación del matrimonio entre mujeres de 18 a 24 años, según departamento	313
Gráfica 25. Aceptación de las madres solteras en algunos países americanos	314
Gráfica 26. Nivel educativo, NBI y apreciación del madresolterismo entre mujeres de 18 a 24 años, según departamento	315
Gráfica 27. Informalidad de las relaciones conyugales, según edad	316
Gráfica 28. Nivel educativo en mujeres de 18 a 24 años, según estado civil	317
Gráfica 29. Informalidad de las percepciones procreativas, según edad	320
Gráfica 30. Preferencia a la hora de tener hijos, según edad	322

Gráfica 31. Personas que viven con sus padres, según estado civil — 323
Gráfica 32. Convivencia con los padres y estado civil, según sexo — 324
Gráfica 33. Religión y demografía, según departamento — 326
Gráfica 34. Aceptación del aborto, divorcio y eutanasia, a nivel internacional — 327
Gráfica 35. Aborto, divorcio y religión, según departamento — 329
Gráfica 36. Violencia en el hogar en Colombia en comparación con otros delitos — 331
Cuadro 7. Afectados por violencia en el hogar, según estado civil y presencia de hijos — 332
Cuadro 8. Violencia en el hogar (porcentajes) — 333
Gráfica 37. Importancia de la familia, según estamento y zona — 337
Gráfica 38. Tamaño de la familia, según zona — 339
Gráfica 39. Valores relacionados con la familia, según zona — 340
Gráfica 40. Necesidad de tener hijos y marido, según zona — 342
Gráfica 41. Relaciones entre padres e hijos, según zona — 343
Gráfica 42. Estado civil, según zona — 345
Gráfica 43. Aceptación del divorcio, según zona — 346
Gráfica 44. Estado civil y presencia de hijos, según zona — 347
Gráfica 45. Estado civil y relación con los hijos, según zona — 348
Gráfica 46. Empleo por sexos, según zona — 349
Gráfica 47. Responsabilidades compartidas de hombres y mujeres, según zona — 350
Gráfica 48. Violencia en el hogar y percepción de inseguridad que genera, según zona — 352
Gráfica 49. Violencia en el hogar, en Bogotá y zonas de violencia — 353

Capítulo cuarto
El papel de la mujer en la sociedad

Gráfica 1. Necesidad de tener hijos, según género — 367
Gráfica 2. Opiniones sobre aspectos familiares, según género — 368
Gráfica 3. Preferencias a la hora de tener hijos, según género — 370
Gráfica 4. Actualidad del matrimonio como institución y estado civil de la población, según género — 371
Cuadro 1. Estado civil, según género (participación porcentual) — 372
Gráfica 5. Nivel de estudios, según género — 373
Gráfica 6. Derechos del hombre frente a la mujer, según género — 374
Gráfica 7. Razón del desempleo, según género — 376
Gráfica 8. Respeto y éxito del ama de casa, según edad — 377
Gráfica 9. Desempleados perennes, según género — 378
Cuadro 2. Profesión, según género (porcentaje) — 379
Gráfica 10. Felicidad y confianza en movimientos feministas, según género — 381
Gráfica 11. Gastos que se dejarían de hacer en caso de perder el empleo, según género — 382
Gráfica 12. Actitud de independencia en el trabajo, según género — 383

Gráfica 13. Contribución al sustento familiar
y participación femenina, según género ... 386
Gráfica 14. Libertad para elegir y controlar su vida, según género ... 387
Gráfica 15. Percepción del cumplimiento de
las normas en la comunidad, según género ... 388
Gráfica 16. Cumplimiento de normas sociales, según género ... 389
Cuadro 3. Disputas civiles, según género (porcentaje) ... 391
Cuadro 4. Delitos y homicidio, según género (porcentaje) ... 392
Cuadro 5. Violencia en el hogar, según género ... 393
Gráfica 17. Seguridad social, según género ... 394
Gráfica 18. Factores que afectan el bienestar, según género ... 395
Gráfica 19. Aspectos relacionados con el desempleo, según género ... 396
Gráfica 20. Aspectos más importantes al buscar empleo, según género ... 397
Gráfica 21. Prioridades para el futuro, según género ... 399
Gráfica 22. Prioridades de la sociedad, según género ... 400

CAPÍTULO QUINTO
VALORES ESENCIALES PARA EL TRABAJO PRODUCTIVO

Gráfica 1. La educación frente a otros aspectos ... 411
Gráfica 2. La educación frente a otros aspectos, según ingreso ... 412
Gráfica 3. La educación como factor de éxito en la vida ... 413
Gráfica 4. La educación como factor de éxito en
la vida y en Colombia, según departamento ... 415
Cuadro 1. La educación frente a otros aspectos, según edad y sexo ... 416
Gráfica 5. La educación como factor de
éxito en la vida y en Colombia, según edad ... 416
Gráfica 6. La educación como prioridad en Colombia ... 417
Gráfica 7. Importancia del trabajo en la vida, a nivel internacional ... 419
Gráfica 8. Importancia del trabajo en la vida y en Colombia, según departamento ... 420
Gráfica 9. El trabajo como factor de éxito en la vida y en Colombia ... 421
Gráfica 10. El trabajo como factor de éxito en la vida y en Colombia, según edad ... 422
Gráfica 11. Importancia del tiempo libre, a nivel internacional ... 423
Gráfica 12. Importancia del tiempo libre, en Colombia ... 424
Gráfica 13. Trabajo vs. tiempo libre ... 425
Gráfica 14. Relevancia del trabajo ... 426
Gráfica 15. Derechos del hombre frente a la mujer ... 428
Gráfica 16. Derecho del hombre al trabajo
respecto de la mujer, a nivel internacional ... 429
Gráfica 17. Derecho del hombre al trabajo y la educación
universitaria respecto de la mujer, según departamento ... 430

Gráfica 18. Educación como factor de éxito, según zona — 432
Gráfica 19. Espíritu empresarial y trabajo como factor de éxito, según zona — 433
Gráfica 20. Valores relacionados con la mujer — 435
Gráfica 21. Valores productivos, a nivel internacional — 438
Gráfica 22. Valores no productivos, a nivel internacional — 439
Cuadro 2. Valores productivos y no productivos, en Colombia y en el mundo — 440
Gráfica 23. Valores productivos vs. no productivos, a nivel internacional (saldo) — 441
Cuadro 3. Valores que estimulan el trabajo, según edad — 443
Gráfica 24. Valores que estimulan el trabajo (saldo) — 444
Cuadro 4. Valores que estimulan el trabajo, según sector (%) — 445
Cuadro 5. Valores que estimulan el trabajo, según ingreso — 446
Gráfica 25. Valores que estimulan el trabajo, según ingreso (saldo) — 447
Cuadro 6. Valores que estimulan el trabajo, según género y estamento — 448
Cuadro 7. Valores que estimulan el trabajo, según zona — 449
Gráfica 26. Valores que estimulan el trabajo productivo y pobreza, según zona — 450

Capítulo sexto
Estructura de incentivos y sanciones y sus consecuencias económicas

Gráfica 1. Aspectos más importantes en la vida — 463
Gráfica 2. La riqueza como valor en la educación es perjudicial — 463
Gráfica 3. Satisfacción con la vida e ingreso, a nivel internacional — 465
Gráfica 4. Satisfacción con lo que tiene la familia, en Colombia — 466
Gráfica 5. Utilidad de los ricos para la comunidad — 467
Gráfica 6. Efectos de tener un patrimonio importante — 468
Cuadro 1. Cualidades más importantes que se le deben enseñar a un niño — 472
Gráfica 7. Capacidad de ahorro, según ingreso — 474
Gráfica 8. Exito en la vida y en Colombia — 480
Cuadro 2. Factor más importante de éxito, según ingreso — 481
Cuadro 3. Exito en la vida y en Colombia, según ingreso — 481
Gráfica 9. Percepción de éxito y respeto de distintos oficios — 483
Gráfica 10. Exito de políticos y narcotraficantes — 484
Gráfica 11. Exito del empresario — 486
Gráfica 12. Exito de abogados e ingenieros — 488
Gráfica 13. Exito y respeto de las ocupaciones según los docentes — 489
Gráfica 14. Exito y respeto de las ocupaciones según los jueces — 490
Gráfica 15. Exito de las élites religiosas y legales — 492
Gráfica 16. Respetabilidad de las élites religiosas y legales — 493
Gráfica 17. Problemas con efectos negativos sobre el bienestar — 498
Cuadro 4. Problemas con efectos negativos sobre el bienestar, según ingreso y docentes — 498

Gráfica 18. Preocupación por el desempleo, según edad y docentes   499
Gráfica 19. Prioridad en Colombia   500
Gráfica 20. El desempleo como prioridad   501
Gráfica 21. Aspecto más importante en el trabajo   502
Gráfica 22. Dependencia e independencia en el trabajo   504
Cuadro 5. Factores importantes en el trabajo   505
Gráfica 23. Relación entre remuneración y eficiencia   506
Gráfica 24. Opciones para empleo   507
Gráfica 25. Preferencia entre empleo y autoempleo   508
Gráfica 26. Desempleo perenne, según género   511
Gráfica 27. Preocupación por los gastos de la vejez   513
Gráfica 28. Afiliación a fondo de pensiones y seguro de salud   515
Gráfica 29. Fondo de pensiones y seguro de salud, según PIB departamental   516
Gráfica 30. Actividad asociativa y fondo
de pensiones y salud, según departamento   517
Gráfica 31. Relativismo ético   520
Gráfica 32. Víctimas de disputas civiles, según ingreso   521
Gráfica 33. Relación con las deudas, según ingreso   523
Gráfica 34. Cumplimiento del deber y la ley en la comunidad   524
Figura 1. Geografía cultural de las sociedades   528
Gráfica 35. Solidaridad intrafamiliar e ingreso, a nivel internacional   529
Gráfica 36. Respeto por la autoridad paterna, según PIB departamental   530
Gráfica 37. Autoridad paterna y secular y gastos en la vejez, según departamento   532

CAPÍTULO SÉPTIMO
JUSTICIA ESTATAL, JUSTICIA PRIVADA Y CORRUPCIÓN

Cuadro 1. Cumplimiento del deber (%)   558
Cuadro 2. Acatamiento de las normas cívicas, en Colombia   559
Gráfica 1. Acatamiento de las normas cívicas, a nivel internacional   560
Cuadro 3. Acatamiento de las normas cívicas
y rechazo de la corrupción, a nivel internacional   561
Gráfica 2. Rechazo de la corrupción, a nivel internacional   562
Gráfica 3. Prioridades para el país en los
próximos diez años, según ingreso y sector   567
Gráfica 4. Prioridades para el país en los próximos diez años, según edad   568
Gráfica 5. Prioridades para el país en los próximos diez años, según zona   569
Gráfica 6. Prioridades para el país en los próximos diez años, según estamento   570
Gráfica 7. La corrupción del Estado, según ingreso y sector   576
Gráfica 8. La corrupción del Estado, según estamento y zona   577
Gráfica 9. Percepción de corrupción, según ingreso y sector   578

Gráfica 10. Percepción de corrupción, según estamento	579
Gráfica 11. Percepción del éxito y la respetabilidad de los políticos	584
Gráfica 12. Objeto de la visita de la población y los jueces a los congresistas	585
Gráfica 13. Percepción del éxito y la respetabilidad de los jueces	587
Cuadro 4. Respeto y éxito de jueces y políticos	588
Gráfica 14. Disputas de índole civil en el último año, según estamento	591
Gráfica 15. Disputas de índole civil por habitante, según estamento	591
Cuadro 5. Necesidad de justicia civil, según estamento e ingreso	592
Cuadro 6. Disputas consideradas más graves, según estamento e ingreso	593
Cuadro 7. Reacciones ante disputas civiles, según estamento	594
Cuadro 8. Reacciones ante disputas civiles, según ingreso	595
Cuadro 9. Razón para no acudir a la autoridad por disputa civil, según estamento	597
Gráfica 16. Afectados por algún delito en el último año y reacción, según estamento	599
Gráfica 17. Delitos por habitante, según estamento	599
Cuadro 10. Necesidasd de justicia penal, según ingreso y estamento	600
Gráfica 18. Delito más grave por el que se vio afectado, según estamento	602
Caudro 11. Reacción ante el delito, según ingreso	603
Cuadro 12. Reacción ante el delito, según estamento	604
Cuadro 13. Razón para no acudior a la autoridad ante el delito, según estamento	605
Cuadro 14. Situación respecto del homicidio, según estamento	607
Gráfica 19. Causa del del homicidio, según estamento	608
Cuadro 15. Causa del homicidio, según estamento	609
Cuadro 16. Percepción de la eficacia de la justicia privada, según edad e ingreso	610
Cuadro 17. Las dos justicias, según estamento	611
Cuadro 18. Delito que causa mayor inseguridad, según estamento	616
Gráfica 20. Problemas con efecto negativo sobre el bienestar, según estamento	617
Gráfica 21. Probabilidad de ser víctima del delito que causa mayor inseguridad, según estamento y zona	618
Cuadro 19. Delitos que lo afectan, le causan mayor inseguridad y más frecuentes, según estamento	619
Cuadro 20. Causas de la difusión de la delincuencia, según estamento	621
Gráfica 22. Prioridades para el país, según estamento	623
Gráfica 23. Grupos que alteran el orden público, según estamento	624
Gráfica 24. Roles que inciden en la delincuencia, según estamento	626
Gráfica 25. Preferencia de sistemas políticos, según estamento	629
Cuadro 21. Confianza, política y elecciones, según estamento	630
Gráfica 26. Participación electoral	630
Gráfica 27. Confianza en las instituciones, según estamento	631
Gráfica 28. Confianza en el poder judicial (saldo)	633

Capítulo octavo
Inseguridad, violencia y guerra

Mapa 1. Municipios y acción guerrillera (1995-1997) y municipios y presencia paramilitar (1982-1997)	657
Mapa 2. Municipios, acciones guerrilleras y presencia paramilitar (1985-1997)	658
Gráfica 1. Problemas que afectan el bienestar de los colombianos	664
Gráfica 2. Problemas que afectan el bienestar, según estamento	665
Cuadro 1. Hogares afectados por delitos	666
Cuadro 2. Sensación de inseguridad, según delito	667
Gráfica 3. Sensación de inseguridad	669
Gráfica 4. Homicidio cercano, en los últimos cinco años	670
Gráfica 5. Homicidio cercano, según municipio	671
Gráfica 6. Homicidio cercano e inseguridad, según municipio	672
Cuadro 3. Percepción de causas de homicidio	674
Gráfica 7. Miedo a montar en bus	674
Cuadro 4. Prioridades para los próximos 10 años	676
Cuadro 5. Grupos que amenazan el orden social	679
Gráfica 8. Homicidio cercano, según género	684
Gráfica 9. Homicidio cercano, según edad promedio de la población	685
Gráfica 10. Homicidio cercano, según edad	685
Gráfica 11. Organizaciones armadas, impunidad y edad	686
Gráfica 12. Homicidio cercano, según tamaño del municipio	688
Gráfica 13. Urbanización y criminalidad	690
Gráfica 14. Homicidio cercano, según ingreso	691
Gráfica 15. Homicidio cercano, según ingreso	692
Gráfica 16. Relación robo - NBI	693
Gráfica 17. Organizaciones armadas y homicidio cercano	696
Gráfica 18. Organizaciones armadas e incidencia del delito	697
Gráfica 19. Organizaciones armadas y homicidio	698
Gráfica 20. Organizaciones armadas y justicia privada	699
Gráfica 21. Organizaciones armadas, delitos y reacción	701
Gráfica 22. Hogares que acuden a la policía ante un ataque criminal	702
Gráfica 23. Razones para no recurrir a la autoridad estatal frente a un delito	703
Gráfica 24. Razones para no recurrir a la autoridad estatal frente a un delito, según grupos armados	704
Cuadro 6. Homicidio cercano e impunidad	704
Gráfica 25. Conocimiento de la causa del homicidio, según presencia de grupos armados	706
Gráfica 26. Razón por la que ocurrió el homicidio	706

Gráfica 27. Homicidio cercano e impunidad, según municipio — 707
Gráfica 28. Homicidios aclarados, según presencia de grupos armados — 708
Gráfica 29. Homicidio cercano y posesión de armas, según municipio — 711
Gráfica 30. Posesión de armas de fuego y NBI, según departamento — 712
Gráfica 31. Delitos, homicidios y porte de armas, según ingreso y zona — 713
Gráfica 32. Relación patrimonio - envidia, según departamento — 719
Gráfica 33. Causa del delito según número de grupos armados — 720
Gráfica 34. Confianza en las instituciones (saldo) — 723
Gráfica 35. Respaldo a sistemas políticos — 725
Gráfica 36. Satisfacción con la vida y con lo que tiene su familia — 726
Gráfica 37. Grado de felicidad — 726
Gráfica 38. *Statu quo* y cambio — 727
Gráfica 39. Apoyo a la democracia y rechazo a la violencia política — 728
Gráfica 40. Partido por el que votaría (1997) — 730
Cuadro 7. Acciones políticas realizadas y que se realizarían — 731
Gráfica 41. Percepción respecto del gobierno y la lucha contra la corrupción — 732
Gráfica 42. Percepción respecto del gobierno y la lucha contra la corrupción — 733
Gráfica 43. Organizaciones sociales, aceptación del aborto, del divorcio y unión libre — 736
Gráfica 44. Delincuencia e inseguridad — 738
Gráfica 45. Personajes que ayudan a disminuir los delitos — 741
Gráfica 46. Personajes que inciden en la seguridad — 742
Gráfica 47. Fuerza pública y sensación de inseguridad — 743
Gráfica 48. Vecinos indeseables — 745
Gráfica 49. Rechazo a reincorporación de miembros de organizaciones por fuera de la ley — 746
Gráfica 50. Vinculación laboral deseada — 747

Capítulo noveno
Capital social

Gráfica 1. Distribución de tipos de capital en tres grupos de países — 770
Cuadro 1. Asistencia a reuniones de asociaciones voluntarias, según zona — 775
Gráfica 2. Indice de actividad asociativa e ingreso, a nivel internacional — 777
Cuadro 2. Asistencia reuniones de asociaciones voluntarias, según zona — 778
Mapa 1. Indice de actividad asociativa y NBI — 779
Gráfica 3. Homogeneidad étnica y actividad asociativa, según departamento — 780
Gráfica 4. Actividad asociativa y edad de municipios — 781
Cuadro 3. Asistencia a reuniones de organizaciones voluntarias, según ingreso (porcentaje) — 783
Gráfica 5. Actividad asociativa y desigualdad, según departamento — 784
Gráfica 6. Actividad asociativa y nivel educativo promedio, según departamento — 785

Cuadro 4. Asistencia a reuniones de organizaciones
voluntarias, según edad (porcentaje) ... 787
Cuadro 5. Asistencia a reuniones de organizaciones
voluntarias, según sector (porcentaje) ... 788
Cuadro 6. Asistencia a reuniones de organizaciones
voluntarias, según sector (porcentaje) ... 789
Cuadro 7. Asistencia a reuniones de organizaciones
voluntarias, según estamento (porcentaje) ... 790
Gráfica 7. Actividad asociativa, respeto y amor por los padres
y obediencia como cualidad, según departamento ... 792
Gráfica 8. Asistencia a reuniones sindicales y
actividad asociativa, según departamento ... 794
Gráfica 9. Clericalismo, respeto por el cura y
actividad asociativa, según departamento ... 796
Gráfica 10. Actividad asociativa e incertidumbre frente
a la salud y gastos en la vejez, según departamento ... 798
Gráfica 11. Actividad asociativa y gastos en
la vejez y de salud, según departamento ... 799
Gráfica 12. Significado de la vida, valor de la religión
y actividad asociativa, según departamento ... 800
Gráfica 13. Asistencia a reuniones de partidos políticos
y actividad asociativa, según departamento ... 802
Gráfica 14. Actividad asociativa y votación para
Presidente y Alcalde, según departamento ... 803
Gráfica 15. Actitudes políticas y actividad asociativa, según departamento ... 805
Gráfica 16. Actitudes políticas y no cívicos, según departamento ... 806
Gráfica 17. Actividad asociativa y confianza, a nivel internacional ... 809
Gráfica 18. Confianza, desarrollo y actividad asociativa ... 810
Gráfica 19. Confianza y desarrollo, a nivel internacional ... 811
Gráfica 20. Confianza interpersonal ... 813
Gráfica 21. Confianza y actividad asociativa, según género ... 814
Gráfica 22. Confianza interpersonal, no cívicos y NBI, según departamento ... 815
Gráfica 23. Corrupción de los empleados públicos y
confianza interpersonal, según estamento ... 816
Cuadro 8. Confianza en las instituciones (correlaciones) ... 818
Gráfica 24. Confianza en las instituciones
y actividad asociativa, según departamento ... 819
Cuadro 9. Confianza en las instituciones, según estamento ... 820
Gráfica 25. Actividad asociativa, gobierno y corrupción
de los empleados públicos, según departamento ... 821
Gráfica 26. Desconfianza en los funcionarios públicos, según estamento ... 822

Cuadro 10. Civismo (correlaciones simples entre variables)   823
Gráfica 27. Actividad asociativa, felicidad y
satisfacción con la vida, según departamento   825
Gráfica 28. Cambio revolucionario, *statu quo*, violencia
política y actividad asociativa, según departamento   827
Cuadro 11. Actividad política directa y actividad asociativa (correlaciones)   828
Gráfica 29. Cívicos y no cívicos y tolerancia, según departamento   830
Gráfica 30. Actividad asociativa y tolerancia con
reinsertados (magisterio), según departamento   832
Gráfica 31. No cívicos y tolerancia con
reinsertados (magisterio), según departamento   833
Gráfica 32. Actividad asociativa y tolerancia con
reinsertados (cargos públicos), según departamento   834
Gráfica 33. No cívicos y tolerancia con reinsertados
(cargos públicos), según departamento   835
Gráfica 34. Actividad asociativa y discusión comunitaria   839
Gráfica 35. Actividad asociativa y compromiso cívico, según departamento   841
Gráfica 36. No cívicos y compromiso cívico, según departamento   842
Cuadro 12. Componentes de la comunidad cívica
(correlaciones de promedios departamentales)   843
Cuadro 13. Componentes de la comunidad cívica (correlaciones)   843
Gráfica 37. Componentes de la comunidad cívica y NBI, según departamento   844
Gráfica 38. Componentes de la comunidad cívica y PIB, según departamento   845
Gráfica 39. Actividad asociativa, modernización
económica y desempeño de los departamentos   847
Gráfica 40. Actividad asociativa y eficiencia administrativa, según departamento   849
Gráfica 41. Actividad asociativa y acuerdo con normas cívicas, según departamento   852
Gráfica 42. Acuerdo con normas cívicas y desigualdad, según departamento   853
Gráfica 43. Actividad asociativa, delitos, disputas civiles, según departamento   855
Gráfica 44. Actividad asociativa y amenaza por disputa civil o delito   856
Gráfica 45. Actividad asociativa e impunidad, según departamento   858
Gráfica 46. Actividad asociativa y autoempleo, según departamento   860
Gráfica 47. Actividad asociativa y respeto por empresarios, según departamento   861
Gráfica 48. Actividad asociativa y respeto por profesiones, según departamento   863
Gráfica 49. Actividad asociativa y éxito de empresarios, según departamento   864
Gráfica 50. Actividad asociativa y éxito de profesiones, según departamento   865
Cuadro 14. Actividad asociativa, respeto y
éxito que generan las profesiones (correlaciones)   866
Gráfica 51. Actividad asociativa, igualdad y eficiencia, según departamento   868
Gráfica 52. Actividad asociativa y mayor derecho
del hombre a la educación y al trabajo, según departamento   868

Editado por el Departamento de Publicaciones
de la Universidad Externado de Colombia
en abril de 2000

Se compuso en caracteres Ehrhardt de 12, 10 y 9 puntos
y se imprimió sobre papel propalibros de 70 gramos,
con un tiraje de 1.000 ejemplares.
Bogotá, Colombia

Post Tenebras Spero Lucem